Allgemeines Reisepraktisches

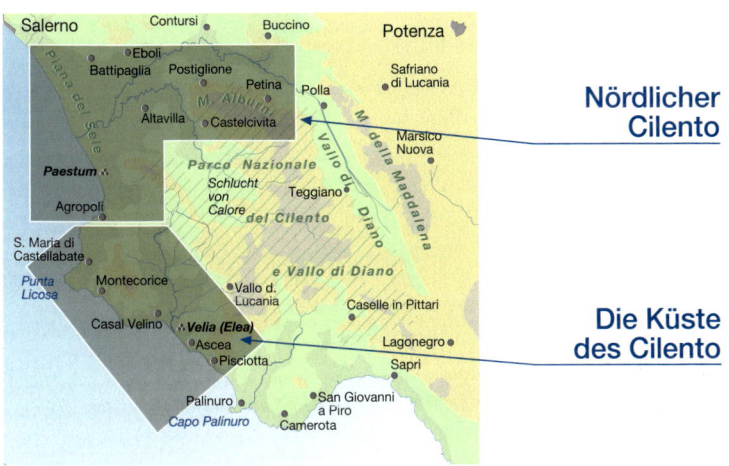

Nördlicher Cilento

Die Küste des Cilento

Südlicher Cilento

Das Hinterland des Cilento

Vallo di Diano

Text und Recherche	Andreas Haller
Lektorat	www.bintang-berlin.de, Susanne Völler
Redaktion und Layout	Dirk Thomsen
Fotos	alle Fotos Andreas Haller, außer:
	Michael Machatschek: S. 62
	Rolf Vaas: S. 112
Covergestaltung	Karl Serwotka
Karten	Judit Ladik, Joachim Bode, Gábor Sztrecska,
	Michaela Nitzsche

Ein Dank für die Unterstützung zu diesem Buch geht an: Angelika Bartholomäi (Cives Mundi), Daniela Di Bartolo (Case in Italia), Giovanni Cancellaro (Hotelier in Padula), Luigi Cascio (Barbesitzer in Castelcivita), Nunzio Daniele (Fremdenführer in Paestum), Udo Hettrich (Blue Soul), Karin Kappes (Carina Vacanze), Siegfried Klausmann (Gleisnost), Pietro Marino (Hotelier in Atena Lucana), Angelo Morinelli (Comunità Montana Alento-Monte Stella), Mimmo Pandolfo (GET Rofrano), Maria Pia (Tittina, die gute Seele von Policastro Bussentino), Barbara Poggi (Cilentano), Giancarlo Priante (GET Vallo di Diano), Marco Radano (Italimar), Dr. Ruprecht Schleyer (für die Überarbeitung des Geologie-Kapitels) Bettina Simoni (Palazzo Gallotti), Ivan Sodano (Residence Pioppi), Ursula & Rolf Vaas (seit vielen Jahren vom Cilento begeistert), Renate Wittenberg (Wahl-Cilentanerin) und meinen Freund Armando Troccoli.

Ein besonderer Dank für die finanzielle und ideelle Förderung geht an das Konsortium „Costa del Cilento" und an die Italienische Zentrale für Tourismus (ENIT).

Aktuelle Infos zu unseren Titeln, Hintergrundgeschichten zu unseren Reisezielen sowie brandneue Tipps erhalten Sie in unserem regelmäßig erscheinenden Newsletter, den Sie im Internet unter **www.michael-mueller-verlag.de** kostenlos abonnieren können.

1. Auflage 2009

CILENTO

Andreas Haller

INHALT

Was haben Sie entdeckt?

Haben Sie eine eine gemütliche Trattoria,
eine schöne Wanderung oder
ein nettes Hotel entdeckt?

Wenn Sie Ergänzungen, Verbesserungen
oder neue Tipps zum Buch haben,
lassen Sie es uns bitte wissen!

Schreiben Sie an:

Andreas Haller

Stichwort „Cilento"

c/o Michael Müller Verlag GmbH

Gerberei 19

D – 91054 Erlangen

andreas.haller@michael-mueller-verlag.de

Verzeichnis der Wanderungen

Die Wanderungen 3 und 4 wurden mittels GPS kartiert. Waypoint-Dateien zum
Downloaden unter: www.michael-mueller-verlag.de/gps

Kartenverzeichnis

Zeichenerklärung für die Karten und Pläne

▬▬	Autobahn	▲	Berggipfel	*i*	Information
▬▬	Hauptverkehrsstraße	⌒	Höhle	P	Parkplatz
▬▬	Landstraße	☀	Aussicht	BUS	Bushaltestelle
═══	Nebenstraße	▌	Turm	M	Museum
▬▬	Piste	☉	Quelle	✝	Kirche
- - - -	Fußweg	Δ	Campingplatz	⌐	Schloss/ Burg
▬▬▬▬	Wanderung	★	Allg. Sehenswürdigkeit	⌐	Badestrand
- - - -	Fährlinie				

Willkommen im Cilento

Der Olivenbaum ist im Cilento weit verbreitet

Jenseits von Italien

Ein noch wenig bekannter Landstrich im Süden Kampaniens: 105 km Küste mit Fischersiedlungen, die sich längst auf den Tourismus eingestellt und dennoch ihr Flair bewahrt haben. Im Hinterland ist dagegen die Zeit stehen geblieben. Berge, Schluchten und mittelalterliche Dörfer prägen eine abwechslungsreiche Kulturlandschaft. Seit 1991 ist der Cilento Nationalpark und seit 1998 UNESCO-Weltkulturerbe.

Die Küste im Westen und das Vallo di Diano im Osten lassen den Cilento auf den ersten Blick überschaubar erscheinen. Der Nationalpark erstreckt sich über eine Fläche von rund 180.000 ha, was etwa der Größe des Pfälzerwaldes entspricht. Doch der erste Eindruck täuscht: Die zerklüftete Küste und das extrem bergige Hinterland, dazu kurvenreiche Straßen dehnen die gefühlten Entfernungen in die Länge. Sandstrände, verschwiegene Buchten, kristallklares Wasser und nicht zuletzt die berückende Freundlichkeit der Menschen machen den Cilento zu einem wunderbaren Reiseland mit der gewissen individuellen Note.

Vom Leben auf dem Land

Im Grunde gibt es im Cilento nicht einmal eine richtige Stadt. Alles scheint auf das Landleben eingeschworen zu sein, seit jeher ringen die Bauern der kargen Krume in mühevoller Arbeit einen Ertrag ab. Aber dieser hat es in sich: Neben der Rinder-, Ziegen- und Schafzucht leben die Menschen vom Oliven- und Feigenanbau und von der Weiterverarbeitung ihrer Erzeugnisse zu den hochwertigen Zutaten der sprichwörtlich bekömmlichen und delikaten *cucina cilentana*.

Fischerboote im Hafen von Marina Casalvelino

Die Entdeckung der Küste

Der Schriftsteller Luciano de Crescenzo gab seinen Landsleuten den Rat: „Anstatt mit euren Autos zur Verkehrsverstopfung der Insel Ischia beizutragen, solltet ihr eines Tages einmal ein wenig südlicher fahren und die ganz unbekannte italienische Küste zwischen Punta Licosa und Capo Palinuro erkunden." Es scheint, die Neapolitaner hätten den Schriftsteller endlich erhört: Unbekannt ist die Cilento-Küste längst nicht mehr.

Nah am Wasser gebaut

Verwunderlich, dass sie erst so spät entdeckt wurde, zumindest von den modernen Erholungsbedürftigen. Denn die Küste des Cilento ist wunderschön: weitgehend unverbaut und abwechslungsreich, flach mit langen Partien Sandstrand oder steil abfallend mit wildromantischen Buchten. Schon den alten Griechen gefiel es hier: Beinah jeder Küstenort ist antiken Ursprungs. Der Hellene gründete seine Polis nah am Wasser, dort, wo heute die Fischerboote und Jachten in Naturhäfen vor Anker liegen.

Auf Schusters Rappen

Im Cilento entwickelten die eleatischen Denker, vorsokratische Philosophen, die Lehre von der Unwandelbarkeit des Seins. Die langsam gehenden Uhren scheinen die Geistestiefe zu fördern, denn Philosophenzirkel gibt es hier heute noch. Abenteuerhungrige Reisende, die hinter die Oberfläche blicken wollen, sollten ebenfalls langsam reisen. Wer den ursprünglichen Cilento erleben will, muss sogar zu Fuß gehen, denn zahlreiche Sehenswürdigkeiten sind nur auf Schusters Rappen zu erreichen.

ten sich auch noch in höheren Lagen ab 800 m, lediglich die Landschaft verändert ihr Gesicht: Der Boden ist mit üppigem Farn bedeckt, zwischen die Buchen mischen sich Erlen und andere Baumarten, die ein kühles Klima bevorzugen. Oberhalb der Waldgrenze beginnt das Reich der Wildblumen, von denen die Nationalparkverwaltung nicht weniger als 1800 verschiedene Arten auflistet. Hahnenfuß, Mannstreu, Silberdisteln oder die im nackten Kalkfels wurzelnden und gelb blühenden Immortellen sind allesamt Pflanzen, die unter widrigen Bedingungen in hohen Lagen überdauern können.

Die dichten Wälder waren seit jeher Rückzugsgebiete wilder Tiere. An den Südhängen der Monti Alburni leben derzeit zwischen zehn und 15 Wölfe. Doch selbst ambitionierte Outdoor-Urlauber werden diese menschenscheuen Nachtjäger nicht zu Gesicht bekommen. Auch Braunbären und Wildkatzen vermutet man in den abgelegenen Tälern und Bergen. Häufiger sind Rotfuchs und Dachs, die Begegnung mit Wildschweinen gehört beinah schon zur Initiationserfahrung beim Wandern. Der ganze Stolz der Region ist jedoch der äußerst seltene **Fischotter** (*Lutra lutra*). Ein Drittel der rund 100 Fischotter Italiens sollen an den Flüssen Calore, Sele, Mingardo, Sammaro und Bussento leben – den letzten Revieren der Gattung. Das Studium ihrer Lebens- und Wachstumsbedingungen lässt Rückschlüsse allgemeiner Art zu: Vermehrt sich der Otter, deutet dies auf ein intaktes Ökosystem hin. Ebenfalls selten ist der Goldadler (*Aquila chrysaetos*), ab und an zieht er über dem Monte Cervati seine Kreise.

Klima und Reisezeit

Im Cilento herrscht das für den Süden der italienischen Halbinsel typische Mittelmeerklima mit milden Wintern und heißen, trockenen Sommern. Über das Jahr gesehen, braucht sich der Nationalpark über einen Mangel an Niederschlägen nicht zu beklagen: Im Winterhalbjahr kann es sogar stark und heftig regnen. Wer kann, und dies gilt für ganz Italien, sollte den italienischen Urlaubsmonat August meiden, insbesondere die Woche vor und nach *ferragosto* (15. August). Weniger wegen der Hitze (an der Küste sind die Temperaturen auch im Sommer angenehm), sondern weil die Quartiere hoffnungslos belegt und die Strände überfüllt sind. Das Hinterland wird vom Ausnahmezustand hingegen kaum tangiert. Dort muss man im Hochsommer allerdings schon die Höhen aufsuchen, in den Ebenen und Tälern ist es heiß.

Trotz der südlichen Lage ist der Cilento **nur bedingt eine Ganzjahresdestination.** Viele Quartiere und touristische Einrichtungen öffnen erst an Ostern oder noch später und schließen Ende Oktober. Manch Individualist wird in der kühlen Jahreszeit vor verschlossenen Türen stehen. Die Campingsaison reicht, von einigen wenigen Ausnahmen abgesehen, sogar nur von Juni bis Mitte September. Dennoch, wer gerne wandert oder ruhige Stunden an den Sandstränden bevorzugt, der ist im Frühjahr und im Herbst am besten aufgehoben. Das Leben geht einen geruhsamen Gang, die Menschen sind hilfsbereit und haben Zeit für einen ausführlichen Plausch. Zudem sind die Preise niedriger als in der Hochsaison, die Hotels und Pensionen selten ausgebucht. Blumenliebhaber und Wanderfreunde reisen am günstigsten im Frühjahr und im Frühsommer, wenn sich die reiche Mittelmeerflora entfaltet. Strandurlauber und Genießer der *cucina cilentana* wählen am besten den Spätsommer und Herbst.

Monumentales Wahrzeichen: die Tempel von Paestum

Geschichte

Aufgrund seiner geografischen Randlage stand der Cilento nur selten im Rampenlicht bedeutender Ereignisse. Das große Bühnengeschehen spielte sich andernorts ab, im geistlichen und politischen Zentrum Neapel oder in den Fürstenhöfen von Salerno oder Melfi. Ein geschichtsloser Landstrich ist der Cilento deswegen noch lange nicht.

Die politische Geschichte des italienischen Südens ist seit jeher eine Geschichte der Fremdherrschaft gewesen. Selbst die nationale Einigung Italiens im letzten Drittel des 19. Jh. empfanden viele Menschen im Süden nicht als Befreiung vom Joch der Bourbonen, sondern als neuerliche Bevormundung, diesmal durch die Piemontesen aus dem Norden. Die Fremdherrschaft hat jedoch, wie so vieles, zwei Seiten: Einerseits pressten Fürsten und Geistliche das ursprünglich reiche Süditalien nach Belieben aus, andererseits nahm der heutige Mezzogiorno immer wieder neue kulturelle und soziale Impulse auf. Sein facettenreiches Gesicht fasziniert die Reisenden noch heute. Ob Byzantiner oder Araber, Normannen oder Staufer, Griechen, Habsburger, Franzosen oder Spanier – sie alle haben Spuren im Cilento hinterlassen, die z. T. noch heute sichtbar sind.

Vorgeschichte

Funde belegen, dass der Cilento bereits in prähistorischer Zeit besiedelt war. Der *Homo Camerotensis* gilt als entfernter Verwandter des Neandertalers und lebte vor rund 100.000 Jahren an der südlichen Cilento-Küste (Mittelpaläolithikum). Sakrale Berge und Höhlen im Hinterland lassen auf eine stattliche Anzahl heidnischer Kultplätze schließen, über die nur wenig bekannt ist. Seit jeher durchstreiften wandernde Hirten und Handlungsreisende das Cilento-Gebiet von der Küste bis zum Vallo di Diano. An den alten Verbindungswegen entstanden logischerweise die ersten Siedlungen. Einflussreichste Volksgruppe im Cilento-Hinterland waren die

Lukanier, die im 2. Jt. v. Chr. über die Alpen nach Süditalien gelangten. Ihre Epoche greift bereits ins klassisch-antike Zeitalter der Griechen und Römer über: Die Lukanier orientierten sich an der hellenischen Kunst, und die Griechen akzeptierten die schleichende Akkulturation, die Anpassung an ihre Kultur. Die Römer nannten einen Teil des süditalienischen Festlands Lukanien und bezeichneten damit ein Gebiet, das in etwa der heutigen Basilikata entspricht. Der Lukanische Apennin in der östlichen Nachbarregion hat die Bezeichnung tradiert, Orte im Cilento heißen noch heute Vallo della Lucania oder Atena Lucana.

Griechen und Römer

Vertraut man dem Urteil des römischen Geografen Strabon, dann besteht kein Zweifel, dass die griechischen Kolonisten den leuchtenden Spuren ihrer göttergleichen Heroen nach Westen folgten: Jason und den Argonauten und natürlich den beiden Recken Odysseus und Äneas, die sich beim Kampf um Troja gegenübergestanden hatten. Entsprechende Funde lassen vermuten, dass mykenische Seefahrer bereits im 2. Jt. v. Chr. nach Italien gelangten. Die erste griechische Siedlung entstand im 8. Jh. auf der Insel Ischia, später folgten Städtegründungen auf Sizilien und an der Ionischen Küste Kalabriens. Die einflussreichsten Kolonien schufen weitere Ableger. Auf diese Weise entstand an der Sele-Mündung die Stadt Paestum. Nur Elea, die zweite große Griechenstadt im Cilento-Gebiet, scherte aus der Reihe: Stadtgründer waren hier Flüchtlinge aus Kleinasien. Auch Palinuro und Policastro Bussentino sind unverkennbar griechischen Ursprungs. Die Siedler brachten das politisch-soziale Modell der Polis nach Italien und passten es den hiesigen Gegebenheiten an. Sie bauten Getreide, Wein und Oliven an und tauschten den Ertrag mit den Etruskern und Lukaniern gegen Rohstoffe. **Großgriechenland** *(Magna Graecia)* heißt die klangvolle Chiffre, die das Phänomen der griechischen Kultur in Süditalien auf den Nenner bringt.

Die äußeren Anzeichen ihres Niedergangs sind vielfältig, die eigentlichen Ursachen für den Cilento lagen jedoch an den veränderten Umweltbedingungen (die Häfen versandeten, das Umland versumpfte) und an der Effizienz der Via Appia, deren Eröffnung die Handelsströme von der Tyrrhenischen Küste nach Osten verlagerte. Zwischen den Fronten der Mittelmeermächte und unter dem Eindruck wachsender römischer Macht formierten sich einige

Wandgemälde in einer byzantinischen Höhlenkirche bei Padula

Griechenstädte, darunter Elea, zum Italischen Städtebund. Als sich aber im 3. Jh. v. Chr. nach traumatischen Ereignissen das ruhmreiche Tarent den Römern beugen musste, knickten nacheinander die freien Kolonien ein und betrachteten sich als natürliche **Bündnispartner der Stadt Rom.** Die Römer verehrten die griechische Kultur, was den Kolonien gewisse Vorteile bescherte. Das änderte sich in der Epoche der Bürgerkriege: Wer sich auf die falsche Seite geschlagen hatte, wie die Stadt Neapel, wurde hernach mit Autonomieverlust bestraft. Seit 82 v. Chr. herrschte an der kampanischen Küste tiefer Frieden, die landschaftliche Schönheit der Gegend lockte viele Bewunderer an. Begüterte Römer bauten in der Golfregion (aber auch an der Costiera Cilentana) feudale Landvillen. Später prägte Plinius die Chiffre vom „glücklichen Kampanien" (Campania Felix). Während man die Schönheit der Cilento-Küste schätzte, mied man das bergige Hinterland. Das zeigt sich insbesondere an den damals populären Reisewegen nach Süden. Die Via Popilia, die Capua mit der Straße von Messina verband, führte nicht an der Küste entlang, sondern verlief landeinwärts durch das Vallo di Diano. Möglicherweise gaben die Römer dem Hochtal sogar den Namen: Diano könnte sich vom römischen Gott Janus ableiten. Üblicherweise zogen die Römer die Schiffspassage nach Sizilien allerdings dem beschwerlichen Landweg vor.

Byzantiner, Langobarden, Araber und Normannen

Mit dem Zusammenbruch des weströmischen Reichs brachen für Unteritalien und den Cilento **politisch unübersichtliche Zeiten** an. Im 6. Jh. n. Chr. ergaben sich die letzten Goten zwischen Salerno und Neapel den anrückenden Byzantinern, die in jener Zeit die strategisch wichtigen Plätze im Cilento besetzten. Allerdings tauchte mit den Langobarden bereits ein neuer Gegner am Horizont auf. In Kampanien begründeten sie ein Dukat (Verwaltungsbezirk) mit der Hauptstadt Benevent. 787 n. Chr. mischte Herzog Arechi II. die Karten neu, als er seinen Herrschaftssitz nach Salerno verlegte. Für 400 Jahre sollte in Unteritalien Ruhe einkehren. In dieser Periode begannen Mönche verschiedener Couleur, ihr Einflussgebiet in Süditalien und im Cilento abzustecken: Da wären zunächst die Benediktiner, die nahe der langobardischen Hauptstadt ein machtvolles Klosterzentrum besaßen *(Abbazia della Santissima Trinità di Cava)*. Von hier aus nahmen sie Einfluss auf die Geschicke im Cilento (→ Castellabate, S. 109), konkurrierten jedoch mit Mönchen aus dem östlichen Mittelmeerraum, die dem Kirchenlehrer Basilius von Caesarea nachstrebten und daher Basilianer genannt werden.

Basilianische Mönche: Entwicklungshelfer aus dem Osten

Die Basilianer stammten überwiegend aus Kleinasien und dem Balkan, waren teils Wirtschaftsflüchtlinge oder mussten wegen des Bilderstreits fliehen, der während des 8./9. Jh. in der Ostkirche tobte. Dabei ging es um den Stellenwert der Ikonen für die Lithurgie. Die Basilianer besaßen einen an der aristotelischen Logik geschulten Verstand, vor allem brachten sie praktische Kenntnisse in der Landwirtschaft mit, die sie an die Bauern weitergaben. Die Entwicklungshelfer aus dem Osten wohnten in Höhlen oder gründeten im rauen Hinterland Süditaliens Siedlungen und Klöster, so auch im Cilento: Die Kultstätte auf dem Monte Gelbison (Monte Sacro) ist ein Werk der Basilianer, weitere Hochburgen waren Pattano und San Giovanni a Piro.

Castelnuovo Cilento: mittelalterliches Kastell mit Meerblick

Das Fürstentum Salerno bescherte Stadt und Umland für mehrere Jahrzehnte ein goldenes Zeitalter. Abgesehen von byzantinischen Stützpunkten zählte auch der Cilento zum Dukat, viele Bergdörfer sind unverkennbar langobardischen Ursprungs. Im Jahr 1001 belagerten Araber die Stadt Salerno. Fürst Waimar III. konnte von Glück sagen, dass sich just zu diesem Zeitpunkt normannische Pilger in Salerno aufhielten, die auf der Rückreise vom Heiligen Land in ihre Heimat waren. Mit Hilfe der Pilger entledigte er sich zwar der drohenden Gefahr, die Episode markiert jedoch den (legendären) Beginn der normannischen Kriegspolitik in Süditalien. Drogo von Hauteville brachte es durch militärisches Geschick und mit der Hilfe seiner Brüder bis zum Grafen von Apulien. Als gewiefter Stratege erwies sich vor allem sein wilder Stiefbruder Robert, dessen Finesse ihm den Beinamen *Guiskard*, „Schlauberger", eintrug. An das langobardische Dukat von Salerno band ihn die Ehe mit Sigelgaita, was den „Schrecken der Welt" *(terror mundi)* 1077 allerdings nicht hinderte, die Stadt gewaltsam einzunehmen: Roberts Neffe Roger II. vollendete das Einigungswerk und krönte sich 1130 n. Chr. in Palermo zum Herrscher über das **Königreich beider Sizilien** (Unteritalien galt bis ins 19. Jh. als „zweites Sizilien"). An der Cilento-Küste verstärkten die Normannen die Küstenbefestigungen – die Vorläufer der späteren Sarazenentürme entstanden.

Aufstieg Neapels

Der Aufstieg Neapels bedeutete den gleichzeitigen Niedergang Salernos. Als Kaiser Friedrich II. 1224 die Universität von Neapel gründete, nahm er indirekt die Rückstufung der berühmten Medizinischen Hochschule von Salerno in Kauf, die zum damaligen Zeitpunkt das fortschrittlichste Institut dieser Art in Europa war. 1246 erhoben sich die papsttreuen Städte im Cilento (u. a. Capaccio, Laurino und Sant'Angolo a Fasanella) gegen den Staufer, der Aufstand wurde noch im gleichen Jahr blutig niedergeschlagen. Nach Friedrichs Tod in Apulien 1250 bliesen Papst

Innozenz IV. und seine Nachfolger zur gnadenlosen Jagd auf das schwäbische „Schlangengezücht". Zu diesem Zweck verbündete sich Rom mit dem Franzosen Karl von Anjou. Am 26. Februar 1266 erlitt Friedrichs Sohn Manfred in der Schlacht von Benevent eine vernichtende Niederlage. Er starb auf dem Schlachtfeld, während Friedrichs Enkel Konradin am 29. Oktober 1268 auf dem Marktplatz in Neapel enthauptet wurde.

Die Historiker zeichnen kein schmeichelhaftes Bild von Karl von Anjou. Er wird als hart und machtgierig, wenig gesellig und zuweilen auch frömmlerisch beschrieben. Nachdem ihn der Papst mit Sizilien belehnt hatte, übte der Angioviner auf der Insel ein grausames Regiment aus, das zu einem Volksaufstand und seiner Vertreibung nach Unteritalien führte. Das Ereignis ist als **Sizilianische Vesper** in die Geschichte eingegangen. Immerhin gelang es Karl, sich in Neapel niederzulassen, wo er seinen Ehrgeiz daran setzte, das ehemalige Herzogtum von Neapel wiederherzustellen, das die Normannen vor 150 Jahren den Byzantinern entrissen hatten. Während auf Sizilien mit Peter von Aragon erstmals ein Spanier den Thron von Palermo bestieg, gelang es Karl von Anjou und seinen Nachfolgern, sich auf dem süditalienischen Festland zu behaupten. Neapel wurde zur Residenzstadt ausgebaut, von wo aus die Angio-

Omnipotent: die Mutter Maria

viner Unteritalien mit eiserner Hand regierten. Das neu geschaffene **Königreich Neapel** wurde zentral verwaltet, die wichtigsten Verwaltungsposten bekleideten Franzosen. Die hohen Steuereinnahmen aus den süditalienischen Provinzen flossen in die Stadt am Golf und machten Karl von Anjou zwischenzeitlich zu einem der mächtigsten Herrscher Europas. Das angiovinische Regiment endete im Jahr 1442, als Alfons von Aragon Ludwig von Anjou auf dem Schlachtfeld besiegte. In der Folgezeit gelang es dem Aragonier, Unteritalien und Sizilien wieder zu einem Königreich zu vereinigen. Alfons war der erste bedeutende Renaissancefürst Süditaliens: Er förderte die Künste, lockte bekannte humanistische Gelehrte an den Golf und baute Neapel zur prachtvollen Residenzstadt aus.

Habsburger und Bourbonen

Die Herrschaft der Aragonier in Neapel währte nur kurz: Alfons hatte bereits die Beziehungen Süditaliens zu seiner iberischen Heimat intensiviert. 1503 übergaben die Aragonier die Herrschaft über das Königreich beider Sizilien an das habsburgisch-spanische Haus, das an Unteritalien jedoch nicht sonderlich interessiert war. Seit Christoph Kolumbus die Neue Welt jenseits des Atlantik entdeckt hatte, richteten sich die Blicke nach Westen, der **Mittelmeerhandel verlor an Bedeu-**

Eine Keramik im Dorf Bosco erinnert an den Aufstand
gegen die Bourbonen im Jahr 1828

tung. Die Spanier schickten Statthalter, die Provinzen verarmten, auch im Cilento setzte die Migration vom Land in die Stadt ein. Zuvorderst ging man natürlich nach Neapel. Mitte des 16. Jh. war es die einwohnerstärkste Metropole nach Paris.

Bewegung brachte das Jahr 1707, als nach dem Ende des Spanischen Erbfolgekriegs die Österreicher die Regierungsverantwortung in Unteritalien übernahmen. Doch bereits 30 Jahre später gaben sie diese wieder an Spanien zurück: Für Neapel und Unteritalien begann die Zeit der Bourbonen-Herrschaft. Erster Regent von der iberischen Halbinsel war Don Carlos, der als Karl III. den Thron beider Sizilien bestieg. Er regierte im Stil eines aufgeklärten Absolutisten, rief die übermütig gewordenen Adeligen der Stadt und der Region zur Räson und begann mit dem Bau der neuen Königsresidenz in Caserta.

Seit dem Mittelalter vergaben die jeweiligen Herrscher Neapels immer wieder Teile des Cilento als Lehen an willfährige Adelshäuser, die ihre Territorien selbstständig verwalteten. Am mächtigsten wurde die Familie Sanseverino, deren Ländereien in der Blütezeit fast so groß waren wie das einstige langobardische Salerno. Nicht immer jedoch waren die Adeligen an der Peripherie ihren Herrschern gegenüber loyal: Revolten wie z. B. 1485 die berühmt-berüchtigte Congiura dei Baroni („Glücksritter, Stifter und Verschwörer", → S. 158) waren keine Seltenheit.

Risorgimento

Die Regierungszeit Ferdinands IV., Nachfolger des ersten Bourbonen, reicht bereits in die Epoche der Revolutionen und der nationalen Einigung Italiens hinein. In Anlehnung an die Renaissance *(Rinascimento)* fassten die zeitgenössischen Intellektuellen die vielfältigen politischen, sozialen und kulturellen Bewegungen des 19. Jh. unter der klangvollen Chiffre *Risorgimento* zusammen. Im Dezember 1798 musste Ferdinand erstmals aus Neapel nach Palermo fliehen, als französische Revolutionstruppen die Stadt am Golf belagerten. Freiheitlich gesinnte Neapolitaner riefen daraufhin die **Parthenopische Republik** aus, die jedoch die Mehrheit der einfachen Bevölkerung lediglich als eine seltsame Schrulle betrachteten. Immerhin zeigte man sich traditionsbewusst, denn Parthenope war eine jener drei Sirenen, die sich ins Meer stürzten, nachdem es Odysseus gelungen war, an ihnen vorüberzusegeln (→ S. 104). Der Freitod brachte ihr später die Ehre ein, zur Schutzgöttin Neapels ernannt zu werden. Niedergeschlagen wurde die kurzlebige Republik durch ein königstreues Heer unter Leitung eines Kardinals und unterstützt von einigen Bauern und Briganten aus der Umgebung. Der Anführer der Banditen war der berüchtigte Fra Diavolo, „Bruder Teufel", dem sogar eine eigene Oper gewidmet ist, die 1830 in Paris uraufgeführt wurde. Bekannter noch ist die Filmversion mit Stan Laurel und Oliver Hardy (*Hände hoch – oder nicht*, 1933). Zwischen 1810 und 1870 war das Brigantentum *(brigantaggio)* ein ernsthafter politischer Faktor. Die Banden machten nicht nur die Reisewege unsicher, sondern kämpften gemeinsam mit lokalen Baronen gegen andere Adelige oder die Machthaber aus dem Norden. Getragen von der Sympathie der armen Landbevölkerung fanden sie im wilden Bergland Unterschlupf und spielten in der Schlussphase der nationalen Einigung unter Giuseppe Garibaldi eine nicht unwesentliche Rolle.

Nur wenige Jahre nach seiner Rückkehr wurde König Ferdinand IV. von Napoleon entmachtet, der die Herrschaft über Unteritalien seinem Schwager Joachim Murat überließ. Der enge Weggefährte des Franzosen betätigte sich als Sozialreformer und modernisierte die staatliche Verwaltung. Nach der Niederlage Napoleons in der Schlacht von Waterloo sank der Stern von Re Gioacchino (König Joachim), 1815 kehrte *Re Nasone* („König Großnase", gemeint ist Ferdinand IV.) nach Neapel zurück und ließ Murat standrechtlich erschießen. Auf dem **Wiener Kongress** rückten die europäischen Herrscherhäuser eng zusammen, was die Ziele des Risorgimento in weite Ferne rücken ließ. Im kampanischen Hinterland hintertrieb die illustre Geheimloge der Köhler *(La Carboneria)* die restaurativen Bestrebungen. Zeitweise sollen ihr über 600.000 Mitglieder angehört haben. Deren martialisches Credo lautete gemäß der vier Initialen am Kreuz Jesu: *Iustum necare reges Italiae* („Es ist immer gerecht, Italiens Könige zu töten"). Immer wieder formierten sich **Aufstände gegen die Bourbonen,** die in der Regel von den 20.000 in Unteritalien stationierten Soldaten mit großer Härte niedergeschlagen wurden. 1828 machte der Cilento mit einer unkoordinierten antibourbonischen Revolte von sich reden („Dorf in Flammen", → S. 179), und 1857 erfolgte der bühnenreife Auftritt des Schriftstellers und *guerillero* Carlo Pisacane, der mit seinen Getreuen ein Schiff kaperte, wenig später jedoch von den bourbonischen Truppen bei Sapri aufgebracht und getötet wurde („Aus Protest wird Gewalt", → S. 190). Pisacani sympathisierte mit Giuseppe Garibaldi, der am 11. Mai 1860 auf Sizilien landete, um in der Folge Unteritalien zu besetzen und die Bourbonen aus Neapel zu vertreiben. In einem Plebiszit stimmte daraufhin die überwältigende Mehrheit der Neapolitaner für den Anschluss beider Sizilien an das Königreich Piemont-Sardinien. Mit der Verlegung der Hauptstadt von Florenz nach Rom im Jahr 1871 war die **l'Unità Italiens** abgeschlossen.

Mezzogiorno

Die anfängliche Begeisterung wich in Unteritalien recht schnell der Ernüchterung. Es schlug die Geburtsstunde des **Nord-Süd-Konflikts,** der bis heute andauert. In den Augen der Süditaliener vernachlässigte „Onkel Viktor" (König Vittorio Emanuele) den *Mezzogiorno*, und weil die neue politische Situation nicht wirklich etwas verbesserte, gab es für die Kleinbauern und Briganten keinen Grund, ihren Kampf gegen reiche Großgrundbesitzer und die neuen Herren aus dem Norden einzustellen. Die römische Politik wiederum betrachtete die Bewohner des Südens insgeheim als „Afrikaner" *(cafoni).* Bis 1865 wurde im Süden ein blutiger Brigantenkrieg geführt. Stärker als in den Jahrzehnten zuvor verwandelte sich Neapel zu einer Kapitale der Armut. Es blühten Schwarzhandel, Schattenwirtschaft und Kriminalität – die Nährboden für die Entstehung mafioser Strukturen. 1884 wütete eine verheerende Choleraepidemie. *Lazzaroni* wurden die völlig abgebrannten Armen genannt, die nichts zu tun hatten und sich in den Gassen und an den Molen herumtrieben. Ihre Zahl wuchs täglich.

Die grundlegende Opposition der ländlichen Bevölkerung des Südens zur fernen Kapitale Rom blieb auch während des **Faschismus** bestehen. Dennoch hatte die Bewegung im Süden mehr Anhänger als im Norden. 1925 rief der *Duce* in einer berühmten Rede zur „Getreideschlacht" *(Battaglia del grano)* auf. Das Autarkieprojekt schien in den fruchtbaren Ebenen Kampaniens die Situation der Bauern und Landarbeiter zu verbessern, jedoch setzte der Ausbruch des Weltkriegs diesem Bemühen ein jähes Ende. Der Cilento rückte 1943 in den Fokus, als alliierte Truppen unter dem geheimen Codenamen *Operation Avalanche* in Paestum und Sapri landeten: Italien kapitulierte.

1948 votierte Italien in einer äußerst knappen Abstimmung für die **Republik.** Das politisch konservative Unteritalien hatte mehrheitlich für die Monarchie gestimmt. Der neue Staat zog seine grundlegende Identität aus der *Resistenza,* worunter man den Kampf der Partisanen gegen die Deutschen verstand. Versuche, die politischen Lager unter der Klammer der antifaschistischen Einheit zu harmonisieren, schlugen jedoch fehl, und die Kabinette der Nachkriegszeit übernahmen die Hypothek des ungelösten Nord-Süd-Problems. Unversöhnliche Positionen blockierten den politischen Entscheidungsprozess: Die einen stöhnten über die „Last des Südens" und prangerten die Agonie *(l'Immobilismo)* an, die anderen argumentierten mit der jahrelangen wirtschaftlichen Auszehrung des Mezzogiorno durch den Norden. Als Reaktion auf wütende Ausschreitungen richteten die Christdemokraten 1950 die *Cassa per il Mezzogiorno* ein. Nicht ohne wahltaktische Interessen sollte die Darlehenskasse mit enormen Geldtransfers in den Süden die **Industrialisierung** desselben forcieren. Obwohl viele Gelder in den undurchsichtigen Kanälen süditalienischer Bürokratie versickerten, veränderte der Süden dennoch sein Gesicht: Am Golf von Neapel entstand ein riesiges Stahlwerk, 1969 investierte der Autobauer Alfa Romeo am Nordhang des Vesuv in eine neue Fertigungsanlage. Auch die Camorra in Kampanien profitierte von den Leistungen der *Cassa,* denn bei der Verteilung der Gelder konnte man alte Rechnungen begleichen und neue „gute Beziehungen" knüpfen. 1992 stellte die Darlehenskasse für den Süden ihren Betrieb ein. Bereits in den 1970er-Jahren wurde die Entwicklung des Mezzogiorno zusätzlich vom europäischen Fonds für Regionalentwicklung (EFRE) unterstützt. Inzwischen haben die Verantwortlichen von Industrialisierungsplänen Abstand genommen. Unterstützt werden regionale oder lokale Initiativen unter dem Signum der Nachhaltigkeit. **Ökologische Landwirtschaft** ist im Cilento bei weitem keine Leerformel, auch wenn kurzfristiges materielles Interesse – wie andernorts auch – der langfristigen Entwicklung oft vorgezogen wird.

Urlaubsvergnügen: Eine Fahrt mit der Vespa sollte man nicht verpassen

Anreise

Ob Auto, Wohnmobil oder Zug, an einem Tag ist die Anreise kaum zu schaffen. Viele ziehen daher den günstigen Flieger vor und nehmen sich vor Ort einen Leihwagen oder reisen mit öffentlichen Verkehrsmitteln weiter.

Der Mietwagen in Kombination mit einem Billigflug kostet inzwischen nicht mehr als die Anreise mit dem eigenen Pkw. Die Schiene ist ebenfalls eine reizvolle Alternative und eine Überlegung wert: Im Nachtzug nach Rom lässt es sich mit wenig Zeitverlust angenehm reisen. Im Unterschied zum Golf von Neapel ist die Fahrt mit öffentlichen Linienbussen im Cilento umständlich und zeitaufwendig. Wer unabhängig reisen und die abgelegenen Gebiete im Nationalpark erkunden möchte, wird dankbar auf ein eigenes Gefährt zurückgreifen.

Mit dem eigenen Fahrzeug

Die Mautgebühren in Österreich und der Schweiz haben sich in den letzten Jahren preislich immer weiter angeglichen, sodass der Kostenaspekt bei der Reiseplanung keine große Rolle mehr spielt. Grundsätzlich gilt, dass Fahrten aus dem Westen Deutschlands über die Schweiz kürzer sind, ansonsten führt die gängige Route durch Österreich über die Brennerautobahn nach Süden. Mit der Autoverladung Kandersteg/Lötschbergtunnel spart man in der Schweiz Zeit und Nerven, Autoreisezüge sind allerdings ein teures Vergnügen.

Vignette Österreich: bei den Automobilclubs oder an grenznahen Tankstellen erhältlich (Pkw/Wohnmobil bis 3,5 t: 7,70 € für 10 Tage, 22,20 € für 2 Monate und 73,80 € für 1 Jahr). Die Brennerautobahn kostet 8 € extra.

Vignette Schweiz: Sie ist 14 Monate gültig und am Grenzübergang, grenznahen Tankstellen oder bei Automobilclubs erhältlich (Autos bis 3,5 t und Motorräder: 40 CHF, für Lkw und Wohnmobile über 3,5 t gilt die Schwerlastabgabe).

Maut Italien: Autobahnen sind in der Regel kostenpflichtig, die A 3 ab Salerno bis Reggio di Calabria ist mautfrei. Die einfache Fahrt in den Cilento kostet 50–60 €, Wohnmobile sind teurer. An der Einfahrt zur ersten Mautstation (*alt stazione*) der Autobahn zieht man eine Karte aus dem Automaten, um an der Ausfahrtstation den fälligen Betrag zu bezahlen (bar oder mit Kreditkarte). Die *Viacard* ist eine Prepaid-Karte und vorab bei Automobilclubs, an der Grenze oder an den großen Autobahnraststätten erhältlich (25 €/50 €). Kartenbesitzer nutzen an den Stationen Extraspuren und sparen Zeit. Auf ausreichende Deckung achten, bar kann nicht nachgezahlt werden!

Von Neapel in den Cilento: Zwei Autobahnen führen von Norden nach Salerno, an der Küste über Neapel die verkehrsreiche A 3, von Caserta durch das Hinterland die A 30. Südlich von Salerno beginnt die Sele-Ebene. Wer Zeit hat, wählt von Salerno die reizvollere Küstenroute, sollte jedoch zur Rushhour Salerno auf der *Tangenziale* umfahren. Am Meer die SP 175 nach Süden einschlagen und den Schildern nach Paestum folgen. Schnellste Verbindung in den Cilento ist die SS 18 von Battipaglia.

---

www.autostrade.it: Verkehrsinfos zu Italien, mit Programm zur Mautberechung.
www.asfinag.at: aktuelle Infos zur Straßenmaut in Österreich.
www.ezv.admin.ch: aktuelle Infos zum Schweizer Vignettensystem.
www.gotthard-strassentunnel.ch: hilfreich beim Transit durch die Schweiz.

Allgemeine Infos zum Verkehr in Italien

Fahrzeugpapiere/Versicherung: Führerschein (*patente di guida*) und Fahrzeugschein (*libretto di circolazione*) stets mitführen, die grüne Versicherungskarte (*carta verde*) ist nicht vorgeschrieben, erweist sich aber im Schadensfall als praktisch.

Kennzeichen D: Wer kein EU-Nummernschild hat, sollte unbedingt die Länderkennung anbringen, ansonsten droht ein happiges Bußgeld.

Pannenhilfe: an Autobahnen im Abstand von 2 km Notrufsäulen. Der Straßenhilfsdienst ACI (*Automobile Club d'Italia*) übernimmt für Italien die Pannenhilfe (rund um die Uhr unter ✆ 803116).

Höchstgeschwindigkeit: Tempolimit auf Autobahnen für Pkw und Wohnmobile bis 3,5 t: 130 km/h., Schnellstraßen 110 km/h, Landstraßen 90 km/h, in geschlossenen Ortschaften 50 km/h. Gleiche Regelungen gelten für Motorräder (ab 149 ccm auf Autobahnen erlaubt). Für Wohnmobile über 3,5 t, Gespanne, Lkw, Busse gelten abweichende Bestimmungen, Verstöße werden drastisch geahndet.

Promillegrenze: 0,5 Promille, der Entzug des Führerscheins droht.

Verkehrsschilder: *deviazione* = Umleitung; *tenere la destra* = rechts fahren; *divieto di accesso* = Zufahrt verboten; *attenzione uscita* = Vorsicht Ausfahrt; *parcheggio* = Parkplatz; *senso unico* = Einbahnstraße; *parcheggio* = Parkplatz; *zona di silenzio* = Hubverbot; *sbarrato* = gesperrt; *tutte le direzioni* = in alle Richtungen; *rallentare* = langsam fahren; *inizio zona tutelata* = Beginn der Parkverbotszone.

Weitere Hinweise zum Verkehr in Italien → „Unterwegs im Cilento", S. 30.

Mit der Bahn

Von Hamburg nach Salerno kann die Fahrt inklusive Zwischenaufenthalten bis zu 24 Stunden dauern. Der Fahrkartenmarkt ist unübersichtlich, die Bahnangebote wechseln rasch, Fakten haben eine geringe Halbwertszeit. Wer sichergehen und nicht aus Versehen einem vermeintlichen Schnäppchen aufsitzen möchte, sollte einen Spezialisten kontaktieren (→ unten). In den Cilento gibt es aus dem Ausland keine Direktverbindung. Ein intelligente Option ist die Reise mit dem Nachtzug. Nach dem Vorbild der Fluglinien bietet die Bahn günstige Konditionen für Mietwagen an.

Bahngesellschaften: Deutsche Bahn (✆ 11861, www.bahn.de), Schweizer Bundesbahnen (www.sbb.ch) und Österreichische Bundesbahnen (www.oebb.at).

Trenitalia: Zugfahren ist in Italien immer noch preiswert. Die italienische Bahngesellschaft bietet Ermäßigungen an, z. B. das Familienticket *(Offerta famiglia)* oder die Grüne Karte *(Carta verde)*. Infos und Streckenplaner: www.trenitalia.com (weitere Angaben im Kapitel „Unterwegs").

Fahrradmitnahme: Der Stellplatz für das Fahrrad ist im Fernverkehr reservierungspflichtig, die rechtzeitige Buchung notwendig. Die DB hat eine Radfahrer-Hotline eingerichtet (✆ 01805/151415 tägl. 8–20 Uhr). Eine nützliche Informationsquelle ist der ADFC (Allgemeiner Deutscher Fahrrad-Club: ✆ 0421/346290, www.adfc.de). Das Fahrradsymbol zeigt an, in welchen Zügen die Mitnahme möglich ist.

Mit dem Nachtzug nach Süden

Der Nachtzug gehört der Vergangenheit an, heute bringt die Bahn ihre Gäste mit der *City Night Line* nach Süden (✆ 01805/141514, www.db-nachtzug.de).

Tierisches Hindernis im Hinterland

Auch in Wien und Zürich starten Nachtzüge. Schlaf- und Liegewagenzüge innerhalb Italiens sind eine gute Alternative, wenn man morgens im Zielgebiet ankommen möchte. Sehr günstig (Stand 2008) ist der *InterCityNight* von Mailand bzw. Bologna mit Halt in Salerno und Sapri sowie an einigen Bahnhöfen im Cilento.

> Bei speziellen **Fragen** und für die **Buchung** regulärer und ermäßigter Tickets empfiehlt es sich, den Spezialisten zu kontaktieren. Beispiele für erfahrene Agenturen: **Gleisnost** (Freiburg, ✆ 0761/383020, www.gleisnost.de), **Eurostar** (München, ✆ 089/5532012, www.eurostar-reisebuero.de), **Titanic** (Berlin, ✆ 030/61129797, www.titanic.de).

Mit der Bahn in den Cilento

Die Fahrt von der Hauptstadt *(Roma Termini)* nach Neapel *(Napoli Centrale)* dauert nur noch knapp zwei Stunden, hinzu kommen viele Eil- und Bummelzüge. Auch nach Salerno gibt es von Rom einige Direktverbindungen, mit den schnellsten Zug ist man zwei bis drei Stunden unterwegs. Hier spätestens muss man Zug und Bahnsteig wechseln, um den Nahverkehrszug nach Agropoli/Sapri zu erreichen (selten

Direktverbindungen zum Golf von Policastro; Salerno–Agropoli 40 Min., nach Sapri 1 Std., von einigen Taktlöchern abgesehen verkehren Züge stündl.). Seltener sind Bahnbusverbindungen von Salerno ins Vallo di Diano (2 Std. bis Padula mit Umstieg in Eboli/Battipaglia).

Mit dem Flugzeug

Neben der eigenen Suche im Internet kann sich die Anfrage beim Reisebüro lohnen: Oft haben die Mitarbeiter Zugriff auf Angebote, die im Netz nicht auftauchen. Fast alle Gesellschaften fliegen Neapel an *(Aeroporto di Napoli-Capodichino)*, die Golfregion ist täglich von den größeren Abflughäfen im deutschsprachigen Raum erreichbar. Seit Herbst 2008 gibt es von München eine erste Direktverbindung nach Salerno *(Aeroporto di Salerno-Pontecagnano)*. Der aktuelle Blick ins Internet lohnt sich, denn eventuell ziehen andere Linien nach. Viele Gesellschaften bieten fürs Zielgebiet günstige Mietwagenkonditionen.

Linienflüge: Von zahlreichen deutschen Flughäfen steuern *Lufthansa* (www.lufthansa.com) und *Alitalia* (www.alitalia.com) Neapel an, manchmal mit Zwischenlandung in Mailand oder Rom. Zusätzlich verbindet *Air Dolomiti* München mit Neapel (www.airdolomiti.it). Aus der Schweiz fliegt die *Swiss* nach Italien (www.swiss.com), mit *Austrian Airlines* geht es von einigen österreichischen Städten in den Süden (www.aua.com).

Charter- und Billigflüge: *TUIfly* bedient die Strecke nach Neapel von einigen deutschen Flughäfen (www.tuifly.com), *Air Berlin* von Berlin und Düsseldorf (www.airberlin.com). Ab Basel und Berlin fliegt *Easy Jet* (www.easyjet.de), und einmal pro Woche *InterSky* von Friedrichshafen (www.intersky.biz). *AirOne*, die italienische Partnerlinie der Lufthansa, verbindet Zürich und Wien mit dem Golf von Neapel zu günstigen Tarifen (www.flyairone.it).

Flughafen Neapel: In der Ankunftshalle am Terminal 1 sind am Info-Büro Stadtpläne erhältlich. Neben den Direktanschlüssen in den Cilento (→ unten) geht es per Bus oder Taxi zum Hauptbahnhof *(Napoli Centrale)*. Die großen Mietwagenfirmen haben ihre Counter in der Ankunftshalle.

Mietwagen kann man vorab über das Reisebüro organisieren, das Fahrzeug steht dann am Flughafen bereit. Einige Autovermietungen in Neapel: *Hertz* (☏ 081/7802971, www.hertz.it), *Europcar* (☏ 081/7805643, www.europcar.it), *Targarent* (☏ 081/7804622, www.targarent.it), *Avis* (☏ 081/7516052, www.avisautonoleggio.it), *Sixt* (☏ 081/7512055, www.sixt.it).

Flughafen Salerno: Der kleine Passagierflugplatz liegt im Vorort Pontecagnano (auf der SS 18 3 km in Richtung Battipaglia), nach Paestum sind es mit dem Auto 30 Min.; drei Mietwagenfirmen, u. a. *Hertz* (☏ 199/113311, www.hertz.it) und *Maggiore* (☏ 06/22456060, www.maggiore.it); 3- bis 5-mal tägl. außer So mit *CSTP*-Bussen nach Salerno/Battipaglia (Linea 8); Taxi (☏ 089/757575). 2-mal pro Woche fliegt von München die Gesellschaft *Orion Air* nach Salerno, die Verbindungen waren 2008 noch nicht über die üblichen Online-Portale buchbar (☏ 06/90286205, www.volasalerno.it).

Vom Flughafen Neapel direkt in den Cilento

Von Ende April bis Ende Oktober verbindet der **Cilento-Express** den Flughafen sechsmal täglich mit dem Golf von Policastro (mit Halt in Paestum, Agropoli, Vallo della Lucania und Palinuro). Nur mit Hotelreservierung, Onlinebuchung ist möglich (einfache Fahrt 10 €, www.cilentoexpress.com).

Ganzjährig fährt viermal täglich ein **Bus nach Salerno**, Endhalt ist der Bahnhof. Tickets beim Fahrer (Fahrzeit ca. 1 Std., einfache Fahrt 7 €, www.sitabus.it).

Boote steuern die zahlreichen romantischen Badebuchten an

Unterwegs im Cilento

Wer an der Küste bleibt und seine Ferien hauptsächlich am Sandstrand verbringt, benötigt kein eigenes Auto. Im Hinterland dagegen wird es ohne fahrbaren Untersatz schwierig.

Zwar ist auch abseits der Küste jedes größere Dorf mindestens einmal täglich mit dem öffentlichen Nahverkehr erreichbar – aber teilweise eben nur einmal. Busse fahren von den größeren Städten auf teils verschlungenen Wegen in die entlegenen Gegenden. Wer wandern oder die kulturellen Schönheiten abseits dieser Routen erkunden möchte, sollte flexibel sein und auf ein eigenes Fahrzeug zurückgreifen können. Die größeren Straßen im Cilento sind überwiegend effizient und angenehm zu fahren, auf dem Land herrscht wenig Verkehr, das Autofahren macht Spaß. Auch in Kleinstädten geht es auf den Straßen überwiegend recht gemächlich zu. Einige Bergstrecken sind ein landschaftliches Erlebnis und wegen der vielen Serpentinen abenteuerlich. Grundsätzlich lassen sich viele Ausflüge im Cilento auch gut mit der Bahn machen, vor allem die Abstecher nach Salerno, Pompei und zur Maratea-Küste. Allerdings liegen die Bahnhöfe oft meilenweit außerhalb der Ortschaften. Wer ein festes Standortquartier bevorzugt und ohne eigenes Fahrzeug im Cilento unterwegs ist, sollte sich bei der Buchung nach Transferleistungen erkundigen. Oft bieten größere Hotels oder Agriturismo-Unterkünfte einen solchen Service an.

Mit dem Auto

Das Straßennetz im Cilento ist überraschend gut ausgebaut, von einigen Löchern im Asphalt abgesehen ist der Straßenzustand zufriedenstellend. Stark frequentierte

Verkehrswege wie die Autobahn A 3 nach Kalabrien umgehen den Cilento. Auf der **Küstenroute** müssen sich Urlauber allenfalls im Ferienmonat August auf beengte Verhältnisse und Parkplatzmangel einstellen. Rasch und effizient lässt sich der Cilento auf der teils mehrspurig ausgebauten **Staatsstraße SS 18** durchqueren, die Paestum mit dem Golf von Policasto verbindet. Viel Zeit benötigen Autofahrer auf den kleinen Nebenstrecken im Hinterland.

Routen durch den Nationalpark

Küstenstraße: In Agropoli zweigt die landschaftlich reizvolle Küstenstraße (SS 267) von der SS 18 ab (Ausfahrt „Agropoli Sud"). Sie bleibt zunächst im Hinterland und erreicht kurz vor Castellabate das Meer. Am Golf von Velia zweigt eine Stichstraße ins Hinterland ab, als SS 447 schraubt sich die Küstenstraße in der Folge nach oben und erlaubt herrliche Ausblicke aufs Meer (ab Palinuro als SS 562). Vom Treppenabsatz des Monte Bulgheria genießen Autofahrer erstmals den Blick auf den Golf von Policastro, wo sich die Küstenstraße wieder mit der SS 18 vereinigt (Fahrzeit Agropoli–Sapri 2:30–3 Std.).

Superstrada (SS 18): Der Cilento-Highway *(Strada Statale 18 Tirrena Inferiore)* ist die beste Möglichkeit, um rasch Entfernungen im Nationalpark zurückzulegen. Hinter Vallo della Lucania verschwindet die Straße in langen Tunnels, um vor dem Golf von Poli-

castro wieder aufzutauchen. Auf dem letzten Teilstück nach Sapri geht's flach am Meer entlang. Wichtige Küstenorte wie Ascea oder Palinuro sind mit eigenen Ausfahrten gut erreichbar. Parallel zur ausgebauten Straße führt eine kurvenreich die alte SS 18 nach Südosten und klappert nacheinander interessante Bergdörfer ab (Fahrzeit Agropoli–Sapri 1–1:30 Std.).

Von der Küste ins Hinterland: Die kürzeste Querverbindung im Vallo di Diano ist mit dem Cilento-Highway vergleichbar und beginnt in Policastro (SS 517). Während man auf ihr in etwas mehr als 30 Min. in Padula ist, benötigt man für die anderen Strecken ca. 3 Std.; selbst die gut ausgebaute Nord-Traverse zwischen Capaccio über Roccadaspide nach Atena Lucana macht da keine große Ausnahme (SS 166). Dennoch lohnen sich die Nebenstrecken allein aufgrund der schönen Landschaft.

Hinweise zum Stadtverkehr

Im Cilento gehen die Uhren auch beim Autofahren eher langsam, voll ist es eigentlich nur in der Feriensaison an der Küste sowie zu den Geschäftszeiten in den Städten Agropoli, Capaccio Scalo, Vallo della Lucania und Sala Consilina. Im Gegensatz zu anderen Gegenden muss man im Cilento kaum um sein geparktes Auto fürchten, es sei denn, es steht im Parkverbot. Es empfiehlt sich aber immer, nichts Wertvolles im Auto liegen zu lassen. Verkehrsverstöße werden in Italien seit jeher mit hohen Bußgeldern bestraft.

Zentrum: Die Ortszentren sind oft verkehrsberuhigt, es herrscht Einbahnstraßenverkehr *(zona traffico limitato)*. In größeren Städten orientiert man sich bei der Einfahrt an dem Schild *centro*, bei der Ausfahrt an dem Hinweis „alle Richtungen" *(tutti le direzione)*.

Parken: An der Küste befinden sich freie Parkplätze meistens am Hafen *(porto)*, im *centro storico*, der Altstadt, sind sie Mangelware. Unbedingt auf die Halteverbote achten *(sosta vietata)*.

Mit dem Wohnmobil unterwegs

Der Nationalpark ist ein ideales Revier, um mit dem Caravan erkundet zu werden. Stellplätze sind in der Regel mit *sosta camper* oder *area di sosta* beschildert. Buchtipp: Das Handbuch des Autorenpaars Reinhard Schulz und Waltraud Roth-Schulz *Mit dem Wohnmobil durch Süditalien. Der Westen* widmet dem Cilento ein eigenes Kapitel und enthält viele nützliche Tipps sowie genaue GPS-Daten zu Stellplätzen in übersichtlicher Darstellung (www.womo.de).

Mit der Bahn

Die staatliche italienische Bahngesellschaft heißt *Ferrovie dello Stato (FS)*, der Personenverkehr fällt in den Geschäftsbereich der Tochter *Trenitalia*. Die Cilento-Linie verbindet den Golf von Salerno mit dem Golf von Policastro Viele Züge starten bereits in Neapel und enden an der südlichsten Stiefelspitze Kalabriens. Allerdings liegen die meisten Bahnhöfe weitab der Ortschaften und werden nur gelegentlich von Linienbussen angesteuert. Zentraler Haltepunkt ist der Bahnhof in Vallo Scalo (Vallo della Lucania-Castelnuovo), viele Linienbusse starten und enden hier. Ein weiterer günstig gelegener Bahnhof ist Ascea: Das Meer ist nicht weit, der Info-Pavillon befindet sich direkt am Bahnhofsplatz. Verbindungen in der Regel stündlich, nach 9 Uhr ein längeres Taktloch (Einzelfahrt Ascea–Salerno 4,60 €, Fahrzeit Agropoli–Sapri 1 Std.). Auf der Linie im Vallo di Diano hat die Bahn den Zugverkehr durch eine Buslinie ersetzt. Wer von Salerno oder Neapel kommt, muss in der Regel in Battipaglia oder Eboli umsteigen.

Verbundsystem: Der Cilento ist Mitglied im kampanienweiten Verbundsystem *(Unico Campania)* mit standardisierten Fahrkarten. Der Fahrpreis steigt je nach Streckenlänge. Die gleichen Fahrkarten gelten auch in den meisten Linienbussen.

Fahrpläne: Die Zugkürzel geben Rückschlüsse, ob es sich um einen Bummel- oder einen Schnellzug handelt. Der Buchstabe *R* steht für Regionalzüge *(Regionale)*, *E* oder *EXP* für Expresszüge *(Espresso)*, *IC* für Schnell- und *EC* für Hochgeschwindigkeitszüge.

Fahrkartenkauf: Tickets müssen vor Fahrtantritt gekauft und am Bahnsteig entwertet werden. Sie sind am Bahnschalter (sofern vorhanden), am Automaten sowie in einigen *Tabacchi*-Läden erhältlich. Automaten haben ein mehrsprachiges Menü, Wechselgeld über 7 € wird oft nicht herausgegeben.

Mit dem Bus

Effiziente Verbindungen existieren von Salerno nach Castellabate, von Sapri lässt sich wiederum der südliche Küstenabschnitt gut erschließen. Dazwischen sieht es etwas magerer aus. Wichtigste Drehscheibe im Hinterland ist Vallo della Lucania, im Vallo di Diano ist es Sala Consilina. In größeren Küstenorten fahren Lokalbusse die einzelnen Stadtteile und die nächstgelegenen Bahnhöfe an. Busse sind in der Regel pünktlich und zuverlässig, zur Haltestelle *(fermata)* oder zum Busbahnhof *(autostazione)* muss man sich durchfragen, da entsprechende Schilder oft fehlen. Verwirrend ist die große Zahl lokaler Busunternehmen, von denen einige nur ein bis zwei Linien bedienen. Nicht immer gelten die Verbundscheine für Kampanien (→ oben).

Nützliches zur Reiseplanung mit dem Bus

www.infrastrutture.sa.it: Eine automatische Suchmaske generiert die besten Verbindungen von Ort zu Ort (allerdings sind nicht alle Gesellschaften in das System eingespeist).

Einige Busgesellschaften: *SITA* (✆ 089/3866711, www.sitabus.it), *CSTP* (✆ 800/016659, www.cstp.it), *Infante* (✆ 0974/932938, www.agenziainfanteviaggi.it), *Curcio* (✆ 0975/391321, www.curcioviaggi.it), *SLA* (✆ 0973/21196, www.slasrl.it), *De Rosa* (✆ 0828/941065, www.autolineederosa.it), *RIAG* (✆ 0974/971757, www.cosat.it/rizzo_pasquale.htm), *Giuliano* (✆ 0974/836185, www.giulianobus.com). (Die wichtigsten Verbindungen finden Sie „vor Ort" im praktischen Reiseteil.)

Am Küstenweg zur Punta Licosa

Mit dem Schiff

Eine wunderbare Möglichkeit, an der Küste zu reisen, ist die staatlich geförderte *Metro del Mare.* Schiffe verbinden von Mai bis September die cilentanischen Bade-orte mit Salerno und der Amalfi-Küste. Auch Neapel und die Insel Capri lassen sich erreichen. Allerdings gibt es nur wenige Verbindungen, und bei hohem Wellen-gang wird der Fährbetrieb eingestellt. Abfahrtshäfen sind Agropoli, San Marco di Castellabate, Acciaroli, Marina di Casalvelino, Palinuro, Marina di Camerota und Sapri (Infos und Fahrplan: www.metrodelmare.com). In größeren Küstenorten bie-ten Agenturen am Hafen Schiffstouren zu den Grotten und Badebuchten an der Steilküste an. Zudem gibt es die Möglichkeit, nachts oder am frühen Morgen die Fischer auf ihren Booten zu begleiten *(pescaturismo).*

Mit Mietfahrzeugen

Wer nicht schon vor Reiseantritt einen Mietwagen im Zielgebiet gebucht hat, kann sich vor Ort ein Auto mieten. Die bekannten Firmen haben einen Schalter in den Flughäfen Neapel und Salerno (→ S. 28). Auch an der Cilento-Küste erhält man in einigen Orten einen Leihwagen, z. B. in Agropoli, Santa Maria di Castellabate, Pali-nuro oder Marina di Camerota. Jedoch verfügt nicht jeder vermeintliche Autover-leih über einen Fuhrpark vor Ort, manchmal müssen die Autos aus Neapel oder Salerno überführt werden. Ohne Kreditkarte geht in der Regel nichts!

Die **Vespa** ist der ideale Untersatz, um die Küste zu erschließen. Im bergigen Lan-desinneren hingegen ist man mit dem Auto oder Motorrad besser beraten. In den größeren Küstenorten gibt es einen Scooter-Verleih, auch **Fahrräder** lassen sich problemlos vor Ort mieten (Adressen in den Ortskapiteln).

Wandern

Der Cilento ist ein Wanderparadies: Der Nationalparkverwaltung zufolge steht Naturfreunden ein rund 1000 km umfassendes ausgewiesenes Wanderwegenetz zur Verfügung, das die Entdeckung der herrlichen Bergwelt an der Küste und im Hinterland möglich macht. Ein klein wenig Pioniergeist ist aber vonnöten, denn die Routen sind nicht durchgängig markiert, die Wege oft steil oder nur ansatzweise erkennbar. Jahreszeitlich bedingt können Pfade zugewachsen sein. Ziemlich verlässlich ist die Wegqualität rund um den Monte Bulgheria sowie im Cervati- und Alburni-Massiv. Gutes Schuhwerk mit Profilsohle, ein gewisses Maß an Trittsicherheit und oft auch lange Hosen sind unabdingbar. Selbstverständlich muss eine volle Trinkflasche immer im Gepäck sein. Unterwegs gibt es immer wieder herrlich sprudelnde Quellen, Einkehrmöglichkeiten sind hingegen selten. Wer ohne Wegbeschreibung Touren ausprobieren möchte, sollte unbedingt eine Wanderkarte im Gepäck haben. Doch Vorsicht: Nicht jeder eingezeichnete Weg existiert in der Wirklichkeit. Mehrere kürzere Spaziergänge und mittelschwere Wanderungen sind ausführlich in den Ortskapiteln beschrieben.

Wanderkarten: Das Kartenset der Nationalparkverwaltung enthält zehn Blätter im Maßstab 1:25.000. Sie basieren auf älteren Militärkarten und decken die gesamte Fläche des Nationalparks ab. Wanderwege sind rot eingezeichnet, existieren aber in der Realität oft nicht, weil die Kommunen andere Routen markieren. Erhältlich sind die Karten bei der Parkverwaltung in Vallo della Lucania, in einigen Info-Büros und ausgewählten Buch- und Zeitschriftenläden (6 € pro Blatt, alle Karten 50 €).

Eine Alternative für den *Cilento antico* im Norden ist die Kartenmappe *Il Monte della Stella* mit herausnehmbaren Einzelblättern (Maßstab 1:25.000, 3 €). Seit 2008 sind die zugehörigen Wegbeschreibungen zusätzlich auch auf Deutsch publiziert. Sollten sie vor Ort am Kiosk vergriffen sein, am besten im Info-Büro von Laureana Cilento nachfragen (→ S. 114).

Wanderführer: Weil die Wege auch mit guter Karte oft nicht leicht zu finden sind, bieten in einigen Cilento-Orten Einheimische Touren durch die Berge an. Hotels und Agriturismo-Landgüter kooperieren häufig mit kompetenten Führern. Empfehlenswert ist ferner ein gedruckter Wanderführer in deutscher Sprache, der im Buchhandel sowie in einigen Läden vor Ort erhältlich ist. Neben zehn Radtouren werden 26 kürzere und längere Wanderungen kompetent beschrieben, u. a. die Aufstiegsrouten auf den Monte Cervati und den Monte Bulgheria. Die beschriebenen Wanderungen ergänzen die Tourenvorschläge in diesem Reisehandbuch auf sinnvolle Art und Weise (Peter Amann: *Cilento aktiv*, Mankau Verlag).

Aktivurlaub im Cilento: Beispiele für kompetente Partner

In Salerno sitzt die **Agentur Genius loci**, deren Gründer Peter Hoogstaden zu den verdienten Wanderpionieren im Cilento gehört. Geführte Exkursionen zu unterschiedlichen Themen (✆ 089/791896, www.genius-loci.it).

Die umtriebige **GET-Gruppe Vallo di Diano** hat verschiedene Aktivangebote im Programm, u. a. auch Komplettwochen mit Unterkunft und Ausflügen am Standort Padula (✆ 0975/72586, www.getvallodidiano.it).

Der deutsche Veranstalter **Wikinger Reisen** bietet seit Jahren Wanderreisen im Cilento an (teils in Kombination mit der Amalfi-Küste), die genügend Raum für Besichtigung und Erholung lassen (✆ 02331/904742, www.wikinger.de).

Wer Wandern mit Biken und Wassersport verbinden möchte, liegt vielleicht bei **Frosch Sportreisen** richtig. Das Standorthotel befindet sich in Marina di Casalvelino (✆ 0251/9278810, www.frosch-sportreisen.de).

(→ „Cilento pauschal", S. 35)

Blick von der Terrasse eines Luxushotels in Palinuro

Übernachten

An der Küste kann der Gast zwischen allen denkbaren Kategorien wählen: Vom noblen Hotel bis zum Landhaus bleiben nur wenige Wünsche offen. Im Hinterland ist das Angebot naturgemäß etwas dünner.

Insgesamt ist die Unterkunftssituation im Cilento mehr als zufriedenstellend. Weil auch das Preis-Leistungs-Verhältnis in der Regel stimmt, ist der Cilento eine gute Standort-Alternative zum vergleichsweise teuren Golf von Neapel. Die Kapazitäten sind ausreichend, sieht man von der Ausnahmesituation Mitte August und von den badetauglichen Wochenenden in der heißen Jahreszeit ab. Im Hinterland sind volle Quartiere hingegen auch im August die Ausnahme. Die in Mitteleuropa verbreitete Klassifizierung der Hotels mit Sternen ist auch in Italien üblich, wobei die Kriterien der Vergabe sich ein wenig unterscheiden: Nicht jedes Hotel, das mit drei Sternen als ordentliches Mittelklassehotel für sich wirbt, trägt diese zu Recht. Auf dem Land sind Agriturismo-Herbergen verbreitet, deren Pendant in der Stadt heißt Bed & Breakfast.

Hotels und Pensionen: Die klassischen Urlaubsorte Paestum, Castellabate, Palinuro und Scario sind etwas teurer, preiswerter wird's, je weiter man seinen Standort nach Süden und ins Hinterland verlagert. An der Küste bieten viele Hotels in der Hauptsaison Übernachtungen nur mit Halb- *(mezza pensione)* oder Vollpension *(pensione completa)* an und staffeln ihre Preise: Vor- und Nachsaison *(bassa stagione)*, Zwischensaison *(media stagione)* und Hochsaison *(alta stagione)*. In den beiden Wochen

Die **Preise im Reiseteil** gelten, falls nicht anders vermerkt, für ein Standard-Doppelzimmer (DZ) für zwei Personen mit Frühstück. Preisspannen spiegeln die Differenz zwischen Neben- (NS) und Hauptsaison (HS).

um Mariä Himmelfahrt schießen sie noch mal in die Höhe *(altissima stagione)*.

Vom **Frühstück** *(prima colazione)* sollte man auch bei teuren Hotels mit Buffetbetrieb nicht allzu viel erwarten. In vielen Unterkünften ähnelt das Angebot dem südländischen Basisfrühstück in der Bar (Tasse Espresso und Hörnchen). Wer auf ein reichhaltiges Frühstück Wert legt, ist in Agriturismo-Landgütern besser aufgehoben.

Ferienhäuser und Apartments: In den Badeorten und vereinzelt auch im Hinterland ergänzen Ferienhäuser *(case per ferie)* und Apartments *(affitacamere)* das örtliche Unterkunftsverzeichnis. Diese sind im Normalfall mit Küche für Selbstversorger ausgestattet, der Standard ist sehr unterschiedlich. In der Regel werden sie wochenweise vermietet (von Samstag auf Samstag). Professionelle Anbieter warten mit einer ganzen Reihe von Angeboten auf (→ „Cilento pauschal").

Agriturismo: Ferien auf dem Bauernhof hat sich auch im Cilento längst etabliert. 150 Betriebe freuen sich auf Feriengäste aus dem Norden, viele davon im Landesinneren, einige in Küstennähe. An der Steilküste führen teils abenteuerliche Routen und Feldwege zu den Quartieren. Die meisten Landgüter bieten überraschend viel Komfort, werben mit authentischer Landküche und helfen bei der Urlaubsgestaltung

(Transfers, Wandertipps, Fahrradverleih, Reitmöglichkeiten). Die Unterkunft muss vorgebucht werden.

Bed & Breakfast: Auch ein Privatlogis gibt's im Normalfall nur mit Reservierung. Viele haben erst in jüngster Zeit eröffnet, daher verlässlicher Standard, die Bäder besser als in manchem Mittelklassehotel. Viele Privatquartiere sind preiswert und bieten zudem den Kontakt zu freundlichen Menschen.

Jugendherbergen: Die einzige „echte" Jugendherberge *(Ostello per la giuventù)* befindet sich in Agropoli. Low-Budget-Reisende und Familien mit schmalem Geldbeutel können allerdings auch in einer jugendherbergsähnlichen Einrichtung in Marina di Casalvelino oder im Hostel der Gemeinde Rofrano zum günstigen Preis nächtigen.

Camping: Nicht jeder ausgewiesene Platz bietet auch tatsächlich Raum zum Zelten: Mancher entpuppt sich bei der Ankunft als Feriendorf mit Bungalows *(villagio)* oder ist mit Wohnwagen dauerhaft belegt. Ausgezeichnete Campingbedingungen herrschen in Paestum, am Golf von Velia und im südlichen Küstenabschnitt zwischen Palinuro und Marina di Camerota. Einige Agriturismo-Bauernhöfe erlauben das Zelten. An der Küste reicht die Campingsaison von Anfang Juni bis Anfang Sept. Einige Plätze haben sich auf die Reisenden aus dem Norden eingestellt und öffnen auch in der Nebensaison.

Cilento pauschal

Wer nicht selbst nach einer Unterkunft suchen möchte, kann diese bei einem professionellen Anbieter vor Reiseantritt buchen.

Italimar: Der Geschäftsführer Marco Radano ist im Cilento geboren, wuchs in Deutschland auf und lebt heute in Marina di Casalvelino. Sein Unternehmen operiert mittlerweile hoch professionell italienweit, der Schwerpunkt liegt nach wie vor im Cilento (www.italimar.com).

Cilentano: Matthias Baldauf ist mit dem Cilento bestens vertraut und leitet sein Unternehmen von Regensburg aus. Neben ausgewählten Zimmern und Wohnungen in allen Kategorien haben er und sein Team u. a. Wanderferien und Sprachreisen im Angebot (www.cilentonationalpark.de).

Case in Italia: Daniela di Bartolo spricht perfekt Deutsch und bietet Häuser in ganz Italien an. Ihr Lebensmittelpunkt ist der südliche Cilento, hier führt sie ihre Gäste mit kreativen Ideen und unkonventionellen Angeboten in die Kultur des Südens ein (www.caseinitalia.com).

Armando Troccoli: Der Individualist unter den Anbietern spricht fließend Deutsch und lebt seit einigen Jahren in seinem Heimatdorf oberhalb von Ascea. Neben der Vermittlung ausgewählter (u. a. barrierefreier) Domizile an der Küste und im Hinterland steht er seinen Gästen mit vielen guten Tipps hilfreich zur Seite (www.cilento.de).

(Weitere Anbieter für Aktivurlaub im Cilento → „Wandern", S. 33.)

Vino e mare: Die Reben reifen in allerschönster Lage

Essen und Trinken

Im Cilento kann man ganz hervorragend speisen, und dies ist nicht einfach so dahergesagt: Der Cilento definiert sich geradezu – aber natürlich nicht nur – über seine qualitativ hochwertige Küche. Diese ist zunächst nichts anderes als einfache Hausmannskost auf hohem Niveau.

Nach hoch dekorierter Sterneküche oder mondänen Gourmettempeln wird man vergebens Ausschau halten. Die *cucina tipica Cilentana* ist ein kulinarisches Label, das einst aus der Not geboren wurde: Kartoffeln, Bohnen, Paprika und Tomaten, dazu von Immigranten, Invasoren und Fremdherrschern importierte Baumfrüchte, wie z. B. weiße Feigen oder Oliven. In den Wäldern wachsen Trüffel, Steinpilze, Wildkräuter und Walderdbeeren, oft findet man Wildschwein oder Kaninchen auf dem Speisezettel. Die Milch der Ziegen, Schafe und Kühe wird zu Käse verarbeitet, Fleisch kommt traditionell zu festlichen Anlässen auf den Tisch.

> „Die Armen essen überhaupt das ganze Jahr hindurch nur Brot, das manchmal mit einer rohen, sorgfältig zerdrückten Tomate oder einem bisschen Knoblauch mit Öl oder mit heftig beißenden spanischen Pfefferschoten, dem sogenannten Diavolesco, gewürzt wird."
>
> **Carlo Levi**, *Christus kam nur bis Eboli* (→ „Literatur", S. 45).

Auf Grundlage der simplen Bauernküche *(cucina povera)* entwickelte sich eine grundsolide Hausmannskost *(cucina casareccia)*, die an der Küste ihr Pendant in der ebenfalls bodenständig gebliebenen *cucina di mare* hat. Die Fischer bringen Barsche, Sardellen, Makrelen und Thunfisch auf die Märkte, dazu Meeresfrüchte wie Tintenfische, Garnelen und Kalmare. Der internationale Ritterschlag erfolgte im 20. Jh., als der amerikanische Physiologe Ancel Keys die Vorzüge der Cilento-Küche entdeckte und auf ihrer Basis seine „Mittelmeerdiät" konzipierte (→ „Im Cilento geboren", S. 125). Die Gastronomie nahm die Steilvorlage an und kreierte auf der Basis alter Hausrezepte neue Gerichte, die sich heute auf den Speisekarten der Restaurants. Mittlerweile ist das Selbstbewusstsein groß: Schließlich hatten schon die eleatischen Philosophen im Cilento über die richtige Ernährung nachgedacht (→ S. 136). Im Mittelalter veredelte der Einfluss der Medizinschule von Salerno die lokalen Essgewohnheiten, und auch die Bemühungen der basilianischen Mönche schlugen sich positiv nieder. Insgesamt fällt die cilentanische Küche heute weniger durch kreative Rezeptideen auf: Die Qualität der Zutaten macht hier die Musik!

Hinweise zum Restaurant-Besuch

Die Begriffe *Trattoria*, *Osteria* oder *Ristorante* unterscheiden sich zwar historisch, werden jedoch mittlerweile oft synonym verwendet. Dennoch können Reisende davon ausgehen, dass eine Osteria in ländlichen Gegenden ein alteingesessenes Familienlokal ist, das in der Regel mittags und dann wieder am Abend ab 20 Uhr öffnet und für authentische Kost in verlässlicher Qualität zu günstigen Preisen steht. In Städten kann sich hinter dem gleichen Etikett eine teure und oft ganz ausgezeichnete Edel-Trattoria verbergen. Im Hinterland empfiehlt es sich, sein Kommen vorher telefonisch anzukündigen, zumindest in manchen Lokalen (wenn dies der Fall ist, wird im praktischen Reiseteil darauf hingewiesen). Einige Restaurants bieten auch Pizza an, der Holzbackofen wird jedoch meistens nur am Abend oder am Wochenende angeheizt. In den touristisch geprägten Küstenorten hat es sich inzwischen eingebürgert, für das Tischgedeck (*coperto*, 1–2 €) etwas zu berechnen; nicht immer weisen Speisekarten auf diesen Zusatzposten hin. Ein Trinkgeld *(mancia)* ist zwar nicht unbedingt üblich, wer als Gast jedoch zufrieden ist, sollte vielleicht beim Gehen ein paar Münzen auf dem Tisch liegenlassen. Das gilt im Übrigen auch für den Espresso in der Bar. Schilder, die mit einem *menu turistico* auf das Lokal aufmerksam machen, finden sich im Cilento eher selten. Hier kann man zwar Geld sparen (je nach Preisklasse kostet ein Touristenmenü ohne Getränke 8–15 €), nicht immer stimmt jedoch die

Im Spätsommer werden Feigen zum Trocknen ausgelegt

Grundschulklasse bei der Einführung in die Cucina cilentana

Qualität. Wer kleine Portionen gewohnt ist, muss sich im Restaurant keineswegs durch die komplette Menüfolge hindurchkämpfen. Mittags genügt oft einfach die Pasta oder das Hauptgericht, abends kann man sich durchaus auf zwei Gänge beschränken und dann noch einen Nachtisch bestellen, ohne den Küchenchef zu beleidigen. **Die Angaben im praktischen Teil des Buchs** beziehen sich auf den Durchschnittspreis für ein Dreigänge-Menü (Vorspeise oder erster Gang) à la carte mit Beilage *(contorni)*, Getränke sind nicht enthalten.

Typische Gerichte

Antipasti

Die gemischten Vorspeisenteller *(antipasti misti)* enthalten Salami, Schinken und Käse, oft ergänzt durch marinierten Fisch und eine Beilage aus Tomaten, gegrillten Artischocken oder Auberginen, Kichererbsen *(ceci)* und weißen Bohnen *(fagioli)*. Die Zutaten wechseln je nach Gegend und Jahreszeit.

Mozzarella di bufala: Der Büffelmozzarella ist EU-geschütztes Markenprodukt (DOP) seit 1996 (→ „Schwarze Flecken auf dem Weißen Gold", S. 53).

Soppressata: Salami aus Schweinefleisch, scharf gewürzt und 15 Tage im Naturdarm luftgetrocknet oder geräuchert. Die berühmteste *Soppressata* kommt aus Gioi.

Cacocavallo silano: tropfenförmiger „Pferderücken"-Käse (nicht nur im Cilento verbreitet), wird meist aus Kuhmilch gewonnen, DOP-Produkt.

Cacocavallo dell'emigrante: Früher wurde die Salami im Käsemantel durch den Zoll geschmuggelt.

Sciuscilluni: süße Paprikaschoten, luftgetrocknet und in Olivenöl angebraten.

Moscardini e scarola al peperoncino: Tintenfisch mit Endiviensalat und scharfen Paprikaschoten.

Acqua sale: klassische Brotzeit der Armen. In Salzwasser zerdrückte Tomaten, dazu in Olivenöl getränktes Maisbrot.

Primi

Beim ersten Gang wählt man in der Regel zwischen unterschiedlicher Pasta. Eine Soße *(sugo)* aus frischen Tomaten, Oregano, dazu Gemüse, Wurst oder Fleisch (an der Küste mit Venusmuscheln und Meeresfrüchten) verleiht dem Essen die Würze. Statt Parmesan steht geriebener, hartgetrockneter Ziegenkäse auf dem Tisch.

Fusilli (Fusiddi) e spaari: bekannteste Nudel im Cilento, vor allem in der Calore-Gegend zu Hause (→ S. 215). Sie wird mit einem Metallstab gerollt und von Hand einmal in der Mitte gedreht, hier mit grünem Spargel *(asparago)* serviert.

Strangula prievete: Die „Priesterwürger" sind unter wechselnden Dialektbezeichnungen in ganz Süditalien bekannt, kamen ursprünglich wohl aus Apulien.

Ravioli ricotta: Teigtaschen, gefüllt mit quarkähnlichem Frischkäse.

Cavatelli (Cavatieddi): 3 cm lange Hohlnudeln aus Hartweizenmehl, den Gnocchi nicht unähnlich. Bei nordamerikanischen Emigranten populär, in ganz Süditalien zu finden.

Pizza cilentana: enthält natürliche Treibhefe *(biga)*, wird mit gekochten Tomaten belegt und anschließend mit Oregano und geriebenem Ziegenkäse gewürzt. Prignano feiert jedes Jahr ein Fest zu Ehren der cilentanischen Spezialität.

Secundi

Wichtigste Zutat der Cilento-Küche ist das Olivenöl *(olio extra vergine d'oliva)*, es wird immer verwendet, egal ob bei der Vorspeise, bei der Pasta oder beim Hauptgericht. Fisch oder Fleisch wird bevorzugt gegrillt oder frittiert, Vegetarier halten sich vielleicht an lecker gefüllte Auberginen *(melanzane ripiene alla cilentana)* oder an herzhafte Gemüse-Eintöpfe (im Herbst mit Steinpilzen).

Coniglio alla cilentana: Kaninchen nach Cilentaner Art, taucht z. B. auf der Karte unter der Bezeichnung *cuniglio nbuttunatu* auf: gebratenes Kaninchen mit Kartoffeln, Ziebeln, Ei und Käse.

Ragù di cinghiale: Wildschweinbraten, Steak von der Lende mit Paprika.

Braciole con uva passa pinoli: Rouladen vom Kalb oder Schwein, serviert mit Rosinen, Speck, Pinienkernen und Petersilie.

Mbrogliatelli: am Spieß gegrillter Ziegendarm, ebenso wie **Sfruonzo** (mit Innereien vermengte Fleischreste, kredenzt mit Bratkartoffeln) ein Vertreter der authentischen *cucina povera*.

Pagello all'acqua pazza: Meerbrasse in „verrücktem Wasser", berühmtes Küstengericht, der Barsch wird in einem Sud aus Olivenöl, Tomaten und Petersilie gegart.

Alici di menaica: Sardellenspezialität aus Pisciotta, findet man mittlerweile auch in anderen Küstenorten (→ S. 148).

Dolci

Castagnaccio: Der Kastanienkuchen ist besonders im Herbst und in der Maronen-Hochburg Roccadaspide eine leckere Versuchung.

Café in Pisciotta

Zeppole (Scauratielli): traditionelles Weihnachtsgebäck im Cilento. Weizenmehl-Teigringe, in Olivenöl frittiert und anschließend mit Zimt und Honig überzogen.

Struffoli: Honigbällchen, Teig aus Mehl, Eier und Zucker, zum Honig kommen geriebene Orangen- und Zitronenschalen sowie Nüsse in die Glasur.

Raffaiuolo: süße Versuchung auf der Basis von Hart- und Weichweizenmehl, Eiern, Hefe und Zucker.

Fichi bianchi alle noci: mit Walnüssen und Honig gefüllte Feigen. Die von Sarazenen eingeführte Frucht ist heute ein geschützter Markenartikel (DOP), Cicerale ist ein wichtiges Anbaugebiet im Cilento.

„Ich machte Halt, um den Schimmer des blauen Wassers in der Ferne zu bewundern. Es war der Golf von Policastro. Zwei junge Frauen kamen durch den Farn und boten mir mit verführerischem Lächeln und schmeichelnden Stimmen aus Zweigen geflochtene Körbchen an, in denen Walderdbeeren lagen. Mit entzückender Unverfrorenheit erbaten sie augenblinzelnd und lachend zweitausend Lire für jedes der Körbchen – etwa dreimal so viel, wie jeder Ladenbesitzer zu fordern gewagt hätte."
Henry V. Morton, *Wanderungen in Süditalien*, Frankfurt am Main 1969.

Wein

Halbherzige Versuche einiger Genossenschaften, auf Massenweine zu setzen, scheiterten im Ansatz. Auch hier erwies sich der Cilento als eine Region für Individualisten. Kleine Güter produzieren jedoch seit Jahren qualitativ gute Weine, ohne dass der Cilento bislang zu den „großen" Weinanbaugebieten gezählt werden darf. Die namhaften Güter befinden sich allesamt im Norden, die bekannteste Rebenhochburg ist Castel San Lorenzo: Das Anbaugebiet umfasst acht Gemeinden, die Weine dürfen sich seit 1991 mit dem DOC-Prädikat *(Denominazione di Origine Controllata)* schmücken. Einige Restaurants ergänzen ihr Angebot cilentanischer Tropfen mit edlen Weinen von der Amalfi-Küste und aus der Basilikata (hier ist vor allem der Aglianico von den Vulkanhängen des Monte Vulture erwähnenswert). In Restaurants reicht es oft, nach dem guten alten Hauswein zu greifen *(vino della casa)*, den man niemals mit nach Hause nehmen sollte, der aber vor Ort in aller Regel ausgezeichnet mundet.

Empfehlenswerte **Weingüter mit Verkaufsstellen**: in San Marco di Castellabate (→ S. 105), Castel San Lorenzo (→ S. 83), Giungano (→ S. 72) und Prignano (→ S. 117).

Sonstige Getränke

Normalerweise wird zur Mahlzeit und zum Hauswein eine Flasche Tafelwasser mit Kohlensäure *(gasata/frizzante)* oder ohne *(naturale)* bestellt. Zum Abschluss der Mahlzeit wird häufig süßer Zitronenlikör *(limoncello)* angeboten, Alternativen sind Erdbeer- oder Melonenlikör bzw. Fenchel- oder Rucolaschnaps. Manchmal gibt es auch in Alkohol eingelegte Feigen, die man auf jeden Fall einmal probieren sollte. In Italien wird im Sommer immer häufiger Bier getrunken, auch in guten Restaurants. Man sollte sich aber nicht wundern, wenn Bier teurer ist als Wein. Traditionell beschließt der Italiener jede Mahlzeit mit dem obligaten Espresso *(caffè)*.

Blick auf die Cilento-Küste am Abend, im Hintergrund der Monte Stella

Wissenswertes von A bis Z

Adressen

Adressen können einige erklärungsbedürftige Zusätze und Abkürzungen enthalten, orientieren sich aber ansonsten am mitteleuropäischen Standard.
Contrada *(Contr.)* und **Frazione** *(Fraz.)*: Stadtviertel bzw. Ortsteil. **Località** *(Loc.)*: Weiler oder Ortsteil. **Borgo**: Name für das mittelalterliche Dorf. **Capoluogo**: Hauptort und Sitz der Kommune. **Strada** und **Via**: Land- bzw. Ortsstraße (**vicolo** = Gasse, **corso** = Boulevard). **Lungomare**: Straße am Meer, zumeist die innerörtliche Küstenpromenade. **Piazza**: Platz (**piazzale** = großer Platz, **piazzetta** = kleiner Platz).

Ärztliche Hilfe/ Medizinischer Notfall

Polizeinotruf unter ✆ **112** (auch Handy), Unfallrettung unter ✆ **113**. Größere Krankenhäuser gibt es in Agropoli und Vallo della Lucania *(ospedale)*, Telefonnummern der örtlichen Erste-Hilfe-Stationen *(Guardia medica)* finden Sie im Reiseteil dieses Buchs.

Ausweispapiere

Der Personalausweis *(carta d'identità)* oder Reisepass *(passaporte)* muss immer im Gepäck sein, wer mit dem eigenen Auto unterwegs ist, benötigt einen Führerschein *(patente di guida)* bzw. Fahrzeugschein *(libretto di circolazione)*.

Baden

Die gesamte Cilento-Küste ist badetauglich, das Wasser herrlich sauber. Fast alle Badeorte wuchern mit dem Pfund, dass die Strände seit Jahren höchste Auszeichnungen erhalten. Badegäste haben die Qual der Wahl zwischen kilometerlangen Sandstränden oder romantischen Felsbuchten. Im Hinterland locken saubere Flüsse nach dem Tagesausflug oder der Wanderung in den Bergen. Während jene keine Badesaison kennen, muss man sich an der Küste im August auf volle Strände gefasst machen. Doch schon im September ist es meistens wieder so ruhig wie in der Vorsaison.

Cinque Vele: Die *Fünf Segel* sind das begehrteste Gütesiegel und werden von der italienischen Umweltorganisation *Legambiente* in Zusammenarbeit mit dem *Touring Club Italiano (TCI)* in jedem Jahr neu vergeben. Bereits drei oder vier Segel verheißen eine mehr als verlässliche Badequalität (www.legambiente.eu).

Bandiera Blu: Ein weiteres Prädikat, um das sich die Küstenorte alljährlich neu bemühen. Seit Jahren weht die *Blaue Flagge* im Cilento, die Kriterien beschränken sich wie bei den „Segeln" nicht nur auf die Wasserqualität, sondern auch auf die Sauberkeit der Strände und die Infrastruktur (www.feeitalia.org).

Bagno: Die meisten Badeorte verfügen über Strandbäder *(bagni)* mit Sanitäranlagen, Kabinen und Liegen mit Sonnenschirm. Je nach Zeitpunkt der Saison bewegen sich die Tagespreise für zwei Liegen und Schirm zwischen 8 und 15 €.

Diplomatische Vertretungen

In wirklichen Notlagen und begründeten Fällen helfen Botschaften und Konsulate, Auslagen müssen zurückgezahlt werden.

Deutsche Botschaft *(Ambasciata della Repubblica Federale di Germania)*: Via San Martino della Battaglia 4, 00185 Roma, ✆ 06/492131, www.rom.diplo.de.

Deutsches Generalkonsulat *(Consolato Generale di Germania)*: Via Crispi 69, 80121 Neapel, ✆ 081/2488511, www.neapel.diplo.de.

Österreichische Botschaft *(Ambasciata d'Austria)*: Via Pergolesi 3, 00198 Roma, ✆ 06/8440141, www.aussenministerium.at.

Österreichisches Honorarkonsulat *(Consolato d'Austria)*: Corso Umberto I 235, 80138 Neapel, ✆ 081/287724.

Schweizer Botschaft: *(Ambasciata di Svizzera)*: Via Barnaba Oriani 61, 00197 Roma, ✆ 06/809571, www.eda.admin.ch.

Schweizer Konsulat *(Consolato di Svizzera)*: Centro Direzionale (isola B3), 80143 Napoli, ✆ 081/7341132.

Einkaufen

Ein Shoppingparadies ist der Cilento-Nationalpark nicht, da ist der Ausflug nach Salerno die weitaus bessere Option. Die üppigste Auswahl an Geschäften bietet Agropoli, gefolgt von Vallo della Lucania und Sala Consilina. Fast jedes Dorf verfügt über mindestens einen kleinen Laden, der die Grundversorgung der Bewohner mit Lebens-

Zugeklappt: Abendstimmung am Strand von Scario

mitteln sowie Drogerie- und Haushalts-
artikeln gewährleistet. Supermärkte sind
selten bzw. finden sich nur in größeren
Städten. Quittungen, Kassenbons und
Belege stets mitnehmen und zu einem
späteren Zeitpunkt entsorgen!

Prodotti tipici: An der Küste und im Hinterland stößt man auf Bauernläden, die auf
den Vertrieb der Agrarprodukte des Cilento-
Nationalparks spezialisiert sind. Hier sind
Wein, Olivenöl, Käse, Wurst, eingelegtes
Obst und Gemüse und vieles mehr in ausgezeichneter Qualität erhältlich.

Öffnungszeiten: meist Mo–Sa 9–13 und
15/16–20 Uhr, in den touristisch geprägten
Küstenorten haben die Läden in der Saison
oft sonntags und abends länger offen. Dafür steht man am Montagvormittag zuweilen vor verschlossener Tür.

Eintrittspreise/Ermäßigungen

Eintrittsgebühren sind im Cilento eher
selten, in vielen Museen ist der Zutritt
kostenfrei *(Ingresso libero)*. Eintritts-
pflichtig sind die größeren archäologischen Ausgrabungsstätten (Paestum
und Velia), für die beiden Tropfstein-
höhlen bei Castelcivita und Pertosa
muss man sogar vergleichsweise tief in
die Tasche greifen. Für Kinder gibt es in
der Regel Ermäßigungen (gestaffelt
nach Alter), die *Campania Artecard* be-
rechtigt je nach Preiskategorie an be-
stimmten Tagen zu einem ermäßigten
Zutritt. Sie lohnt sich, wenn man den
Cilento-Aufenthalt mit Ausflügen nach
Pompei oder Herculaneum verbindet.
Infos im Callcenter unter ✆ 800/600
601 (gebührenfrei innerhalb Italiens)
oder www.artecard.it.

Feste/Feiertage

Das Hauptfest in Italien ist Mariä Himmelfahrt *(ferragosto)*. Traditionell pil-
gert in den Tagen davor und danach
ganz Italien an die Strände, am Feiertag
selbst hat alles geschlossen. Wer kann,
sollte diesen Ausnahmezustand meiden.
Die meisten Dorffeste – kirchliche und
säkulare – finden im August statt, weil

*Straßenschilder erinnern an das
örtliche Keramikhandwerk*

im Sommer traditionell die Gastarbei-
ter und Emigranten ihre Familie und
Freunde in der Heimat besuchen (die
wichtigsten Feste sind in den Ortskapiteln genannt).

An folgenden Tagen haben Läden und Äm-
ter zu: **Weihnachten**, **Neujahr** und **Dreikö-
nig**. **Karfreitag** ist kein Feiertag, der **Oster-
montag** dafür traditionell in Süditalien ein
großes Familienereignis. Feiertage sind ferner der **25. April** (Tag der Befreiung von der
deutschen Wehrmacht), **1. Mai** (Tag der Arbeit) und **2. Juni** (Tag der Gründung der Republik). An **Pfingsten** haben die Läden nur
am Sonntag geschlossen, das religiöse
Hauptfest ist der **15. August** (Mariä Himmelfahrt). **1. November** (Allerheiligen) und
8. Dezember (Mariä Empfängnis) sind
weitere wichtige Feiertage.

Geld

Gültige Währung in Italien ist der Euro.
Einen Bankautomaten *(bankomat)* gibt
es in jeder Kommune, vor allem in den
größeren Küstenorten ist es prinzipiell
kein Problem, an Bargeld zu kommen.

Nützliche Internetseiten für die Reiseplanung

www.enit.de: regelmäßig aktualisiertes Einstiegsportal, gut für die Planung der Reise.

www.turismoinsalerno.it: die Provinz Salerno, zu der auch der Cilento zählt, mit neuem und ansprechendem Auftritt.

www.cilentoediano.it: offizielle Seite des Cilento-Nationalparks, einladende Gestaltung, allerdings nur auf Italienisch.

www.cilento-nationalpark.de: informatives Cilento-Portal auf Deutsch.

www.meteogroup.de: schnelle Orientierung über das Wetter – einfach den gewünschten Cilento-Ort in die Suchmaske eingeben.

www.trenitalia.it: unverzichtbar, wer mit Zug und Bus unterwegs ist.

www.infrastrutturetrasporti.sa.it: nützliche Seite mit praktischer Suchmaske für Busverbindungen von Ort zu Ort (leider nicht vollständig, dennoch gut).

Dagegen können im Hinterland die einen oder anderen Geräte außer Betrieb sein. Wer sichergehen will, sollte Reiseschecks dabei haben.

Kreditkarten: werden z. B. an Tankstellen und in größeren Vier-Sterne-Hotels akzeptiert, zudem erhält man mit der Kreditkarte an vielen Bankautomaten Bargeld.

Geldautomaten: Nicht an jedem Automaten kann abgehoben werden, auf entsprechendes Symbol und das mehrsprachige Tastenmenü achten! Für Auslandsabhebungen werden Gebühren erhoben.

Öffnungszeiten der Banken: italienweit einheitlich Mo–Fr 8.30–13.30 und 14.45–16.30 Uhr.

Kartenverlust: Kontensperrung und Verlustanzeige unter ✆ 0049/116116 (Sammelnummer in Deutschland für EC- und Kreditkarten).

Information und Internet

In den meisten Küstenorten findet man ein Info-Büro *(Pro loco)*, das allerdings außerhalb der Ferien- und Badesaison nicht immer zuverlässig öffnet. Eine gute Informationsquelle bei der Ankunft im Cilento ist das Büro in Paestum, im Vallo di Diano lohnt es sich, bei Fragen die beiden Touristenschalter in der Kartause von Padula aufzusuchen. Die Fremdenverkehrszentrale der Provinz Salerno ist auch für den Cilento zuständig und befindet sich in der Hauptstadt am Bahnhof (Salerno, Piazza Veneto 1, ✆ 089/231432).

In Deutschland, Österreich und der Schweiz hat das staatliche Fremdenverkehrsamt *(ENIT)* verschiedene Repräsentanzen, die bei der Reiseplanung helfen.

ENIT-Direktion Frankfurt: Neue Mainzer Str. 26, 60311 Frankfurt a. M., ✆ 069/237434, www.enit.de, Mo–Fr 9.30–17 Uhr.

ENIT-Büro Berlin: Friedrichstr. 187, 10117 Berlin, ✆ 030/2478397, enit-berlin@t-online.de.

ENIT-Büro München: Prinzregentenstr. 22, 80538 München, ✆ 089/531317, enit-muenchen@t-online.de.

ENIT-Büro Wien: Kärntnerring 4, 1010 Wien, ✆ 01/505163912, info@enit.at.

ENIT-Büro Zürich: Uraniastr. 32, 8001 Zürich, ✆ 043/4664040, info@enit.ch.

Kartenmaterial

Einen guten Überblick geben die Straßenkarten im Maßstab 1:200.000 *Kampanien – Basilicata (Kümmerly & Frey)* und *Campania e Basilicata (Touring Club Italiano)*. Ebenfalls nützlich ist die Karte *Dal golfo di Napoli al Cilento* (1:175.000, ebenso vom *TCI*). Darüber hinaus gibt das Tourismusbüro der Provinz Salerno eine halbwegs akzeptable Übersichtskarte heraus. Sie wird, ebenso wie die Karte *itinerari & sentieri* der Nationalpark-Verwaltung, von einigen Info-Büros kostenlos abgegeben (so lange der Vorrat reicht). Hervorragend und sehr detailliert ist die *Karte Parco Nazionale Cilento e Vallo di Diano (Editore Matonti)* im Maßstab 1:50.000

und mit eingezeichneten Wanderwegen. Sie ist in größeren Orten für 7 € am Kiosk erhältlich, allerdings als Autokarte wegen des großen Formats nur bedingt geeignet (Infos zu Wanderkarten → S. 33).

Kinder

Trotz sinkender Geburtenrate: Die Italiener lieben ihre *bambini*. Familien mit Kindern werden bei den Einheimischen daher kaum auf Barrieren treffen. Viele Strände im Cilento sind familientauglich, ältere Kids lassen sich zudem vielleicht von einigen der im Reiseteil beschriebenen Wanderungen und Museumsbesuche begeistern (z. B. das Erlebnismuseum zur Hera Argiva in Capaccio). Die Höhlen von Castelcivita und Pertosa oder die Geisterstädte bei Roscigno und Palinuro lassen ohnehin jugendliche Herzen höher schlagen.

Literatur

Luciano De Crescenzo, *Geschichte der griechischen Philosophie*: Wer Philosophie ohne komplizierte Schachtelsätze und Fremdwörter bevorzugt, findet in dem Band über die Vorsokratiker eine perfekte Einführung in die Alltags- und Gedankenwelt eines Parmenides, Zenon und der anderen eleatischen Philosophen. Anschaulich, wie er das Gleichnis von Achill und der Schildkröte erläutert. Diogenes Verlag.

Giampiero Indelli, *Cilento. The National Park's Nature and Landscape*: Ein opulenter Bildband mit faszinierenden Fotografien über den Cilento und guten einleitenden Texten in englischer Sprache. Ein Mitbringsel mit bleibendem Erinnerungswert. Das Buch ist nicht über den Handel, sondern nur bei der Nationalpark-Verwaltung in Vallo della Lucania erhältlich. Editoriale Giorgio Mondadori.

Carlo Levi, *Christus kam nur bis Eboli*: Nicht erst seit dem gleichnamigen Film von Francesco Rosi aus dem Jahr 1978 zählt dieses Buch zu den Klassikern der italienischen Literatur schlechthin. Wer von Salerno aus durch die Sele-Ebene nach Süden fährt, stößt unweigerlich auf das Hinweisschild nach Eboli. Dort spielt die autobiografische Erzählhandlung aus den 1930er-Jahren aber gar nicht, sondern tief im lukanischen Hinterland der heutigen Basilikata. Viele realistische Beschreibungen aus der Alltagswelt der armen Bauern treffen aber auch für den Cilento zu. dtv oder SZ-Bibliothek.

Umberto Pappalardo, *Im Schatten des Vesuv*: Für alle, die an der Magna Graecia interessiert sind, ein Standardwerk. Der bekannte neapolitanische Archäologe war an den Ausgrabungen in Pompeji beteiligt und führt in leicht verständlicher Sprache in die Kultur der alten Griechen sowie in interessante Details zu den Ausgrabungsstätten am Golf von Neapel ein. Das Buch ist reich bebildert, Paestum und Elea ist je ein eigenes Kapitel gewidmet. Theiss Verlag.

Barbara Poggi, *La Cucina Cilentana*: Mit diesem Buch lassen sich die Vorzüge der cilentanischen Küche und der Mittelmeerdiät genießen, ohne dass man ein Flugzeug nach Italien besteigen müsste. Ein praktisches Kochbuch mit vielen schmackhaften Rezepten, vorgestellt von namhaften Köchen aus dem Cilento. Da fehlen nur noch die richtigen Zutaten … Mankau Verlag.

Barbara Schäfer, *Limoncello mit Meerblick*: Ein kleines, unterhaltsam geschriebenes Buch mit einer Fülle alltäglicher und außeralltäglicher Geschichtchen und Anekdoten aus dem Cilento und von der Amalfi-Küste. Köstlich, wie die Autorin sich nach alten Schätzen in den Bergen oder die Vorbereitungen zu einem Dorffest im Hinterland beschreibt. Picus Lesereisen.

Ortrud Westheider/Michael Philipp, *Malerei für die Ewigkeit. Die Gräber von Paestum*: 2007 und 2008 wurden die Museumsschätze von Paestum in Deutschland präsentiert (im Bucerius Kunst Forum in Hamburg und im Berliner Martin-Gropius-Bau), und zwar erstmals so, dass Besucher den Aufbau antiker Grabkammern authentisch nachempfinden konnten. Der Begleitband zur Ausstellung ist mit informativen Texten und guten Reproduktionen der antiken Grabmalereien ausgestattet. Bucerius Kunst Forum.

Renate Wittenberg, *Nehmen Sie Platz Signora*: Die nördliche Cilento-Küste hat sich vom Auswanderer- zum Einwandererland gemausert. Besonders Deutsche lassen sich gerne von der schönen Landschaft rund um Castellabate bezaubern. Kein Wunder, dass so mancher davon träumt, hier für immer seine Zelte aufzuschlagen. Renate Wittenberg hat den Ortswechsel gewagt und berichtet von den Erfahrungen der ersten Monate im Cilento. Weimarer Schiller-Presse.

Vorbildlich: das Museum am Hera-Heiligtum in Capaccio

Museen

Am bekanntesten sind die **antiken Ausgrabungsstätten** von Paestum und Velia. Darüber hinaus gibt es weitere, weniger bedeutende im Hinterland, die sich mit kürzeren und längeren Spaziergängen in toller Naturkulisse verbinden lassen (z. B. in Moio della Civitella oder Sacco). Klassische Museumsstädte sind Paestum-Capaccio, Vallo della Lucania und Teggiano. In vielen cilentanischen Dörfern haben private Initiatoren kleinere Heimatmuseen *(case contadine)* aufgebaut, die einen Besuch durchaus lohnen, das schönste befindet sich in Morigerati. Hier darf man nichts Großartiges erwarten, für einen Blick auf die Bauernkultur vergangener Tage lohnt sich der Besuch auf jeden Fall. Liebhaber für sakrale Kunst kommen in Castellabate, Policastro Bussentino, aber vor allem in Teggiano und Vallo della Lucania auf ihre Kosten. Zwei Museen mit naturkundlichem Schwerpunkt in der Nähe der Tropfsteinhöhle Pertosa

standen zum Zeitpunkt der letzten Recherche kurz vor der Eröffnung.

Musik

Eine gute Gelegenheit, im Cilento die traditionellen Lieder und Gesänge zu hören, sind die Kirchen- und Dorffeste, die zumeist im Ferienmonat August stattfinden. Im Internet erhält man einen kleinen Vorgeschmack (www.you tube.com). Novi Velia ist die Musikhauptstadt des Cilento, zu den Pilgerterminen lässt sich auf dem Monte Sacro die lebensfrohe Tarantella-Musik live erleben.

Tarantella cilentana: Viele leiten den Tanz von der *lycosa tarentula* ab, der in Süditalien beheimateten Tarantel. Die schnellen Rhythmen haben Komponisten wie Schubert, Chopin oder Kurt Weill inspiriert und sind auch im Cilento zu hören. Alessandra Belloni, die bekannteste moderne Interpretin, ist mittlerweile in Amerika zu Hause, ihre Musik weltweit erhältlich, z. B. die 2003 erschienene CD *Tarantelle e Canti d'Amore*. Infos auf Deutsch z. B. unter www.taranta-scalza.de.

Spaccanapoli: Ein guter Einstieg in die Rhythmen der Region rund um den Golf von Neapel sind die Aufnahmen der schmissigen Formation Spaccanapoli (benannt nach dem „Spalt Neapels", der berühmten Altstadtgasse). Die Musiker interpretieren alte Motive neu, teils mit sozialkritischem Unterton, immer wieder spürbar sind arabische Einflüsse. Die CD *Aneme Perzel/Lost Souls* ist 2000 bei Real World/ EMI erschienen.

Suoni Antico: Der Erforschung der alten cilentanischen Weisen hat sich der Musikethnologe Gianfranco Marra verschrieben. Die Musik ist oft wehmütig und spiegelt Stimmungen und Emotionen der Menschen im Cilento wider. Typische Begleitinstrumente sind die viersaitige *chitarra battente* oder die *friscarulo*, eine Flöte aus dem kleinen Weiler Celso bei Pollica. CDs sind bei der Nationalpark-Verwaltung und in einigen Buchhandlungen sowie Info-Büros erhältlich (Kontakt: gmarra@inwind.it).

Sonstige Musik: Seit Jahren Kult ist die traditionelle Formation Taranta Rock des Tonkünstlers Mico Argirò. Die in Agropoli beheimatete Band steht in der Tradition der Tarantella (→ S. 46), hat aber einen eigenen Stil entwickelt. Sie tritt in der Region auf, digitale Aufnahmen gibt es nicht. Die experimentelle Gruppe A Toys Orchestra, ist ebenfalls in Agropoli zu Hause. Die fünf jungen Musiker haben mehrere CDs herausgebracht (Infos: www.atoysorchestra.com).

Post

Fast jede Gemeinde verfügt über ein Postamt *(ufficio postale)*, selbst in kleineren Dörfern findet sich häufig eine Außenstelle. Die italienische Staatspost *(Poste Italiane)* besitzt das faktische Monopol über die Briefbeförderung. Standardbriefe und Postkarten ins europäische Ausland kosten 0,65 €, die Briefkästen in Italien sind rot (Infos: www.poste.it).

Rauchen

Seit 2005 ist in Italien das Rauchen an öffentlichen Orten verboten. Auch in Bars und Restaurants, in Zügen und Bussen sowie, ist der Glimmstengel untersagt. Das Verbot wird strikt eingehalten, der Verstoß – insbesondere in Gegenwart von Kindern – wird mit einem hohen Bußgeld geahndet.

Sport

Als Aktivdestination par excellence sind die Freizeitsport-Möglichkeiten im Cilento groß. Wer gerne wandert oder mit dem Rad unterwegs ist, kann auf verschiedenen Routen die Küste und das Hinterland entdecken (→ „Unterwegs", S. 33). Freunde der Unterwasserwelt können im Sommerhalbjahr bei den professionellen Tauchcentern eine Ausrüstung mieten. Das bekannteste Tauchrevier ist das Capo Palinuro mit seinen Klippen, Buchten und Höhlen. Wassersport (z. B. Segeln und Surfen) ist ebenfalls beliebt, und auch hier ist es möglich, Kurse zu belegen oder die nötige Ausrüstung vor Ort zu mieten (Adressen im Reiseteil des Buchs).

Reiten: Ausritte zu Pferd oder mit dem Esel werden – besonders bei Kindern – immer beliebter. Verschiedene Agriturismo-Landgüter und Reiterhöfe bieten Exkursionen ins Hinterland an (Adressen im Reiseteil des Buchs oder unter www.turismo equestre.com).

Paragliding: Gleitschirmflieger finden in Capaccio am Rand der Sele-Ebene (Golf von Salerno) ausgezeichnete Windbedingungen vor. Ein weiteres gutes Revier ist die Maratea-Küste südlich des Cilento.

Klettern: Die Felsen der „Dolomiten des Südens" fordern geradezu zum Klettern heraus. Die GET-Ortsgruppen *(Gruppo Escursionistico Trekking)* im Cilento bieten Klettertouren an, z. B. die GET-Gruppe im Vallo di Diano (→ S. 247).

Canyoning *(torrentismo)*: Das schluchtenreiche Hinterland lädt zum Befahren der Wildbäche mit Kajak oder Schlauchboot (Rafting) ein. Auch das Begehen der Schluchten zu Fuß wird verhältnismäßig häufig praktiziert (Anbieter, z. B. in Rofrano oder Casaletto Spartano).

Wandern → S. 33.

Sprache

Als Spätfolge der Emigration seit dem 19. Jh. werden Reisende in den Dörfern nicht selten von älteren Menschen in flüssigem Deutsch oder Englisch angesprochen. Davon abgesehen ist die sprichwörtliche Sprachbarriere auch im Cilento spürbar, selbst in touristisch geprägten Küstenorten und sogar in den Info-Büros. Hier hilft nur Improvisieren weiter, auf das sich die Süditaliener ohnehin glänzend verstehen.

Im Gebiet des Nationalparks werden verschiedene Dialekte gesprochen, z. B. sagen Einheimische *Ciliendo* anstatt *Cilento*. Im nördlichen Cilento scheint der neapolitanische Dialekt durch, im Süden wird die Ähnlichkeit zum sizilianischen Idiom immer auffälliger, während sich die Sprache im Vallo di Diano stark an die benachbarte Basilikata orientiert.

Wer die italienische Hochsprache lernen möchte, findet im Cilento ein paar **Sprachschulen** (z. B. in Morigerati).

Telefonieren

Seit in Italien fast jeder das praktische Handy *(telefonino)* nutzt, sind öffentliche Fernsprechzellen nicht mehr sonderlich beliebt. Funklöcher gibt es allenfalls in den abgelegenen Tälern. Die Mitnahme des eigenen Mobiltelefons lohnt sich, um vorab beim Ristorante sein Kommen anzukündigen. Auch Kirchen und Museen öffnen manchmal nur nach telefonischer Anmeldung. Die Netzfirmen bieten mittlerweile **günstige Auslandstarife** an. Noch preiswerter ist die italienische Prepaid-Karte, die am Flughafen in Neapel sowie vor Ort in Elektro- und Haushaltsgeschäften oder in Tabacchi-Bars erhältlich ist (z. B. die TIM-Card).

Internationale Vorwahl: aus dem Ausland nach Italien ✆ 0039, von Italien nach Deutschland ✆ 0049, nach Österreich ✆ 0043 und in die Schweiz ✆ 0041.

Vorwahlen im Cilento: für die Küste zwischen Agropoli und Policastro Bussentino sowie große Teile des Hinterlandes ✆ 0974, für die Sele-Ebene und die Monti Alburni ✆ 0828, für Sapri und Umgebung ✆ 0973 und für das Vallo di Diano ✆ 0975.

Festnetz: Von fast allen Telefonzellen kann man ins Ausland telefonieren, am besten eine mit Digitalanzeige nehmen. Telefon-

karten *(carta telefonica)* gibt es u. a. in Tabacchi-Läden, hier muss vor dem ersten Gebrauch die perforierte Ecke abgeknickt werden.

Anders als in Deutschland wird in Italien die „0" der Vorwahl immer mitgewählt; Ortsgespräche stets mit der kompletten Vorwahl!

Thermen

Eine traditionsreiche Therme befindet sich in Montesano sulla Marcellana in der südöstlichen Peripherie des Vallo di Diano. Allerdings ist das Heilbad mittlerweile ziemlich in die Jahre gekommen und nicht zu empfehlen. Weit besser ist da schon der Abstecher in die Monti Picentini: Von der Sele-Ebene und der Autobahn A 3 ist es nur ein Katzensprung nach Contursi Terme mit seinen sechs Thermalbädern. Bis zur Insel Ischia mit ihren Bädern ist es schon eine längere Reise. Für die *Cilentani* sprudelt ohnehin das beste Wasser aus den zahlreichen Quellen im Nationalpark.

Terme Vulpacchio: Traditions-Therme in schöner Umgebung, die Indikationen des weißen Heilschlamms sind Erkältungsbeschwerden wie Nebenhöhlenkatarrh, Mandelentzündung, Schnupfenallergie oder Entzündungen des Kehlkopfs. Loc. Ponte Mefita (Contursi Terme), ✆ 0828/791324, www.termevulpacchio.it.

Zeit

Auch in Italien gilt die MEZ (Mitteleuropäische Zeit). Für die Sommermonate wurde wie in Deutschland und anderswo die **Sommerzeit** *(ora legale* bzw. *ora estiva)* eingeführt. Es gibt also keine Zeitverschiebung zu Deutschland, Österreich und der Schweiz.

Zeitungen/Zeitschriften

Zeitungen sind eine gute Quelle, um sich über lokalpolitische Ereignisse und das aktuelle Kulturprogramm zu informieren. Manche Blätter geben einen

Paradies für Alpinisten: die Monti Alburni

Überblick über die Abfahrtszeiten von Bus, Bahn und *Metro del Mare* (→ S. 32). Wichtigste überregionale Tagszeitung Süditaliens ist die *Gazzetta del Mezzogiorno*; sie erscheint für die Provinz Salerno und den Cilento mit einem eigenen Lokalteil (www.lagazzettadel mezzogiorno.it). Daneben gibt es viele weitere Lokalblätter, die häufig in den Bars zum Lesen ausliegen. Eine nützliche Monatspublikation heißt *Tempi Cilento*: Das in Neapel produzierte Magazin ist am Zeitschriftenkiosk für 2 € erhältlich und behandelt lokalpolitische und wirtschaftliche Themen, immer wieder werden auch einzelne Sehenswürdigkeiten vorgestellt. Einen breiten Raum nehmen die *prodotti tipici* (→ S. 43) und natürlich die Sportnachrichten ein. Schade hingegen, dass die hervorragende Zeitschrift *ViviCilento* mittlerweile ihr Erscheinen eingestellt hat. Sie war für viele Jahre ein informatives Schaufenster des Nationalparks, die Website gibt immerhin noch einige gute Hinweise auf aktuelle Veranstaltungen und vieles mehr (www.vivicilento.it).

Überregionale deutsche Tageszeitungen sind während der Saison in einigen Küstenorten erhältlich, z. B. in Agropoli, Santa Maria di Castellabate, Marina di Ascea oder Palinuro.

Zoll

Innerhalb der EU darf man Waren zum eigenen Gebrauch unbegrenzt mitführen, d. h. konkret bis zu 800 Zigaretten oder 400 Zigarillos, 200 Zigarren oder 1 kg Rauchtabak, 10 l Spirituosen oder 20 l Zwischenerzeugnisse (z. B. Campari), 90 l Wein, davon max. 60 Schaumwein oder 110 l Bier. Das Problem ist, ob es der Zöllner dem Reisenden abnimmt, dass diese Mengen tatsächlich dem persönlichen Konsum dienen. Beim Transit durch die Schweiz sind strengere Bestimmungen zu beachten: So muss bei mitgeführten Waren, die ein Limit überschreiten (200 Zigaretten, 50 Zigarren, 2 l Wein und 1 l Spirituosen) eine Kaution hinterlegt werden. Nähere Auskünfte beim Zollamt Bern, ✆ 0041/313226872.

Den Cilento erkunden

Blick vom Sanktuarium Madonna del Granato auf die Sele-Ebene

Sele-Ebene

(Piana del Sele)

Das erste Glanzlicht südlich der Sele-Mündung setzen die griechischen Tempel von Paestum, wenige Kilometer weiter erhebt sich der Agropoli jäh aus dem Meer. Auch in kulinarischer Hinsicht ist der nördliche Vorhof des Cilento eine Reise wert.

Das warme Klima in Verbindung mit sumpfigen, wasserreichen Böden schafft ideale Lebensbedingungen für den Wasserbüffel *(Bubalus bubalis)*. Die Milch der Büffelkuh enthält besondere Säuren, Bakterien und andere Ingredienzien, die für die Reifung der *Mozzarella di bufala* verantwortlich sind. Seit 1996 ist der Frischkäse aus Kampanien ein europaweit geschütztes Markenprodukt. Der Name der Spezialität leitet sich ab vom italienischen Verb *mozzare* (abschneiden). Handgemachten Mozzarella erkennt man beim Kauf an den Zupf-Enden: Nachdem die *casari* den Käsebruch aus der Molke gehoben und abgebrüht haben, rupfen sie in rascher Folge einzelne Portionen in Handtellergröße ab. Wer einmal von dem echten Büffelmozzarella gekostet hat, wird künftig um die Kühlregale der Supermärkte einen großen Bogen machen. In der Sele-Ebene gibt es eine ganze Reihe hoch qualifizierter Büffelfarmen, die sich seit Jahren um die Verfeinerung ihrer Produkte bemühen.

In kultureller Hinsicht erweist sich der Golf von Salerno als ergiebiges Revier. Neben den bekannten Weltkulturerbestätten von Paestum warten Capaccio und Agropoli mit beachtenswerten Sehenswürdigkeiten auf. Zudem gibt es auch nördlich des Flusses einiges zu tun: Großstadtflair vermittelt Salerno; am Wochenende glänzt die Provinzhauptstadt mit einem Nachtleben, das in Süditalien seinesgleichen sucht. Die regelmäßigen Zugverbindungen machen den Ausflug in die Metropole zum Kinderspiel, Ähnliches gilt für Pompei. Auch die Inseln Capri und Amalfi sind mit einem Tagesausflug von der Piana del Sele erreichbar. Im Sommer verbindet die *Metro del Mare* Agropoli mit den bekannten Reisezielen im Norden (→ S. 32).

Mozzarella: Schwarze Flecken auf dem Weißen Gold

Ob bereits die alten Griechen von der köstlichen Käsespezialität wussten, ist ungewiss. Erstmals erwähnt im 15. Jh. eine Quelle das „weiße Gold": Mönche sollen Besuchern einer religiösen Prozession nördlich von Neapel eine *mozza* gereicht haben – Brot mit Schnittkäse. Inzwischen hängen in Kampanien rund 20.000 Arbeitsplätze direkt oder indirekt von der *Mozzarella di bufala* ab. Die Käsekugel ist zum nationalen Kulturgut und Exporthit geworden, den offiziellen Ritterschlag erhielt sie 1996 durch das Markensiegel DOP *(Denominatione d'Origine Protetta)* der Europäischen Union.

Dass nicht alles Gold ist, was glänzt, gilt jedoch auch für den Mozzarella. Erste Kratzer erhielt das innige Verhältnis zwischen Produzenten und den europäischen Produktwächtern, als Brüssel aus Gründen der Hygiene die Holzbottiche verbieten wollte, in denen der Käseteig traditionell reift. In diesem Fall setzten sich die *casari* gegen die bürokratischen Fallstricke erfolgreich zur Wehr. Ein handfester Skandal entwickelte sich im Jahr 2007, als Rom die Kontrollen der Büffelfarmen verschärfte. 32.000 Rinder wurden als krank identifiziert und mussten z. T. notgeschlachtet werden, die Zeitungen sprachen von Camorra-Betrug. Auch beim nächsten Zwischenfall im Frühjahr 2008, der „Dioxinkrise", hatte die Mafia ihre Hände im Spiel. Die brennenden Müllberge in und um Neapel setzten Gifte frei, die über den Nahrungskreislauf schließlich in die Lebensmittel wanderten. Brüssel erwog ernsthaft ein Exportverbot, und der Mozzarella-Produktion drohte der Gnadenstoß. Gut, dass die Kontrollen greifen und es letztlich anders gekommen ist: Denn die weißen Käsebällchen symbolisieren wie kein anderes Produkt italienische Lebensart und mediterrane Esskultur (Einkaufstipps in den Ortskapiteln; Infos im Internet: www.mozzarelladibufala.org).

Paestum

(Museo e Scavi di Paestum)

Einer Filmkulisse gleich tauchen die griechischen Tempel aus der Sele-Ebene auf. Sie sind Höhepunkt und Endziel der klassischen Italienreise. An der Golfküste, nur wenige hundert Meter von der Zona Archeologica entfernt, Sandstrand so weit das Auge reicht.

Die verkehrsberuhigte Via Magna Grecia mit den Souvenirständen zerschneidet das Amphitheater von Paestum scheinbar herzlos in zwei Hälften. 1752 trieben die Bourbonen die Landstraße nach Süden, Arbeiter stießen auf die Ruine der antiken Kultstätte. Zuvor hatten, erstaunlich genug, die Tempel für 1000 Jahre in Vergessenheit geschlummert, allenfalls einige Künstler der Region und natürlich die Einheimischen wussten von ihnen. Sechs Jahre nach der „Entdeckung" löste der Schriftsteller Johann Joachim Winckelmann einen regelrechten Hype des europäischen Bildungsbürgertums um die Tempel von Paestum aus. In seinen *Sendschreiben* schwärmte er für die dorische Baukunst am Golf von Salerno und machte Paestum somit zur Pflichtdestination der klassischen Italienreise *(Grand Tour)*.

Im 21. Jh. präsentiert sich Paestum als viel besuchtes **UNESCO-Weltkulturerbe** mit einer exzellenten touristischen Infrastruktur. Ausgrabungsgelände, Museum und Restaurants befinden sich in bequemer Reichweite. Die 4750 m lange Stadtmauer

Tempel von Paestum: einst ein herrliches Idyll, heute immer noch sehenswert

aus römischer und lukanischer Zeit mit den vier Zugangstoren vermittelt eine Ah-
nung von der einstigen Größe der etwa 125 ha großen Stadt. Am besten nähert
man sich dem Areal zu Fuß aus östlicher Richtung: Eine wenig befahrene, 800 m
lange Zufahrtsstraße verbindet die Bahnstation mit dem Zentrum; sie atmet noch
etwas von der friedlichen Gartenatmosphäre, für die Paestum von den klassischen
Italienreisenden gerühmt wurde. Zwischen der Ausgrabungsstätte und der Küste
hat sich der moderne Ferienort Licinella breit gemacht, über dessen Schönheit sich
streiten lässt. An guten Hotels und Campingplätzen herrscht kein Mangel, der
Sandstrand liegt gleich um die Ecke. Weitere Highlights, z. B. die Kultstätte der
Hera oder das Quellheiligtum Capodifiume, liegen nur wenige Autominuten entfernt (→ S. 67).

Geschichte

Gegründet wurde Paestum gegen Ende des 7. Jh. als urbaner Ableger der Stadt
Sybaris – eine der mächtigsten Kolonien der Magna Graecia in Unteritalien. Die
Siedler tauften ihre Pflanzstadt *(apoikia)* an der Sele-Mündung nach dem griechi-
schen Meeresgott *Poseidonia*. Doch die Griechen waren nicht die ersten Bewohner:
Bereits seit dem 2. Jt. v. Chr. schätzte man die geografischen Vorzüge der fruchtba-
ren Ebene. Östlich des Grabungsareals fanden Archäologen Relikte, die bis zurück
in die Steinzeit reichen. Nach dem Fundort werden die *facies culturale* (Tongefäße,
Pfeilspitzen, Knochennadeln und Kupferdolche) und die Zivilisation jener Zeit als
Gaudo-Kultur bezeichnet.

Die Griechen handelten mit den Etruskern nördlich des Sele und erwarben Eisen
und andere Rohstoffe. Als 510 v. Chr. Sybaris gewaltsam zerstört wurde, flohen
viele aus der Mutterstadt in die nördliche Pflanzstadt, die wirtschaftlich davon
profitierte. Ende des 5. Jh. ergriffen die Lukanier die politischen Zügel der Stadt.

Magische Schimäre: Ein Gerücht, das sich um Rosen rankt

„Du suchst von allem, was einst war, umsonst die Spur", dichtete 1802 der deutsche Weitwanderer Johann Gottfried Seume, als er auf dem Rückweg von Sizilien nach Paestum kam. Sein Reisebericht *Spaziergang nach Syrakus* avancierte im 19. Jh. – nach Goethes Italienreise – zum populärsten Italienbuch deutscher Sprache. Im Angesicht der dorischen Tempel konstatierte der sächsische Hauslehrer jedoch ungewohnt nüchtern: „In Paestum blühen keine Rosen." Offensichtlich fand der Wandervogel nicht das, wonach er suchte: die sprichwörtlich berühmten Rosen von Paestum. Vergil, Ovid und viele andere antike Dichter rühmten einst die Blütenpracht der *biferi rosario Paesti*. Es gilt als gesichert, dass sie als Luxusware den Weg vom Golf nach Rom fanden. Auch wenn der genaue Standort des griechischen Poseidonia im Mittelalter und in der frühen Neuzeit aus dem kollektiven Bewusstsein verschwand, die magische Chiffre der zweimal jährlich blühenden „Königin der Blumen" hielt die Erinnerung an diesen Ort lebendig.

Neuzeitliche Italienreisende forschten jedoch vergeblich danach, allenfalls die Stadtmauer fanden sie von Busch- und Heckenrosen überwuchert. Alles also nur ein Gerücht? Der ansonsten eher stoische Seume reagierte wütend und mit einem ganz konkreten Verbesserungsvorschlag auf den negativen Befund: „Der Wirt, mein Führer, sagte mir, vor sechs Jahren wären noch einige da gewesen; aber die Fremden hätten sie vollends alle weggerissen. Das war nun eine erbärmliche Entschuldigung. Ich machte ihm begreiflich, dass die Rosen von Paestum ehedem als die schönsten der Erde berühmt gewesen, dass er sie nicht musste abreißen lassen, dass er nachpflanzen sollte, dass es sein Vorteil sein würde, dass jeder Fremde gern etwas für eine pästische Rose bezahlte."

Wahrscheinlich ist es nicht Seumes Verdienst, dass heutzutage die Rosen in Paestum wieder blühen. Zahlreiche Gärtner sorgen dafür, dass sich das alte Poseidonia so präsentiert, wie es einstmals gewesen sein könnte: ein paradiesischer Garten. Inzwischen hat auch ein italienischer Parfumhersteller das Potenzial der antiken Schimäre entdeckt und eine Duftmarke namens Paestum Rose kreiert.

Was politisch ein jäher Wechsel gewesen sein könnte, erwies sich auf kultureller Ebene als langsamer Übergang: Die Lukanier benannten die frühere Kolonie in Paistom um und errichteten die doppelschalige Ringmauer. Die Beschaffenheit der Nekropolen spricht für einen evolutiven Wandel von der griechischen zur lukanischen Phase. In der Folge wuchs die Bevölkerung, die Handelsbeziehungen mit dem Hinterland intensivierten sich. 273 v. Chr. errichteten die Römer eine erste *colonia latina*, die im Punischen Krieg Rom gegen Hannibal unterstützte und freundschaftliche Beziehungen zur Ewigen Stadt pflegte. Die städtebauliche Struktur veränderte sich, das Forum und Villen in römischer Bauweise entstanden. Das Grabungsgelände, wie es sich den Besuchern heute präsentiert, spiegelt diese Periode wieder.

Im 1. Jh. n. Chr. vermeldete Strabon, dass ein „Fluss in der Nähe, der zu Sümpfen ausufert," für ein ungesundes Klima sorge. Das Umweltdesaster läutete in der Kaiserzeit den Niedergang ein. Parallel dazu geriet die Golfregion ins politisch-wirtschaftliche Abseits, als man die Via Appia für den Orienthandel freigab: Der Handel verlagerte sich von der Tyrrhenischen Küste ins Landesinnere und an die Adria. Neben dem ökonomischen Abschwung machte den Menschen vor allem die Malaria, eine Folge zunehmender Versumpfung, zu schaffen. Die kleine Christengemeinde erhielt in der Krise kräftigen Zulauf, wovon noch heute die Basilika neben dem Grabungsareal zeugt. Schließlich floh die Bevölkerung vor dem Fieber und den Sarazenen in die Berge (→ S. 64). An der Schwelle zum hohen Mittelalter wurden die Tempel ausgeschlachtet, Säulen nach Salerno verfrachtet und in den dortigen Dombau integriert. In der Folgezeit machte die Natur ihr Recht geltend, und das einst ruhmreiche Poseidonia versank in einen Jahrhunderte währenden Dornröschenschlaf.

Information/Diverses

• *Information*   Gut sortiertes **Info-Büro** Nähe Museum, Material zum gesamten Cilento, besonders zum nördlichen Teil. Gute Übersichtspläne zu Paestum–Capaccio. Tägl. außer So 9–14 Uhr, Via Magna Grecia 151 (Piazza Basilica), ✆ 0828/811016, www.infopaestum.it, www.paestum.it, www.comune.capaccio.sa.it.

• *Post* Via Licinella, zwischen Zona Archeologica und Strand.

• *Anfahrt/Verbindungen/Unterwegs* **Pkw**: Rasche Anfahrt von Salerno/Battipaglia oder aus dem Cilento-Nationalpark über die SS 18, Ausgrabungsstätte ist beschildert; alternativ von Salerno auf der Küstenstraße (SP 175). Parallel zur Stadtmauer führt eine Straße um die Zona Archeologica. Gebührenpflichtige Parkplätze an der südlichen Ringmauer (Pkw 2,50 €/Tag, Wohnmobile 5 €/Tag).

Bahn: Günstig gelegener Bahnhof 800 m vom Eingang zur Ausgrabungsstätte (stündl. Regionalzüge von Battipaglia/Salerno bzw. Agropoli/Sapri). Grundsätzlich ist die Anreise per Bahn der Busfahrt vorzuziehen, allerdings hält nicht jeder Zug in Paestum.

Bus: Paestum wird von vielen Buslinien angefahren, z. B. *CSTP* (u. a. von Salerno und

Santa Maria di Castellabate), *Giuliano* (Salerno, Vallo d. Lucania), *De Rosa* (Castelcivita, Roccadaspide). Mehrere Haltepunkte, u. a. nördlich der Porta Aurea. Großer Busknotenpunkt im Zentrum von Capaccio Scalo, 2 km nördlich von Paestum Scavi (→ S. 64).

Taxi: *D'Onofrio Leonardo* (✆ 0828/721107 bzw. 339/3201101); *Perez De Vera* (✆ 0828/722524 bzw. 333/1324422).

Mietfahrzeuge: Autovermietung *Aesse Renault* an der SS 18, an der südlichen Ausfahrt nach Paestum auf gelbes Schild „Eurorent" achten (von Salerno kommend rechts). Kleinwagen ab 35 €/Tag, ✆ 0828/721226.

• *Feste/Veranstaltungen* **Patronatsfest** mit Prozession zur frühchristlichen Basilika, 25. März.

Paestum Festival, Theater-, Tanz- und Musikveranstaltungen vor dem Ceres-Tempel (www.danzateatro.net), Aug.

Borsa Mediterranea Del Turismo Archeologico, Touristikmesse mit Schwerpunkt Kultur und Archäologie (www.borsaturismo.com), drei Tage Mitte Nov.

Einkaufen

Bazar Cerere, unter den Souvenirständen entlang der Via Magna Grecia sticht dieses Geschäft gegenüber dem Haupteingang zur Grabungsstätte hervor. Andenken mit Niveau, nur wenig von dem üblichen Zeug: ästhetisch ansprechende Keramiken, Repros der Kunstschätze des Museums (u. a. der berühmte *Taucher*) sowie Bücher zu historischen und archäologischen Themen (engl. und dt.). Die schönsten Stücke befinden sich im Hinterzimmer. Via Magna Gre-

cia 849/851, ✆ 0828/811273, www.bazarcerere.com.

Ricordi e Sapori, von außen bescheiden, von innen ganz groß: Der freundliche Laden mit *prodotti tipici* an der Porta Aurea eignet sich auch für die Mittagspause (Vorspeisenteller mit *Acqua sale*, Tomaten, Wurst und Mozzarella 3,50 €). Wenige Plätze im kleinen Innenraum, zwei Tische auf der Straße. Ganzjährig tägl. geöffnet. Via Magna Grecia 572, ✆ 338/9540435.

Der Strand von Paestum

Masseria Lupata, Käserei in einem Herrenhaus (17. Jh.) neben dem Restaurant Ritrovo di Porta Marina (→ S. 58), Eingang Rückseite des Nebengebäudes. Ausgezeichneter Büffelmozzarella, nach Voranmeldung kann man im Garten eine zünftige Mahlzeit genießen. Via Porta Marina, ✆ 0828/722002, masserialupata@virgilio.it.

TIPP! **La Fattoria del Casaro**, Landgut zwischen Palmen und Olivenbäumen, die Wasserbüffel weiden vor dem Haus. Mozzarella, Wurst und andere Produkte der Sele-Ebene werden selbst hergestellt und hier verkauft. Im Juli/Aug. wird abends die Pizza mit frischem Mozzarella belegt (sonst nur mittags). Wust-Käse-Platten ab 7 €, Camper und Wohnmobile sind willkommen (Zelt 10 €/Tag, Wohnmobil 12 €/Tag). Via Licinella 5 (Richtung Licinella, nach 300 m links), ✆/📠 0828/722704, www.lafattoriadelcasaro.it.

Übernachten/Camping (siehe Karte hintere Umschlagklappe)

An strandnahen Hotels und Pensionen herrscht kein Mangel, zumal, wenn man die Quartiertipps in Capaccio hinzuzieht (→ S. 65). Viele Unterkünfte öffnen ihre Türen jedoch nur in der kurzen Sommersaison. Für Camper und Reisende mit Wohnmobil ist die südliche Sele-Ebene ein El Dorado; Budget-Traveller nächtigen am besten in der Jugendherberge von Agropoli (→ S. 78).

**** Hotel Resort Minerva (1), gut geführtes, modernes Großhotel mit Badelandschaft im Zentrum (Pool Juni–Okt.), wenige Schritten vom Strand. Von der auf den ersten Blick wenig einladenden Fassade sollte man sich nicht abschrecken lassen. Ristorante, Internet-Terminal, hoteleigener Campingplatz 200 m weiter (Juni–Mitte Sept.), ganzjährig geöffnet. DZ 110–180 €. Via Poseidonia 255 (ausgeschildert), ✆ 0828/851840, 📠 0828/851786, www.minervaresorthotel.it.

TIPP! ***** Mandetta (2)**, unser Tipp: Exzellent geführtes Familienhotel mit 20 Zimmern im Ortsteil Torre, unverstellter Blick auf das Meer, der Sandstrand liegt vor der Haustür, ausgezeichnetes Restaurant (→ S. 58). Zum Hotel gehört auch ein kleiner Camperpark, der ca. 20 Zelten bzw. Wohnmobilen Platz bietet (mit Duschen und Ver- und Entsorgungseinrichtungen; 10–25 €/Nacht und Stellplatz); ganzjährig geöffnet. EZ 55–75 €, DZ 80–110 €. Via Torre di Mare 2, ✆ 0828/811118, 📠 0828/721328, www.mandetta.it.

Pasquale a Mare (3), freundliche Familienpension im Ortsteil Torre. 50 m zum Meer, ordentliche Zimmer, vier davon mit Terrasse. Ristorante im landestypischen Stil (auch Pizza; Nov.–Febr. nur am Wochenende). März–Okt. DZ 65–85 €. Via Nettuno 65, ☎ 0828/811128, www.pasqualeamare.it.

Hotel delle Rose (4), einfache Pension unmittelbar an der Area Archeologica, die Zimmer nach vorne blicken direkt auf die Tempel, bei den Sanitäranlagen sollte man jedoch nicht zu genau hinsehen. Ideal gelegen für Rucksackreisende, die mit dem Zug ankommen, Ristorante und Pizzeria im Erdgeschoss. DZ 60–65 €. Via Magna Grecia, ☎ 0828/811070.

● *B&B* TIPP! **Arcobaleno (5)**, kleines Landgut in ruhiger Hanglage im Grünen, ca. 2 km Luftlinie von der Ausgrabungsstätte entfernt; herzlicher Empfang durch die Gastfamilie, erstklassiges Ristorante (→ unten). Fünf freundlich eingerichtete Zimmer mit Bad; hervorzuheben ist das reichhaltige Frühst. DZ ab 50 €. Via Gaiarda 9, ☎/✉ 0828/722178, www.arcobalenopaestum.com.

● *Camping* ***** Villaggio dei Pini (6)**, ganzjährig geöffneter, gepflegter Platz unter schattigen Pinien, direkt am Meer; Betreiberfamilie ist sehr freundlich und spricht Deutsch. Ristorante mit einfacher cilentanischer Hausmannskost (Menü ab 20 €, auch Pizza, Restaurant schließt tageweise im Winter, falls Campingplatz nicht belegt ist). 2 Pers. mit Zelt und Auto 18–28 € (Mitte Juli–Mitte Aug. teurer). Via Torre, ☎ 0828/811030, ✉ 0828/811025, www.campingvillaggiodeipini.com.

Essen & Trinken (siehe Karte hintere Umschlagklappe)

Kulinarisch ist die Sele-Ebene ein gutes Pflaster; wie bei den Unterkünften liegt das Preisniveau jedoch höher als im Cilento-Nationalpark. Eine Alternative zu den Restaurants sind die Landgüter rund um die Zona Archeologica, die u. a. Mozzarella (→ S. 53) und herzhaften Büffelschinken anbieten (weitere Gastrotipps → „Einkaufen", S. 56 sowie die Ortskapitel „Capaccio" und „Giungano", S. 65 u. 72).

Oasi (7), nicht sehr gemütlich, aber man speist ganz vorzüglich. Seit vielen Jahren ein zuverlässiger Tipp in der gehobenen Klasse, der Schwerpunkt liegt auf Fisch, darüber hinaus reiche Auswahl an Pasta- und Antipastigerichten, abends auch Pizza. Menü ca. 30 €. Mo Ruhetag. Via Magna Grecia, ☎ 0828/811935.

Nettuno (8), stilvolles Gartenristorante in einem Landhaus am südlichen Ende der Ausgrabungsstätte (Porta della Giustizia), Barbetrieb, ebenfalls anspruchsvolles Niveau (seit 1929). Menü ab 25 €. Via Nettuno 2, ☎ 0828/811028, www.ristorantenettuno.com.

TIPP! **Simposium (9)**, eine kulinarische Reminiszenz an das *Gastmahl* Platons: freundliches, natürlich gebliebenes Familienristorante mit Tempelblick, der traditionellen Cilento-Küche verpflichtet, serviert wird frisch Gegrilltes (Fisch- und Fleischgerichte), z. B. mit Ofenkartoffeln. Menü 20–30 €, Pizza ab 6 €. Mitte Dez.–Mitte Jan. geschlossen, sonst tägl. mittags und abends. Via Nettuno 1, ☎ 0828/721182 (dieselbe Familie betreibt auch das rustikale Restaurant La Casa Vecchia im Ortsteil Torre; ☎ 0828/811157).

Mandetta (2), Hotelristorante (→ S. 57) mit ausgezeichneter Küche. Seit 1954 kauft der Patrone jeden Morgen in Agropoli frischen Fisch; auf der Terrasse lassen sich die unverfälscht zubereiteten lokalen Gerichte bestens genießen. Menü 25–35 €. Ganzjährig mittags und abends geöffnet. Via Torre di Mare 2, ☎ 0828/811118, www.mandetta.it.

Ritrovo di Porta Marina (10), nobles Landhaus mit Patina außerhalb der Stadtmauer, kredenzt werden *Pizza Cilentana* (→ S. 39) sowie herzhafte Steaks aus Büffelfleisch. Menü ca. 30 €. Außer am Wochenende nur abends, ganzjährig. Via Porta Marina, ☎ 347/1762120.

Arcobaleno (5), man sitzt in der gastlichen Stube der gleichnamigen B&B-Unterkunft (→ oben), aufgetischt wird im Stil bester Agriturismo-Landgüter u. a. Büffelmozzarella und Landschinken, authentischer geht's nicht mehr. Gutes Preis-Leistungs-Verhältnis. Menü ab 15 €; telefonische Voranmeldung notwendig. Via Gaiarda 55, ☎ 0828/722178, www.arcobalenopaestum.com.

● *Enoteca* Weinstube und Ristorante **Tavernelle (11)**, vielleicht der gemütlichste Ort, um abends einen ereignisreichen Tag zu beschließen. Freundliche Atmosphäre, sehr gute Auswahl regionaler Weine. Ganzjährig abends geöffnet. Via Tavernelle 14, ☎ 0828/722440, www.ristorantetavernelle.it.

● *Bar/Gelateria* In der freundlichen **Bar Museo (12)** schmecken das Eis und der *pasticcino* aus der Süßwarentheke, nette Freiplätze vor dem Museum laden zur Kaffeepause ein. Via Magna Grecia 169, ☎ 0828/811078.

Paestum: Blick auf die Ausgrabungsstätte

Scavi di Paestum (Zona Archeologica)

Parallel zur Via Magna Grecia, der alten Straße der Bourbonen, verbindet die aus griechischer Zeit stammende und von den Römern erneuerte Via Sacra die wichtigsten Monumentaltempel. An der zentralen Kreuzung traf sie – typisches antikes Stadtplanungsprinzip – auf die repräsentative Ost-West-Achse. Beide Verkehrsadern verbanden das Zentrum mit den vier Stadttoren, zudem trennte die Via Sacra die profanen Wohn- und Geschäftsblöcke vom heiligen Bezirk.

Die sog. **Basilika** im Süden ist der älteste der drei Monumentaltempel dorischer Bauordnung. Archäologen hielten das Bauwerk aus dem 6. Jh. anfangs irrtümlich für einen Profanbau, erst später erkannte man, dass es sich hier wahrscheinlich um eine weitere Hera-Kultstätte handelt (zum Heraion an der Sele-Mündung → S. 67). Daher wird die Basilika auch als „alter Heratempel" bezeichnet. Neben den beiden anderen Tempeln wirkt das Heiligtum seltsam archaisch: Schwer lasten monolithische Steinquader auf runden Säulenschäften, die sich nach oben konisch verjüngen. Die Quaderblöcke wurden ohne Mörtel zusammengefügt, 50 Säulen verleihen dem Bauwerk Struktur.

Der **Poseidon-Tempel** wenige Schritte weiter ist das berühmteste Bauwerk Paestums und ziert als Wahrzeichen der Piana del Sele Postkarten und Prospekte. Es ist kein Zufall, dass Jacob Burckhardt seinen *Cicerone* mit einer Betrachtung dieses Bauwerks einleitete: „Von den drei erhaltenen Tempeln der alten Poseidonia sucht das Auge sehnsüchtig den *größten*, mittlern. Es ist Poseidons Heiligtum; durch die offenen Trümmerhallen schimmert von fern das blaue Meer." Kaum ein anderes Bauwerk veranschaulicht so klar die Prinzipien der klassischen Harmonielehre. Ob der Tempel tatsächlich dem Gott des Meeres und Schutzpatron der Stadt geweiht war, ist nicht gesichert, manche glauben an eine Apollon-Kultstätte. Vielleicht wurde auch beiden Gottheiten gehuldigt, denn der Innenraum bot Platz für zwei Altäre.

Nördlich der beiden Tempel trifft die Via Sacra auf den rechteckigen Marktplatz (Agora). Im 3. Jh. errichteten die Römer hier ihr **Forum**. Ladengeschäfte säumten den öffentlichen Raum, dahinter schlossen sich Thermen an. An der Nordseite befand sich das *comitium,* der Sitz der Rechtsgewalt und wichtigste städtische Institution. In der Nähe der zentralen Straßenkreuzung befinden sich die Reste des Amphitheaters aus dem 1. Jh. v. Chr; erwähnenswert ist ferner das sog. *ekklesiasterion,* in dem sich die griechischen Bürger versammelten (470 v. Chr.). Die Römer schütteten das Rund mit den konzentrischen Ringstufen zu.

Kontrapunkt zu den beiden Monumentaltempeln im Süden ist der **Cerestempel** am nördlichen Ende der Area Archeologica. Auch hier weiß man nicht, wem er geweiht war. Für ein Athene-Heiligtum spricht die Lage auf dem höchsten Punkt der Stadt. Der Bau aus dem Ende des 6. Jh. v. Chr. ist deutlich kleiner als die beiden

---

Mit Schirm, Charme und Chuzpe – Bekenntnisse eines Fremdenführers

Fremdenführer gehören in Paestum zum vertrauten Bild. Wenn sie nicht gerade eine Gruppe durch die Grabungszone begleiten, schlendern sie umher, trinken vielleicht einen Espresso in einem der vielen Cafés in der Via Magna Grecia oder treffen Freunde und Bekannte. Einer von ihnen, Nunzio Daniele, stieg anno 1999 zum uneingeschränkten Star unter den hiesigen Führern auf, als ihm unvermittelt eine Nebenrolle in einem Film angeboten wurde. Der Streifen von Regisseur Silvio Soldini hieß *Brot und Tulpen (Pane e Tulipani),* und das flammende Plädoyer von Nuncio Daniele zu Beginn des Films erlangte schnell Kultstatus. In seinem literarischen Reiseführer *Der Golf von Neapel* adelte der Buchautor Peter Peter vier Jahre später den in Capaccio geborenen Fremdenführer als „berühmtesten Cicerone Italiens" und „Hohepriester von Paestum".

Der am 7. August 1942 geborene Nunzio Daniele spricht hervorragend deutsch, reiste mehrfach nach Baden-Württemberg, zu Vorträgen und um sich an die schwäbischen Spuren der Staufer zu heften. Er verbindet Bildung und eine profunde Kenntnis der Geschichte Paestums mit südländischem Charme. Seine Führungen beschränken sich nicht nur auf die Vermittlung von Fakten, er inszeniert sich selbst als ein Gesamtkunstwerk, vermischt Wissen mit Lebensphilosophie, getreu seinem Credo: „Wir sollten all diese Dinge nicht mit den bloßen Augen sehen, sondern mit den Augen des Herzens und des Geistes." Kein Wunder, dass sich viele Besucher aus dem deutschen Sprachraum gerne von ihm über das Ruinenfeld führen lassen. Nunzio Daniele weiß dies zu schätzen – und er schätzt die Deutschen wegen ihrer Leidenschaft für die klassische Kultur.

Mittlerweile hat der Cicerone seine Erlebnisse niedergeschrieben und in deutscher Sprache eine Autobiografie veröffentlicht, die unter dem Titel *Bekenntnisse eines Fremdenführers* im Selbstverlag erschienen ist. In seinem Wohnhaus, das sich nur unweit der drei Tempel befindet, hat er zwei Apts. eingerichtet, die er an kulturinteressierte Besucher aus dem Norden vermietet (Kontakt: Via dei Langobardi 1, ✆ 0828/725282, www.nunziodaniele.it).

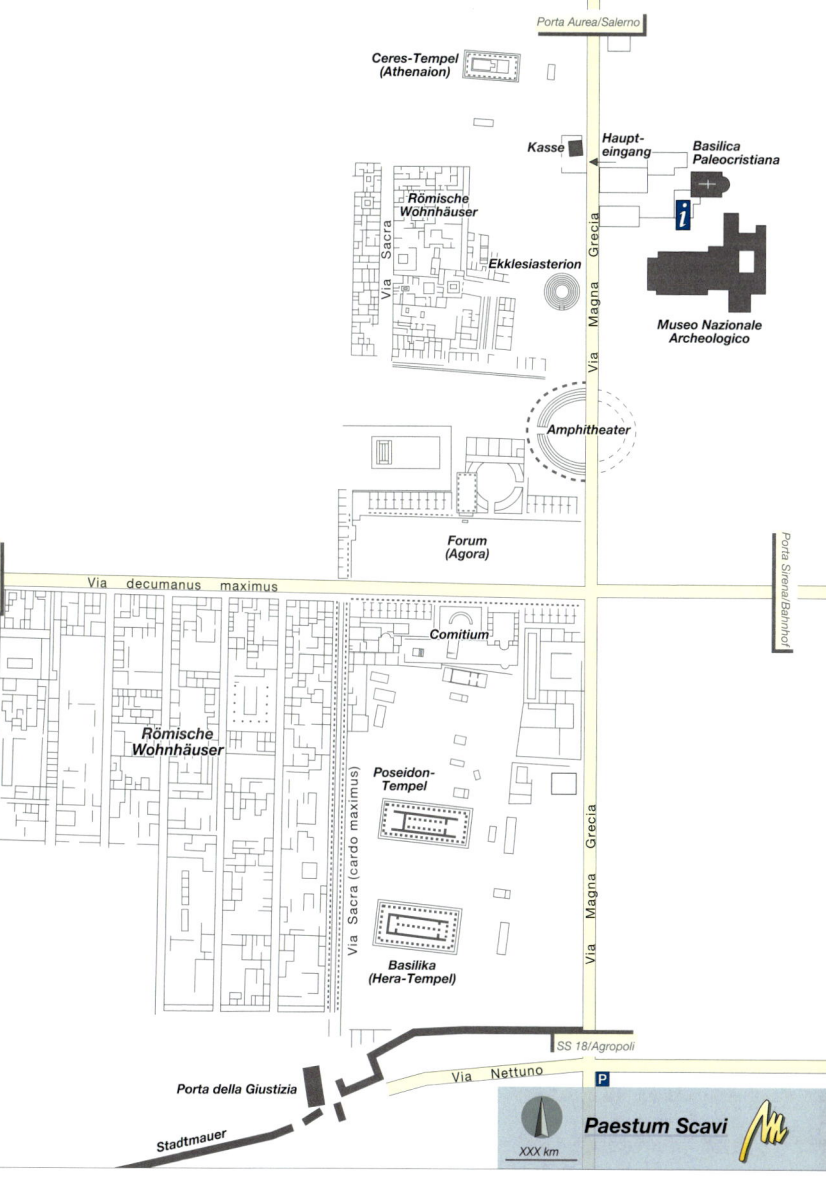

anderen Tempel, auffallend sind ferner der ungewöhnlich hohe Giebel und die geringe Bauchung der Säulen *(entarsis)*. In der Spätantike funktionierte die christliche Gemeinde von Paestum den heidnischen Tempel in eine Kirche um.

Öffnungszeiten Tägl. von 9 Uhr bis eine Stunde vor Sonnenuntergang, Einzelticket 4 €, Kombiticket mit Museum (→ S. 62) 6,50 €. Für den Besuch sollte man mindestens 2 Std. einkalkulieren, Kopfbedeckung und Wasserflasche nicht vergessen!

Szenen eines Gastmahls

Sehenswertes außerhalb der Zona Archeologica

Stadtmauer: Der Wall aus dem 4. Jh. v. Chr. folgt den unregelmäßigen Konturen des flachen Kalkriffs, auf dem die griechischen Kolonisten ihre Stadt errichteten. Von den einst vier Toren sind die Porta della Giustizia, Porta Sirena und Porta Marina erhalten. Das nördliche Stadttor (Porta Aurea) fiel Mitte des 18. Jh. dem Straßenbau zum Opfer. In der Antike war die zweischalige, rund 7 m hohe und 5 m breite Quadermauer zusätzlich mit Türmen gesichert.

Archäologisches Nationalmuseum (Museo Nazionale Archeologico): Eins der wichtigsten archäologischen Museen der Provinz und die größte Antikensammlung im Cilento. Ein Paestum-Besuch ohne das Museum bleibt unvollständig, denn viele wertvolle Funde sind hier ausgestellt. Nötig wurde der Bau, als man 1929 an der Sele-Mündung die Skulpturen des Heraions fand (→ S. 67). Die 36 Metopen bilden heute einen der beiden Sammlungsschwerpunkte und illustrieren Mythen von Herakles bis Odysseus. Der zweite Schwerpunkt umfasst Funde aus Nekropolen außerhalb der Stadtmauer. Ein Highlight sind freskenverzierte Grabplatten aus griechischer und lukanischer Zeit. Unter den Objekten ragt eine Deckplatte aus griechischer Zeit heraus, die einen merkwürdigen Turmspringer oder Taucher zeigt. In Analogie zu diesem Bild wird die zugehörige Grabkammer auch als Grab des Turmspringers oder **Grab des Tauchers** *(Tomba di Tuffatore)* bezeichnet. Der Sprung ins kalte Wasser als bildhafter Übergang des Toten in eine andere Welt? Oder nur eine burleske Alltagsszene? Unabhängig von der Deutung beeindruckt die Schönheit der figürlichen und ornamentalen Darstellung. 2007 und 2008 waren die Grabplatten erstmals auch in Deutschland zu sehen.

Öffnungszeiten Tägl. 8.15–15.40 Uhr (Winter), 9.15–16.40 Uhr (Sommer); am 1. und 3. Mo eines Monats geschlossen. Eintritt 4 €, Kombiticket mit Area Archeologica 6,50 €. ✆ 0828/722654. Im Museumsshop jede Menge Literatur zu archäologischen Themen (mehrsprachig).

Basilica Paleocristiana: Das Dach erhielt die ursprünglich nach oben geöffnete Basilika aus dem 5. Jh. n. Chr. erst später. Der dreischiffige Innenraum wirkt nüchtern, die korinthischen Kapitelle auf den Säulen verleihen dem Raum Glanz. Nachdem die Menschen der Ebene den Rücken gekehrt hatten, breitete sich auch über die Kirche der Mantel des Schweigens. Erst an der Schwelle zur Neuzeit wird sie wieder in schriftlichen Dokumenten erwähnt: Um 1500 erfuhr das Gotteshaus eine grundlegende Erneuerung, die in der zweiten Hälfte des 20. Jh. wieder rückgängig gemacht wurde. Dabei legte man die antiken Säulen und den zwischenzeitlich komplett überschalten Steinfußboden frei. Die stilistischen Veränderungen an der Fassade aus dem 16. und 18. Jh. hingegen beließ man.

Baden

Ein 50 m breiter Pinetagürtel trennt den Sandstrand vom Hinterland, regelmäßig führen Stichwege von der Küstenstraße ans Meer. In den touristisch geprägten Teilorten Torre und Licinella ist außerhalb der Badesaison der Hund begraben. Einige Strandabschnitte haben schon bessere Zeiten gesehen, die gepflegteren Abschnitte finden sich etwas weiter nördlich in Capaccio-Laura (→ S. 68). In punkto Wasserqualität hält der Golf von Salerno einem Vergleich mit der Cilento-Küste zwar nicht stand, aber auch hier ist das Meer klar, an guten Tagen blickt man auf die Amalfi-Küste.

• *Lido/Bar* Das Strandcafé **La Siesta** hat von den *bagni* in Licinella noch den besten Eindruck gemacht, natürlicher, sauberer Strandabschnitt, ästhetisch ansprechende Bar. 1. Mai–15. Sept. ☎ 0828/722210 (in Licinella den Schildern nach Agropoli folgen und an der schäbigen Fassade des Hotels Poseidon rechts abbiegen).

Lido Mediterraneo zwischen Paestum-Torre und Capaccio-Laura bietet die ausgezeichnete Gelegenheit, Fischspezialitäten direkt am Meer zu genießen (abends auch Pizza), fast schon nobles Ambiente, gepflegter Strandabschnitt. Mai–Ende Sept. Schirm und zwei Liegen 14–18 €/Tag. Via dei Lidi, südliches Ende der Zona Laura Mare/Nähe Hotel Resort Minerva, ☎ 0828/851601.

Capaccio   (ca. 21.500 Einwohner)

Vom Vorplatz der Wallfahrtskirche Madonna del Granato schweift der Blick über Paestum, die Sele-Ebene und den Golf von Salerno. Wie mit dem Zirkel gezogen hebt sich die Küstenlinie vom blauen Meer ab. An guten Tagen starten von hier oben die Gleitschirmflieger in die Luft.

Der Gleitschirm ist das richtige Mittel, um sich einen Überblick zu verschaffen, denn die Flächenkommune enthüllt sich scheinbar nur widerwillig: Capaccio ist ein Potpourri, das sich aus vielen Teilen zusammensetzt. Da wäre der Badeort mit seinen Hotels und Campingplätzen, Restaurants und Strandcafés (Capaccio-Laura). Landeinwärts geht er nahtlos ins moderne Geschäftszentrum über, in dem am Kreisverkehr zu den Stoßzeiten der Verkehrsinfarkt droht (Capaccio Scalo). Ganz anders das Bild am östlichen Rand der Sele-Ebene: Hier schiebt sich ein Ausläufer des Monte Soprano (1082 m) in das flache Schwemmland. Am weithin sichtbaren Übergang zwischen Ebene und Bergland steht wie ein Fanal der **Santuario Madonna del Granato.** Hier finden sich die ältesten Siedlungsspuren sowie Reste des mittelalterlichen Kastells (Capaccio Vecchio). Gleich unterhalb der Wallfahrtskirche liegt ein besonderer Ort mit Paradies-Potenzial: Idyllisch entspringt zwischen Kalkfelsen der Fluss Capodifiume und bildet einen kristallklaren Teich, der von Einheimischen an heißen Sommertagen für ein Bad genutzt wird. In der Antike befand sich hier ein Quellheiligtum.

Nördlicher Cilento

Der griechische Geograf Strabon hatte im 1. Jh. n. Chr. die Landung der Sybariten am Golf nachträglich in mythische Sphären gerückt: Der Argonautenführer Jason habe an der Sele-Mündung Halt gemacht und der Göttin Hera einen Altar geweiht. Der heilige Hain der Göttin befand sich einst zwischen der Küste und zwei Lagunen, die angelandetes Schwemmmaterial gebildet hatte. Die Griechen machten aus dem Ökotop einen Landschaftspark mit dem Tempel der Hera im Zentrum. Im Zuge der weiteren Verlandung rückte die Küstenlinie weiter vor, die Lagunen verschwanden. Aus diesem Umstand erklärt sich die heutige Lage der Ausgrabungsstätte. Besonders für Familien mit älteren Kindern ist das Museum zu empfehlen. Es befasst sich mit dem Hera-Kult und glänzt durch eine sinnliche Präsentation („Museo Narrante di Foce Sele", → S. 67).

Geschichte: Als sich die Lebensqualität in Paestum aufgrund von Malaria und Überfällen verschlechterte (→ S. 56), gründeten die Bewohner in den Bergen neue Siedlungen. Auf diese Weise entstand oberhalb der Capodifiume-Quelle *Caput Aquae*, „Ursprung des Wassers" (der lateinische Name schliff sich zum heutigen *Capaccio* ab). Das wehrhafte Bergdorf zeigte sich 1246 Manns genug, Stauferkaiser Friedrich II. die Stirn zu bieten. Im Machtkampf zwischen dem weltlichen Regenten und seinem Gegner Innozenz IV. schlug sich der Adel mehrerer Städte im nördlichen Cilento auf die Seite des Kreuzes und erhob sich unter Führung von Antonello Sanseverino gegen das staufische Regime. Die Federführung während des Aufstands bezahlte Capaccio teuer: Am 18. Juli 1246 eroberte ein staufisches Heer die Stadt, unter den Aufrührern wurde ein grausiges Exempel statuiert. Friedrich verstärkte anschließend das Kastell, um den strategisch wichtigen Platz zu sichern. Nach der Niederlage der Staufer am 26. Februar 1266 in der Schlacht von Benevent blühte Capaccio unter angiovinischer und aragonesischer Herrschaft wieder auf. Dennoch verließen die Menschen allmählich die alte Siedlung und zogen sich in höhergelegene Gebiete zurück: Das politische Zentrum verschob sich nach Capaccio Capoluogo (→ S. 69).

Schon in der Spätantike blühte die frühchristliche Gemeinde von Paestum, der Bischof von Capaccio avancierte in der Folge zum mächtigsten Kirchenmann im Cilento. Als jedoch das Bistum mit der Ordnung des Territoriums überfordert war, richtete die römische Kurie im Cilento weitere Diözesen ein. Die Zeichen der Zeit standen auf Halbmast: Epidemien, Armut und Brigantentum hinterließen in der frühen Neuzeit ihre Spuren im Bistum. Am 26. Juni 1644 berichtete Bischof Tommaso Carafa: „Der Ort selbst ist rau" *(Situs ipsius est asperrimus)*. Nur gut, dass das kollektive Ballyhoo um die Madonna des Granatapfels nie abriss; der Pilgerbetrieb füllte die Taschen der Kirche, und natürlich profitierte davon auch die Region. Seit 2001 nennt sich die Gemeinde Capaccio-Paestum und ist nach der kommunalen Neugliederung einwohnerstärkste Stadt des Cilento. Der Abwanderungstrend ins Hinterland, für ein Jahrtausend eine historische Konstante, hat sich inzwischen verkehrt: Die meisten Bewohner leben heute in der Ebene.

• *Post* Via C. Dalla Chiesa, knapp 10 Min. westlich vom Kreisverkehr (Capaccio Scalo).

• *Ärztlicher Bereitschaftsdienst* ✆ 0828/725224 (Capaccio Scalo).

• *Bahn/Bus* Der Bahnhof Capaccio-Roccadaspide liegt zentral in Capaccio Scalo; Busse von hier (oder vom benachbarten Kreisverkehr) nach Paestum, Salerno/Battipaglia und Capaccio Capoluogo (z. B. *CSTP*, *Giuliano*, *De Rosa*, *Lettieri*).

• *Taxi* Taxistation am Bahnhof (*F.lli Di Filippo*, ✆ 0828/724707; *Lembo*, ✆ 360/936386).

• *Fahrräder* Meidet man die Hauptstraßen, lässt sich die Sele-Ebene hervorragend mit dem Drahtesel erkunden. Der gut geführte **Fahrradladen Ciclidea** verleiht Renn- und

Vom Winde verweht: Gleitschirmflieger über Capaccio

Mountainbikes (80 €/Woche), gibt Touren-beschreibungen heraus (auch im Internet) und organisiert Radausflüge. Modernes Haus an der SS 18 (Loc. Cerro, am nördlichen Ortseingang von Capaccio Scalo), 📞 0974/723564, www.ciclidea.it.

● *Paragliding* Gleitschirmflieger finden an den Hängen des Monte di Capaccio Vecchio beste thermische Bedingungen vor, wenn der Westwind warme Meeresluft gegen die Berge drückt und zum Aufsteigen bringt. Die Winde entwickeln sich in der Regel gegen Mittag; bis zu drei Stunden in der Luft ermöglichen einen Blick aus der Vogelperspektive auf den Golf. Für Einsteiger und Profis geeignet, Start von der Wallfahrtskirche Madonna del Granato. Tipps holt man sich am besten vor Ort bei erfahrenen Fliegern.

● *Einkaufen* Die **Tenuta Vannulo** ist der landwirtschaftliche Vorzeigebetrieb in der Sele-Ebene, Führungen durch die Azienda biologica, Verkauf von Mozzarella. Contr. Vannulo, Via G. Galilei (Cappacio Scalo in Richtung Capodifiume), 📞 0828/724765, www.vannulo.it.

● *Veranstaltungen* **Carnevale di Capaccio-Paestum**, seit über 35 Jahren Faschingsumzüge, Mitte/Ende Febr.

Sagra del carciofo, kulinarisch-folkloristisches Fest rum um die Artischocke, Ende April/Anfang Mai.

Festa della Madonna del Granato, zur großen Marienprozession pilgern Gläubige aus

ganz Kampanien nach Capaccio (weitere Prozession am 15. Aug.), 2. Mai.

Wochenmarkt, jeden Do vormittag auf der Via Italia (Capaccio Scalo).

● *Übernachten (siehe Karte hintere Umschlagklappe)* **** **Hotel Ariston (13)**, mondäner Hoteltempel, in dem die Reichen und Schönen absteigen, alles ist vom Feinsten. Wellnesslandschaft (türkische Bäder, Massagen, Fango, Kräuterpackungen), der Pool verwandelt sich abends in eine fantastisch beleuchtete Sprinkleranlage. Kostenlose Vermietung von Fahrrädern (auch an Nicht-Hotelgäste). Ganzjährig geöffnet. EZ 90–110 €, DZ 100–130 €. Via Laura 13 (im Zentrum von Capaccio-Laura), 📞 0828/851333, 📠 0828/851596, www.hotelariston.com.

● *Camping (siehe Karte hintere Umschlagklappe)* **Villaggio Nettuno (14)**, großer und gepflegter Platz am Meer, schattige Plätze unter Pinien und Eukalyptus. Swimmingpool, Leitung spricht Deutsch, auch Bungalows (ab 140 €/Woche/2 Personen), April–Ende Sept. 2 Pers. mit Zelt ab 14,50 €. Via Laura Mare 53, 📞/📠 0828/851042, www.villaggionettuno.com.

● *Essen & Trinken (siehe Karte hintere Umschlagklappe)* TIPP! **La Pergola (15)**, fein gestaltete, freundliche Edeltrattoria, auf cilentanische Fischgerichte spezialisiert, Fleisch und hausgemachte Pasta finden sich aber ebenso auf der Karte. Abends auch Pizza, gutes Preis-Leistungs-

Verhältnis. Menü ab 25 €, Pizza ab 5 €. Ganzjährig mittags und abends, Mo Ruhetag. Via Magna Grecia 1, ☎ 0828/723377, www.ristorantelapergola.splinder.com.

Da Nonna Sceppa (16), seit 1969 wird hier kredenzt, dass sich die Tische biegen. Egal ob Fisch oder Fleisch, bei diesem besonders bei Italienern äußerst beliebten Restaurant im Zentrum von Capaccio-Laura kann man eigentlich nichts falsch machen. Menü ca. 35 €. Mo Ruhetag. Via Laura 45, ☎ 0828/851064, www.nonnasceppa.com.

Le Trabe (17), die Spitze der Gastronomie in der Sele-Ebene, schick gestaltete Edelristorante in einer ehemaligen Wassermühle, Nähe Capodifiume-Quelle, weitläufiger Garten mit Wasserfällen. Auf der kleinen Karte finden sich fantasievolle Fischgerichte, der Weinkeller ist exquisit. Menü ab 40 €. Außerhalb der Sommermonate Mo geschlossen. Via Capodifiume, ☎/📠 0828/724165, www.ristoranteletrabe.com.

Aqua blu (18), nach Sanierung 2008 neu eröffnet, die Küche ist spezialisiert auf Fischgerichte vom Grill, abends auch Pizza. Schöne Terrasse am Meer. Menü ca. 30 €, Pizza ab 5 €. Mittags und abends geöffnet, Mo Ruhetag, Nov. geschlossen. Via Laura Mare 55, ☎ 0828/720009.

TIPP! **L'Oasi del Granato (19)**, Ausflugs-Ristorante in der Nähe der Wallfahrtskirche, landestypische Kost in ausgezeichneter Qualität und zu moderaten Preisen (guter Vorspeisenteller für 5 €), die Hausweine sind ebenfalls zu empfehlen. Einfach eingerichtete Innenräume, gemütliche Plätze auf der Veranda und im Garten. Mi geschlossen, unter der Woche nur abends, Sa/So mittags und abends. Loc. Capaccio Vecchio, ☎ 339/8439864.

Heidnisches und Christliches: Kontinuität im Zeichen der Fruchtbarkeit

Gängige Praxis: Um der Verbreitung des Christentums größere Chancen einzuräumen, trachteten die Missionare danach, die etablierten religiösen Kulte im Licht des christlichen Gedankens neu zu interpretieren. Auch aus diesem Grund wirkt noch heute – gerade im Süden Italiens – manch christlicher Brauch seltsam archaisch. Ein ausgezeichnetes Beispiel dafür ist die Madonna des Granatapfels. Keine Quelle verrät, wie der Übergang vom antiken Hera-Kult zur Verehrung der christlichen Jungfrau verlief, die von Wissenschaftlern herangezogenen Belege sind rein ikonografischer Natur und stützen sich ansonsten auf Vermutungen. Der Göttin Hera war der Granatapfel heilig, die Madonna hält ihn in der Hand. Einige der in der Ebene aufgefundenen Hera-Idole tragen unverkennbar das Signum der Schwangerschaft, das neugeborene Jesuskind sitzt auf dem Arm der Mutter.

Die Funktionen der griechischen Göttin waren vielfältig: Gattin des Zeus und Herrscherin über den Olymp, Göttin der Fruchtbarkeit (sowohl der Felder als auch der Frau) und eifersüchtige Hüterin von Ehe und Familie. Die der Hera zugeschriebenen Eigenschaften und Fähigkeiten variierten je nach Zeit und Ort beträchtlich. In der Sele-Ebene kam hinzu, dass der griechische Götterimport – Jahrhunderte bevor die ersten christlichen Missionare die Bildfläche betraten – auf die religiösen Praktiken der Lukanier stieß. Jene verehrten u. a. die Muttergöttin als Lebensspenderin und Quelle der Fruchtbarkeit; sie kannten auch den Granatapfel, weshalb es nur allzu wahrscheinlich ist, dass sich aus beiden Kulten im Verlauf der Zeit eine „neue" Muttergöttin herausdestillierte. Der Vorgang könnte sich Jahrhunderte später, beim Übergang von der Hera zur Jungfrau Maria, in ähnlicher Form wiederholt haben.

Ein Symbol, das für Kontinuität steht: Der Granatapfel *(punica granatum)* ist die Götterfrucht schlechthin. Besonders seine Kerne spielen in der umfangreichen Granatapfel-Mythologie eine große Rolle. Nach der Bibel sollen es exakt 613 sein – entsprechend der Zahl der Gesetze im Alten Testament.

Von außen unscheinbar: das Sanktuarium der Madanno mit Grantapfel

Sehenswertes

Heraion Scavi/Museo Narrante di Foce Sele: Die griechischen Kolonisatoren errichteten den Altar für die Göttin Hera als politisch-kulturelle Landmarke auf der Demarkationslinie zum etruskischen Siedlungsgebiet nördlich des Sele. Das Heiligtum war nicht nur Pilgerziel, sondern hatte auch eine politisch-wirtschaftliche Funktion: Hier traf man sich zum Güteraustausch und zur Lösung politischer Streitfragen. Das Grabungsareal in der Größe eines Fußballfeldes liegt auf einer Wiese nördlich von Capaccio, dahinter endet der Weg am Deich des Sele. Viel ist nicht zu sehen, denn die spektakulären Metopen-Funde befinden sich heute im archäologischen Museum Paestum (→ S. 62). Neben der Zona Archeologica vermittelt das Museo Narrante eine lebendige Vision, wie der heilige Bezirk einst ausgesehen hat: Die Besucher erwartet ein Animationstheater, das seinesgleichen sucht und den Besuch auch für Jüngere zum Erlebnis macht. Videoshows thematisieren den antiken Hera-Kult (engl./ital.), sinnlich gestaltete Räume zeichnen die Genese von der heidnischen Göttin zur christlichen Jungfrau nach (→ „Kontinuität im Zeichen der Fruchtbarkeit", S. 66).

• *Anfahrt/Öffnungszeiten* Ausgrabungsstätte und Museum sind ab SS 18 ausgeschildert (nördlich von Cappacio Scalo dem Hinweis „Heraion" folgen), alternativ auf der Küstenstraße (SP 175) durch den Ortsteil Gromola. Der Hinterausgang der Museums-Masseria führt zum Freigelände. Tägl. außer Mo 9–15.30 Uhr. Eintritt frei.

Sorgenti di Capodifiume: Am Übergang von der Ebene zum Bergland entspringt der kleine Fluss Capodifiume. In antiken Schriften als *Trabe* oder *Salso* verzeichnet, trug das Gewässer zur Versumpfung der Sele-Ebene bei, seit dem 4. Jh. v. Chr. befand sich hier ein Quellheiligtum. Ausgegrabene Votivstatuetten lassen vermuten, dass man hier der Persephone huldigte; die Funde sind im archäologischen Museum Paestum zu besichtigen. Der ehemalige Tempelbezirk befindet sich heute zum großen Teil unter Wasser, malerisch ragt der Stumpf einer Tempelsäule aus dem Teich. An Wochenenden und zur Ferienzeit im August verwandelt sich das Idyll in einen Freizeitpark. Die Wiese lädt zum Picknick ein, während in der benachbarten Wassermühle ein Edelristorante höhere kulinarische Ansprüche befriedigt.

Anfahrt Von Capaccio Scalo auf der SS 166 in Richtung Roccadaspide, dann auf der SP 318 rechts in Richtung Giungano. Besucherparkplatz, Kioskbetrieb im Sommer.

Santuario del Getsemani: Aus der Ferne wirkt die eiförmige Kirche aus dem Jahr 1969 wie ein Sternobservatorium, innen weht der Geist von Giuseppe Marello (1844–1895), der 2001 heiliggesprochen wurde. Eigentliches Ziel der Gläubigen ist die **Christusstatue** aus weißem Marmor im Zentrum der fünfeckigen Krypta.

Anfahrt/Öffnungszeiten Von der Straße nach Capaccio Capoluogo (SP 13) ausgeschildert. Tägl. 7–12 und 15–19 Uhr. Via Getsemani 6, ✆ 0828/725019, www.getsemanidipaestum.org.

Santuario della Madonna del Granato: Unübersehbar steht das Wahrzeichen von Capaccio auf einer Bergstufe über der Sele-Ebene. Ursprünglich war das Gotteshaus (Mitte 10. Jh.) der Santa Maria Maggiore geweiht, erst 1630 taucht in Dokumenten erstmals die Granatapfel-Madonna auf (→ „Kontinuität im Zeichen der Fruchtbarkeit", S. 66). Die freskengeschmückte Steinkanzel im Hauptschiff belegt, dass es sich um eine Bischofskirche handelt; beachtenswert ist die vergoldete Kassettentäfelung der Decke. Die Pilgerblicke richten sich auf die **gekrönte Maria mit dem Jesuskind** in einer Nische rechts vom Altar, das berühmte Corpus Delicti, den Granatapfel, in der rechten Hand haltend. Nachdem die mittelalterliche Figur 1918 durch einen gewaltsamen Akt zerstört wurde, beauftragte man einen Künstler aus Salerno, eine neue Statue zu kreieren. Rechts der Via Crispi, die vom Parkplatz vor der Kirche nach Osten führt, schlummern unspektakulär am Steilhang die Ruinen der mittelalterlichen Stadt Caput Aquae.

Anfahrt/Öffnungszeiten Von der SP 13 nach Capaccio Capoluogo zweigt die Via Madonna del Granato links ab und endet in Capaccio Vecchio. Tägl. 7.30–12.30 und 15–18 Uhr. ✆ 0828/723611.

Baden

Der Sandstrand am Golf von Salerno setzt sich von Paestum lückenlos nach Norden fort. Auch hier der breite Pinetagürtel, allerdings weisen in Capaccio die Strandbäder eine deutlich höhere Qualität auf. Eine gute Alternative zum Meer bietet landeinwärts das Bad im kalten Wasser der Capodifiume-Quelle (→ S. 67).

● *Lido/Bar* **Lido Nettuno**, zum Campingplatz (→ S. 65) gehörendes Strandbad im Zentrum von Laura, gepflegt und familientauglich, freundliche Bar. Nebenan das Ristorante **Aqua blu** (→ S. 66). Mai–Ende Sept., Schirm/Liege 10–18 €/Tag. Via Laura Mare 53, ✆ 0828/851042.

Der **Dum Dum Club** verbreitet einen Hauch von Karibik. Jugendlich-relaxte Atmosphäre, freundliche Anlage mit alternativem Flair. In der Hochsaison manchmal laut (Feste und Tanzveranstaltungen am Wochenende), an ruhigen Tagen für Familien geeignet. Schirm und zwei Liegen ab 13 €/Tag, April–Ende Sept. Via Laura Mare, 5 Min. nördlich von Lido Nettuno, ✆ 0828/851895, www.dumdumclub.com.

Umgebung/Wandern

Castello di Federico II.: Nach der Niederschlagung der antistaufischen Erhebung (→ S. 20) veranlasste 1246 Kaiser Friedrich II. den Ausbau der Burg auf der Spitze des 383 m hohen **Monte di Capaccio Vecchio**. Im Zuge der Belagerung hatte die Burg schweren Schaden genommen. Eine Legende berichtet von der Einnahme des Kastells durch eine List: Eine junge Frau klopfte an das Tor und erbat ein Almosen für ihre hungernden Kinder. In der Burg ließ sie sogleich das Trinkwasser aus der

Zisterne ab; die Insassen mussten sich daraufhin den Staufern ergeben. Die Rädelsführer wurden des Hochverrats angeklagt und auf grausame Weise verstümmelt,
geblendet und gerädert. Von der einstigen Befestigungsanlage sind heute nur noch
einige malerisch gelegene Ruinen erhalten. Zum Aussichtspunkt oberhalb der Wallfahrtskirche führt ein kurzer Wanderweg.

● *Wegbeschreibung* Das Auto am besten
auf dem Halbrondell vor der Wallfahrtskirche Madonna del Granato parken und von
dort loslaufen. Zunächst geht's auf der ge-
teerten Via Crispi 1 km nach Osten, bis an
einer Linkskurve rechter Hand ein Trinkwasserbrunnen und Picknickbänke auftauchen.
Hier zweigt der Wanderweg nach rechts
ab, führt steil bergauf und endet oben an
der Kammlinie. An der T-Kreuzung geht es
links in Richtung Monte Soprano (1082 m)
und Capaccio Capoluogo, während ein ro-

ter Doppelpfeil nach rechts den Weg zur
Burg weist. Der Saumpfad quert einen Kie-
fernhain, anschließend muss man den Weg
zwischen Felsen suchen. Unbeirrbar steigt
dieser bis zur Ruine an, vorbei an einem
schön gelegenen Aussichtsplatz. Ein
schmaler Felspfad verbindet die Ruine mit
dem Überrest eines Wachturms auf der
Spitze des Monte di Capaccio Vecchio. Auf
dem gleichen Weg wieder zurück (Gehzeit
1–1:30 Std.).

Capaccio Capoluogo

**Immerhin 9 km sind es auf der Straße von Capaccio Scalo bis zum lebendi-
gen Hauptort der Kommune im Hinterland. Die Piazza Tempone am Ortsrand ist der erste große Aussichtsbalkon des Cilento.**

Von der rund 400 m hoch gelegenen Piazza mit ihren Straßencafés genießt man einen wunderbaren Blick auf den Golf von Salerno, an guten Tagen auch auf die
Amalfi-Küste und auf Capri. Dahinter schließt sich die mittelalterliche Altstadt an,

die von den Bewohnern angelegt wurde,
nachdem sie aus Capaccio Vecchio
hierher geflüchtet waren. Die meisten
Gassen münden auf die **Piazza Orologio**
mit dem ehemaligen Bischofssitz (Palazzo Vescovile) und einem Stadtturm
aus dem Jahr 1905, den **Torre Civica.**
Letzterer wurde aus den Quadern
eines eingestürzten Campanile gefügt,
der einst gemeinsam mit der zugehörigen Peterskirche das Platzensemble
vervollständigte. Allenthalben werden
Besucher an den 1804 in Capaccio geborenen Revolutionär Costabile Carducci erinnert, der im Geheimbund der
Köhler *(carbonari)* gegen das bourbonische Regime in Neapel opponierte.
Er starb im Revolutionsjahr 1848 an
der Maratea-Küste.

Salone Rizzo: Der vielleicht schönste
Friseursalon im gesamten Cilento ist
heute ein Museum und kann besichtigt
werden. Seit dem Tod des Meisters der
Frisuren Antonio Rizzo im Jahr 1951 ist
die Einrichtung der *barberia antica* ge-

*Capaccio Capoluogo:
Abendstimmung auf der Piazza*

Nördlicher Cilento

blieben, wie sie einst war. Eine laszive Schönheit aus Marmor verleiht dem kleinen Salon zusätzlich Glanz.

Information/Öffnungszeiten Der Kulturverein, der das kleine Museum betreibt, gibt touristische Auskünfte. Tägl. 10–12 und 15–17 Uhr (Winter), 10–12 und 17–19 Uhr (Sommer). Eintritt frei. Via D'Alessio 3.

Convento dei Frati Minori: Im ehemaligen Kloster der franziskanischen Observanten aus dem 16. Jh. befindet sich heute ein sehenswertes **Museum zur Grand Tour.** Kunstinteressierte haben hier die Chance, mehrere der berühmten Kupferstiche des Künstlers Giovanni Battista Piranesi (1720–1778) von den Tempeln Paestums im Original zu bewundern. Weitere Bilder werfen ein Licht auf die Rezeption der Antikenfunde in den Bildenden Künsten, z. B. das monumentale Ölgemälde von Franz Ludwig Catel, das die Monumentaltempel im verklärenden Licht der untergehenden Abendsonne zeigt – im Vordergrund eine romantisch-bukolische Schäferszene (*Veduta dei Templi*, 1838). Sehenswert ist ferner der Kreuzgang mit einigen frisch restaurierten Fresken.

Öffnungszeiten Tägl. 9–12 und 15–18 Uhr, Mo und So nachmittag geschlossen. Eintritt 2,50 €. Das Franziskanerkloster am Ortsrand ist von der Durchgangsstraße ausgeschildert.

● *Anfahrt* Auf der SP 13 von Capaccio Scalo, parken unterhalb der Piazza Tempone auf den ausgewiesenen Parkplätzen. Mit dem Gemeindebus (Linie 4) vom Capaccio Scalo.

● *Internet* **Bar Le Scotch**, die mittlere der drei Bars auf der Aussichtspiazza hat nicht nur nette Außen- und Innenplätze, sondern verfügt auch über ein Online-Terminal. Piazza Tempone 22.

● *Übernachten/Essen & Trinken* **Agriturismo Greenpark**, Azienda biologica zwischen Capaccio und Trentinara mit einer weit gerühmten guten Küche, Obstanbau und eigener Weinproduktion. Menü ca. 20 €. Im Winter nur am Wochenende. 16 nobel eingerichtete Zimmer mit tollen Bädern, allerdings waren zum Zeitpunkt der letzten Recherche die Zimmer in den neuen Dependancen noch nicht fertig. Gepflegte Anlage mit Pool, markierte Wege führen von hier auf den Monte Soprano. Standard-DZ 90 €. 3 km in Richtung Trentinara, dann 800 m auf einer Schotterpiste rechts links, ☎ 0828/831486, ✆ 0828/821117, www.agriturismogreenpark.it.

B&B L'Aia, liebenswertes Landhaus zwischen Capaccio und Trentinara, Liegestühle auf der Terrasse, Steinbackofen, Olivenbäume. Drei freundlich eingerichtete Zimmer, Wohnbereich im rustikalen Stil. DZ 60–70 €. Loc. Tuoro, 3 km auf der SP 13 in Richtung Trentinara, ☎ 328/9270730, ✆ 0828/1895182, www.bbaia.com.

Ristorante O'Scugnizzo, nett eingerichtete Osteria und landestypische Dorftrattoria im Ortszentrum an der Durchgangsstraße. Fisch, Pasta und Fleisch stehen auf der Speisekarte, abends auch Pizza. Menü ca. 20 €. Jan. geschlossen, im Winter Mo geschlossen, mittags besser reservieren. Via Carducci 90, ☎ 0828/821137.

Trentinara und Giungano

Gegensätzlicher können zwei Orte sind sein: Auf der einen Seite liegt das karge Bauerndorf Trentinara mit mittelalterlichen Gassen spektakulär auf einer Bergkuppe. Tief unterhalb der reiche Weiler Giungano mit seinen verwitterten Palästen, umgeben von Wein und satten Feldern.

Die **Piazza Panorama** in Trentinara ist der vielleicht schönste „Aussichtsbalkon" im nördlichen Cilento. Eine fast senkrechte Felswand trennt und verbindet die beiden ungleichen Dörfer und topografischen Kontrapunkte in unmittelbarer Nähe zu Paestum-Capaccio und an der Schwelle zum Cilento-Nationalpark. Auch wenn es im Grunde nicht viel zu besichtigen gibt, so lohnen dennoch beide Orte allein schon wegen ihrer guten Restaurants und Einkaufsmöglichkeiten. Zudem lässt sich von Giungano oder Trentinara hervorragend das küstennahe Hinterland erkunden.

Eine Schlucht (Gola di Tremonti) und markante Bergzüge prägen den umliegenden Landschaftsraum und laden zu Wanderungen ein.

Trentinara: Die atemberaubende Lage des Dorfes (ca. 1800 Einwohner) auf dem flachen Plateau des rund 600 m hohen Monte Cantenna ist bereits von Capaccio Capoluogo aus zu erkennen. Der Ortsname leitet sich von den ursprünglich 30 Menschen ab, die sich im Schutz einer römischen Wachstation auf dem strategisch wichtigen Berg ansiedelten. Schon bei der Ortsdurchfahrt wird deutlich, dass hier das ländliche Handwerk lebendig ist: Antiquitäten- und Trödelläden säumen die Via Roma, die ins *borgo antico* führt. Dessen Zentrum bildet die mittelalterliche **Chiesa di San Nicola** (11. Jh.); eine winzige Heimatstube wenige Schritte weiter präsentiert örtliche Gebrauchskeramik sowie Möbel (nur nach Voranmeldung unter ℡ 339/1631685). Dass das Zentrum dennoch nicht ganz das hält, was es aus der Ferne verspricht, liegt an zahlreichen Neubauten, die die Ästhetik beeinträchtigen. Sie wurden, typisch für viele cilentanische Dörfer, von den zurückgekehrten Gastarbeitern und mit Geld aus dem Ausland erbaut. Davon unbeeinträchtigt ist der unvergleichliche Blick vom Belvedere auf die Sele-Ebene und auf die Berge des nördlichen Cilento.

> ### Tierisches & Menschliches: Eine Anekdote aus Trentinara
>
> „Ein Mann ging auf einer Straße, vor ihm ein Esel. Auf einmal entfernt sich das Tier einige Meter, fällt in eine kleine Grube am Straßenrand und kann sich nicht mehr erheben. In dieser Situation ergreift der Mann, beherzt und unerschrocken, den Esel am Schwanz und zieht ihn hoch. Nach vollendeter Tat wendet er sich dem Tier zu und sagt: ,Deine Rechnung ist nicht aufgegangen: denn Du kannst mich zwar an Intelligenz übertreffen, nicht aber an Kraft!'"
> Nunzio Daniele, *Biographie und Bekenntnisse eines Fremdenführers.*

Giungano: Das von den flüchtigen Bewohnern aus der Sele-Ebene gegründete Dorf (ca. 1100 Einwohner) im fruchtbaren Savanello-Tal hat viel Lebensqualität; es profitierte von seiner Lage an der Verbindungsstraße zwischen Paestum und dem lukanischen Hinterland. Der Ortsname lässt vermuten, dass hier über Jahrhunderte das Binsenhandwerk gepflegt wurde. Heute prägen **Adelspaläste aus dem 17. und 18. Jh.** das verkehrsberuhigte Zentrum rund um die Pfarrkirche Santa Maria Assunta aus dem 15. Jh. Der Legende nach stammt die Holzstatue der Schutzpatronin aus Paestum: Im Kampf geschlagene Einheiten sollen sie nach dem Zusammenbruch des Römischen Reiches hierher gebracht haben.

● *Anfahrt/Verbindungen*   **Pkw:** Auf der SP 13 von Capaccio Capoluogo oder über die SP 137 von Paestum/Agropoli nach Giungano. **Bus:** Mit *Stromillo* von Capaccio/Vallo d. Lucania nach Trentinara, mit *Giuliano* von Salerno/Capaccio-Paestum nach Giungano.

● *Veranstaltungen*   **Festa dell'Antica Pizza Cilentana**, das Gastrospektakel kreist um die traditionelle cilentanische Pizza (→ S. 39), Anfang/Mitte Aug. (Giungano).

Festa del Pane e della Civiltà Contadina, Musik, Tag der offenen Tür in den Mühlen, Brot und Spiele: was in Giungano die Pizza, ist in Trentinara das Brot, Mitte Aug.

Patronatsfest Madonna dell'Assunta, Prozession zur Cappella dell'Annunziata, Mitte Aug. (Giungano).

Festival d'Autore, jede Menge Musik und *prodotti tipici*, Ende Sept. (Trentinara).

● *Einkaufen*   **La Cilentana**, Laden mit *prodotti tipici* zum Mitnehmen: Pasta, Fleisch, Wurst und Käse, für Degustationen stehen Biertische vor der Ladentüre. Via Roma 181, ℡ 0828/1962656, www.lacilentana.it.

Schluchten prägen die Landschaft rund um Trentinara und Giungano

Azienda Vitivinicola Passaro Ernesto, kleines Familienweingut etwa auf halbem Weg zwischen Paestum und Giungano, reizvolle Lage am Rand des fruchtbaren Savanello-Tals. Weinverkauf im Haus, der Garten lädt zu Degustationen ein, zu cilentanischen Spezialiäten werden roter Aglianico oder weißer Trebbiano kredenzt (nur nach Voranmeldung; in Bungalows stehen einige Zimmer für Übernachtungsgäste zur Verfügung). Contr. Ponte Vecchio (von der SP 137 ausgeschildert), ✆ 0828/880270.

● *Übernachten* TIPP! **Domus Laeta**, ein Juwel für Feingeister und Menschen mit Stil: geschichtsträchtiger Palazzo in Giungano, mit viel Charme eingerichtet. Pool, weiche Liegen, zehn behagliche Zimmer mit einfachen Bädern. Camilla Aulisio, die Nachfahrin der Adelsfamilie in diesem Palazzo, kümmert sich um das Wohl der Gäste und organisiert Kochkurse. Das ganze Haus ist ein Museum, ein Klavierflügel verbreitet gepflegte Atmosphäre, beachtenswert ist die alte Bibliothek. DZ 90–100 €. Palazzo Aulisio (Via Flavio Gioia 1), ✆ 0828/880177 oder 339/8687983, www.domuslaeta.com.

● *Essen & Trinken in Trentinara* **Locanda il Vottaro**, winziges Gastrojuwel im *centro storico*, landestypische cilentanische Gerichte nach den Grundsätzen der Slow-Food-Küche und der Mittelmeerdiät (→ S. 125), rustikaler Speiseraum und uriger Hinterhof, auch als Weinlokal zu empfehlen (nur abends, besser vorher anrufen; auch Vermietung von Zimmern). Via Paolino, ✆ 328/8635664, www.ilvottaro.it.

La Quercia, einfacher und freundlicher Landgasthof mit bescheidener Karte, rustikale *cucina povera* nach alten Hausrezepten. Menü 10–15 €. Mo geschlossen, außer nach vorheriger telefonischer Anmeldung. Loc. Vetuso, außerhalb von Trentinara gelegen, an der SS 13 in Richtung Capaccio auf Schilder achten, ✆ 0828/831161.

Polifemo, Kaffeebar mit ausgezeichnetem Eis am Belvedere von Trentinara. Der Bezug auf den einäugigen Zyklopen aus der Odyssee täuscht, denn hier oben müsste man 1000 Augen haben! Im Aug. Jazzkonzerte. Do Ruhetag. Piazza Panorama del Cilento.

● *Essen & Trinken in Giungano* **La Torretta**, urige Restaurant-Bar in einem Flügel des Palazzo Ducale (17. Jh.), herzhafte *cucina di terra*, Fischgerichte stehen ebenfalls auf der kleinen Karte. Von der rustikal möblierten Terrasse blickt man über Pinien auf's Meer. Menü ca. 20 €. Ganzjährig tägl. mittags und abends geöffnet. Piazza Vittorio Veneto 3 (oberer Ortseingang Giungano), ✆ 339/1444060.

Tre Monti, einfaches Familienlokal unterhalb von Giungano, typisch cilentanische Hausmannskost zu ehrlichen Preisen. Lamm, Ziegenfleisch, hausgemachte Nachspeisen und jede Menge Antipasti (abends auch Pizza aus dem Steinofen), große Terrasse im Grünen. Im Winter Mo Ruhetag. Via S. Giovanni (von der SP 137 in Richtung Paestum/Agropoli ausgeschildert), ✆ 0828/880183, www.ristorantetremonti.it.

TIPP! **La Panorama**, liebenswertes und freundliches Ausflugs-Ristorante im Grü-nen, der beste Ort, um abends die traditionelle *Pizza Cilentana* zu versuchen (→ S. 39). Das Angebot wechselt saisonal, die Pasta wird im Haus von Hand zubereitet, frisches Wildkaninchen nach Vorbestellung. Menü ab 15 €, Pizza ab 3 €). Di Ruhetag, im Sept. 2 Wochen geschlossen, mittags besser reservieren. Contr. Gaudo (1,5 km unterhalb von Giungano, an der SP 137 ausgeschildert), ✆ 0828/880495, manganellip@tiscali.it.

Umgebung/Wandern

Ein kurzer Spaziergang führt von Giungano am Fuß des 634 m hohen Monte Sottano nach Capaccio Capoluogo (einfache Gehzeit 1 Std., Startpunkt ist das oben erwähnte Restaurant La Panorama, die freundliche Wirtsfamilie hilft bei der Wegsuche).

Gola del Tremonti: Zum Zeitpunkt der letzten Recherche war der Weg durch die landschaftlich herbe Tremonti-Schlucht zu den Wasserfällen (Cascata del Solofrone) wegen Baufälligkeit gesperrt. Der Canyon bezieht seinen Namen von drei umliegenden Bergen: Monte Soprano, Monte Sottano sowie Monte Cantenna. Ausgangspunkt der Wanderung (sofern sie in Zukunft überhaupt wieder möglich sein sollte) ist die SP 137 von Giungano in Richtung Paestum: 2 km unterhalb von Giungano, an der Abzweigung zum Restaurant La Panorama, das Auto abstellen und dem Wegweiser folgen. Der Weg unterquert die Straße und führt dann in die Schlucht.

> Der griechische Schriftsteller Plutarch verbindet die Tremonti-Schlucht mit der gewaltsamen Niederschlagung des **Spartakus-Aufstandes**. Der lokalen Legende zufolge soll der Anführer hier in der Schlucht umgekommen sein.

Fußweg von Giungano nach Trentinara: Der Steilaufstieg verlangt einige Kondition und Trittsicherheit, lohnt sich aber insbesondere wegen der Ausblicke. Zudem lockt oben am Belvedere in der Bar Polifemo (→ S. 72) ein erfrischendes Eis. Das Auto am besten auf dem großen Parkplatz am unteren Ortsende von Giungano abstellen und zu Fuß 250 m auf der SP 137 bis zur scharfen Linkskehre hinablaufen. Kurz vor der Madonnenfigur im Fels zweigt der Wanderweg rechts ab (Wegweiser). Auf steinigem Pfad geht es nun kompromisslos bergauf; nach 45 Min. wendet sich der Weg nach Norden und gibt oberhalb einer Felsnase den Blick in die Schlucht frei. Ab jetzt ist der Pfad nur schwach erkennbar, zudem kann er jahreszeitlich bedingt zugewachsen sein (lange Hosen!). In greifbarer Nähe zum Belvedere teilt sich der Weg: Hier geht es rechts weiter, ehe die Serpentinen oben enden (kaum Schatten; Gehzeit hin und zurück ca. 2:30 Std.).

Einstieg von Trentinara: Von der Bar Polifemo am Belvedere zunächst das Spielplatzrondell ansteuern und von der Rutsche auf dem roten, steingepflasterten Treppenweg herabsteigen. Am Ende einer ganzen Anzahl von Plattformen beginnt der Wanderweg, der nach einer Holzbank scharf nach links abknickt.

Weiter ins Cilento-Hinterland: Von Trentinara führt die SP 13 durch reizvolle Berglandschaft zunächst nach Monteforte Cilento, von dort ins obere Alento-Tal und schließlich ins Calore-Gebiet, das ab S. 214 beschrieben wird. Nebenstrecken verbinden Trentinara und Monteforte mit der Stadt Roccadaspide (→ S. 83).

Nördlicher Cilento

Agropoli

Quicklebendiger urbaner Fixstern am südlichen Ende der Sele-Ebene und selbsternannte „heimliche Hauptstadt" des Cilento. Die Umgebung ist landwirtschaftlich geprägt und für Cilento-Verhältnisse dicht besiedelt. Den schönsten Blick auf den Altstadthügel genießt man vom Hafen aus.

Am Hafen liegt die größte Fischfangflotte der südlichen Sele-Ebene vor Anker; Neuankömmlinge nehmen jedoch zunächst mehrstöckige Wohn- und Geschäftshäuser aus der Nachkriegszeit wahr, die den Blick auf den Altstadthügel verstellen. Teile des lebhaften Zentrums aus dem 19. Jh. wurden zur Fußgängerzone umgestaltet, rund um die Piazza Veneto liegen viele Eiscafés und Restaurants. Die Sitzplätze im Freien werden ausgiebig genutzt, und zur abendlichen *passeggiata* ist es hier sehr voll. Deutlich ruhiger geht es in der Altstadt zu: enge Gassen, verwinkelte Höfe, ehrwürdige Mauern, plötzlich eine völlig andere Welt. Wie ein Sporn schiebt sich der geschichtsträchtige **Akropolis-Felsen** ins Meer und formt dabei im Süden eine natürliche Hafenbucht, in der zahlreiche Jachten vor Anker liegen. Nördlich der Altstadt schließt sich der Lungomare an, der das Zentrum mit dem Ortsteil San Marco verbindet. Die Strandpromenade verweist aber auf einen Badeort mit Tradition. Alljährlich feiern hier die Gäste ein Festival in Badelatschen, zuweilen ein wenig hektisch und manchmal auch etwas zu laut.

Die Umgebung zeigt zwei unterschiedliche Gesichter. An der Küste schiebt sich der Cilento-Nationalpark bis an die südlichen Stadtgrenzen. Ein reizvoller Wanderweg verbindet die Badebucht Baia di Trentova mit Santa Maria di Castellabate. Dagegen birgt das Hinterland wenig Überraschendes. Im Bergdorf Torchiara gibt es einige erstklassige Quartiere (→ „Übernachten", S. 78), ansonsten sind die Hänge zersiedelt, Nachkriegsbauten prägen das Gesicht der Orte. Auch das Wahrzeichen von Agropoli – die mit Sockel fast 40 m hohe Kolossalstatue des hl. Franziskus oberhalb der Stadt – lohnt nicht wirklich einen Besuch. Die Figur aus weißem Carrara-Marmor wurde 1982 zur 800-Jahr-Feier des Heiligen aufgestellt.

Geschichte: Als der antike Hafen allmählich versandete, gaben die Römer im 5. Jh. n. Chr. die kleine Garnison Ercola auf. Nach der Vertreibung der Goten besetzten Byzantiner den strategisch wichtigen Hügel, der bereits zur Eisen- und Bronzezeit dauerhaft besiedelt war und dessen Spitze einst ein heidnisch-antiker Tempel zierte. Sie tauften den Ort Petros (Stein). Ende des 6. Jh. suchte der Bischof von Paestum auf der Flucht vor den Langobarden in Agropoli Asyl. In der Folge mauserte sich die Stadt zum einflussreichsten geistlichen Zentrum Lukaniens. Der Blüte setzten die umayyadischen Mauren ein vorübergehendes Ende – Seeräuber, die die Stadt eroberten, die Festung ausbauten und sich hier ungewöhnlich lange hielten. Ihnen verdankte die Stadt einige Innovationen: Die Neuankömmlinge brachten nicht nur ihre überlegenen Kenntnisse mit, sie intensivierten auch den Mittelmeerhandel. Spuren der Muslime finden sich in der Altstadt, z. B. sind die Hauskamine in Minarett-Form zu nennen. 1028 räumten die „Agropolitaner Sarazenen" die Stadt, für die sich jetzt wieder der Bischof von Capaccio interessierte. In der Epoche der französischen Fremdherrschaft wollte Papst Gregor XII. Agropoli nebst Umland *(contado)* verschachern, um mit dem Erlös seine Kriegsschulden zu begleichen. Allerdings wusste dies König Alfons V. von Aragon zu verhindern, indem er das Gebiet 1436 dem Adelshaus Sanseverino vermachte (→ S. 158). In der Folge ging das Gebiet durch verschiedene Hände. In der Nacht zum

Hafen und Kastellhügel von Agropoli

30. Juni 1630 griffen türkische Piraten die Stadt an: Als Hilfe aus den umliegenden Dörfern nahte, gelang es den Bewohnern, die Aggressoren in die Flucht zu schlagen. Die letzten 150 Jahre bis zum Beginn der napoleonischen Ära steuerte die Adelsfamilie Sanfelice die Geschicke der Stadt. Vielen Italienern wohlbekannt ist die unglückselige Liaison zwischen Andrea Sanfelice und Luisa de Molina (1764– 1800). Die aus Laureana Cilento stammende Adelige verlor in Neapel ihr Herz angeblich an einen Protagonisten der Revolutionsbewegung (oder gleich an mehrere) und wurde von den Bourbonen hingerichtet. Im Volksmund heißt die illustre Frauengestalt schlicht „La Sanfelice".

Das Leben der **„Sissi des Südens"** wurde mehrfach verfilmt. Bereits 1863 hatte ihr der Vielschreiber und Garibaldi-Anhänger Alexandre Dumas das Theaterstück *La San Felice* gewidmet.

Information/Diverses

• *Information* Das städtische Infobüro (Ufficio Turismo) versteckt sich in der Nähe der Piazza della Repubblica. Mo–Fr 9–12.30, Di/Do auch 15.30–17.30 Uhr. Viale Europa 34 (1. Etage, Seiteneingang), ☎ 0974/827471, www.comune. agropoli.sa.it. Informative private Webseite (auch auf Deutsch): www.infoagropoli.it.

• *Ärztliche Versorgung* Clinica Malzone (Contr. Selva, ☎ 0974/823179); Ospedale civile (Contr. Marrotta, ☎ 0974/827511).

• *Post* Via San Pio X. 128 (Nähe Piazza della Repubblica).

• *Internet* Mehrere Internetpoints im Zentrum, u. a. Via Gasperi 138 (unscheinbarer Alternativladen zwischen Bahnhof und Piazza Vittorio Veneto).

• *Anfahrt/Verbindungen/Unterwegs* **Pkw:** Zwei Ausfahrten von der SS 18 (Agropoli Nord/Süd), im Zentrum herrscht zu den Geschäftszeiten oft dichter Verkehr. Park-

möglichkeiten am Lungomare San Marco (z. B. auf der Piazza P. Gallo, auch für Wohnmobile geeignet) oder am Hafen (ausgeschildert, aber etwas komplizierte Anfahrt).

Bahn: Der Bahnhof liegt 1 km östlich vom Zentrum, fast stündl. verkehren Züge nach Salerno bzw. Neapel und in die Gegenrichtung nach Sapri.

Bus: Linienbusse nach Salerno, Battipaglia, Paestum und Santa Maria di Castellabate halten nicht am Bahnhof, sondern im Stadtzentrum (Haltestellen in der Nähe der Piazza della Repubblica). S.C.A.T.-Busse verkehren auch innerhalb von Agropoli, u. a. zur Baia di Trentova (☎ 0974/838415, Online-Fahrplan: www.comune.agropoli.sa.it).

Fähre: Juni–Sept. verbindet die *Metro del Mare* den Hafen von Agropoli mit den Küstenorten des Cilento und mit Salerno und Neapel (→ S. 32).

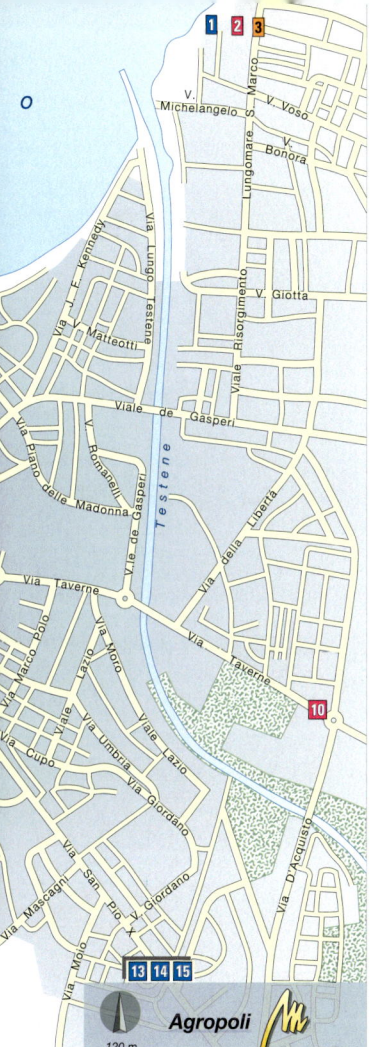

Agropoli

120 m

Taxi: Am Bahnhof (☎ 0974/822270) und an der Piazza Vittorio Veneto (☎ 0974/822271).

Mietfahrzeuge/Fahrräder/Bootsverleih: *Alba Rent Car*, Via Gasperi 82a (Nähe Bahnhof), ☎ 0974/828099 oder 333/4499079, albarentcar@ libero.it. Kleinwagen 45 €, Vespa ab 40 €, Fahrräder 15 €/Tag.

Conar Nautica Sport am Hafen bietet diverse Serviceleistungen an, u. a. Verleih von Motorbooten für 65–150 €/Tag. Via Porto 9, ☎ 0974/824545.

● *Feste/Veranstaltungen* **Carnevale Agropolese**, seit 30 Jahren großer Faschingsumzug mit anschließender Wahl des schönsten Wagens, Mitte/Ende Febr.

Via Crucis, Prozession in der Altstadt mit christlichem Mysterienspiel, Karfreitag.

Patronatsfest, San Pietro e San Paolo mit Prozession durch Alt- und Neustadt, 29. Juni.

L'Assalto dei Turchi ad Agropoli del 29. Giugno 1630, jährliches Großevent zu Wasser und zu Lande zum Gedenken an den Türkeneinfall (→ S. 75), Anfang Juli.

Festa della Madonna di S. Costantinopoli, Patronatsfest mit Meeresprozession und Feuerwerk, 24. Juli.

Agropoli Estate, Kunstausstellungen, Musik und Theater im Kastell und im Parco Pubblico, Mitte Juli–Ende Aug.

Mediterraneo Video Festival, vier Tage Kino & Kultur im Kastell und am Hafen, Ende Aug.

Presepe Vivente, lebendige Krippen-Inszenierungen in der Altstadt, Dez.

Wochenmarkt, Do vormittag, Ecke Via Taverne/Via della Libertà (Neustadt).

● *Einkaufen* **Enoteca L'Altra Bottiglia**, eine der besten Weinhandlungen des Cilento, hervorragendes Sortiment und fachkundige Beratung. Allein die geschmackvolle Dekoration des Ladens ist ein Genuss. Via F. Patella 38, ☎ 0974/822800, www.laltra bottiglia.it.

Übernachten/Camping

Agropoli verfügt über eine breite Palette von Unterkünften, für einen längeren Ferienaufenthalt an der Küste bieten sich jedoch (abgesehen von den beiden Übernachtungstipps im Vorort Torchiara) eher die Orte südlich von Agropoli im eigentlichen Cilento-Nationalpark an.

*** Carola (9), Traditionslogis im Stadtzentrum oberhalb des Hafens (seit 1890), ruhig, das beste Haus in der Stadt. 34 geschmackvoll eingerichtete Zimmer, Restaurant mit guter Küche (Fischspezialitäten). DZ 70–80 € (Juli/Aug. Pensionspflicht). Via Pisacane 1, ☎ 0974/826422, ✆ 0974/826425, www.hotel carola.it.

** La Tombola (13), 4 km außerhalb in Richtung Punta Tresino gelegenes Familienhotel im Grünen, freundlich, 19 einfach eingerichtete Zimmer, Garten mit Pool und Terrasse, kurzer Weg zur Baia di Trentova. Auch Restaurant (Menü ab 20 €). DZ 50–80 €. Via Trentova 8, ℡ 0974/821412, 📠 0974/821188, www.la-tombola.it.

B&B U'Turrione (5), einziges Altstadtquartier, gehört zum gleichnamigen Restaurant (→ unten), vier nette Zimmer mit kleinen, zweckmäßigen Bädern und Gemeinschaftsküche, ein Zimmer mit Balkon und Kamin. Meerblick von der Terrasse, Frühst. in der Bar. DZ 70–80 €. Via Passaro 4, ℡ 338/4618207.

TIPP! **B&B Casa Albini (15)**, in diesem ehrwürdigen Anwesen am unteren Ortsrand von Torchiara lebt man wie Gott in Frankreich: Drei wunderschöne Zimmer stehen im Palazzo den Gästen zur Verfügung, ein großer Garten sorgt für Ruhe und Erholungsflair (die Besitzer wollen das neu eröffnete Logis Schritt für Schritt mit Wellnessangeboten veredeln). Via Vittorio Emanuele 5 (unterhalb der Chiesa Santa Barbara). DZ ab 80 €, ℡/📠 0974/831392, www.casaalbini.it.

TIPP! **B&B Villa Torre Mangoni (14)**, das Schloss aus dem 15. Jh. mit den beiden Rundtürmen 5 km oberhalb von Agropoli ist von der Straße nach Torchiara kaum zu übersehen, die freundliche Akademikerfamilie spricht Englisch und Französisch und sorgt für einen rundum gelungenen Aufenthalt. Im stilvoll möblierten Palazzo stehen zwei Zimmer mit Bad zur Verfügung. DZ 70–80 €. Via Torre Mangoni (Loc. Case Bianche), ℡ 0974/837092, torremangoni@hotmail.it.

• *Jugendherberge* **Ostello La Lanterna (1)**, einfache Herberge am Stadtrand, trotz Nähe zur Bahnlinie und zur SS 18 ruhig, zu Fuß 5 Min. zum Strand und 25 Min. ins Zentrum. Ausweis nur bei mehrtägigem Aufenthalt nötig, Okt.–März geschlossen, im Juli/Aug. auch Restaurantbetrieb. Übernachtung im Mehrbettzimmer 11,50 €/Personen, DZ ohne Bad 25 €, mit Bad 34 €. Via Lanterna 8, ℡ 0974/838364, www.hostel.it.

• *Camping* ** **La Selva (11)**, kleiner, beschaulicher Platz am Stadtrand oberhalb des Hafens, etwas karge Flächen, dafür schattig unter Olivenbäumen, auch Bungalows und Fischristorante/Pizzeria. April–Okt. 2 Pers. mit Zelt und Auto ab 17 €. Via Selva, ℡ 0974/824995, www.campingselva.it.

Essen & Trinken (siehe Karte S. 76/77)

Il Ceppo (10), ambitioniertes Ristorante mit guter regionaler Küche, aber nicht ganz billig. 2 km außerhalb auf der anderen Seite der SS 18 in Richtung Prignano. Auch Vermietung von Zimmern (DZ 72–85 € inklusive Frühst.). Menü um 35 €. Mo Ruhetag. Via Madonna del Carmine 31, ℡ 0974/843036, hilceppo@cilento.it, www.hotelristoranteilceppo.com.

Barbanera (6), Fischrestaurant und Pizzeria, wundervolle Lage am Eingang zur Altstadt, Terrasse mit Hafenblick. Menü 15–20 €, Pizza ab 3,50 €. Ganzjährig geöffnet, Mo Ruhetag, im Winterhalbjahr nur abends (Sa/So auch mittags). Piazza Umberto I, ℡ 0974/823164, barbanera@virgilio.it.

U'Sghiz (4), Ristorante und Pizzeria, gute Vollkornpizza zu fairen Preisen, direkt neben dem Ristorante Barbanera und nicht minder schön. Innen originell eingerichtete Stube (alter Adelspalast). Di Ruhetag. Piazza Umberto I, ℡ 0974/829331, usghiz@osp.it.

TIPP! **U'Turrione (5)**, rustikale Altstadttrattoria an der urigen Piazza Mainenti, Außenplätze mit viel mittelalterlichem Flair. Fisch und Meeresfrüchte sowie Fusilli, Gnocchi und Ravioli (auch Pizza mit Büffelmozzarella). Menü ca. 20 €, Pizza ab 4 €. Nur Sa/So abend oder nach telefonischer Voranmeldung (Zimmervermietung → oben). Via S. Passaro, ℡ 338/4618207.

Il Gambero (2), beliebtes Ristorante an der Uferpromenade San Marco, elegantes Interieur, seit 1975 serviert der Familienbetrieb qualitativ hochwertige und schmackhafte Meeresküche, erstklasse Weinauswahl. Menü ab 25 €. Zum Restaurant gehört eine B&B-Unterkunft im Hinterhaus (empfehlenswert aufgrund der ruhigen Lage, DZ 60–70 €). Lungomare San Marco 234, ℡/📠 0974/822894, www.gambero.it.

• *Gelateria* Viele Bars und Eiscafés im modernen Geschäftszentrum, ebenso auf dem Weg zum nördlichen Stadtstrand San Marco. Bester Zentrumstipp ist die **Gelateria-Bar Anna (8)** an der Piazza Vittorio Veneto (Corso Garibaldi 8).

• *Bar/Nachtleben* **Vinarte Winebar (3)**, auf Edelstahlschick getrimmte Kaffeebar an der Strandpromenade, nette Außenplätze und jugendliches Flair, umfangreiche Karte mit Weinen aus allen Regionen Italiens. Tägl. ab 19 Uhr. Lungomare San Marco/Ecke Via Montessori, ℡ 0974/821105, www.vinartewinebar.it.

Stadtstrand und Altstadthügel

Certe Notti (7), 2008 neu eröffnete Weinbar im Zentrum, Nähe Piazza Vittorio Veneto, juvenil-urban gestylte Innen- und Außenplätze. Ein herrlicher Ort, um abends Cilento-Weine zu degustieren, auch Cocktails und kleine Häppchen. Via F. Patella 42, ✆ 0974/826862.

Discoteca New Carrubo (12), das Nachtschwärmerdorado mit Tradition (seit 1972) befindet sich auf der Spitze des Hügels oberhalb der Stadt, riesige Kapazitäten. Mai–Sept. Via Selva, ✆ 338/9058213, www.newcarrubo.it.

Sehenswertes

Die wichtigsten Sehenswürdigkeiten befinden sich im *borgo antico*. Am besten beginnt man den Rundgang auf der Piazza Vittorio Veneto und schlägt von dort den Weg in Richtung Altstadt ein. Die ansprechend gestaltete Fußgängerzone (Corso Garibaldi/Via Patella) geht in eine monumentale Freitreppe über – dem traditionellen Aufgang zum Akropolis-Hügel (Gli scaloni). Die Stufen enden am **Stadttor** aus dem 17. Jh. mit den fünf charakteristischen Zinnen und einem Marmorwappen der Adelsfamilie Sanfelice, die bis 1806 die Politik der Stadt bestimmte. Das Familienemblem zierte ursprünglich das Eingangsportal zum Kastell. Wahrscheinlich erhielt die Stadtbefestigung, von der noch einige Mauern und Türme erhalten sind, unter Friedrich II. ihre endgültige Form. Sie machte den ohnehin schon trutzig wirkenden Felssporn fast uneinnehmbar.

Hinter dem Stadttor steht weithin sichtbar die **Chiesa Santa Maria di Costantinopoli** aus dem 16. Jh. Die Gläubigen errichteten die Fischerkirche im Andenken an ein legendäres Ereignis: Im 5. Jh. plünderten fremde Seefahrer die Stadt und raubten u. a. eine Marienstatue. Als sie mit ihren Kriegsschiffen Agropoli wieder verlassen wollten, gelang es ihnen trotz mehrmaliger Versuche nicht, diese aus dem Hafen zu bewegen – bis schließlich die Marienfigur in den Fluten versank. Gleich hinter der Kirche präsentiert sich die **Piazza Umberto I** als gastliche „gute Stube" mit Meerblick.

Wie Böses sich zum Guten wendet

Ein hartherziger Baron misshandelte Tag für Tag seine Tochter, die für ihre außergewöhnliche Schönheit gerühmt wurde. Als er sich einmal aus seinem Palazzo entfernte, um Wildschweine zu jagen, flüchtete sie, wurde jedoch von den Schergen am Strand von Paestum ergriffen und gefesselt wieder nach Hause geschleppt. Der Vater ließ seine Tochter auspeitschen und warf sie anschließend in ein finsteres Kellerloch. Fortan sehnte die Darbende ihre Befreiung herbei, lediglich unterstützt von ihrer Mutter, die ihr ab und zu heimlich Essen zukommen ließ.

Nach einiger Zeit kehrte der Landesherr von einem siegreichen Feldzug im Cilento nach Agropoli zurück. Er hatte schon seit Langem ein Auge auf die schöne Adelstochter geworfen, konnte sie jedoch bei seiner Ankunft nirgends finden. Er ging der Sache auf den Grund und befreite die vor Schmutz starrende Gefangene, die ihm in ihrer Hilflosigkeit schöner denn je dünkte. Die beiden beschlossen zu heiraten, und der Fürst ließ den bösartigen Vater in Ketten schlagen. Befragt, was die Prinzessin zu tun gedenke, um das Ungemach zu sühnen, reagierte sie nachsichtig: „Ohne die Härte des Vaters wäre ich nicht geflohen und wäre auch nicht gefangen worden. Ohne die Zeit im Kellerloch wiederum hätte ich mir nie die Befreiung erfleht und säße heute nicht an Deiner Seite!"

Infos und Besichtigung: Das Haus, in dem sich die legendäre Anekdote um 1500 zugetragen haben soll, befindet sich an der Piazza Umberto I und kann besichtigt werden. Falls verschlossen, in der Pizzeria U'Sghiz nach dem Schlüssel fragen (→ „Essen und Trinken", S. 78).

Erstaunlich der dörfliche Charakter der Altstadt: Je weiter man sich nach oben hocharbeitet, desto ländlicher das Ambiente. Auf dem Weg zum Kastell passiert man die Hauptkirche der Stadt, die **Chiesa di San Pietro e San Paolo**. Abblätternder Fassadenputz (und die werktags verschlossene Türe) lässt sie unscheinbarer erscheinen, als sie ist. Der älteste Sakralbau der Stadt geht auf eine weitere überlieferte Legende zurück: Angeblich ist der Apostel Paulus höchstselbst in Agropoli an Land gegangen, um von hier aus weiter nach Rom zu reisen. Die Petrusverehrung hingegen hat einen ganz pragmatischen Grund: Pietro war, wie die meisten Einwohner der Stadt, von Beruf Fischer.

Castello Medioevale: Buchstäblich der Höhepunkt jeder Stadtbesichtigung ist die mittelalterliche Burg. Bevor die Byzantiner hier ihre Wehranlage errichteten, befand sich auf der Spitze des Hügels ein heidnischer Tempel, der vielleicht der Artemis oder Athene geweiht war. Die heutige Gestalt geht auf Umbauten in aragonesischer Zeit zurück (15. Jh.). Bei der jüngst abgeschlossen Restaurierung wurde das Innere vollkommen entkernt und vom historischen Kolorit befreit. Aus diesem Grund präsentiert sich der Renaissance-Palazzo, in dem Anfang des 19. Jh. die französische Garnison ihr Hauptquartier hatte, weitgehend leer (Sala dei Francesi). Von der Dachterrasse sind die Küstenwachtürme von San Marco und an der Punta di San Francesco zu erkennen.

Öffnungszeiten Tägl. 9–13 und 16–20 Uhr (Juli/Aug. bis Mitternacht; Juni–Sept. Konzerte und Historienspiele im Schlosshof). Eintritt frei. ℡ 0974/824173.

Convento di San Francesco: Die felsige Nase oberhalb des Hafens auf dem Weg zur Baia di Trentova ist ein eigenständiger Weiler: mittelalterliche Häuser, eine Kapelle und ein kleiner Konvent. Angeblich legte hier der hl. Franziskus nach seiner Rückkehr aus dem Heiligen Land einen Zwischenstopp ein und predigte zu den Fischen. Da ihm die Menschen nicht zuhörten, griff er zu einem Trick und verlegte den Standort seiner Ansprache kurzerhand aufs Meer. Auf dem vorgelagerten Felsen (Scoglio di San Francesco) erinnert ein Kreuz an diese Episode. Der Küstenwachturm heißt entsprechend Torre di San Francesco.

Baden

Optisch schön ist der kleine Stadtstrand am Hafen (Spiaggia Marina), weniger empfehlenswert der Sandstrand am Lungomare, der sich nach Norden bis zum Küstenwachturm (Torre di San Marco) zieht. Pubs und Strandbäder reihen sich aneinander, das Niveau lässt zu wünschen übrig. Die schönste Badebucht ist die **Baia di Trentova**: Sand, Felsen, es weht die Blaue Flagge *(Bandiera Blu)*. Die Küstenlandschaft braucht den Vergleich mit den Cilento-Stränden weiter im Süden nicht zu scheuen. Allerdings könnten die idyllischen Verhältnisse bald Vergangenheit sein, denn der Club Mediterranee plant 400 m vom Strand entfernt den Bau einer neuen Ferienanlage.

• *Anfahrt/Parken* Freie und gebührenpflichtige Parkplätze (Pkw ab 1,50 €/6 Std.); mit dem *S.C.A.T.*-Stadtbus vom Zentrum oder in 30 Min. zu Fuß vom Hafen.

• *Lido/Bar* **Lido Trentova**, Umkleidekabinen und Duschen mit Münzeinwurf, Snackbar, eigene strandnahe Parkplätze. Schirm/ Liege ab 10 €/Tag (Aug. nur wochenweise). Juni–Sept. www.lidotrentova.com.

Wanderung 1: Küstenweg zur Punta Tresino

Charakteristik: Leichtere Küstenwanderung nach Santa Maria di Castellabate (→ S. 98), unterwegs schöne Ausblicke auf das Meer, Aleppo-Pinien sorgen für Kontraste. Der Weg führt durch eine ursprünglich gebliebene Halbinsel mit der **Punta Tresino** und dem Monte Tresino (356 m) als wichtigste Landmarken. Im Frühjahr blüht die Macchia an diesem historischen Ort. Die *Trezene* waren vermutlich ein altitalischer Volksstamm, der hier an der Küste siedelte. Andere Historiker leiten den Namen der Halbinsel vom lateinischen *tres sinus* (drei Buchten) ab – ein Beleg dafür, dass die Menschen der Antike mit dem Terrain vertraut waren. Die Reste eines römischen Landhauses bestätigen dies. Zurück entweder mit dem Bus oder auf alternativer Route zu Fuß. Beim Rundweg über die verfallene Chiesa di San Giovanni muss hin und wieder improvisiert werden, einfache Gehzeit 2:30 Std.

Wegbeschreibung: Der Wanderweg beginnt an der Baia di Trentova (→ oben). Auf Höhe der Parkplätze zweigt nach Süden eine Teereinfahrt von der Zufahrtsstraße zur Badebucht ab, die nach 400 m in eine Sandschotterpiste übergeht. In der Folge sämtliche Abzweigungen missachten, teils schattig unter Eukalyptusbäumen steuert die Route allmählich die Küste an. In Sichtweite eines verfallenen Gehöfts gabelt sich der Weg, hier links der ansteigenden Alternative folgen. Üppige *macchia mediterranea* wird durchquert, immer wieder bieten sich Ausblicke auf das Meer. Das Fundament eines Küstenwachturms rückt ins Sichtfeld (Punta Tresino), anschließend verengt sich der Weg zum Pfad: Die Vegetation tritt zurück, der Blick fällt auf das Sirenenkap („Punta Licosa", → S. 104). Der Pfad endet schließlich an einem Gatter, dahinter liegt ein privates Landgut. Links des Umgrenzungszaunes setzt sich die Wanderroute fort; sie quert in der Folge einen Sandweg, steigt an und mündet am Sattel auf eine breite Schotterpiste. Auf der anderen Seite liegt am Meer Santa Maria di Castellabate, im Vordergrund der Ortsteil Lago und damit das

Nördlicher Cilento

Mar Tirreno

Scoglio Trentova

Baia di Trentova

Agropoli

Start/Ziel

Punta Tresino

100

300

200

Monte Tresino
△ 356

✝ Chiesa di San Giovanni

Fonte di S. Giovanni

△ 156

100

200

Santa Maria di
Castellabate/Lago

350 m

**Wanderung 1
Punta Tresino**

Ziel der Wanderung. Nach Lago geht's rechts auf dem Schotterweg, der nach 30 Min. am Ortseingang endet.

Rückweg: Für den Fußweg zurück nach Agropoli dem breiten Schotterweg nach links folgen (rot-weiße Markierung) und nach wenigen Schritten die Abzweigung nach rechts missachten. Die Piste macht einen Bogen um eine Steinhausruine, dann folgt nach 30 Schritten ein Gatter. Jetzt geht's links weiter und bei der nächsten Gelegenheit für einen kurzen Abstecher wieder links. Hinter einer Kurve lädt ein Trinkwasserbrunnen zu einer kurzen Rast ein (Fonte di San Giovanni). Zurück bei der letzten Abzweigung links halten und auf dem ansteigenden Hauptweg weiterwandern. Jetzt aufgepasst: Der Weg steuert

unterhalb der **Chiesa di San Giovanni**, dem nächsten Zwischenziel, ein verfallenes Gehöft an. Um zur Kirche zu gelangen bei der nächsten Gelegenheit den Weg verlassen und auf Saumpfaden, über Weiden und Böschungen die nächsthöhere Stufe erklimmen (hier ist einiges Improvisationsgeschick gefragt). Ein weiterer Wirtschaftsweg führt schließlich mitten durch den Kreuzgang der verfallenen Konventsruine aus dem 9. Jh. – ein romantischer Ort für ein Picknick im Freien. Von hier geht es wieder auf eindeutigem Weg nach Norden, immer wieder tolle Ausblicke auf die Küste. Nach 15 Min. abermals aufgepasst: Hinter einem Gatter knickt der Hauptweg nach rechts ab und nimmt Kurs auf den Monte Tresino. Ein kleinerer Weg zweigt an dieser Stelle links ab (Markierung auf einem Stein), verengt sich in der Folge und ist wunderbar zu laufen. Der Blick fällt auf den Golf von Salerno, bei klarem Wetter ist die Amalfi-Küste zu sehen. In Reichweite zur Trentova-Bucht knickt der absteigende Pfad landeinwärts ab. Hier haben Macchiabrände den ursprünglich eindeutigen Pfad zerstört, weshalb abermals Vorsicht geboten ist. Auf kaum sichtbarem Saumpfad geht's nach links und steil bergab (unvollständige, aber vorhandene Markierung), ehe dieser den Küstenweg erreicht. Nach rechts zurück zum Ausgangspunkt (Gesamtgehzeit 5 Std.).

Roccadaspide   (ca. 7500 Einwohner)

Nördlicher Cilento

Etappenstation zwischen dem Golf von Salerno und dem Vallo di Diano. Die Bedeutung im Mittelalter unterstreicht das trutzig-fotogene **Castello feudale**, das Kaiser Friedrich II. 1245 am höchsten Punkt des Altstadthügels erbauen ließ und sich heute in privaten Händen befindet. Trotzdem ist Roccadaspide heute eher Durchgangsstation als Ort zum Verweilen: Moderne Geschäftshäuser sorgen für eine spröde Atmosphäre, der größte Schatz der Stadt liegt außerhalb in den Wäldern: Die **Edelkastanie** *(Marrone di Roccadaspide)* ist EU-geschützte Markenware und landwirtschaftliches Vorzeigeprodukt des Cilento.

Was für Roccadaspide die Kastanie, ist 5 km weiter in **Castel San Lorenzo** der Wein. Das Klima und die spezifische Beschaffenheit des Bodens am Osthang des Monte Vesole bringen nicht weniger als sieben Prädikatstrauben hervor. In der Altstadt verdient die romanische **Chiesa San Giovanni Battista** aus dem 12. Jh. Beachtung, dagegen fehlt vom Kloster der Benediktiner jede Spur. An der Stelle des Konvents befindet sich heute, wie soll es anders sein, ein Weinberg.

● *Anfahrt/Verbindungen* **Pkw**: Am schnellsten von Capaccio auf der SS 166 (20 km); auf der gleichen Straße weiter ins Vallo di Diano (über Bellosguardo und den 956 m hohen Sentinella-Pass). Von Vallo della Lucania auf landschaftlich reizvoller Route über Felitto und das Calore-Gebiet (→ S. 214) nach Castel San Lorenzo (SS 488; ca. 45 km). **Bus**: Gute Verbindungen mehrerer Linien, u. a. mit *SITA* oder *De Rosa* von/nach Capaccio.

● *Einkaufen* **La Cantina Val Calore**, örtliche Winzergenossenschaft am Ortseingang von Castel San Lorenzo. Von außen wenig ansprechend, aber eine günstige Gelegenheit, sich mit guten DOP-Weinen zu versorgen, auch Sekt und Olivenöl. Mo–Fr 8.30–13 und 14.30–18.30 Uhr, Sa/So vormittag geöffnet. Via Riccio 30 (an der Durchgangsstraße auf Schild achten), ℡ 0828/944035, www.valcalore.com.

● *Übernachten/Essen & Trinken* TIPP! **Casina del Principe**, standesgemäße, vorbildlich sanierte Landvilla aus dem 18. Jh., beherrschende Lage mit Blick auf Roccadaspide. Von hier aus lassen sich die Grotten von Castelcivita und die Monti Alburni bestens erkunden. Im gepflegten Hof plätschert ein Brunnen, hinter dem Haus grenzt ein Olivenhain an. Sieben Zimmer mit Bad und TV, ausgezeichnete Landküche. DZ 55 €. Loc. Massano 5 (zunächst auf der SS 488 in Richtung Castelcivita, dann 1500 m in Richtung Albanella), ℡ 0828/742620, ✆ 0828/742956, www.casinadelprincipe.com.

La Selva, freundliches Ausflugsrestaurant am unteren Ortsrand von Castel San Lorenzo. Die Atmosphäre ist trotz der Größe des Betriebs familiär, die Karte strotzt nur so von lokaltypischen Produkten: von der hausgemachten Fusilli und Ravioli bis zum Hauswein. Menü ca. 20 €. Ganzjährig geöffnet. Via Palmento (von Roccadaspide ausgeschildert, ansonsten etwas schwerer zu finden), ℡ 0828/946029, www.ristorantelaselva.com.

TIPP! **Osteria da Mucciolone**, seit 1890 wird in der volkstümlichen Trattoria im Zentrum von Castel San Lorenzo die Gastfreundschaft gepflegt. Bester Ort, um die lokaltypische *cucina castellese* zu probieren. Winziger Innenraum mit wenigen Tischen, Wein, Gemüse, Kalbs- oder Ziegenfleisch vom familieneigenen Bauernhof. Menü ca. 15 €. Ganzjährig mittags und abends geöffnet, Mo Ruhetag. Via G. Tommasini 1 (Ortsdurchfahrt), ℡ 335/6408830.

Verlassenes Gehöft in den Alburner Bergen

Monti Alburni

Schon von weitem ist der Kamm der Alburner Berge zu erkennen, der die Bühne der Sele-Ebene wie eine felsige Kulisse überragt. Steil fällt das Gebirge nach Westen und Norden ab, weiß schimmern die Kalkzinnen im Sonnenlicht.

Einem felsigen Sporn gleich schieben sich die Monti Alburni zwischen den Flüssen Calore und Tanagro nach Nordwesten vor und bestimmen so die Fließrichtung der Gewässer. Möglicherweise beflügelte die helle Farbe der Felsen in der Antike die menschliche Fantasie (*albus* = weiß). *L'alburno* bedeutet jedoch auch Splintholz – das wasserreiche, helle Splintgewebe im Stamm von Erlen oder Ahornbäumen.

Der **Monte Panormo** ist mit 1742 m die zweithöchste Erhebung des Cilento. Landkarten verzeichnen den Berg auch als Monte Alburno. Nur unweit des Gipfels befindet sich auf 1340 m Höhe der im Sommerhalbjahr durchgehend bewirtschaftete Rifugio Panormo – die einzige echte Berghütte im Nationalpark.

TIPP! **Rifugio Panormo**, Unikat zwischen Wald und Sommerweiden, fünf überraschend komfortable Zimmer, das Restaurant serviert landestypische Kost (Wein aus lokaler Produktion, Fusilli, Wildschwein, dazu Wurst und Käse). Wandertipps vor Ort erhältlich, Reitausflüge nach Voranmeldung möglich, DZ 40 € (Halbpension 30 €/Person). März–Dez. (Zimmer mit Heizung). Anfahrt auf 11 km langer Zufahrt von Ottati (→ S. 91), ✆/📠 0828/966305, www.rifugiopanormo.com.

Der Berggasthof liegt im Zentrum eines engmaschigen Netzes markierter **Wanderwege**. Über den Monte Panormo führt der Europäische Fernwanderweg E 1, der in Italien *Sentiero Italiano* heißt und fast immer dem Hauptkamm des Apennin folgt. In der Alburni-Region ist der Höhenweg auf Karten (und in der Natur) als *Alta Via del Cervati e degli Alburni* (AVCA) verzeichnet.

Nach Westen und Norden stürzt die Alburni-Kante mehrere Hundert Meter in die Tiefe, während die Südostflanke lieblicher ist. Dazwischen breitet sich eine raue Hochfläche mit über 400 **Karsthöhlen** aus, von denen sich die Grotten von Pertosa (→ S. 253) und Castelcivita (→ S. 87) zu gut besuchten Freizeitzielen gemausert haben. Pferde, Kühe, Schafe und Ziegen prägen die Kulturlandschaft, und der hiesige Käse ist aller Ehren wert.

Castelcivita (ca. 2100 Einwohner)

Der wehrhafte Stadthügel am Westhang der Monti Alburni beherrscht das fruchtbare Calore-Tal. Allenthalben trifft man auf die Spuren einer großen Vergangenheit. Unterhalb von Castelcivita lockt die berühmte Tropfsteinhöhle täglich Tausende von Besuchern an.

Die Reisegruppen kommen mit dem Auto oder dem Reisebus und verschwinden für knapp zwei Stunden in den Grotten. In aller Regel kehren sie anschließend gleich wieder in ihr Küstenquartier zurück. Das mittelalterliche Ortszentrum profitiert daher kaum von den Besucherströmen; in die verschlungenen Gassen verirren sich nur selten Ortsfremde. Wer es dennoch tut, wird im *centro storico* mit offenen Armen empfangen: Kaum ein Ort ist so freundlich, in kaum einer Stadt wird auf der Straße so häufig gegrüßt. Für eine Erkundung benötigt man jedoch gute Kondition, denn die Höhenunterschiede zwischen der Piazza Santa Sofia, die das untere Altstadt-Entree bildet, und dem 587 m hoch gelegenen angiovinischen Wachturm (Torre Angioina) sind beträchtlich.

Entsprechend dünn ist das gastronomische Angebot im Hauptort der Monti Alburni, Quartiere fehlen ganz. Die Infrastruktur spiegelt die oben beschriebene Situation wider, denn rund um die Tropfsteinhöhle haben inzwischen einige vielversprechende Agriturismo-Domizile die Lücken im Herbergsverzeichnis geschlossen. Ein Standortquartier zwischen dem trutzigen Altstadthügel und den idyllischen Auen des Calore bietet eine ausgezeichnete Basis für Wanderexkursionen in die Alburner Berge; die landschaftlichen und kulturellen Attraktionen im Valle di Fasanella (→ S. 91) sind auf kurzen Wegen erreichbar. Stadt und Umland haben noch einen weiteren Vorzug: das milde Mikroklima. Benötigt man an Spätsommerabenden wenige Kilometer weiter im Fasanella-Tal bereits eine Jacke, reicht hier das kurze Shirt völlig aus.

Geschichte: Seit den Römern ist die agrarische Nutzung der Gegend zwischen Calore und Monti Alburni bezeugt. Olivenöl, Getreide und v. a. der berühmte **Caciocavollo degli Alburni** werden bis heute in Castelcivita und Umgebung hergestellt. Im Mittelalter befestigten zunächst die Langobarden die strategisch wichtigen Punkte rund um die Calore-Senke. Die urbanen Anfänge von Castelcivita sind um 1200 zu verorten, als in einem hoch gelegenen Alburni-Dorf namens Civita die Pest ausbrach. Die Bewohner zogen hinunter ins Tal und gründeten eine neue Siedlung in der Nähe einer bereits vorhandenen Burg: Aus dem Castello wurde auf diese Weise die Stadt Castelcivita. Grund und Boden gehörten zum damaligen Zeitpunkt dem mächtigen Lokalbaron Pandolfo di Fasanella, der zunächst treu die Sache der Staufer unterstützte, ehe er sich 1246 der Revolte gegen Friedrich II. anschloss (→ S. 20). Nach der Niederschlagung des Aufstands musste Pandulf fliehen; zudem verlor er zwei Angehörige, die sich nach Capaccio zurückgezogen hatten und nach der Einnahme der Burg von den kaiserlichen Garden hingerichtet

Nördlicher Cilento

Castelcivita: Altstadthügel im Licht der Nachmittagssonne

wurden. Im Jahr 1282, als im Anschluss an die **Sizilianische Vesper** (→ S. 21) an vielen Orten Süditaliens Aufstände gegen Karl I. von Anjou entflammten, eroberte ein sizilianisch-aragonesisches Heer die Stadt. Sie verfügte damals schon über eine Ringmauer, die das Zentrum noch Anfang des 18. Jh. vollständig umgürtete. Ausgrabungen in jüngster Zeit zeigen, dass das heutige *centro storico* im Wesentlichen der mittelalterlichen Stadtanlage entspricht.

Zur Zeit der Herrschaft der Aragonier verzeichnen Dokumente die Stadt als Castelluccia. Völlig gleich, welches Adelsgeschlecht sie in der Folge als Lehen erhielt, Castelcivita blieb stets einer der einwohnerstärksten Orte im Cilento. Im Rekordjahr 1561 lebten hier 644 Familien – die Statistiken gaben nicht die Zahl der Bewohner an, sondern zählten die *fuochi*, die Herdfeuer. Heute bereitet die Bevölkerungsentwicklung den Stadtvätern eher Sorgen: Denn seit den 1960er-Jahren geht die Zahl der Einwohner zurück. Die Geburtenrate sinkt, aufgrund mangelnder wirtschaftlicher Perspektiven verlassen vor allem junge Menschen ihre Heimat. Hinzu kommt, dass die modernen Verkehrswege den Ort heute links liegen lassen. Wenn sich der Trend nicht umkehrt, steht zu befürchten, dass in Castelcivita ein neues „Roscigno Vecchia" (→ S. 229) entsteht.

Information/Diverses

● *Information* Das **Pro-loco-Büro** in der Nähe der Piazza Santa Sofia hat nur sporadisch geöffnet (Via Armando Diaz 15, ☎ 0828/975467). Auskünfte gibt aber gerne die **Bar da Luigi** in der Altstadt (Piazza Cono Perrotta 6, ☎ 0828/975126, Inhaber Luigi Cascio spricht Deutsch). Infos im Web: www. prolocodicastelcivita.it, www.comunitamontanaalburni.it.

● *Ärztliche Versorgung* Guardia Medica, ☎ 0828/979000.

● *Anfahrt/Verbindungen* **Pkw**: Kurz vor der Höhle von Castelcivita überquert die SS 488, von Roccadaspide kommend, den Calore. An der Paestum-Brücke (auch Spartakusbrücke genannt) zweigt die Nebenstraße SP 12 ab; sie streift den Ort Castelcivita, führt ins Fasanella-Tal hinein und endet an der Cilento-Quertrasse (SS 166) von der Sele-Ebene ins Vallo di Diano.

> Der Legende nach überquerte hier im Jahr 71 v. Chr. das **Sklavenheer des Spartakus** den Calore-Fluss, weswegen die Brücke im Volksmund noch heute Ponte di Spartaco heißt. Der Führer des Aufstandes soll sich sogar einige Zeit in den Höhlen von Castelcivita verborgen haben.

Parken: Ausgewiesene Parkplätze am unteren Altstadtrand (Nähe Piazza Santa Sofia), weitere Parkmöglichkeit in der oberen Altstadt (Nähe mittelalterlicher Wachturm).

Bus: *SITA/Pecori* aus Salerno; *De Rosa* aus Roccadaspide/Capaccio.

● *Veranstaltungen* **Patronatsfeste**, San Cono il Taumaturgo (3. Juni); Santa Maria di Costantinopoli, Ende Aug.

Teatro in Grotte, Theater in der Tropfsteinhöhle jeden Sa abend, Mitte Juli–Ende Aug.

Sagra del Fungo Porcino, kulinarisch-folkloristisches Herbstfest rund um den Steinpilz, Tage der offenen Tür in Kirchen und Klöster, Ende Sept.

*Ü*bernachten/*E*ssen & *T*rinken

Die Altstadt ist aufgrund fehlender Quartiere abends weitgehend touristenfrei. Zu den unten stehenden Agriturismo-Tipps in der näheren Umgebung gibt es weitere empfehlenswerte Unterkünfte im Fasanella-Tal (→ ab S. 91). Kulinarisch wartet Castelcivita mit einigen Besonderheiten auf: Pilze und Büffelmilchkäse (→ S. 53) sind die bekanntesten Zutaten der castelcivitesischen Küche. Eine lokaltypische Pasta heißt *Lagane e Fasuli*, Hartweizen-Tagliolini mit weißen Bohnen und gewürzt mit Peperoncino (scharfen Paprikaschoten). Kichererbsen sind ebenfalls häufig auf dem Speiseplan zu finden: *Zuoch'ti e Cirici* ist z. B. ein ländliches Pastagericht mit einem Sugo aus Kichererbsen und Petersilie.

Agriturismo Il Melograno, auf 6 ha wird in dieser kleinen und ursprünglich gebliebenen Azienda Wein, Obst und Gemüse angebaut, hübsches Anwesen mit gemütlicher Holzveranda im Grünen und im Schatten der Monti Alburni, vier komfortable Zimmer. Ganzjährig geöffnet. Menü ab 14 €, DZ 50 €, Halbpension/Person 45 €. 6 km von der Grotte entfernt, vom Nachbarort Controne ausgeschildert, ☎ 0828/971749 oder 334/7932389.

TIPP! **Lo Scaraiazzo**, die Azienda Agricola ist ein guter Tipp, vorausgesetzt, man hat nichts gegen Hunde und Katzen. Nobles Landhotel zwischen *borgo antico* und Tropfsteinhöhle, von der Terrasse blickt man auf den Altstadthügel und die Calore-Ebene. Sechs Zimmer in umgebauten Stallungen aus dem 18. Jh., teils behindertengerecht. Behagliche Einrichtung mit Stil und Komfort, ausgezeichnete Landküche (Menü ab 20 €; im Winterhalbjahr nur am Wochenende); Vermietung von Mountainbikes. DZ 70 €. Loc. Rummolo, Via Provin-ciale (SP 12), steile Auffahrt von der Grotte, ☎ 0828/975533, www.loscaraiazzo.it.

Il Porcino, Ristorante und Pizzeria am unteren Ortseingang von Castelcivita, der Name Steinpilz steht stellvertretend für die feine Auswahl an lokaltypischen Gerichten, gute Antipasti, Aussichtsterrasse. Menü ab 15 €, Pizza ab 4 €. Außerhalb der Hauptreisezeit Mo geschlossen. Via Provinciale 9, ☎ 0828/975071.

L'Oasi, kleine Oase in wenig reizvoller Umgebung, zu kampanischen Weinen gibt's Wurst- und Fleischgerichte mit Zutaten aus lokaler Produktion. Menü ca. 20 €, abends auch Pizza. Ganzjährig, Di Ruhetag. Contr. Serra, Via Vricciullo (von der Spartakusbrücke auf der SS 488 in Richtung Roccadaspide, dann erste Abzweigung rechts den Schildern folgen), ☎ 335/1379926, oasipizzeria@alice.it.

Bar Zi Basilia, ruhiger Ort für eine Pause am oberen Altstadtrand, einfaches Interieur, Weinlaubenterrasse, abends Cocktails. Via Nazario Sauro 78 (Nähe Torre Angioina).

Le Grotte di Castelcivita

Die Grotte von Castelcivita, die von den Einheimischen auch als Teufels- oder Spartakushöhle bezeichnet wird, ist das populärste Ausflugsziel im nördlichen Cilento-Hinterland. Dennoch wirkt der Zugang zur Grotte eher unscheinbar, und un-

Nördlicher Cilento

ter der Woche hält sich der Besucherandrang in überschaubaren Grenzen. Die bizarren Tropfsteinformationen sind in der Tat sehenswert. Vom kalkigen Grund emporstrebende Säulen (Stalagmiten) gruppieren sich gemeinsam mit den hängenden Stalaktiten zu märchenhaften Ensembles, die seit jeher die Fantasie der Menschen angeregt haben. Die sensible Lichtregie verstärkt die von der Natur geschaffenen Effekte. Immer wieder eröffnen sich während des rund zweistündigen Rundgangs Ausblicke in **bizarr geformte Kalkrinnen, Galerien und Kavernen,** wobei nur der kleinere Teil (1700 m) des verzweigten Höhlensystems für die Besucher zugänglich ist. Eigentlich endet die Höhle nach rund 5 km an einem unterirdischen See *(Lago terminale)*, den jedoch nur die Speläologen auf ihren Exkursionen zu Gesicht bekommen. Die wissenschaftliche Erforschung des unterirdischen hydrogeologischen Systems, dessen Temperatur gleichmäßig im Jahr 18 °C beträgt, unterliegt der speläologischen Abteilung des italienischen Alpenvereins sowie den Universitäten Neapel und Siena.

Bereits vor 40.000 Jahren hausten Neandertaler in den Höhlen, wie steinzeitliche Faustkeile und andere Fundobjekte aus der Epoche des Mittelpaläolithikum belegen. Das erste neuzeitliche Dokument stammt aus dem Jahr 1889. Zwei Jungen aus dem Nachbarort Controne, der erst 14-jährige Giovanni und sein zwei Jahre älterer Bruder Francesco, beschlossen an einem Februartag, die Höhlen zu erkunden. Unglücklicherweise verlöschte die von Olivenöl gespeiste Lampe und ließ sich auch nicht mehr anzünden. Juveniler Leichtsinn: Die Brüder saßen im Dunkeln fest und mussten geschlagene sechs Tage auf ihre Befreiung warten. In den 1920er-Jahren startete die wissenschaftliche Erforschung der Grotten, u. a. unternahm 1926 der *Touring Club Italiano* den Versuch, bis zum Ende des Höhlengangs vorzustoßen. Im gleichen Zeitraum begann sich auch die Bevölkerung Castelcivitas für die Attraktion vor ihrer Haustür zu interessieren. Der ortsansässige Apotheker und Höhlenfreund Nicola Zonzi tat sich dabei als eifriger Fürsprecher der touristischen Erschließung hervor.

Rundgang: Bereits nach wenigen Metern sorgt die **Sala del Castello** für das erste Highlight. Fantastisch illuminierte Stalaktiten und eine zu einem Termitenhügel aufgeworfene Kalkformation am Eingang gemahnen tatsächlich an ein Schloss. Märchenhaft wirkt auch ein enger schlauchartiger Gang, an dessen Wänden der Kalkstein die Form von Zitrusfrüchten angenommen hat (Sala dei Limone). Danach beeindruckt die **Caverna Bertarelli,** die dem verdienten Höhlenforscher Luigi Vittorio Bertarelli ein Denkmal setzt, allein schon wegen der puren Größe. Der ca. 200 m lange Kanal, in dem noch heute Fledermäuse leben, ist hingegen nur aus der Ferne zu sehen (Zona dei Pipistrelli); er befindet sich jenseits der Kathedrale (La Cattedrale). Der gut ausgebaute Parcours, der auch mit leichten Schuhen begehbar ist, endet am Punkt Il Salto, von dort geht es auf gleichem Weg wieder zurück zum Ausgang.

● *Information/Öffnungszeiten* Die Grotte liegt 200 m hinter der Spartakusbrücke (SP 12 Richtung Castelcivita), davor gibt es eine Bar mit Freiplätzen. Eintritt 8 € (Kinderermäßigung). Führungen Mitte März—Ende Sept. tägl. im Stundentakt von 10–12 und 13.30–18.30 Uhr, Anfang Okt.–Mitte März 10.30, 12, 13.30, 15 und 16.30 Uhr. ☎ 0828/975009, www.grottedicastelcivita.it.

Picknick/Baden: Nach dem Grottenbesuch lockt ein Bad im klaren Wasser des Calore. Der Sandstrand ist aber längst kein Geheimtipp mehr (Hinweisschild auf Picknickplatz an der SS 448, kurz vor der Spartakusbrücke; gebührenpflichtige Parkplätze, Pkw 5 €, Wohnmobil 10 €). Alternativ geht es auch von der anderen Seite

Castelcivita: Verträumte Winkel prägen das Stadtbild

Nördlicher Cilento

zum Fluss. Am besten das Fahrzeug an der Fontana San Filippo parken, der absteigende Fußweg endet nach 10 Min. am gegenüberliegenden Calore-Ufer (zur Trinkwasserquelle führt eine beschilderte Zufahrt von der SP 12).

Sehenswertes in der Altstadt

Zumeist ist man auf verwinkelten Treppenwegen unterwegs, abends sitzt die *mamma* vor der Haustür und legt die Früchte des Feldes zum Trocknen aus. Den Rundgang beginnt man am besten am unteren Ende: Von der *Piazza Santa Sofia* führt die *Via Armando Diaz* zu den wichtigsten Bauwerken. Dominantes Gebäude am Anfang der Altstadt ist das **Kloster Santa Sofia** (auch *Convento di S. Gertrude* genannt), das sich in Privatbesitz befindet und in den nächsten Jahren zu einem Hotel umgebaut werden soll. 1588 gegründet, gehörte es ursprünglich zum Orden der Franziskaner; die Klarissinnen nutzten das Haus für die Klausur.

Chiesa S. Nicola di Bari: Die Hauptkirche der Stadt an der Via Costantino ist normannischen Ursprungs, der Chor wurde im 15. Jh. angefügt. Man betritt das Gotteshaus durch einen Bogen im Sockel des Campanile, das barockisierte Innere gefällt durch seine wohltemperierte Farbgebung.

Chiesa di San Cono: Die 1344 vollendete Pfarrkirche im unteren Teil der Altstadt präsentiert sich im Innern ebenfalls im barocken Stil, sehenswert sind der Hauptaltar aus Marmor (1760) und die Kanzel aus geschnitztem Holz. Auch die Decke verdient einen Blick: Anstelle der üblichen oberen Lichtluken grüßen die vier Evangelisten als Lichtbringer herab.

Torre Angioina/Museo della Civilta Contadina: Der angiovinische Festungsturm aus dem 13. Jh. ist das Wahrzeichen von Castelcivita; weit ist der Ausblick vom höchsten Punkt der Stadt. Er ist ein Relikt der alten Stadtbefestigung, einer von ursprünglich vier Türmen ähnlicher Bauart. Architektonisches Vorbild sind die markanten Rundtürme des Castello Nuovo in Neapel. Allerdings wurde der Turm beim schweren Erdbeben im Jahr 1980 stark beschädigt. Nach der Wiederherstellung durch die Kommune richtete der hiesige Heimatverein im Innern ein kleines **Museum** ein, das auf drei Stockwerken alte Geräte aus Küche und Landwirtschaft sowie weitere Objekte zeigt, die früher den Alltag der Castelcivitesi prägten. Die *zerra* ist beispielsweise ein mechanisches Gerät, das beim Drehen einer Kurbel hässlich-knarrende Töne von sich gibt. Ein Mann lief früher in der Karwoche mit dem Apparat durch die Gassen, um auf diese Weise an den Gekreuzigten zu erinnern, während die Kirchenglocken schwiegen.

Öffnungszeiten Im Aug. jeden Sa/So 10–13 und 16–18 Uhr, sonst nur an Sonn- und Feiertagen oder nach vorheriger telefonischer Anmeldung (☎ 338/975178).

Umgebung/Wandern

Der Altstadthügel ist den Monti Alburni vorgelagert. Als schmales Sträßchen führt die Via Monti Panormi in die Berge und endet nach 5 km auf 1070 m Höhe an einer Gabelung. Von hier gelangt man zu Fuß in nur 1:30 Std. zum Rifugio Panormo (→ S. 84), in 3 Std. auf die andere Seite nach Sicignano degli Alburni (→ S. 96). Im Spätsommer und Herbst begegnet man vielen Bauern, die in den Wäldern Pilze sammeln.

Wanderung 2: Auf alten Maultierpfaden in die Monti Alburni

Charakteristik: Leichtere Einstiegswanderung mit typischen Karstformationen der Monti Alburni. Teils folgt der Weg einer alten *mulattiera*. Gehzeit 4 Std., mit rund 300 m ist der Höhenunterschied moderat, keine Einkehrmöglichkeit.

Auf den Spuren einer alten „mulattiera" ins Tal

Wegbeschreibung: Start ist die Torre Angioina am oberen Ende der Altstadt von Castelcivita. Von dort führt die Via Madonna delle Grazie stadtauswärts nach Nordosten (Trinkwasserbrunnen rechter Hand gleich zu Beginn). An der ersten Abzweigung dem Schild zum Friedhof folgen, nach 10 Min. an einer weiteren Gabelung ein Wanderwegweiser. Hier rechts weitergehen, der Wirtschaftsweg (Wanderweg 312) lässt in der Folge die Cappella Madonna delle Grazie aus dem 16. Jh. seitlich liegen. Abermals zwei Gabelungen: Nach 10 Min. zunächst die ansteigende Alternative wählen und bei der folgenden Verzweigung gut aufpassen, denn jetzt folgt die Route nicht mehr der rot-weißen Markierung, sondern biegt nach links ab. Leicht absteigend quert der Weg ein Trockental und steigt danach in Serpentinen wieder steil an, zunächst als Pfad zwischen Oliven- und Feigenbäumen, dann als gut erkennbarer, teils gepflasterter Maultierweg in praller

Sonne. Nach einer Weile vollzieht die *mulattiera* einen Linksschwenk und steuert einen Sattel am Ende des Seitentals an (840 m). Oben, an einer Wegkreuzung, geht es links bzw. geradeaus weiter (La Spina, Campo d'Amore). Im Schatten leicht ansteigend quert der Pfad einen parallel verlaufenden Wirtschaftsweg und ein Gatter. Der anschließend breitere Waldweg mündet nach wenigen Min. auf einen breiten Schotterweg, der nach links in 5 Min. die endgültige Sattelhöhe erreicht. Der Hochgrat der Monti Alburni mit dem 1704 m hohen **Monte della Nuda** rückt ins Blickfeld, während die Route weiter dem sanft auf- oder absteigenden Schotterweg folgt. Nach einer Viertelstunde geht's an einer Gabelung rechts weiter, nach einer weiteren halben Stunde links ein Holzwegweiser (Castelcivita): Der abzweigende Saumpfad quert zunächst ein Waldstück und dann – nahezu weglos – karstiges Terrain. Jetzt aufmerksam nach Markierungen Ausschau halten. Im Gesträuch halten sich bevorzugt Wildschweine auf, für dieses Teilstück ist zudem Trittsicherheit erforderlich! Am Ende eines Kalksteinfeldes ein kurzes Stück auf Schotter, nach zwei Gattern geht es auf schmalen, gewundenen Saumpfaden durch Gestrüpp (hier abermals auf die Zeichen

achten!). Bereits mit Blick auf Castelcivita – in der Ferne glitzert der Golf von Salerno – knickt der Weg in der Folge mehrfach scharf ab, ehe es auf einem baufälligen Maultierpfad bergab geht. Die *mulattiera* endet im Tal am Friedhof, die Zufahrtsstraße führt zurück zum Ausgangspunkt.

Fasanella-Tal   (Valle di Fasanella)

Nur ein Katzensprung von Castelcivita liegt am Südwest-Abhang der Monti Alburni das wasserreiche Fasanella-Tal. Es war schon in der Antike so wichtig, dass die Römer durch dieses Tal eine Straße bauten. Die wichtigsten Sehenswürdigkeiten konzentrieren sich um die Pilgerdestination Sant'Angelo. Von Castelcivita auf der SP 12 kommend, trifft man zunächst auf **Ottati**. Ein kurzer Abstecher ins schmucke Zentrum lohnt sich, denn die *Piazza Umberto I.* zählt zu den schönsten Dorfplätzen des Cilento. Im Schatten der Alburni-Felsen lädt eine Bar zur Kaffeepause ein, wichtigste Bauwerke sind die *Chiesa dell'Annunziata* und ein Dominikaner-Kloster mit Doppelarkaden-Kreuzgang (1480). Für den Fußweg zum *Rifugio Panormo* (→ S. 84) benötigt man von hier 5 Std.; bequemer ist die Autofahrt (Hinweis am Friedhof, Ortsausgang in Richtung Sant'Angelo).

Römerbrücke unterhalb von Sant'Angelo a Fasanella

Sant'Angelo a Fasanella   (ca. 800 Einwohner)

Die historischen Wurzeln dieses bedeutenden Wallfahrtsortes verlieren sich im frühen Mittelalter. Während die Grotte des Erzengels Michael vom Zentrum rasch zu erreichen ist, erfordern die lohnenswerten Ziele in der Umgebung jedoch einen erheblich höheren Zeitaufwand.

Das Schicksalsjahr 1246 meinte es nicht gut mit dem Fasanella-Tal: Das Strafgericht Kaiser Friedrichs II. brannte die Residenz des Lokalfürsten Pandolfo di Fasanella erbarmungslos nieder (→ S. 85). Dergestalt schwerwiegend waren die Zerstörungen, dass der alte Ort aufgegeben und 3 km weiter im Nordosten komplett neu aufgebaut werden musste. Auf diese Weise übten das bereits bestehende geistliche Pilgerzentrum und das politisch-weltliche Zentrum den Schulterschluss und rückten geografisch eng zusammen.

Bei der heutigen Altstadt mit dem Castello ducale und der Pfarrkirche Santa Maria Maggiore handelt es sich um eben jene Neugründung. Sie verdankt ihr Entstehen dem Umstand, dass nach dem Untergang der Staufer Karl I. von Anjou der Familie ihre Besitztümer wieder zurückgab. Später fielen Stadt und Territorium an die Adelshäuser Sanseverino und Caracciolo. Auch in Sant'Angelo gehen die Bevölkerungszahlen dramatisch zurück – noch in den 1950er-Jahren wohnten hier doppelt so viele Menschen. Entsprechend beschaulich gestaltet sich das Leben in den Straßen und Gassen, und die weitläufige Piazza Ortale unterhalb der Durchgangsstraße wirkt um mindestens zwei Nummern zu groß.

Grotta di San Michele Arcangelo (Grotta dell'Angelo): Die Höhlenkirche von beachtlicher Dimension und Schönheit ist dem Erzengel Michael geweiht. Das hohe Grottengewölbe zieren im Eingangsbereich einige Fresken aus dem 14. Jh., das Grabmahl hingegen ist ein Kenotaph und erinnert an Francesco Caracciolo, der im

16. Jh. als Mitbegründer einer Bruderschaft in Erscheinung trat und sich tatkräftig gegen Leid und Elend wandte. Auf einem der beiden Altäre steht die **Marmorstatue des Erzengels** aus dem 17. Jh. Der Legende nach soll Michael seine Fingerabdrücke in dieser Höhle hinterlassen haben, als er hier zum ersten Mal den Menschen erschienen war. Die Höhle war schon in prähistorischer Zeit bewohnt und wird heute für Gottesdienste und kulturelle Veranstaltungen genutzt.

Ein steinernes Löwenpaar trägt das Kirchenportal, die Löwen entstammen dem mittelalterlichen Benediktinerkloster, von dem noch einige Ruinen erhalten sind. Es gehörte früher zur einflussreichen Abtei Santissima Trinità di Cava (→ „Geschichte", S. 19). Es ist ungewiss, ob Benediktiner die Höhle im Mittelalter neu entdeckten, das Heiligtum könnte auch normannischen Ursprungs sein. Zur Zeit Kaiser Friedrichs II. herrschte jedenfalls bereits ein reger Pilgerbetrieb.

Öffnungszeiten Mitte Juli–Ende Sept. tägl. 10–12.30 und 16.30–19 Uhr. Eintritt frei. Viale Primavera 25/Piazza Ortale, ✆ 0828/961100. Falls verschlossen, im Pro-loco-Büro (→ unten) oder in der Bar Edicola degli Alburni nach dem Schlüssel fragen.

Linker Hand schmiegt sich ein rechteckiger **Campanile,** ebenfalls Relikt der Abtei, malerisch in die überhängende Felswand. Vom Glockengeschoss fällt der Blick auf die Altstadt (falls verschlossen, in der Kirche nach dem Schlüssel fragen).

● *Information* **Pro-loco-Büro** in der Via E. Fermi 31 (Nähe Piazza Ortale), werktags 9.30–13 und 15–18.30 Uhr, ✆ 0828/961428, www.prolocosantangeloafasanella.it.

● *Anfahrt/Verbindungen* **Pkw:** Von Castelcivita ohne Beschilderung auf der SP 12 über Ottati, von der SS 166 auf der gleichen Straße über Corleto Monforte. Parkplätze auf der Piazza Ortale unterhalb der Durchgangsstraße. **Bus:** Mit *SITA/Pecori* aus Castelcivita.

● *Veranstaltungen* **Grotte Cultura e Musica**, Musik, Film und Theater an verschiedenen Orten, Aug.

Pilgerfeste, Hauptpilgerfest in der Höhlenkirche am 8. Mai, Namenstag des Erzengels Michael, 29. Sept.

● *Übernachten/Essen & Trinken* ***** Hotel L'Arcangelo**, empfehlenswertes Logis für stilvolles Wohnen im Ortszentrum, 2008 eröffnetes Mittelklassehotel in einem restaurierten Natursteinhaus, sieben fein ausgestattete Zimmer. Ganzjährig geöffnet, das Ristorante serviert nur nach telefonischer Vorbestellung. DZ 90 €. Piazza Marconi 14 (an der Durchgangsstraße), ✆/✇ 0828/961419, www.hotel-arcangelo.it.

Residence Il Convento, wohnen im Kloster, zentrumsnah gelegen und dennoch fast im Grünen: Im frisch restaurierten Franziskanerkonvent stehen mehrere Apts. und Suiten mit Küche für Selbstversorger zur Verfügung, Zugang vom Kreuzgang. Standard-DZ ca. 50 € (Familien-Apts. und Suiten sind teurer). Convento di San Francesco (oberhalb der Hauptstraße, ausgeschildert), ✆/✇ 0828/961048, antardio@libero.it.

TIPP! **Agriturismo La Rocca degli Ulivi**, die kleine Landvilla liegt spektakulär auf einer Bergnase, schöner Blick von der Panoramaterrasse auf Corleto Monforte und das Fasanella-Tal, *azienda biologica* mit eigener Olivenölproduktion (DOP). Die hervorragende Küche verwendet fast ausschließlich eigene Produkte – teils aus biologischem Anbau. Ganzjährig geöffnet. DZ 60–70 €. Loc. Volpino (SP 12, 3 km in Richtung Corleto Monforte), ✆ 0828/961102 oder 338/227 8319, www.laroccadegliulivi.it.

Umgebung/Wandern

Auso-Quelle/Ponte Romano: Eine Buckelpiste steigt vom Zentrum zur Sorgente del Fiume Auso ab. Sie endet an einem Picknickplatz und der Ruine einer Wassermühle. Die Blicke richten sich auf die munter sprudelnden Wasserkaskaden und eine Römerbrücke. Die Variante der Via Popilia (→ S. 19) schloss das Fasanella-Tal an die Sele-Ebene und ans Vallo di Diano an. Jüngeren Datums als die anderen römischen Straßen Süditaliens, wies sie eine fortschrittlichere Bautechnik auf, ablesbar an der Art ihrer Trassierung. Ein Wanderweg verbindet Quelle und Pick-

Nördlicher Cilento

nickplatz mit dem Ortsteil San Pietro, in dem die Ruinen der vom staufischen Heer zerstörten Siedlung zu sehen sind (der Weg zur Quelle ist vom Ortsausgang nach Corleto Monforte ausgeschildert).

Guerriero di Costa Palomba/L'Antece: Der Krieger ist 1,60 m hoch und blickt in die untergehende Sonne. Er trägt eine kurze Tunika, neben ihm ein Rundschild, in der rechten Hand hält er einen Speer. Das Wort *l'antece* bedeutet im lokalen Dialekt „der Ahne", was die Sache nicht einfacher macht. Handelt es sich bei dieser Skulptur um einen Initiationsaltar, oder stellt die zwischen dem 5. und 4. Jh. v. Chr. datierte Figur einen heidnisch-lukanischen Kriegsgott dar? Schmückte sie einen heiligen Berg, der seit prähistorischer Zeit besiedelt war? Möglicherweise befand

sich in der Nähe einst eine lukanische Festung, in römischen Quellen Castrum Palumbus genannt. Wie auch immer, das merkwürdige Relikt oberhalb von Sant'Angelo a Fasanella stimuliert seit jeher die Fantasie. Der Blick von oben ist atemberaubend; ein halbstündiger Spaziergang führt von der Straße auf den 1125 m hohen Hügel.

● *Anfahrt* 500 m hinter dem Ortsausgang (in Richtung Corleto Monforte) zweigt die Straße in die Monti Alburni von der SP 12 scharf nach links ab. Sie verbindet das Fasanella-Tal mit der Ortschaft Petina auf der anderen Seite. Nach 5 km und auf rund 1000 m Höhe zeigt ein deutlich sichtbarer Wegweiser nach rechts („Costa palomba").

● *Wegbeschreibung* Die rot-weiße Markierung folgt zunächst dem Waldweg, der nach wenigen Min. in einen Wiesenweg übergeht. Halblinks abknickend steuert dieser einen Hügelrücken an (hier auf Markierung achten!). Auf dem jetzt gut ausgebauten Weg geht es stramm bergan, zunächst durch Wald, das letzte Stück über Karstgestein (mit kurzen Hosen und Trekkingsandalen möglich).

Krieger-Kult: Halbrelief oberhalb von Sant'Angelo

Corleto Monforte   (ca. 750 Einwohner)

Wehrdorf mit großer Vergangenheit auf einer 693 m hohen Felsbastion am hinteren Ende des Fasanella-Tals. Seine exquisite Lage erschließt sich am besten bei der Anfahrt aus dem 5 km entfernten Nachbarort Sant'Angelo a Fasanella.

Der Felsen war bereits in römisch-lukanischer Zeit besiedelt, Quellen erwähnen mehrfach einen Ort namens Coryletum, zu deutsch Haselgesträuch. 1246, im Zuge des mehrfach erwähnten Rachefeldzuges des Staufers Friedrich II., sollte natürlich auch an Corleto Monforte ein Exempel statuiert werden. In diesem Fall allerdings ohne Erfolg, denn angeblich zogen die Truppen unverrichteter Dinge wieder ab, nachdem die Belagerten nach 20 Tagen ihre Widerstandskraft auf eine etwas eigentümliche Art und Weise bewiesen und das kaiserliche Heer mit Käsebrocken anstatt Steinen bewarfen.

Vom mittelalterlichen Campanile an der Durchgangsstraße führt die Via Roma ins Ortszentrum und trifft zunächst auf einen weiteren Rest der mittelalterlichen Befestigung und auf die barocke Pfarrkirche Santa Barbara aus dem Jahr 1762. Zur Zeit der römischen Besiedelung befand sich hier ein heidnischer Tempel, der vermutlich der Göttin Diana (griech. Artemis) geweiht war. Auf der Piazza Diana weist ein Schild auf das nahe gelegene **Naturkundemuseum** hin, das sich mit der europäischen Fauna beschäftigt. Die 1997 eröffnete zoologische Ausstellung zeigt mehr als 10.000 Insekten, dazu über 500 Vogelarten und jede Menge Frösche, Krebse und andere Dekapoden aus dem Cilento und dem mediterranen Raum.

Information/Öffnungszeiten Museo Naturalistico degli Alburni, tägl. außer Mo 9.30–12.30 und 16.30–19.30 Uhr. Via Forese 16, ☎ 0828/1962761, www.museonaturalistico.it.

Den höchsten Punkt der Altstadt besetzt die wuchtige **Chiesa di San Giovanni Battista** aus dem Jahr 1568. Im Inneren der 2006 restaurierten Kirche lohnen vor allem das Taufbecken rechts am Eingang und die Johannes-Statue in einer Vitrine auf der linken Seite einen Blick: Das Kunstwerk wurde 1719 in Neapel erworben und danach auf Maultieren nach Corleto Monforte geschafft (falls verschlossen, im Gebäude nebenan in der Via San Giovanni 10 nach dem Schlüssel fragen). Am unteren Abschluss der Altstadt enden die Gassen an einer gepflasterten **Aussichtsplattform.** Von der einstigen Cappella San Teodoro sind ein paar wohlkonservierte Ruinen und ein bemerkenswertes Steinportal erhalten.

● *Übernachten* **B&B Le Tre Perle**, einladendes und freundliches Privatlogis mit Flair im Ortszentrum, die drei Apts. sind mit viel Geschmack eingerichtet, eine große Küche steht für Selbstversorger zur Verfügung. Die schönste der „drei Perlen" verfügt über eine Terrasse nach hinten raus. DZ 40 €. Via Roma 14, ☎/✆ 0828/964050, www.letreperle.net.

> Kurz hinter Corleto Monforte mündet die Landstraße (SP 12) auf die Cilento-Quertrasse von der Sele-Ebene ins Vallo di Diano (SS 166). Von hier sind es nur wenige Kilometer zum verlassenen Museumsdorf **Roscigno Vecchia**, das ab S. 229 besprochen wird.

Nordseite der Monti Alburni

Steil fällt der Grat der Monti Alburni nach Westen und Norden ab. Hinter Castelcivita und Controne entwickelt sich die Landstraße zu einer wahren Panoramaroute.

Der Alburni-Grat hat die Form eines menschlichen Unterkiefers: Wie gewaltige Backenzähne wuchten sich die Felsen nach oben. Kaum zu glauben, dass es möglich ist, auf Schusters Rappen die Höhe zu erklimmen. Die freundlichen und pittoresken Bergdörfer am steilen Nordabhang beweisen das Gegenteil, denn sie erweisen sich als hervorragende Einstiegspunkte für Exkursionen auf die karstige Hochfläche.

Der erste Ort, den die Landstraße von Castelcivita und Controne erreicht, ist **Postiglione.** Das administrative Zentrum der *Comunità Montana degli Alburni* unterhalb der Steilwand besticht durch seine Lage und den fantastischen Ausblick auf das Sele-Tal, die Monti Picentini und den Golf von Salerno. Am ersten Sonntag im Mai ziehen die Pilger hinauf zur Grotta di Sant'Elia, dem Schauplatz einer wundersamen legendären Begebenheit. Begleitet wird die traditionsreiche Veranstaltung von Gesängen zu Ehren des Heiligen.

Hinter Postiglione teilt sich die Route: Aussichtsreich führt die SP 35 über Sicignano degli Alburni und Petina nach Polla und ins Vallo di Diano. Die zweite Strecke am Nordabhang verläuft eine Etage tiefer und bietet fast noch spektakulärere Ausblicke. Die Staatsstraße (SS 19) folgt zunächst der antiken Via Popilia (→ S. 19), später dem Fluss Tanagro und trifft schließlich bei Pertosa auf die berühmte Grotta dell'Angelo (→ S. 253).

Sicignano degli Alburni   (ca. 3500 Einwohner)

Das sympathische Städtchen mit dem imposanten Kastell im Zentrum ist der größte Ort am Nordhang der Monti Alburni. Wanderwege führen von hier auf den 1742 m hohen Monte Panormo.

Auffallend lebhaft präsentiert sich der Ort an der Durchgangsstraße, während es in den Gassen der Altstadt gewohnt ruhig zugeht. Den Rundgang beginnt man am besten auf der kleinen Piazza Plebiscito mit der Kollegiatskirche San Matteo e Santa Margherita aus dem 16. Jh., erkennbar an der auffallenden Kuppel. In Sicignano degli Alburni geben sich die Sehenswürdigkeiten nicht gerade die Klinke in die Hand, es sind vielmehr die kleinen Details, wie z. B. die kunstvollen **Steinmetzarbeiten** an den Hausportalen, die einen Besuch interessant machen. Auch das Castello Giusso, benannt nach einer einheimischen Adelsfamilie, ist streng genommen kein Besichtigungs-Highlight, zumindest solange nicht, wie die Baugerüste an der Fassade nicht verschwunden sind. Die Befestigungsanlage mit polygonalem Grundriss ist normannischen und langobardischen Ursprungs. In seiner jetzigen Gestalt geht das Bauwerk auf das 14. und 15. Jh. zurück, einige Fassadenelemente lassen auf Einflüsse der späten französisch-angiovinischen Gotik schließen.

Sympathisches Bergdorf mit Weitblick: Sicignano degli Alburni

● *Information* Sporadisch am Abend geöffnetes Info-Büro **Pro loco**, Piazza Plebiscito 13, ✆ 0828/973755, www.comune.sicignano deglialburni.sa.it.

● *Anfahrt/Verbindungen* **Pkw**: Von Castelcivita/Postiglione oder aus der Gegenrichtung Petina jeweils auf der SP 35, Parkmöglichkeiten vor dem Rathaus (Municipio) an der Ortsdurchfahrt. **Bus**: Mit *Mansi* von Sala Consilina (über Polla/Petina) und aus Salerno und Battipaglia über Postiglione.

● *Veranstaltungen* **La Festa più Pazza dell'Anno,** *carnevale* in den Alburner Bergen, Ende Febr.

Patronatsfest, San Matteo, 21. Sept.

Sagra della Castagna, Gastrospektakel, seit über drei Jahrzehnten am 3. So im Okt.

• *Wandern* Die beiden Einstiege zu den Wanderungen in die Monti Alburni sind von der Ortsumgehung erreichbar (SP 35). Wanderweg 311a: Rot-weiße Markierung auf Höhe Ortszentrum am Straßenrand. Steilaufstieg zum Monte Panormo: 1 km in Richtung Petina weiterfahren, 100 m hinter der Kreuzung weist am Sportplatz *(campo sportivo)* ein Holzschild nach rechts (Rifugio Panormo, 4–5 Std.).

• *Übernachten/Essen & Trinken* **L'Antico Castagneto**, untypischer Agriturismo-Bauernhof am Ortsrand im Grünen, nur 10 Min. zu Fuß ins Zentrum. Gepflegter Garten mit Gänsen, Ziegen und Wildschweinen, die sechs Zimmer mit Bad befinden sich in einem hübschen Neubau, gute Landküche mit lokalen Produkten *(cucina sicignanese)*. DZ 46–52 €. ✆ 0828/973558 oder 349/7788406.

La Taverna dei Briganti, der Name des Hauses gemahnt an die Freiheitskämpfer in den Monti Alburni, die Speisekarte liest sich hingegen wie ein Who is Who der lokalen *prodotti tipici:* Kastanien, Steinpilze, Erdbeeren, Cavatelli, Soppressata und Käse. Schmucker Innenraum. Menü ab 25 €. Ganzjährig geöffnet, Mo Ruhetag. Via Convento 25 (an der Straße zum Franziskanerkloster unterhalb der Ortsdurchfahrt), ✆ 0828/973808.

Pizzeria La Baita, rustikale und überaus nette Ausflugspizzeria, gepflegtes Anwesen mit einfachen Holzbänken zum Sitzen, von der anderen Straßenseite schöner Blick auf die Sele-Ebene. Juni–Sept. tägl., ansonsten Sa/So. Via Provinciale (1 km auf der SP 35 in Richtung Postiglione), ✆ 0828/973325.

Clouer Pub, Kaffee-Bar mit den nettesten Freiplätzen im Zentrum (trotz Plastikstühle), schöner Blick auf Altstadt von der Terrasse an der Ortsdurchfahrt, Via Caracciolo 22.

Petina (ca. 1200 Einwohner)

Stilles Bergdorf an der Peripherie des nördlichen Cilento mit eigener Autobahnzufahrt. Wichtigste Sehenswürdigkeit an der Piazza Umberto I. ist die **Chiesa San. Nicola di Bari** mit einem Portal aus dem Jahr 1510 – das Werk eines Künstlers aus dem Nachbarort Sicignano. Innen finden sich einige bemerkenswerte Kunstschätze, eine Holzfigur des Hl. Petrus aus dem 14. Jh. (rechts in einer Wandnische), ein Chorgestühl aus Nussbaumholz (um 1600), sowie eine reich verzierte Kanzel aus dem Jahr 1595 mit hölzerner Leiter auf der Rückseite.

Der Ortsname leitet sich von *Abetina* ab – wegen der zahlreichen Tannen, die früher die Umgebung prägten. Heute wachsen auf den Steilhängen Kastanien, Buchen und Zerreichen. Aufgrund der waldreichen Umgebung ist Petina ein optimales Basisquartier für Wanderungen, zudem liegt die berühmte Grotte von Pertosa in bequemer Reichweite (→ S. 253). Den schönsten Blick genießt man von unten: Erst von der *Costa di Sant'Onofrio* erschließt sich die spektakuläre Lage des *borgo antico* am Rand einer scharfen Kante. Auf dem Weg zur Autobahn die Ruine einer Benediktinerabtei aus dem 12. Jh. *(Convento di Sant'Onofrio)*..

• *Übernachten/Essen & Trinken* **Albergo Marino**, unscheinbar von außen mit zehn sehr ordentlichen Zimmern. Ristorante mit etwas rauem Charme, die landestypische *cucina casareccia* lässt nur wenige Wünsche offen (Mo geschlossen). Unbedingt das leckere Eis probieren! EZ 36 €, DZ 46 €. Via Mansi 4–8 (oberhalb des Ortszentrums), ✆ 0828/976044, www.albergomarino.com.

A Petina, Pizzeria, Kaffeebar und Pasticceria mit exzellentem Eis, auch das Süßgebäck ist uneingeschränkt zu empfehlen, abends Pizza. Via Provinciale (SP 35 Richtung Polla), ✆ 0828/976005.

• *Wandern* Eine mittelschwere Aufstiegsroute auf den Kamm der Monti Alburni beginnt an der SP 35 in Richtung Sicignano. 500 m nach dem Ortsausgang links ein Brunnen und eine Mauer mit rot-weißer Markierung, von hier den ansteigenden Teerweg einschlagen, der sich nach 10 Min. als mulattiera fortsetzt. An der nachfolgenden Wegkreuzung scharf nach links: Der Weg erreicht nach vielen Serpentinen die Gratlinie (1210 m). Wer mag, kann bis zur Sternwarte der Nationalpark-Verwaltung weiterlaufen (Osservatorio Astronomico). Gesamtzeit 4,5 Std., 600 m Anstieg.

Der Hafen von Santa Maria di Castellabate

Santa Maria di Castellabate (ca. 3500 Einwohner)

Der erste Badeort im Cilento, der sich dem Tourismus geöffnet hat, ist für viele noch immer der schönste. Uferpaläste verleihen den golden schimmernden Sandstränden einen würdigen Rahmen, im Zentrum erleichtert der lang gezogene Corso Matarazzo die Orientierung.

Santa Maria di Castellabate versprüht Lebensqualität – an allen Ecken und Enden. Die Atmosphäre im Zentrum ist entspannt, das gastronomische Angebot stimmt, an den Stränden weht seit 1999 ununterbrochen die Blaue Flagge (*Bandiera Blu*). Über die Stadt wacht die Madonna des Meeres, ihre bunt bemalte Statue steht am Lungomare südlich des Zentrums. Die in spiritueller Hinsicht wertvollere Skulptur der christlichen Jungfrau hingegen ziert eine Wandnische in der **Chiesa Santa Maria a Mare.** Das frisch restaurierte Gotteshaus ist, wie sollte es anders sein, nah am Wasser gebaut und der beste Ausgangspunkt für einen Stadtbummel. Zum alten Hafen (Porto delle Gatte), wo heute nur noch wenige Fischerboote vor Anker liegen, sind es lediglich ein paar Schritte. Ebenfalls nur wenige Meter sind es von der Kirche zum ältesten Ortsteil (Marina Piccola), einer bildschönen Uferzeile mit sichelförmigem Sandstrand, eingerahmt von Palästen. Auffallend der angiovinische Küstenwachturm (Torre Perrotti) mit angrenzendem Palais aus dem 17. Jh.: Hier residierte der örtliche Signore, und auch das nachfolgend zitierte Reiseerlebnis trug sich 1841 in diesem Haus zu.

Kerzengerade zieht sich der **Corso Matarazzo** durch das Zentrum. Bei der belebten Fußgängermeile handelt es sich um den längsten Corso des Cilento. Immer wieder stößt man auf den Namen Matarazzo: Neben dem Corso und einer Piazza tragen einige Villen den Namen des hiesigen Landadels, der auch auf der anderen Seite des Ozeans einen guten Klang besitzt, seit es ein gewisser Francesco Matarazzo (1854–1937) in Brasilien zu fabelhaftem Reichtum brachte (→ unten). In einem vom Corso aus zugänglichen Park liegt der **Palazzo Matarazzo.** Die Villa wird im Sommer für Veranstaltungen genutzt, im Erdgeschoss zeigt eine meeresarchäologische Ausstellung Amphoren und anderes Frachtgut aus einer römischen Galeere, die im 1. Jh. n. Chr. vor der Küste sank.

Öffnungszeiten Il mare antico, Mitte Mai–Mitte Sept. tägl. außer Do 9.30–12.30 und 19–22 Uhr. Eintritt 1 €.

Die märchenhafte Karriere des „Grafen aus Castellabate"

Nachdem sein Vater gestorben war, wollte der 26-jährige Francesco sein Glück in der Fremde versuchen. Er entstammte dem niederen Landadel und war daher (im Gegensatz zu den meisten süditalienischen Emigranten) nicht unbetucht, als er sich 1880 nach Brasilien einschiffte. Sein Startkapital war die Handelsware im Laderaum, wofür in Übersee große Nachfrage bestand. Doch das Schicksal wollte es anders: Da sie hoffnungslos überladen war, kenterte die kleine Jolle beim Anlanden der Fracht auf dem Weg vom Schiff zur Mole und die Ware fiel ins Hafenbecken. Der Mann aus Castellabate fand sich plötzlich arm in der Fremde wieder – mit nur wenig Kleidung am Leib und etwas Geld in der Tasche. Da seine Pläne nun Makulatur waren, verdingte er sich als Plantagenarbeiter, und von seinem ersten Lohn kaufte er das, was er für mehr Geld wieder verhökern konnte. Il Conte Francisco Matarazzo, wie er sich inzwischen nannte, erwies sich als gewiefter Selfmademan und konnte alsbald eine erste bescheidene Pasta-Manufaktur eröffnen. Weitere ertragreiche Projekte folgten, und binnen eines Jahrzehnts war aus dem Emigranten aus Italien in Brasilien ein Großunternehmer geworden.

1930 war sein Imperium so weit gewachsen, dass brasilianische Zeitungen von einem „Staat im Staate" schrieben. Der „Graf von Castellabate" spendete für karikative Zwecke, Emigranten aus seiner Heimatstadt gab er Arbeit. Die Kinder entwickelten die Geschäfte weiter, verflochten die angeblich 365 Einzelunternehmen mit der Politik oder sponserten Kunstmuseen. Ein Nachkomme wurde sogar Senator (nach ihm ist der Corso in Santa Maria di Castellabate benannt). Heute existiert der Finanz- und Wirtschaftskonzern nicht mehr, der Name Matarazzo genießt in Brasilien aber noch immer hohes Ansehen.

Zur Kommune gehören weitere **Teilorte**: Im Norden endet der lange Sandstrand in *Lago*, das kaum einen Besuch lohnt, es sei denn, man möchte von hier zur Punta Tresino wandern (→ S. 81). Interessanter ist der Süden: Am Ende des Lungomare geht die ästhetisch ansprechende Uferpromenade in den herrlichen Pozzillo-Strand über, der den Hauptort mit *San Marco* verbindet. Vom Hafen in San Marco legen die Schiffe der Metro del Mare und die Boote zur Punta Licosa ab (→ „Baden" bzw. das Ortskapitel „San Marco/Punta Licosa"). Das mittelalterliche Städtchen *Castellabate* liegt 260 m über dem Meer, ihm ist ebenfalls ein eigenes Unterkapitel gewidmet (→ S. 108).

Jeden Samstag ist Markt in Santa Maria di Castellabate

Information/Diverses

● *Information* Zur Hauptsaison öffnen im Zentrum und in den Ortsteilen **Info-Kioske** (u. a. auf der Piazza Matarazzo). In der Nebensaison helfen die Mitarbeiter der Gemeindeverwaltung, **Municipio**, Piazza Lucia/Piazza Izzo, ✆ 0974/962321, www.comune.castellabate.sa.it, www.castellabateinfo.it.

● *Post* Piazza Matarazzo/Via Salerno, weitere Poststellen in den Teilorten Castellabate und San Marco. ✆ 0974/961115.

● *Internet* in einem Telekommunikations-Center am Corso, *Comcenter*, Corso Matarazzo 88, ✆ 0974/968259, www.comcenter.it.

● *Anfahrt/Verbindungen/Unterwegs* **Pkw:** Auf der SS 267 in 20 Min. von Agropoli. Parkplätze im Zentrum sind rar: begrenzte Kapazitäten auf der Piazza Matarazzo (März–Mitte Sept. 1 €/Std.), teils gebührenfrei oberhalb der Piazza Izzo (von der SS 267 ausgeschildert) und auf der Piazza Mondelli.

Bus: Busse von Salerno/Agropoli nach Acciaroli halten auf der Piazza Matarazzo. Busse der Gemeinde fahren die Ortsteile einschließlich Castellabate an, zur Hauptsaison häufigere Verbindungen, Tickets beim Fahrer, zentrale Drehscheibe ist die Piazza Izzo (*SMEC*, ✆ 0974/961023).

Taxi: *Ciongoli*, ✆ 368/3970891, *Amoroso* ✆ 333/6619315.

Mietfahrzeuge/Vespa/Fahrräder: Relaxte Geschäftsabwicklung und freundlicher Service bei *Antares 91* im Zentrum. Kleinwagen ab 59 €/Tag, Touren- und Mountainbikes ab 12 €/Tag. Via Pagliarola (Ecke Corso Matarazzo), ✆ 0974/960241 oder 335/6389719, www.antares91.com.

Nolo Italia Rent vermietet Fahrräder ab 8 €/Tag, Scooter ab 26 €/Tag und Kleinwagen ab 40 €/Tag. Via S. Andrea (c/o *Best Motor*, Nähe SS 267), ✆ 0974/961212.

● *Feste/Veranstaltungen* **Libri Meridionali**, Präsentation von Büchern mit Kulturprogramm in der Villa Matarazzo, Mitte Juli–Mitte Aug.

Patronatsfest Santa Maria a Mare mit Bootsprozession und Feuerwerk, 15. Aug.

Festa del Mare, traditioneller Fischmarkt, Meeresdelikatessen und Musik im Anschluss an das Patronatsfest, Mitte Aug.

Wochenmarkt, Sa vormittag, Via Pepi/ Piazza Mondelli.

● *Einkaufen* **Enoteca**, der Inhaber ist Nationalpark-Guide, der Laden daher eine Fundgrube für Infos jeglicher Art. Ausgesuchte Rot- und Weißweine, Pasta und Olivenöl.

Übernachten

2 S. Andrea
6 La Marina
8 Villa Sirio
10 Sonia
11 Residenza d'Epoca

Essen & Trinken

1 Pellicano
3 I Due Fratelli
4 Taverna del Pescatore
5 Punta dell'Inferno
6 La Marina

Cafés

7 Emma
9 Le Gatte

Santa Maria di Castellabate

100 m

Corso Matarazzo 52, ☏ 339/4035839, anto
nioc@costacilento.it, www.costacilento.it.

Domenico Ianni, eine weitere empfehlenswerte Weinhandlung am Corso, kleiner Laden vollgestopft mit guten Cilento-Tropfen,
dazu diverse Agrarprodukte, hergestellt im
Gutshof S. Andrea (→ „Übernachten").
Corso Matarazzo 22, ☏ 0974/961133.

Panetteria Bufalina, auf Cilento-Produkte
spezialisierter Feinkost-Vollsortimenter, Käse, Salami, Pasticceria und was sonst das
Herz begehrt. Corso Matarazzo 159, ☏ 0974/
961356.

● *Wandern* Weil die SS 267 nördlich und
südlich von Santa Maria di Castellabate
landeinwärts verläuft, präsentieren sich die
Küstenzonen in der Umgebung weitgehend
naturbelassen. Am besten lassen sie sich
auf Schusters Rappen erkunden.

Wanderwege zur **Punta Tresino** nach Norden beginnen im Ortsteil Lago: Entweder
am Strand entlang nach Norden laufen
oder bis zum Ende der Via S. Costabile fahren und am Belvedere dei Trezeni parken.
Vom Halbrondell auf dem ansteigenden
Schotterweg nach links und nach 15 Min.
rechts hoch durch ein Gatter (rot-weiße
Markierung). Wer will, kann in 2:30 Std. bis
Agropoli wandern (Karte und Wegbeschreibung in umgekehrter Richtung → S. 81).

Zur **Punta Licosa** im Süden beginnt der
Wanderweg im Teilort San Marco. Möglich
ist aber auch der Start in Santa Maria di
Castellabate: Am Pozzillo-Strand entlang
geht es zum eigentlichen Ausgangspunkt
(→ S. 106).

Übernachten (siehe Karte S. 101)

Der Küstenort verfügt über genügend Quartiere, allerdings fast alle im gehobenen Preissegment. Einen empfehlenswerten Campingplatz sucht man vergebens. In Castellabate (→ S. 110) und San Marco (→ S. 106) ergänzen weitere Unterkünfte das Angebot, an der Marina Piccola haben die Eigentümer in einigen Uferpalästen Ferienwohnungen eingerichtet (Kontakt: z. B. ✆ 0974/961137).

**** Villa Sirio (8), gediegene Hotel-Villa im Zentrum von Santa Maria, direkt am Meer, eigener Strandabschnitt, stilvolle Einrichtung, gutes Fischrestaurant, abends Piano-Bar. Ganzjährig geöffnet. DZ 120–210 € inkl. Frühst. Lungomare Simone 15, ✆ 0974/960162, ✆ 0974960507, www.villasirio.it.

*** New Hotel Sonia (10), modernes, gut geführtes Haus in Zentrumslage, gepflegt und mit Atmosphäre. Zimmer mit Meerblick, Fischgerichte im Restaurant, eigener Strandabschnitt (Kabine, Liege & Schirm 8 €/Tag). Im Winter geschlossen. DZ 100–125 €, im Aug. pensionspflichtig. Via Landi 25, ✆ 0974/961172, ✆ 0974/961512, www.hotelsonia.it.

TIPP! B&B Residenza d'Epoca (11), 4 DZ in einem frisch restaurierten Uferpalais aus dem 19. Jh., schlicht-elegante Ausstattung im Landhausstil, exklusiv und dabei nicht überteuert, kinderfreundlich, bei Bedarf auch Restaurant. Standard-DZ 92–140 €. Via Cilento 28, ✆ 0974/960241 oder 338/8259680, www.residenzadepoca1861.it.

B&B La Marina (6), zum gleichnamigen Ristorante (→ unten) gehörende Pension am Corso, 2008 nach Renovierung neu eröffnet. Die sieben Zimmer im dritten OG sind schlicht, aber mit TV und teils mit Meerblick. Ganzjährig geöffnet. DZ 60–120 €. Corso Matarazzo 169–173, ✆ 0974/282004, www.cilentohotellamarina.it.

● *Agriturismo* S. Andrea (2), schlossartiger Gutshof aus dem 19. Jh. am Ortsrand, ein idealer Standort für Familien. Auf dem 16 ha großen Anwesen werden Oliven angebaut, es gibt Kühe und Pferde (Ausritte möglich). Trotz der Größe ursprüngliches Flair, einziger Wermutstropfen ist die Stromleitung 50 m entfernt. Die Zimmer im ehemaligen Trakt für die Landarbeiter sind bäuerlich-rustikal eingerichtet, ruhig gelegene Terrassen sorgen für hohen Erholungswert. Empfehlenswertes Ristorante. Ostern–Anfang Nov. DZ 70–100 €. Auch FeWo. Loc. S. Andrea (am Kreisverkehr von der SS 267 in Richtung Ortszentrum, dann an der Tamoil-Tankstelle links), ✆/✆ 0974/960360, www.agriturismosantandrea.it.

Essen & Trinken (siehe Karte S. 101)

I Due Fratelli (3), gehobene Gastlichkeit seit 1968, raffiniert zubereitete Fischgerichte, Terrasse. Sparmenü ab 25 €, sonst teurer. Nov.–Febr. geschlossen, Mi Ruhetag. Via S. Andrea (an der SS 267 in Richtung Agropoli), ✆ 0974/961188, iduefratelli1945@libero.it.

La Taverna del Pescatore (4), in diesem vom Guide Michelin empfohlenen Fischrestaurant kann man im Grunde nichts falsch machen, selbst die hausgemachten Nachspeisen sind große Klasse. Menü ab 35 €. März–Nov., nur abends, Mo Ruhetag. Via Lamia 1, ✆ 0974/960255.

Il Pellicano (1), nettes und herzliches Familienlokal an der Durchgangsstraße nach Lago, einfaches Ambiente, Fischgerichte und Pizza, auch Vermietung von Privatzimmern. Menü ab 20 €, Pizza ab 4 €. Unregelmäßige Öffnungszeiten. Via Lago 33, ✆ 0974/960001.

La Marina (6), ganzjährig geöffnetes Ristorante am Corso, auf Fischgerichte spezialisiert und der *Dieta Mediterranea* von Ancel Keys (→ S. 125) verpflichtet. Einziges Manko sind fehlende gemütliche Außenplätze. Corso Matarazzo 169, ✆ 0974/282004, www.cilentohotellamarina.it.

TIPP! Punta dell'Inferno (5), Edel-Pizzeria, etwas teurer, aber der Weg lohnt sich. Magischer Palmengarten in Strandnähe, Dante lässt grüßen: neben *Pizza Inferno*, *Purgatorio* und *Paradiso* auch Salate und ausgewählte Weine. Mai–Okt. abends (nur Außenplätze, bei schlechtem Wetter kein Betrieb). Lungomare De Simone, ✆ 0974/961207.

Le Gatte (9), Snackbar und Enoteca, etwas versteckt am alten Fischerhafen, man sitzt wunderbar unter Arkaden und lässt die Seele baumeln. März–Sept. tägl., Mi–Sa abends auch Pizza ab 5 €. Via Naso, ✆ 0974/960255.

● *Gelateria* Bar Emma (7), gutes Speiseeis und freundlicher Service. Corso Matarazzo 80, ✆ 0974/960179.

Santa Maria di Castellabate: Badevergnügen am Pozzillo-Strand

Baden

Die beiden Stadtstrände lassen nur wenige Wünsche offen, dazu kilometerlanger Sandstrand nach Süden und Norden. Am schönsten ist die **Spiaggia Pozzillo,** die erst im südlichen Teilort San Marco endet (→ unten) – gepflegt, familienfreundlich und weitgehend unverbaut. Der bei Gästen beliebte und landschaftlich ansprechende Küstenstreifen ist vom Ortszentrum aus zu Fuß erreichbar.

● *Lido/Bar* **Lido Azzurro**, die zweite Strandbar an der Spiaggia Pozzillo, mit Bagno, sympathischer Betrieb, kleine Snacks, Bruschetta, Salate, Pasta. Schirm und Liegestühle 8–12 €/Tag. Anfang Mai–Ende Okt. ☎ 333/6073801.

Lido Mirage, fast schon in San Marco und ebenfalls am Pozzillo-Strand, kleines Strandbad, Snackbar, Ristorante, alles sauber und gepflegt, die Gäste sind zufrieden. Schirm und Liegen 10–15 €/Tag. Juni–Sept. ☎ 0974/961496, antoniocipullo@virgilio.it.

San Marco di Castellabate und Punta Licosa

Eine mythische Aura umgibt die Halbinsel südlich von Santa Maria di Castellabate. Vom antiken Hafen in San Marco führen kurze Wege zum Sandstrand und eine längere Wanderroute zum Kap der Sirenen – dem westlichsten Punkt der Cilento-Küste.

In den Straßen von San Marco geht es weitaus ruhiger zu als im benachbarten Hauptort der Kommune, was zahlreiche Feriengäste dankbar zu schätzen wissen. Die Fischer widmen sich hier traditionell dem Thunfisch- und Schwertfischfang, und mit etwas Glück kann man den „Meistern der Axt" *(maestri d'ascia)* bei der Arbeit zuschauen: *Gozzi* werden die etwa 15 m langen Holzboote genannt, deren Aussehen sich seit der Antike nicht wesentlich verändert hat. Die Römer hatten die natürliche Felsbucht im 1. Jh. v. Chr. zu einem Handelshafen ausgebaut, den sie Erculia nannten. Heute legen hier die Fährschiffe der *Metro del Mare* an. Ein kurzer

Die Küste des Cilento

Steig über Felsklippen verbindet den Hafen mit dem Pozzillo-Strand (→ S. 103). Zentrum von San Marco ist die neu gestaltete Piazzetta Comunale mit der Kirche des Evangelisten Markus (Chiesa di San Marco). Zum Patronatsfest am 25. April wird die Heiligenfigur aus dem Gotteshaus geholt und durch den Ort zum Hafen getragen, wo eine eindrucksvolle Bootsprozession zur Punta Licosa beginnt.

> „Inzwischen hat sich am Hafen eine große Menge Schaulustiger eingefunden und erwartet z. T. seit Stunden die Ankunft des Padrone mit der Statue des hl. Markus. Große und kleine Fischerboote liegen gerüstet am Kai, bereit die vielen Menschen aufzunehmen. Als die Prozession den Hafen erreicht, wird die Heiligenfigur ins größte der Boote gehievt, der Priester in vollem Ornat und weitere Würdenträger steigen mit ein. Danach stürmen die bislang geduldig Wartenden die restlichen Boote, manche sind in wenigen Sekunden so überfüllt, dass begründete Sorge besteht, sie könnten kentern. Aber alle finden Platz, wenn viele auch dicht gedrängt die Fahrt aufs Meer überstehen müssen. Eine fröhliche Wasserprozession beginnt, zunächst nach Norden zur Punta Tresino, dann macht die merkwürdige Karawane kehrt und nimmt Kurs aufs Sirenen-Kap. Zu den Geräuschen des Wassers und der Motoren gesellt sich nun der Chor weiblicher Stimmen: Die Frauen singen von Boot zu Boot volkstümliche Weisen und geistliche Choräle, was der Veranstaltung eine gewisse Feierlichkeit verleiht."
>
> Augenzeugenbericht von Renate Wittenberg (→ S. 45)

Auf den fruchtbaren Böden der Umgebung wächst guter Wein, an der Küste und an den Hängen des 326 m hohen Monte Licosa duftet die Macchia. Im Frühjahr erwartet Naturfreunde hier ein wahres Blütenparadies (u. a. Erdbeerbaum, Schneeball und Agaven). Der gesamte Küstenstreifen ist seit 1972 ein Schutzgebiet, das erste seiner Art in Italien, das die Unterwasserflora und -fauna einschließt (**Parco Marino Subacqueo**). Am **Kap Punta Licosa** endet der Golf von Salerno, ihm vorgelagert ist ein flaches Eiland, das bereits der antike Schriftsteller Strabon in seiner *Geografica* erwähnte. Ihm zufolge wurde die Isola di Licosa zum tragischen Sirenengrab. Bekanntlich hatte Odysseus dem betörenden Gesang durch einen listigen Trick widerstanden. Der Recke konnte aber nicht ahnen, dass sich daraufhin die Sirene Leucosia, darüber betrübt und vielleicht auch ein wenig verliebt, in die Fluten stürzte. Ein **reizoller Küstenweg** erschließt die landschaftlichen Schönheiten des Sirenen-Kaps. Er endet in Ogliastro Marina, einem netten und überschaubaren Hafenweiler im Zentrum einer kleinen Bucht.

● *Anfahrt/Unterwegs* **Pkw/Bus:** Die SS 267 von Santa Maria di Castellabate nach Acciaroli führt landeinwärts an San Marco vorbei. Stichstraßen verbinden sie mit den Häfen von San Marco und Ogliastro Marina. Busse der Kommune fahren in der Sommersaison häufiger. Wohnmobil-Stellplätze sind ausgeschildert.

Fähre: Von Juni bis Sept. verbindet die *Metro del Mare* den Hafen von San Marco mit den anderen Küstenorten des Cilento und mit Salerno und Neapel (→ S. 32).

● *Bootstouren* **Noleggio Basile**, am Hafen von San Marco, Bootsvermietung und Touren zur Punta Licosa. Büro in der Via Catarozza 40, ✆ 0974/966268 oder 333/5026784.

Marina Boat Service in Ogliastro organisiert ebenfalls Ausflüge zum Sirenen-Kap, auch Wasserski. Hafen, ✆ 339/1184468.

● *Tauchen* Einen guten Ruf genießt das **Galatea Diving Team** am Hafen von San Marco. Von April bis Okt. professionelle Tauchkurse, Mo–Sa ab 9 Uhr, auch Schnorcheln und Bootsvermietung. Via Porto,

An diesem Eiland soll die Sirene Leucosia wegen Odysseus den Freitod gewählt haben

0974/966707 oder 334/3485643, www.galateateam.it.

● *Einkaufen* **Luigi Maffini**, eines der beiden Flaggschiffe unter den Weingütern im Cilento. 1996 hat der Landwirt mit dem Veredeln seiner Trauben, die auf dem 14 ha großen Grundstück bei San Marco wachsen, angefangen. Heute ist der Winzer eine Institution im Cilento und erhält im *Gambero Rosso* regelmäßig hohe Bewertungen. Direktverkauf werktags und So vormittag. Loc. Cenito (auf der SS 267 in Richtung Ogliastro, dann Schild nach rechts), /☎ 0974/966345, www.maffini-vini.com.

● *Übernachten* ****** Hermitage**, opulent ausgebautes Naturstein-Landgut mit berauschendem Blick auf San Marco und Castellabate. Gepflegtes Anwesen am Hang des Monte Licosa, empfehlenswertes Restaurant, Pool und Tennisplatz. DZ 120–140 € (Aug. teurer). Via Catarozza (Weg ausgeschildert, ca. 1 km vom Ortszentrum), ☎ 0974/966618, ☎ 0974/966619, www.hermitage.it.

**** La Corallina, 2008 als Hotel neu eröffneter Hafenpalais, nur neun Zimmer, für Gäste mit Stilbewusstsein, klassisch-edles Interieur, private Atmosphäre. März–Mitte/Ende Sept. EZ 50–85 €, DZ 80–140 €. Via Porto, ☎ 0974/966861, ☎ 0974/966500, www.hotel lacorallina.it.

*** Da Carmine, hübsche Familienpension im ruhigen Ortsteil Ogliastro Marina. Direkt am Meer mit 13 netten und sauberen Zimmern. Exzellentes Restaurant (→ S. 106). Febr.–Okt. DZ 100–125 €. Via Provinciale, ☎ 0974/963023, ☎ 0974/963900, www.albergo dacarmine.it.

TIPP! B&B L'Elisea, entzückende Villa im Zentrum von San Marco, freundlich, liebevoll eingerichtetes Haus, heller Frühstücksraum und gemütlicher Garten. Kunstwerke zieren die Wände, die sieben Zimmer haben entweder eine Veranda (nach hinten) oder blicken nach vorn auf das Meer. März–Okt. DZ 110–130 €. Via Carlo de Angelis 48, ☎/☎ 0974/966278, www.lelisea.com.

B&B Villa Leucosia, zauberhaftes Logis für Individualisten, Alleinlage nahe der Punta Licosa, 4 DZ mit Terrasse, abends auch Restaurant (auswärtige Gäste willkommen). Ganzjährig geöffnet. DZ 90 € inkl. Frühst., Juli/Aug. 140 € (Pensionspflicht und nur wochenweise). Anfahrt über Ogliastro, ☎ 0974/ 961149, www.villaleucosia.it.

● *Ferienhaus* **Casa delle Zio Alferio**, hübsches Haus im Grünen, kurze Gehdistanz zum Ortszentrum und Hafen von San Marco. Für 4 Pers., zwei Schlafzimmer mit Bad, Küche, Wohnzimmer, Veranda und Garten, viele Extras. Ab 630 €/Woche. Buchung in

Deutschland über *Cilentano*, ✆ 0941/5676460, ✆ 0941/5676461, 🖥 www.cilentano.de.

• *Essen & Trinken* **Carina sul Mare**, eine Deutsche, die im Cilento hängen geblieben ist, führt dieses anspruchsvolle Restaurant mit Meerblick. Neueröffnung im Frühjahr 2009, Fisch-, Fleisch- und Gemüsegerichte. 4-Gänge-Menü ca. 30 €. Auch Vermietung von Apts. (DZ 80–120 €, EZ 50–70 € mit Frühst.). Ostern–Ende Okt. geöffnet, außer Juli/Aug. Di geschl. Traversa De Angelis (Nähe Hotel Mareluna), ✆ 333/337719, www.carinavacanze.de.

Bellavista, Ausflugsrestaurant am Hang des Monte Licosa zwischen Olivenbäumen, ein guter Ort, um gegrillten Thunfisch und Schwertfisch nach lokalen Rezepten zu probieren (abends auch Pizza). Toller Blick von der Terrasse auf das Meer. Menü ca. 25 €. Ganzjährig geöffnet, Di Ruhetag. Via Catarozze (von San Marco ausgeschildert), ✆ 0974/966058, ristorantebellavista@tiscali.it.

TIPP! **Da Carmine**, seit Jahrzehnten ein verlässlicher Eckpfeiler der *cucina cilentana*, ausgezeichnete Fisch- und Pastagerichte, vielleicht die Meerbrasse in „verrücktem Wasser" probieren (*Pezzogno all'acqua pazza*). Menü ab 35 €. Febr.–Okt. Ogliastro Marina, Via Provinciale (Richtung Punta Licosa), ✆ 0974/963023, info@albergodacarmine.it.

U'Mazzeno, ein Lesertipp! Exzellente regionaltypische Küche mit Schwerpunkt Fisch, auch als Weinlokal zu empfehlen. Die Familie vermietet seit 2008 auch ein hübsch gelegenes Ferienhaus aus Naturstein (www.ilcenito.it). Menü ab 25 €. Ganzjähriger Betrieb, So abends und Mo geschl. Ogliastro Marina, Via Provinciale, ✆ 0974/963522, umazzeno@tiscali.it.

• *Bar/Gelateria* **Il Gabbiano**, nette Kaffee-Bar in Hafennähe (Richtung Pozzillo-Strand), auch Eis, schöne Freiplätze auf der Terrasse. Via Porto.

Küstenstraße nach Süden: Hinter San Marco quert die SS 267 eine dicht besiedelte, landwirtschaftlich genutzte Ebene, bevor die Straße ansteigt und die pinienbewachsene Steilküste erreicht. Das kleine Dorf Agnone bleibt (abgesehen vom Ferienmonat Aug.) von den touristischen Strömen unbehelligt, lohnt den Abstecher jedoch nicht. Vor Acciaroli nimmt die Küstenbebauung wieder zu.

Wanderung 3: Küstenweg zum Kap der Sirenen

Charakteristik: landschaftlich reizvolle Strecke, für die man sich etwas Zeit lassen sollte; nicht zu anstrengend, da Steigungen fehlen. Auf der zweiten Hälfte von der Punta Licosa bis Ogliastro Marina ist Trittsicherheit gefragt, an einigen Stellen ist der Küstenpfad sehr schmal. Von Ogliastro entweder mit dem Bus zurück oder zu Fuß über den 326 m hohen Monte Licosa mit schönem Blick auf die Küste (einfache Gehzeit 2:30 Std.).

Wegbeschreibung: Start ist am Hafen von San Marco (WP 1). Vor dem Großhotel L'Approdo zeigt ein Holzwegweiser nach links („Punta Licosa"). Bis zum Ortsende auf einem breiten Schotterweg, rechts und links einige Ferienhäuser. Nach 30 Minuten kommt von links ein Teerweg, auf dem es geradeaus weitergeht (Variante: kurz zuvor zweigt ein Weg nach links ab, der geradewegs auf den Monte Licosa führt). Hinter der Villa Leucosia (→„Übernachten", S. 105) und bereits in Sichtweite zum Leuchtturm auf der Sirenen-Insel geht's an einer Kreuzung von Fahrwegen nicht weiter (WP 2): Eine mondäne Villa mit umliegenden Park versperrt den Zugang zum Kap. An der Kreuzung daher der *strada privata* nach links folgen, bis nach 350 m das Anwesen wieder verlassen wird (WP 3). Links die Rudimente einer Kalvarienstation, biegt man am Eisentor zum Park scharf nach rechts ab: Der Stichweg hält unter Pinien auf das Meer und einen wunderbar gelegenen Picknickplatz zu. Jetzt beginnt der reizvollste Abschnitt, der die eine oder andere Herausforderung bereithält. Im Grunde ist die Orientierung leicht, denn der schmale Küstenpfad bleibt

Lago Agropoli

Santa Maria
di Castellabate

Castellabate

Spiaggia Pozillo

Agropoli/Salerno

Capri

San Marco

Start 1

Acciaroli

SS 267

2 Punta
Licosa

Isola
Licosa

3

Monte Licosa
326 m

Punta
della Scala

Arena

Baia Arena

Ogliastro Marina

BUS **Ziel**

Torre di Mezzo

Torre d'Ogliastro

Punta d'Ogliastro

Acciaroli

Wanderung 3
Punta Licosa

550 m

stets in Tuchfühlung zum Meer und
folgt dabei dem leichten Auf und Ab
der Dünen. Wem der Uferpfad zu
schmal ist, kann eine Pfadvariante im
angrenzenden Pinienwald wählen. Nach
15 Min. weitere Rastplätze auf kleinen
Grasplateaus über dem Meer, dann von
der Punta della Scala erstmals Ausblicke auf die Küste nach Süden (bei
guter Sicht bis Acciaroli). Bis Ogliastro
passiert der Pfad zwei Küstenwachtürme, zunächst die Torre di Mezzo,
dann die Torre d'Ogliastro. Das letzte
Stück zum Ziel geht's auch alternativ
auf dem Teerweg, der immer näher an
die Küste heranrückt.

Mittelalterliches Kleinod über dem Meer: Castellabate

Castellabate   (ca. 1500 Einwohner)

Das mittelalterliche Juwel in Sichtweite zum Pozzillo-Strand ist einer der attraktivsten Orte des Cilento und eines der wenigen Bergdörfer mit einer ausgereiften touristischen Infrastruktur. Vom Belvedere genießt man einen weiten Blick über den Golf von Salerno.

Kaum zu glauben, dass es Zeiten gab, in denen die Castellani, wie die Bewohner des Bergdorfs genannt werden, in Scharen nach Übersee emigrierten, vorzugsweise nach Brasilien. In Castellabate erzählt man sich beispielsweise gern, dass ein gewisser Vicente Feola, in São Paulo geboren und 1958 als Trainer mit Brasilien Fußballweltmeister geworden, in Wahrheit ein Sohn der Stadt ist. Heute ist es eher umgekehrt: Insbesondere die Deutschen schätzen die Schönheit der knapp 300 m hoch gelegenen Ortschaft und wählen Castellabate als Ruhesitz fürs Alter. Deshalb von einer „deutschen Kolonie" zu sprechen, wäre jedoch verfehlt: Man bleibt gern für sich, von anderen weiß man nur über Dritte.

Trotz der Nähe zum quirligen Santa Maria di Castellabate ist der mittelalterliche Ort eine Welt für sich geblieben: Schmale Gassen, pittoreske Plätze, geheimnisumwitterte Hinterhöfe und verwunschene Gärten prägen das Bild. Die romanische Basilika und Reste des Kastells auf der Spitze des Colle Sant'Angelo (263 m) verweisen auf eine ruhmreiche Vergangenheit. Herrlich der abendliche Blick von der Piazza Belvedere aufs Meer. 1811 soll König Joachim Murat (→ „Geschichte", S. 23) bei einer Inspektionsreise durch den Cilento, in Anlehnung an das berühmte Neapel-Zitat, euphorisch geäußert haben, hier dürfe man nicht sterben *(qui non si muore!)*. Im Zentrum erinnert die gemütliche Piazza 10 Ottobre 1123 an das offizielle

Gründungsdatum der Stadt. Cafés und Restaurants laden hier zu einer Pause ein. Über die touristische Vereinnahmung ihres „Wohnzimmers" zeigt sich jedoch nicht jeder Castellani erfreut. In der Mittagspause sollte man sich den Ausflug auf den Hügel sparen: Dann klappen die Bewohner die Gehsteige hoch, und Castellabate versinkt in Totenstille.

Geschichte: Langobarden, Normannen, Byzantiner und Basilianer streckten ihre Fühler nach dem strategisch wichtigen Hügel aus, der im 12. Jh. so befestigt wurde, dass die Küstenbevölkerung hier oben Schutz suchen konnte. Benediktinermönche aus Cava dei Tirreni begannen 1123 mit dem Ausbau des bestehenden Kastells. Federführend war San Costabile Gentilcore, der letzte in einer Reihe von vier Äbten des Mutterklosters, die nach ihrem Tod heiliggesprochen wurden. Der Kirchenmann wird bis heute von den Castellani als Schutzpatron verehrt. Er soll post mortem die Siedlung vor einem Sarazenenüberfall bewahrt haben, indem er den Angreifern nachts einige Ziegen entgegensandte, denen er zudem noch brennende Fackeln auf die Hörner gesetzt hatte. Hochgradig erschrocken ergriffen die Fremden die Flucht. Außerdem soll die auratische Kraft des Heiligen 1656 eine Pest abgewendet haben.

Nach dem Tod des Patrons nannte die Bevölkerung das Kastell schlicht Castello dell'Abate (*abate* = Abt), eine Bezeichnung, die sich in der Folge zum heute noch gebräuchlichen Ortsnamen abschliff. Der Nachfolger des Abtes, Simeon von Cava, wurde immerhin noch seliggesprochen und erwies sich zudem als einfallsreicher Geschäftsmann. Auf sein Konto gehen einige Reformen, zudem ließ er die vom Vorgänger begonnene Burg sowie das zugehörige Kloster vollenden, das dem Erzengel Michael geweiht war. Schließlich baute er noch den alten Hafen im Fischerdorf Santa Maria aus, um besser

Castellabate: Statue des Schutzheiligen Costabile Gentilcore

vom Mittelmeerhandel profitieren zu können. Im Windschatten der politischen und militärischen Auseinandersetzungen zwischen Papsttum und den Normannen gediehen Kloster und Dorf prächtig. Normannenkönig Roger II. verlieh Privilegien, diverse Schenkungen mehrten den Wohlstand und machten Castellabate zwischenzeitlich zum reichsten und mächtigsten Verwaltungssitz im Cilento. Kein Wunder, dass auch dieser Abt zu einem wichtigen Schutzpatron der Stadt wurde.

• *Anfahrt/Verbindungen* **Pkw**: Zwei Serpentinenstraßen zweigen von der Küstenstraße (SS 267) nach Castellabate ab (4 km), dazu eine steile Stichstraße von San Marco. Parken am hinteren Altstadtrand auf der Piazza 16 Giugno 1138 oder im Bereich der Piazza Belvedere.

Bus: Einige Direktverbindungen von/nach Agropoli, ansonsten mit dem Gemeindebus von Santa Maria di Castellabate (→ S. 100). Anfang Juli–Anfang Sept. kostenloser Bus-Shuttle am Abend von Santa Maria/San Marco (tägl. außer So und feiertags).

• *Feste/Veranstaltungen* **Patronatsfest** S. Costabile Gentilcore, Jahrmarkt und Prozession, drittes Wochenende im Febr. (ein weiteres kirchliches Fest zu Ehren des Schutzpatrons am 3. So im Okt.).

Festival delle Bande Musicali, bei diesem Event treffen Musikkapellen aus verschiedenen Cilento-Orten zusammen, Mitte Juli.

Castellabate di Notte ist der Versuch, stärker vom Küstentourismus zu profitieren, Shuttlebus, Kulturveranstaltungen und geführte Stadtrundgänge, Juli–Anfang Sept.

• *Wandern* Der anfangs vielversprechende **Treppenweg vom Belvedere** endet auf halbem Weg nach unten an der frisch restaurierten Kapelle Madonna del Pace aus dem 17. Jh. Die Kommune plant den Ausbau bis Santa Maria di Castellabate.

Ein kurzer **Wanderweg zum Strand** folgt den Spuren einer alten *mulattiera*: Vom Albergo Il Castello den Treppenweg hinunter, der auf die Via Madonna Croce trifft. Hier nach rechts bis zur kleinen Piazzetta Matarazzo. Kurz davor zweigt ein weiterer Treppenweg nach links ab, beschreibt einen Rechtsbogen und nimmt Kurs auf die Küste, vorbei am Sanktuarium Croce di San Costabile; immer wieder Holzwegweiser. Der Weg endet an der Straße: Dort rechts bis zur Küstenstraße (SS 267), diese queren und auf einem Stichweg zum Meer absteigen. Nach knapp 30 Minuten endet der Weg am Pozzillo-Strand zwischen Santa Maria und San Marco.

• *Übernachten/Essen & Trinken* Wer motorisiert ist und einen Standort abseits des Strandbetriebs bevorzugt, liegt hier oben genau richtig. Das gastronomische Angebot ist vorzüglich, jede der angeführten Adressen ein Tipp.

TIPP! *** **Il Castello**, charmantes, freundliches Hotel in einem Palazzo am Rand der Altstadt, stilvolles Interieur, zwölf behaglich eingerichtete Zimmer, idyllischer Garten mit Blick aufs Meer. April–Okt. DZ 70–100 € inkl. Frühst. Via Amendola 1, ✆/✆ 0974/967169, www.hotelcastello.co.uk.

• *Agriturismo* **Raggio di Sole**, ursprünglich gebliebener Hof auf halbem Weg zum Meer, acht einfache Zimmer, schönes Haus zwischen Zitronen und Oliven mit Küstenblick. Vom Friedhof führt ein enger Stichweg hinunter (ausgeschildert). Mitte Nov.–Mitte Dez. geschlossen. DZ 60–80 € inkl. Frühst. Via Impise Casale, ✆ 0974/967356, www.agriturismoraggiodisole.it.

• *Essen & Trinken* **Il Caicco**, die Spitze der Exklusivität im nördlichen Cilento, sündhaft teures Fischrestaurant im alten Palazzo Matarazzo unterhalb der Basilika, rustikales Ambiente. Nur Juni–Sept. Via San Biagio 5, ✆ 0974/967291 oder 339/8749544, www.ilcaicco.com.

Cantina Belvedere, Ristorante und Pizzeria, grundsolide, aber keinesweg preiswert, schmackhafte Fisch- und Fleischgerichte, exklusiv aufgrund des tollen Ausblicks: an klaren Abenden bis Capri und Ischia. Menü ab 30 €, Sa/So auch Pizza. Ostern–Nov. tägl., im Winter nur am Wochenende. Via Regina Elena 4, ✆ 0974/967244.

Divino, hier liebt man guten Wein, der Inhaber ist Anhänger der amalfitanischen Küche. Schöne Terrasse auf dem zentralen Dorfplatz. Raffinierte Pastagerichte, auch Fisch. Anfang März–Ende Okt., nur abends. Menü ab 25 €. Piazza 10 Ottobre 1123, ✆ 0974/967178 oder 339/967178, lucianod@costacilento.it.

• *Bar* **La Piazzetta**, gemütliche Kaffee-Bar mit Freiplätzen auf der Altstadtpiazza, Eis und leckeres Mandelgebäck *(dolci di mandorle)*, **Info-Point**. Piazza 10 Ottobre 1123, ✆ 339/2408852, www.lapiazzetta.sa.it.

Sehenswertes

Castello dell'Abate: Die Spitze des Altstadthügels befestigten vermutlich erstmals die Langobarden. Später diente das Kastell als Grenzbastion zum Herrschaftsgebiet der Agropolitaner Sarazenen (→ S. 74). Die Grundmauern stammen z. T. noch vom Ausbau der Burg durch die Benediktiner im 12. Jh., Geheimgänge führten einmal zur Küste. 1835 endete die Herrschaft der Mönche, seitdem befindet sich der

Castellabate: Blick vom Belvedere

Die Küste des Cilento

Palazzo Baronale, der heute das Kastell dominiert, in privater Hand. Die öffentlich zugänglichen Räume werden für Ausstellungen genutzt, im Sommer finden im Hof Konzerte statt. Ein Rundgang führt durch frisch restaurierte Gewölbe, der Blick aus den Fenstern ist fantastisch.

Öffnungszeiten Juli/Aug. tägl. 10–13 und 17–24 Uhr; Juni, Sept. Di, Do, Fr und Sa 17–21, So 10–13 und 17–21 Uhr; Okt. Di, Do und Sa 16–18, So 10–13 Uhr. Eintritt 1 €.

Basilica Santa Maria de Giulia: Der Blick vom Halbrund des Vorplatzes fällt auf ein ästhetisch eindrucksvolles Ensemble, überragt vom hohen romanischen Turm. In der zweiten Hälfte des 16. Jh. erhielt die Sandsteinfassade ihr heutiges Gesicht, aus dieser Zeit stammt auch die kleine Cappella del Rosario. Die Kirche wurde mehrfach umgebaut, zunächst im 15. Jh. im Stil der Renaissance, später kamen barocke Einflüsse hinzu. Prunkstücke sind die wertvolle Kupferbüste des Costabile Gentilcore (1662) und das benachbarte Mosaik, das ebenfalls den Schutzheiligen mit einer Lilie in der Hand zeigt. Ein sehenswertes Renaissance-Altarbild aus unbekannter Hand zeigt den Erzengel, der mit der Lanze den Satan in Gestalt einer lasziven Sirene durchbohrt. 1138 wurde das Gotteshaus durch Simeon von Cava (→ S. 109) eingeweiht; es ersetzte ein bescheideneres Oratorium an gleicher Stelle. Seit 1988 ist die Pontifikatskirche dem Papst direkt unterstellt.

Öffnungszeiten Falls die Basilika verschlossen ist, bei Padre Don Peppino nach dem Schlüssel fragen. ☎ 0974/967005.

Museo di Arte Sacra: Unweit der Basilika präsentiert das Museum für sakrale Kunst in einem verwitterten Altstadt-Palazzo Schätze aus der Sammlung der Diözese Vallo della Lucania mit lokalem Bezug: Silberkelche (der älteste aus dem Jahr 1586), bestickte Altarbücher, goldgewirkte Messgewänder, Wappen und Standarten sowie die Ölportraits der hiesigen Domherren.

Öffnungszeiten Juli–Mitte Sept. tägl. 17–20.30, sonst Sa 15–17, So 10–12 und 15–17 Uhr; Nov. geschlossen. Eintritt 2,50 €. Via Normanno, ☎ 0974/967005.

Blick über blühende Macchia zum Monte Stella

Monte della Stella

„Berg über dem Meer" nennen die Einheimischen den 1130 m hohen Monte Stella, der von der nördlichen Cilento-Küste kaum zu übersehen ist. An den Hängen schlummern alte Wehrdörfer, einige von ihnen sehenswert. Der aussichtsreiche Gipfel ist ein beliebtes Wallfahrtsziel.

Von Süden betrachtet wirkt der Berg wie ein einsamer Solitär, die Konturen erinnern an einen Vulkan. Gänzlich anders präsentiert sich das Massiv aus der Nähe: Die von der Küste ansteigenden Straßen tauchen in ein komplexes, mitunter dicht besiedeltes Kulturland ein. Ein Ring alter Ortschaften hat sich um die eigentliche Gipfelregion gelegt – wehrhaft, manchmal wehmütig wirkend und oft ziemlich verschlafen. Bis etwa 500 m sind die Hänge von *Macchia mediterranea* überwuchert, dann und wann Steineichen und Myrten, in höheren Lagen überwiegen Kastanien und Weißdorn. Hätten im Sommer 2007 nicht Waldbrände viel ursprüngliche Vegetation vernichtet und das vorhandene Wegenetz zum Teil zerstört, wäre der Monte Stella ein ideales Wanderrevier.

In den Wirren nach dem Ende des weströmischen Reichs stritten sich Byzantiner und Langobarden um das Gelände, das in mehrfacher Hinsicht Eigenständigkeit beansprucht: Geografisch trennt der Fluss Alento das Bergland vom restlichen Cilento-Nationalpark ab, zusätzlich nährt die ausgebaute Schnellstraße von Agropoli nach Süden (SS 18) das Gefühl, sich auf einer Halbinsel zu bewegen. Politisch etablierten im 11. Jh. die Normannen die Baronia di Cilento und übereigneten das Territorium später den Benediktinern von Cava dei Tirreni, was die hohe Dichte an Klöstern erklärt. **Cilento antico** ist eine gern zitierte Bezeichnung für diesen Mikrokosmos – der ureigentliche Cilento im engsten Sinn des Wortes. Passend dazu kennen historische Dokumente den Stella-Gipfel als „Monte Cilento". Die Eigenständigkeit spiegelt sich auch in den lokalen Gebräuchen wider: Die rund 30 Bergdörfer sind untereinander kommunikativ vernetzt, Auswirkung einer bewegten Historie, in der man schnell Hilfe benötigte, wenn der Feind nahte oder Epidemien wüteten. Das traditionelle kollektive Netzwerk existiert – in gewissen Grenzen – noch heute: Auf der administrativen Ebene haben sich die Gemeinden zur *Comunità Montana Alento Monte Stella* zusammengeschlossen (mit Sitz in Laureana Cilento), kulturell kommt das Gemeinschaftsgefühl am Karfreitag zum Ausdruck: Von einem Dorf zum anderen ziehen die Prozessionen und bilden dabei eine imaginäre Kette rund um den Monte Stella. Anschließend statten sich die religiösen Bruderschaften gegenseitig einen Besuch ab *(visite ai sepolcri)*.

Von Omignano führt eine schmale Teerstraße auf den Gipfel, von weitem erkennbar an der silbergrauen Radarkugel. Der Ausblick ist grandios: Wie ein aufgeschlagenes Buch liegen der nördliche Cilento und das Mittelmeer dem Betrachter zu Füßen, mit etwas Glück sind Capri und der Stromboli zu erkennen. Seit jeher wurde der höchste Punkt zu Kultzwecken genutzt: Die Lukanier verehrten hier ihre Götter, im frühen Mittelalter führten basilianische Mönche die Marienverehrung ein. Das heutige **Sanktuarium** (Santuario della Madonna della Stella) stammt aus dem 15. Jh. und ist alljährlich Mitte August Ziel der Pilger aus nah und fern. Der Berg war stets auch von politisch-strategischer Relevanz, wie spärliche Ruinenreste am Gipfel und etwa 2 km nordwestlich in **Castellucio** zeigen: Manche vermuten hier sogar das sagenhafte Lucania, die antike Hauptstadt der lukanischen Verbündeten, oder identifizieren die Steine mit einer langobardischen Festung (Castello di Melilla), deren Existenz historische Quellen belegen.

Vatolla (ca. 800 Einwohner)

Ein ganzes Dorf präsentiert sich als Gelehrtenrepublik: Vieles, wenn nicht alles dreht sich hier um den Geschichtsphilosophen Giambattista Vico.

Neun Jahre verbrachte der Jurastudent Giambattista Vico (1668–1744) im Palazzo de Vargas, um die vier Kinder des Marchese Domenico Rocca zu unterrichten. Der Universalgelehrte war Sprachwissenschaftler, Philosoph, Historiker, Rechtsforscher und Anthropologe, nicht wenige bezeichnen ihn sogar als Prototypen der modernen Sozialwissenschaften. Im Jahr 2003 hat sich die *Fondazione Giambattista Vico* im 436 m hoch gelegenen Vatolla niedergelassen und betreibt seither im hübsch restaurierten Adelspalais am Eingang zum *centro storico* ein **Museum** und ein Studienzentrum mit Bibliothek. In den Räumen sind einige Handschriften sowie frühe Ausgaben der Hauptwerke Vicos zu sehen, über dem Kamin hängt das Portrait des Philosophen. Weitere Räume werden hin und wieder für Seminare genutzt und können ebenfalls besichtigt werden. Schön auch die beiden Innenhöfe des Palastes, der in seiner heutigen Gestalt aus dem Jahr 1612 stammt, dessen älteste Bauteile jedoch auf das 10. Jh. zurückgehen.

Öffnungszeiten **Museo Vichiano** im Palazzo de Vargas, tägl. 9.30–13 und 15–20 Uhr. Eintritt 1,50 €. Piazza G. Vico, ✆ 0974/845549, www.fondazionegbvico.org.

Der Philosoph ist auch außerhalb des Adelspalastes präsent. Die zentrale Piazza am Eingang zum *centro storico* ist nach ihm benannt, Zitate seines Hauptwerks zieren die Hauswände in der Altstadt, die unmittelbar hinter dem Platz und dem Palazzo beginnt.

Menschen, die wie wilde Tiere über die Erde streiften

Die *Neue Wissenschaft (Principj di scienza nuova d'intorno alla commune natura delle nazioni)* erschien 1744 in Neapel. Mehrfach hatte Giambattista Vico sein Hauptwerk überarbeitet und an den Thesen gefeilt. Auffällig, dass er seinen Text nicht in Gelehrtenlatein verfasste, sondern sich des Italienischen bediente: Was er zu sagen hatte, ging alle an. Der Gelehrte wollte die Gesetzmäßigkeiten verstehen, die dem gesellschaftlichen Wandel zugrunde liegen und kam zu folgendem Ergebnis: Analog zur geistig-emotionalen Entwicklung des Individuums existieren drei historische Zeitalter.

Dem „abergläubischen" Zeitalter der Götter (Kindheit) folgt die „heroische" Zeit der gewaltsamen Machtkämpfe (Pubertät), die wiederum von der „menschlichen" Reifestufe der Vernunft und Zivilisation abgelöst wird. Die Zeiten lassen sich aufgrund der Sprache, gemeinsam geteilter Normen und symbolischer Codes unterscheiden. Im Unterschied zu den Denkern des 18. und 19. Jh. war Vernunft für Vico jedoch kein „Fortschritt", er äußerte mehrfach den Verdacht, in einer Phase des Niedergangs zu leben. Kulturpessimist war der Späthumanist allerdings auch nicht, er folgte vielmehr dem zyklischen Geschichtsmodell: Erstens würden Gesellschaften Konjunkturschwankungen unterliegen, zweitens könnten obsolet geglaubte Rituale im neuen Gewand wieder aus der Versenkung auftauchen (Adelsduelle gemahnten ihn z. B. an archaische Gottesurteile).

Bei der Suche nach Antworten ging Vico weit in die Vergangenheit zurück. Berühmt wurden seine Passagen, in denen er den Geist des Wilden zu entschlüsseln suchte. In einer Zeit, als die Menschen in Horden durch die Wälder streiften, verortete der Humanist den Ursprung von Recht, Sprache und Gesittung: „Doch in dieser Nacht voller Schatten, die für unsere Augen das entfernteste Altertum umgibt, erscheint das ewige, niemals verlöschende Licht jener Wahrheit, die man in keiner Weise in Zweifel ziehen kann: dass die gesellschaftliche Welt ganz gewiss von Menschen gemacht worden ist und dass deshalb ihre Prinzipien in den Modifikationen unseres eigenen menschlichen Geistes auffindbar sein müssen." Aussagen dieser Art wären eigentlich der Casus belli für die römische Inquisition. Vico ereilte jedoch nicht das Schicksal eines Galilei, denn er zeigte sich gläubig und wies der unsichtbaren Hand des Schöpfers eine entscheidende Funktion zu."

(Literaturtipp: Peter Burke, Vico. Philosoph, Historiker, Denker einer neuen Wissenschaft, Berlin 1985.)

Vatolla bietet jedoch nicht nur geistige Nahrung: Im Tauziehen zwischen Byzantinern und Langobarden hatte das einstige römische Viculus Vatulanus die Funktion einer Grenzbastion, zahlreiche Mühlen im Tal zeugen von erheblicher wirtschaftlicher Aktivität in der Vergangenheit.

● *Information* **Info-Büro** der *Comunità Montana Alento Monte Stella* im Nachbarort Laureana Cilento, u. a. sind hier die Monte-Stella-Wanderkarten erhältlich (3 €). Mo–Fr 9–13, Mo und Mi auch 15–18 Uhr. Palazzo Cagnano, Via Roma 1 (obere Ortseinfahrt), ✆ 0974/850509, www.alento-montestella.sa.it, www.vatolla.it, www.comune.perdifumo.sa.it.

● *Anfahrt* **Pkw**: Vatolla liegt 1 km unterhalb der SP 46, schnellste Anfahrt von Agropoli oder Castellabate über die SS 267 (bei Contrada Terrate auf die SP 61). Alternativ von Agnone über den Hauptort der Kommune Perdifumo nach Vatolla.

Bus: wenige Direktverbindungen von Agropoli bzw. Capaccio mit *Giuliano*.

● *Feste/Veranstaltungen* **Via Crucis**, Prozessionen in Vatolla und den umliegenden Dörfern, Karfreitag.

Tracce di grandi uomini: Giambattista Vico, Kulturfest mit Schwerpunkt 17. Jh., Musik, Theater, Straßenartistik und Lesungen, Anfang/Mitte Aug.

Festa della Assunta/Anghelos e Daimonin, Patronatsfest und traditionsreiche Kostüm-Festspiele im *centro storico* (Thema: das Gute gegen das Böse), Mitte Aug.

● *Agriturismo* TIPP! **Il Vecchio Casale**, Landbauernhof am Ortsrand, nur 10 Min. zu Fuß ins Zentrum, fünf freundliche, in warmen Farben gestaltete Zimmer mit guten Betten und Bädern, teils mit Blick aufs Meer. Pool zwischen Olivenbäumen, tolle Speiseterrasse, gutes Ristorante mit hausgemachten Bioprodukten. Mai–Ende Sept. tägl., ansonsten nur am Wochenende. DZ 80 €. Contr. Vigna (an der oberen Ortseinfahrt vor Beginn der Pflasterung rechts), ✆ 0974/845235, ✆ 0974/821296, www.ilvecchiocasale.it.

● *Essen & Trinken* **Gli Antichi Sapori**, empfehlenswertes Landrestaurant, die Küche ist auf lokaltypische und schmackhafte *cucina di terra* spezialisiert, gute Antipasti, Sa abends auch Pizza. Menü ab 20 €. Ganzjährig geöffnet, werktags besser vorbestellen. Via Scienza Nuova 38 (250 m unterhalb des Franziskanerkonvents), ✆ 0974/851845, www.gliantichisaporivatolla.it.

Pasquale O'Milord, volkstümliches Dorfrestaurant im Nachbarort Mercato Cilento, nicht vom schäbigen Gebäude abschrecken lassen: Die Küche ist ganz vorzüglich, z. B. Geflügel aus eigener Züchtung. Freiplätze unter einer Terrassenlaube. Menü ab 15 €. Fr Ruhetag. Zimmer (32 € für ein einfaches Notquartier). Via Provinciale 5 (Ortszentrum), ✆ 0974/845254.

Caffè la Piazzetta, freundliche, kleine Fullservice-Bar im Ortszentrum, wenige Außenplätze, ideal für eine kurze Kaffeepause. Via della Posta 7 (vor dem Kastell).

Rocca Cilento   (ca. 350 Einwohner)

Abseits der gängigen Routen und nur einen Katzensprung von Vatolla (→ S. 113) entfernt träumt der kleine Weiler auf rund 650 m Höhe leise vor sich hin. Dabei ist Rocca Cilento die historische „Hauptstadt" des Cilento antico: Um 1110 n. Chr. er-

Rocca Cilento: Das Kastell wartet auf bessere Zeiten

Die Küste des Cilento

kannte Graf Guglielmo Sanseverino die strategisch wichtige Position des Hügels in Greifweite zum Monte-Stella-Gipfel und verlegte seinen Verwaltungssitz hierher. Bis Mitte des 16. Jh. lenkte das Adelshaus (→ S. 158) vom **Castello medioevale** aus die Geschicke der Umgebung, und noch heute gehört die Burg zu den eindrucksvollsten Wehranlagen im Cilento. Fünf Rundtürme ragen aus der Befestigungsmauer heraus, eine Bastion sicherte den Adelssitz nach Norden ab. Geduldig wartet das baufällige Gemäuer auf den Beginn der Erhaltungsmaßnahmen; bis es soweit ist, stehen Besucher vor verschlossener Tür. Auch wenn der Zugang verwehrt bleibt, so lohnt dennoch die weite Aussicht von der Küste bis weit ins Hinterland.

Ebenfalls höchst eindrucksvoll und zudem frisch restauriert präsentiert sich am Fuß des Wehrdorfs das Franziskanerkloster (Convento di San Francesco alla foresta). Seine Gründung im Jahr 1427 verdankt sich ebenfalls der Initiative des stiftungsfreudigen Adelsgeschlechts. Heute leben noch drei Minderbrüder im viel zu großen Gebäude, die Freskenreste im Kreuzgang halten nicht ganz, was der Bau von außen verspricht. Sehr gute Wandermöglichkeiten und eine überaus charmante Privatherberge machen Rocca Cilento zu einem hervorragenden Ausgangspunkt für Touren in die Umgebung.

• *Wandern* 17 Wassermühlen säumten früher einmal den Wildbach Sorrentino unterhalb von Rocca Cilento. Ein 13 km langer Rundwanderweg erschließt zwei dieser Mühlen und vermittelt darüber hinaus auf Pfaden, Straßen und Maultierwegen beste Einblicke in die Kulturlandschaft am Monte-Stella-Hang. Start ist das Zentrum, auf der Via Garibaldi geht's am B&B-Domizil Antico Convento (s. u.) vorbei in Richtung Lustra. Der Einstieg ist auch in S. Mango oder Mercato Cilento möglich, Wanderkarte sowie eine ausführliche Wegbeschreibung auf Deutsch ist im Info-Büro der Comunità Montana in Laureana Cilento erhältlich (→ S. 114). Teilweise beschildert, Gehzeit 4 Std.

• *Übernachten/Essen & Trinken* TIPP! **B&B Antico Convento**, großes Privatquartier mit 20 Zimmern am Rand des alten Ortskerns, Natursteinhaus mit mehreren Flügeln, die sich um einen liebevoll gestalteten Innenhof gruppieren. Innen wirken Zimmer und Gemeinschaftsräume wie ein Museum, die Mahlzeiten werden auf einer Terrasse eingenommen. Besitzer sind bei Wandervorschlägen behilflich. Ganzjährig geöffnet. DZ 50–70 €. Via Garibaldi 21 (gut ausgeschildert), ✆ 349/3925499, ✆ 0974/832288, www.anticoconvento.it.

• *Einkaufen* **Panificio San Francesco**, gutes Vollkornbrot und leckere Plätzchen. Die traditionsreiche Bäckerei beliefert zahlreiche Agriturismo-Herbergen in der Umgebung. Via S. Francesco 6 (auf halbem Weg zwischen Kloster und Ortszentrum), ✆ 0974/832158, www.panetteriasanfrancesco.it.

Alento-Stausee (Lago dell'Alento)

Zwischen Monte Stella und dem Cilento-Hinterland liegt der größte Stausee des Nationalparks. 1994 wurde die 420 m lange Talsperre fertiggestellt (Diga dell' Alento), das Wasser versorgt die Haushalte und Industriebetriebe der Umgebung, Turbinen produzieren Strom. Unterhalb der Staumauer laichen in den feuchten Naturauen des Alento Frösche, im hohen Schilfgras sitzt der Regenpfeifer. Dazwischen hat sich ein kleiner Freizeitpark mit vielfältigen Möglichkeiten zur Erkundung des geschützten Reservats etabliert (Oasi Fiume Alento).

• *Information* Am Eingang zum Naturerlebnispark erhält man auf Nachfrage umfangreiches Material mit Landkarten und Infos zu Flora und Fauna. ✆ 0974/837003, www.oasialento.it, www.sicfiumealento.it.

• *Anfahrt* Der See ist mit eigener Ausfahrt rasch über die ausgebaute SS 18 erreichbar, genügend Parkplätze unterhalb der Staumauer.

• *Eintritt/Öffnungszeiten* Die Talsperre gehört einem privaten Konsortium, der Zugang ist daher auf wenige Tage beschränkt. Juni/Juli Sa 16–23, So 10–20, Aug. Sa/So 16–23, 10.–20. Aug. tägl., Sept. Sa/So

Trinkwasser für die Region: Alento-Stausee

10–20, Okt. So 10–18 Uhr, Eintritt 2 €. Das Schutzgebiet unterhalb der Staumauer ist nur über diesen Zugang erreichbar.

• *Führungen/Aktivitäten* Das **Mountainbike** ist die beste Möglichkeit, die Gegend auf eigene Faust zu erkunden (Fahrradverleih: 2,50 €/Std., 8 €/Tag). Ausritte mit Pferd und Esel sind für kleinere Kinder zu empfehlen (20 €/Std.). Sportfischen ist ebenfalls möglich, am See können **Tretboote** gemietet werden. Geführte Touren zu Fuß ins Schutzgebiet sind möglich, eine kleine Bar bietet Erfrischungen an.

• *Einkaufen* **Viticoltori De Conciliis**, einer der besten Winzer des Cilento hat seine Kelterei in Prignano. Auf 25 ha züchtet er weiße und rote Trauben, die vom Slow-Food-Führer Gambero Rosso hochgelobt werden (besonders der rote Aglianico). Loc. Querce 1 (unterhalb der Ortsdurchfahrt SS 18), ✆ 0974/831090, www.viticoltorideconciliis.it.

• *Übernachten/Essen & Trinken* **Agriturismo La Casa sull'Alento**, liebenswerter Landbauernhof zwischen Prignano und dem Alento-Stausee. Gemütliches Ambiente, schöne Lage im Grünen, empfehlenswertes Ristorante. DZ ab 30 €. Loc. Valle (halsbrecherische Abfahrt von Prignano, vom Stausee ausgeschildert), ✆ 339/5810385, www.casasullalento.com.

TIPP! **I Sapori del Cilento**, anspruchsvolles Traditionslokal unweit der Talsperre, auf die *cucina cilentana* spezialisiert, schmackhafte Gemüse- und Fleischgerichte nach authentischen Rezepten, die Weine stammen von Winzern der Umgebung. Bei Familienfesten ist die Aussichtsterrasse brechend voll. Menü ab 15 €, abends auch Pizza. Ganzjährig geöffnet, in der NS werktags besser vorher anrufen. Ostigliano, Loc. Chiuse (vom Alento-Tal ausgeschildert), ✆ 347/9194219, www.isaporidelcilento.it.

Taralluzzi e Vino, nette, preiswerte Familientrattoria und Weinstube ohne Allüren im Agrardorf Prignano oberhalb des Lago dell'Alento. Weiße Bohnen, herzhafter Landschinken und frische Tomaten sind die Basiszutaten der lokalen *cucina di terra* (abends auch Pizza). Di Ruhetag, Via Diaz 73 (an der Ortsdurchfahrt SS 18), ✆ 333/4093911.

San Mauro Cilento   (ca. 1000 Einwohner)

Zwei Bergdörfer mit Tuchfühlung zum Meer: Das Oberdorf (Casalsoprano) mit seinem ursprünglichen Zentrum, das man durch zwei trutzige Tore betritt, ist Ausgangspunkt eines Wanderweges zum Monte Stella, während sich die meisten Bars und Geschäfte im Unterdorf befinden (Casalsottano). Diplomatisch wird die hie-

Die Küste des Cilento

sige Madonna dell'Addolorata auf halbem Weg zwischen den Ortsteilen in der Friedhofskirche verwahrt. Sie steht alljährlich nach Ostern im Mittelpunkt der Prozession, die auf ein Marienwunder im 14. Jh. zurückgeht: Die Hl. Jungfrau beendete zur allgemeinen Erleichterung eine monatelange Dürre. Außerdem ist der Ort Sitz der 1976 gegründeten *Cooperativa Agricola Nuovo Cilento*, einem Zusammenschluss von 280 Landwirten und Italiens größter Exporteur von biologisch hergestelltem Olivenöl.

● *Anfahrt/Verbindungen*   **Pkw**: Von der Küstenstraße SS 267 4 km nördlich von Acciaroli auf der SP 133 nach San Mauro (10 km von Acciaroli), alternativ von Pollica auf der SP 15 (später SP 46/SP 113) über Celso und Galdo. **Bus**: 1-mal tägl. mit *CSTP* von Agropoli/Castellabate, Pollica und Vallo d. Lucania.

● *Veranstaltungen*   **Festa della Madonna Addolorata**, Prozession, 1. So nach Ostern. **Patronatsfest**, San Mauro (der Märtyrer), 11. Juli. **Settembre ai fichi**, Dorffest in Casalsottano rund um die weiße Feige, 1. Wochenende im Sept.

● *Wandern*   Der Sentiero dei Fiori Gentili verbindet das Zentrum von Casalsoprano mit der Gipfelregion des **Monte Stella**. Unterwegs einige herrlich gelegene Picknickplätze, immer wieder tolle Ausblicke auf die Küste. Allerdings war zum Zeitpunkt der letzten Recherche der Weg in Gipfelnähe aufgrund der Waldbrandfolgen nicht passierbar. Los geht's auf der Piazza Autari Mazzarella mit dem gleichnamigen Palazzo und der Bar Centrale, zunächst auf der schmalen Salita Serre bergauf. Wenige Meter hinter dem Torbogen eine Verzweigung am oberen Ortsausgang: hier links die Treppen hinauf und dem steil ansteigenden Pfad folgen. Bei der ersten Verflachung präsentiert eine Wandertafel das Höhenprofil. Nach 10 Min. erreicht die Route den Waldrand, danach an einer weiteren Gabelung rechts halten. In der Folge gut erkennbar, trifft der Pfad auf einen von unten kommenden Waldweg. Hier abermals rechts und weiter zu einem schattigen Picknickplatz mit einer erfrischenden Quelle. Die Piano della Fontana verlässt ein ebenerdig verlaufender Weg nach rechts (Holzwegweiser). Die Vegetation weicht zurück, der Blick fällt auf die Küste und die mittelalterliche Stadt Castellabate. Wieder im Wald den Abzweig La Croce missachten und so lange weiterlaufen, bis der Pfad an einem breiten Schotterweg und bereits in Sichtweite zum Gipfel endet (auf dem gleichen Weg zurück; Gehzeit 2–2:30 Std.).

● *Übernachten/Essen & Trinken*   **Agriturismo Monaco**, ursprünglicher Hof zwischen Olivenbäumen. Drei einfache Zimmer und zwei Apts. Der Inhaber ist Mitglied der *Cooperativa Agricola Nuovo Cilento* (→ S. 118) und erzählt gerne von seiner Dienstzeit in der Ehrengarde des Vatikans. Gute Küche (Biomenü 20 €). DZ 60–70 €. Contr. Monaco (von Acciaroli kommend 1 km vor Casalsottano den Schildern nach rechts folgen), ✆/📠 0974/903042, www.agriturismomonaco.com.

Al Frantoio, Biohof und Vorzeige-Restaurant der Landwirtschafts-Kooperative (→ S. 118), beste Einkaufsmöglichkeiten (Olivenöl, weiße Feigen und andere *prodotti tipici*), hier werden alte Rezepte erforscht und Kochkurse für Gruppen organisiert, eine Besichtigung der Ölmühle ist möglich. Serviert wird auf rustikalen Holztischen, vielleicht *aqcua sale* und *zeppole* probieren. Am Ortseingang von Casalsottano rechts, Juni–Sept. tägl., ansonsten nur Sa/So. Loc. Ortale, ✆ 0974/903243, www.cilentoverde.com.

Pollica

(ca. 1200 Einwohner)

Die Slow-Food-Metropole hoch über dem Meer ist trotz ihrer exzellenten touristischen Infrastruktur das geblieben, was sie immer war: ein nettes, ruhiges Bergdorf mit einem eindrucksvollen Kastell im Zentrum.

Nur 2 km Luftlinie sind es vom knapp 370 m hoch gelegenen Zentrum zur Küste, und dennoch scheinen das Mittelalterdorf und der moderne Badebetrieb unterschiedlichen Welten anzugehören. Gegründet wurde die Siedlung wahrscheinlich im 7. oder 8. Jh. n. Chr. von griechischen Flüchtlingen, allerdings lagen deren Häuser etwas unterhalb des heutigen Zentrums im Mühlental. Der griechische Ur-

Altstadt hoch über dem Meer: Pollica

sprung ist noch am Ortsnamen ablesbar: *Pollai oikiai* bedeutet soviel wie „viele Häuser". Urkundlich wurde Pollica erstmals im Jahr 1113 erwähnt, als das Adelshaus Sanseverino (→ S. 158) den Benediktinern einige Ländereien vermachte. Ende des 13. Jh. erschien im Gefolge Karls I. von Anjou ein Adeliger langobardischer Herkunft in Pollica, der etwas oberhalb des Zentrums ein Kastell errichtete. Der dreistöckige Turm ist bis heute das bauliche Wahrzeichen der Ortschaft, die in der Folge im Schutz der Trutzburg prächtig gedieh. Später erwarb die ansonsten bislang wenig in Erscheinung getretene Familie Capano aus Rocca Cilento (→ S. 115) die Anlage, die seither nach ihr benannt wird: **Castello dei Principi Capano.**

Oberhalb von Pollica grüßen die verfallenen Reste eines basilianischen Konvents sowie das Franziskanerkloster aus dem 17. Jh. mit der Chiesa Santa Maria delle Grazie. In der Umgebung lohnen drei kleine Weiler mit gut erhaltenen Ortskernen einen Besuch, obwohl es im Grunde – außer reichlich Atmosphäre – wenig zu sehen gibt: Auf halbem Weg zur Küste liegt auf einem Kamm **Cannicchio** mit dem charakteristischen Campanile der Chiesa di San Martino. Auch dieses Dorf wurde, glaubt man der Legende, von Flüchtigen gegründet, die um 1000 n. Chr. eine vom Feind zerstörte Küstensiedlung verließen und sich hierher zurückzogen. Weiter im Hinterland und in der Regel von Besuchern unbehelligt atmen **Celso** und **Galdo** noch unverfälschte cilentanische Lebenskultur. Beide Mittelalterdörfer liegen inmitten ausgedehnter Auberginengärten und Oliven- und Feigenkulturen.

Zusammen mit den Fischerorten Acciaroli (→ S. 121) und Pioppi (→ S. 124) bildet Pollica ein beziehungsreiches Dreieck, das durch das Alleinstellungsmerkmal „Esskultur" zusammengehalten wird. Begründet wird dies mit dem Aufenthalt des amerikanischen Physiologen Ancel Keys, der nach dem Zweiten Weltkrieg in Pollica die Mittelmeer-Diät erfand und dem in Pioppi ein Museum gewidmet ist. In den letzten Jahren schossen Restaurants wie Pilze aus dem Boden – mit weit über-

Die Küste des Cilento

durchschnittlicher Küche in der Tradition der *cucina cilentana* und der *dieta mediterranea*. Auf der Marketing-Ebene hat die Kommune Pollica nachgezogen und sich – als eine von 60 italienischen Gemeinden – das Città-Slow-Label gesichert: Ess- und Lebenskultur gehen eine fruchtbare Liaison ein, in den Gassen der Stadt waltet das „Prinzip Langsamkeit". *Festina lente*, „Eile mit Weile", soll bekanntlich bereits das Credo des römischen Kaisers Augustus gewesen sein; im 20. Jh. wurde dieser Ausspruch zum Leitsatz der Slow-Food-Bewegung..

● *Anfahrt*   **Pkw**: Von Acciaroli und der SS 267 auf die SP 15 nach Pollica (7 km), von Pioppi auf der SP 48 (5 km). Eine weitere Zufahrt aus dem Hinterland von San Mauro Cilento (→ S. 117) über die Teilorte Galdo und Celso (zunächst SP 15, dann SP 46).

Bahn/Bus: Der nächste Bahnhof an der Küste ist in Ascea, bessere Busanschlüsse jedoch von den Haltepunkten Vallo Scalo oder Agropoli mit *CSTP*.

● *Veranstaltungen*   **Carnevale Cilentano**, mit improvisierten Kostümen wird auf der Piazza gefeiert, Ende Febr./Anfang März.

Via Cruce, fünf Bruderschaften organisieren in Pollica und den Teilorten Prozessionen, Karfreitag.

Festa della Madonna delle Grazie, kirchliches Hauptfest mit Prozession vom Ortszentrum zum Franziskanerkloster, 2. Juli.

Pollica: ländliches Flair im Ortskern von Cannicchio

Estate al Castello, Kulturveranstaltungen im Kastell, Juli/Aug.

● *Wandern* Ein **Wanderweg zur Küste** über den Ortsteil Cannicchio verbindet das Zentrum von Pollica mit Acciaroli (Gehzeit 1:30 Std.). Ein weiterer Weg mit blendender Aussicht beginnt am Franziskanerkloster und führt nach Celso, eine Fortsetzung nach Casalvelino ist möglich (Gesamtgehzeit 3–3:30 Std.). Die komplette Wanderung in umgekehrter Richtung von Marina di Casalvelino über Pollica nach Acciaroli ist auf S. 131 beschrieben.

● *Übernachten* Zahlreiche empfehlenswerte Agriturismo-Domizile in der Umgebung bereichern das ohnehin schon üppig gefüllte Unterkunftsverzeichnis, hinzu kommen noch die küstennahen Quartiere in Acciaroli (→ S. 123) und Pioppi (→ S. 126).

TIPP! **Villa Mare Luna**, abgelegenes Landhaus mit Blick auf den Golf von Velia, acht Zimmer teils mit Meerblick und im Stil feudaler Agriturismo-Domizile eingerichtet (es überwiegen warme Gelb- und Ockertöne), Restaurant auf lokale Fischgerichte spezialisiert, wundervolle Speiseterrasse (Mai–Sept. tägl., sonst Sa/So oder nach Vorbestellung). DZ 60–80 € (im Juli/Aug. pensionspflichtig, dann teurer). Loc. Elce (1 km unterhalb von Pollica an der SP 48 Richtung Pioppi), ☎ 347/0393910, www.hotelvillamareluna.it.

Pensione Al Convento, Wohnen im Kloster: Zehn Mönchszellen sind zu einfachen Zimmern umgebaut, teils mit bestechendem Ausblick. Das Ristorante (wurde zum Recherchezeitpunkt gerade umgestalet) öffnet nach Bedarf, im Sommer mit Tischen auf der Aussichtsterrasse. DZ 50–60 €. Via Convento (oberhalb des Zentrums), ☎ 348/8395167, www.pensionealconvento.com.

B&B Il Cortile, Edelherberge in der Altstadt von Pollica, opulentes Interieur und komfortable Zimmer, schon der ‚Empfangssaal' lohnt einen Blick. Ganzjährig geöffnet. DZ 80–120 €. Via Garibaldi 10 (von der Piazza ausgeschildert), ☎ 340/8746904.

● *Agriturismo* **Il Mulino**, ein Flaggschiff unter den Landgütern im Cilento und längst kein Geheimtipp mehr, beeindruckendes Natursteinhaus, schicke Zimmer, freundlich und herzlich: Giuseppe ist Fischer, Luisa backt Brot. Gute Küche. Oliven- und Weinanbau, Feigen, Orangen, Tiere. Fünf Zimmer, z. T. mit Terrasse. Ganzjährig geöffnet. DZ 60 €. Loc. Monaco (1 km oberhalb von Cannicchio ins Mühlental hinunter), ☎ 347/9174153, www.ilmulino-cilento.it.

Al Sentiero, liebenswerte *azienda biologica* 500 m über dem Meer. Herstellung von Ziegenkäse, Olivenöl und Limoncello, angebaut werden Artischocken und Auberginen. Vier Zimmer im gediegenen Landhausstil. Ostern–Sept. geöffnet. DZ 70–80 €. Fraz. Galdo, Via Provinziale (von der Straße ausgeschildert, nur 5 Min. zu Fuß ins Ortszentrum), ☎/📠 0974/901617, www.alsentiero.it.

• *Essen & Trinken* Auch beim Essen wird in Pollica auf Qualität, v. a. auf fett- und cholesterinarme Zutaten geachtet. Der lokale Ziegenkäse (*Cacioricotta*) wird oft frisch serviert und erfüllt natürlich die strengen Maßstäbe der Slow-Food-Küche. Ein typisches Gemüsegericht mit Auberginen heißt *melanzane 'mbaccate*. Die obigen Quartierempfehlungen sind gleichzeitig auch Restauranttipps.

Costantinopoli, das Slow-Food-Restaurant im idyllischen Landhaus ist eine Institution im Cilento (auch Zimmervermietung), im gleichnamigen Weiler oberhalb von Pollica, solide *cucina tipica* zu fairen Preisen (auch *Pizza Cilentana*). Ostern–Ende Sept. am Wochenende, Juni–Ende Aug. tägl. Via Costantinopoli (an der SP 15 in Richtung Galdo), ☎ 0974/901134 oder 348/2756496.

TIPP! **Il Giardino dei Fiori**, ein guter Tipp im Bergdorf Celso: grundehrliche *cucina cilentana*, freundlicher Familienbetrieb, Terrasse im ländlichen Hinterhofgarten, auch Pizza. Die *cavatielli all'antico Cilento* (Teigtaschen, die an Gnocchi erinnern) sind ein Gedicht! Mitte Juni–Mitte Sept. tägl. (mittags und abends), sonst nur am Wochenende (bei Vorbestellung auch an anderen Tagen). Via Mazziotti 38, ☎ 0974/901288.

Keys Slow Cafè, jugendliches Flair auf der stimmungsvollen Piazza im Zentrum, die kleinen Snacks sind mit Liebe zubereitet, dazu bis tief in die Nacht Cocktails und Drinks. Tagsüber Kaffeebar mit gemütlichen Sitzplätzen im Freien, 2008 neu eröffnet. Nur Fr–So. Piazza della Cortiglia 10.

Caffé Letterario, nettes Ausflugscafé im hochgelegenen Teilort Galdo, von der Piazzetta blickt man auf den Ortskern und auf San Mauro Cilento. Via Matteo Mazziotti (SP 46).

Acciaroli (ca. 1000 Einwohner)

Ein Fischerstädtchen par excellence. Außerhalb der Hauptreisezeit ein gemütlicher Ort mit einem bildschönen Hafen, dahinter Häuser aus dem 19. Jh. und verträumte Gassen. Auf einer schmucken Piazza breitet ein riesiger Gummibaum seine Krone aus.

Seit die Küstenstraße – gegen den Widerstand der Einheimischen – an Acciaroli vorbeiführt, gehen die Uhren im Zentrum langsam. Was bleibt, ist eines der schönsten Küstenstädtchen an der Costiera Cilentana: reichlich Fischerflair und v. a. das einzigartige Hafenensemble mit der Chiesa dell'Annunziata und dem trutzigen Kubus der einstigen normannisch-angiovinischen Verteidigungsanlage (Torre Normanna).

Erstaunlich ist die geringe Anzahl empfehlenswerter Hotels im Zentrum, fast noch bemerkenswerter die in großer Zahl vorhandenen hervorragenden Fischrestaurants. Die einstige Nobelherberge La Scogliera ist nur noch im Torso ihrer Selbst und hat seit Jahren geschlossen. Immer wieder kursieren Gerüchte, ein potenter Investor habe die Immobilie erworben und plane die Neueröffnung des Hotels. Ob ferner stimmt, worauf die *acciarolesi* Stein auf Bein schwören, mag ebenso dahingestellt sein: Im Hotel-Palazzo soll 1952 der amerikanische Schriftsteller Ernest Hemingway einige Monate verbracht und an seinem Roman „Der alte Mann und das Meer" gefeilt haben. Allerdings hatte Hemingway sein Werk zu diesem Zeitpunkt bereits publiziert … Man kann sich jedoch lebhaft vorstellen, wie der

Hier fühlte sich Ernest Hemingway wohl

Literat und die cilentanischen Fischer an stillen Abenden, der schönsten Tageszeit in Acciaroli, zu vertrauten Gesprächen beisammensaßen.

Das Alltagsleben beschränkt sich auf den Hafen und auf die Gassen und Plätze unmittelbar dahinter. Zur Hauptreisezeit im Sommer locken die Sand- und Kiesstrände nördlich und südlich des Ortszentrums. Angeblich das sauberste Mittelmeerwasser Italiens soll es hier geben (*Bandiera Blu* seit 1996 und mehrfache *Cinque-Vele*-Auszeichnung); allerdings reicht die Qualität der Strände längst nicht an die der nördlichen und südlichen Nachbarorte heran. Auffallend jedoch das lokale Mikroklima: Während in der Vor- und Nachsaison in der Bucht von Velia und in Santa Maria di Castellabate abends oft ein frischer Luftzug weht, bleibt es in Acciaroli zumeist recht mild.

• *Information* **Info-Büro** am Hafen vor der Kirche, freundlicher Service, Nationalpark-Devotionalien (T-Shirts, Bücher, CDs und der kostenlose Faltplan *Sentieri dei casali del Monte Stella* im Maßstab 1:25.000 mit eingezeichneten Wanderwegen – so lange der Vorrat reicht). Werktags 9–13, 16–20 Uhr. Via Porto, ✆ 0974/904738, www.comune.pollica.sa.it, www.acciaroli.it.

• *Post* Via Nino Bixio 15 (am Hafen), ✆ 0974/904007.

• *Internet* *Matrix*, kleiner Internet-Point in der Via Nicotera (Rückseite des ehemaligen Hotels La Scogliera), werktags 9–13 und nachmittags ab 17 Uhr, ✆ 0974/904277.

• *Anfahrt/Verbindungen/Unterwegs* **Pkw**: Auf der SS 267 von Agropoli/Castellabate und von Marina di Casalvelino. Großer Parkplatz am Hafen (tagsüber 1 €, ab 18 Uhr

2 €), ausgewiesene Wohnmobil-Stellplätze am Lungomare nördlich vom Hafen.

Bus: Mit *CSTP* oder *Giuliano* von Agropoli/Castellabate bzw. Vallo d. Lucania/Marina di Casalvelino.

Taxi: *Taxi Apicella*, ✆ 360/935960; *Antonio Taxi*, ✆ 338/5634754.

Fähre: In der Hauptsaison wenige Verbindungen mit der *Metro del Mare* zu den anderen Küstenorten (→ S. 32).

Mietfahrzeuge: *Verdeblu Travel*, gut organisierte Generalagentur neben dem Info-Büro: Organisation von Ausflügen in den Cilento, Flughafentransfers, Kochkurse mit Einführung in die *cucina cilentana*, Vermietung von Fahrrädern/Autos (kein eigener Fuhrpark). Via Porto, ✆ 0974/904636, www.verdeblutravel.it.

• *Bootstouren/Pescaturismo* *Verdeblu Travel* vermittelt Ausfahrten mit Fischerbooten:

Touren vormittags von 8 bis 13 Uhr (ab 35 €), Nachtfahrten ab 4 Uhr (ab 45 €, jeweils mit zünftiger Fischmahlzeit an Bord). Segeltörns zur Punta Licosa (ab 40 €) oder mit dem Motorboot zum Capo Palinuro (ab 25 €). Via Porto, ✆ 0974/904636, www.verdeblutravel.it.

● *Wandern* Ein alter Wirtschaftsweg verbindet den Küstenort mit den höhergelegenen Bergdörfern Pollica und Celso und der Gipfelregion des Monte Stella, eine Variante nach Pioppi ist ebenfalls möglich. Der Einstieg ist etwas kompliziert: Auf der Durchgangsstraße (Via Padula) nach Süden laufen, bis der parallele Viadukt der Küstenstraße endet. Am modernen Kalvarienkreuz geht's nach links die Böschung hoch. Nach dem Überqueren der Küstenstraße trifft man auf den Holzwegweiser und auf den Pfad nach Pollica (Wanderbeschreibung mit Karte für den Küstenweg von Casalvelino nach Acciaroli → S. 131).

● *Feste/Veranstaltungen* Festa delle Cinque Vele di Legambiente, Strandfest im Monat Juli, im Aug. folgt die Festa della Bandiera Blu.

Patronatsfest S. Maria Annunziata mit Bootsprozession und Feuerwerk, 2. So im Aug.

Wochenmarkt, sehr stimmungsvoll am Hafen, Mo vormittag.

● *Übernachten* ***** Villa Sarina**, atmosphärisches Hotel am Meer, fest in italienischer Hand. Reizend eingerichtete Zimmer (auch Apartments für Selbstversorger), gutes Fischrestaurant, eigener Strandabschnitt. April–Ende Okt. DZ 80–90 € (in der HS teurer, Juli/Aug. pensionspflichtig). Via Nazionale 25 (1,5 km nördlich von Acciaroli, von der SS 267 beschildert), ✆ 0974/904008, ✉ 0974/904745, www.villasarina.it.

*** La Macchia, abgelegenes Logis, von Macchia umgeben, toller Blick auf die Küste, einfache Familienpension, Restaurant mit *cucina tipica*. Keine festen Öffnungszeiten. DZ 70–120 €. Loc. Mezzatorre (1,5 km nördlich von Acciaroli an der Straße nach San Mauro Cilento), ✆ 0974/904034, ✉ 0974/904835, www.lamacchiacilento.cit.

*** Stella Marina, gut geführtes Familienhotel im Schatten der beiden anderen Großhotels nördlich vom Zentrum. Direkt am Meer, nicht alle Zimmer blicken zum Strand. Eigene Garage, eigener Lido mit Bar (Mai–Okt.; Liege und Schirm für Nicht-Hotelgäste 10–17 €/Tag). EZ 65–110 €, DZ 90–144 € (Mitte Aug. pensionspflichtig). Via Nicotera 137, ✆ 0974/904725, ✉ 0974/904891, www.stellamarinahotel.com.

Weitere Hotel- und Restauranttipps wenige Kilometer weiter in Pollica (→ S. 120) und in Pioppi (→ S. 126).

● *Essen & Trinken* Die Fischer von Acciaroli ziehen u. a. zum Schwertfisch-, Barsch- und Sardellenfang aus. Der Fisch wird anschließend zu unterschiedlichen lokalen Spezialitäten weiterverarbeitet. Ein typisches Gericht heißt *alici 'mbuttunate*: Sardellen werden in Tomatensud kurz gegart und mit Olivenöl, frischer Petersilie und geriebenem Käse serviert.

Il Boccaccio, seit vielen Jahren eine zuverlässige Adresse. Frischer Fisch und handgemachte Pasta, eine Spezialität sind *paccheri allo scoglio* (Nudeln mit Meeresfrüchten), nördlich vom Hafen schräg gegenüber vom Ristorante Mediterraneo (→ S. 124). Menü ab 25 €. Im Winter Mi Ruhetag. Via Nicotera (Lungomare), ✆ 0974/904646.

Porto di Mezzo, Fischrestaurant und Pizzeria in Hafennähe, etwas versteckt in einer Seitengasse gelegen. Der Inhaber führte früher ein berühmtes Ausflugslokal in Novi Velia (→ S. 210). Große Terrasse, etwas teurer. Ostern–Nov., Do Ruhetag. Via Lungomare, ✆ 0974/904205.

Pittoresk: Wochenmarkt am Hafen

Die Küste des Cilento

Il Principe, familiäre, freundliche Trattoria am südlichen Ortsausgang unterhalb der Küstenstraße, die hausgemachte Pasta genießt den besten Ruf, schmackhafte cilentanische Küche (auch Pizza). Menü um 20 €. Juni–Aug. tägl., sonst nur Sa/So. Via Fiume, ✆ 0974/904688 oder 347/9220955.

TIPP! **Mediterraneo**, eines der besten Fischrestaurants, moderner Großbau Nähe Hafen, die Architekten wollten einen Kajütenaufbau kreieren! Reisende aus dem Norden rümpfen eher die Nase über die „Bausünde" und laufen vorbei. Tolle Speiseterrasse direkt über dem Meer, vorzügliche Zubereitung von Meeresfrüchten. Menü ab 35 € (auch Pizza). Di Ruhetag. Via Nicotera (Lungomare), ✆ 0974/904747, www.

mediterraneoristorante.it.

● *Gelaterie* **La Lucciola**, gutes hausgemachtes Eis und hübsche Sitzplätze auf der Terrasse im Ortskern, hinter dem ehemaligen Hotel La Scogliera (Via Nicotera).

Il Gelateria am Lungomare nördlich des Hafens, nettes Eiscafé, vielleicht mal das weiße Feigen-Eis probieren! Auch Snacks und Süßes (Juni–Ende Sept.).

● *Bar* **Bar Centrale**, nette Sitzplätze im Zentrum unter der ausladenden Krone eines großen Gummibaums (2008 gab's hier Wanderkarten), Piazza Vittorio Emanuele 11. In der **Iris-Bar** am südlichen Ende des Hafens treffen sich ab dem späteren Vormittag die Fischer (neben der Post).

Pioppi
(ca. 300 Einwohner)

Das kleine Straßendorf an der Küste ist ein Standort für Individualisten geblieben. Noch zehn Fischer fahren heute an guten Tagen mit ihren Booten aufs Meer hinaus.

Nur eine Häuserzeile trennt die Ortsdurchfahrt vom Strand, das war's dann auch schon. Seinen Charme enthüllt die Fischersiedlung erst auf den zweiten Blick und v. a. am Abend, wenn die Laternen leuchten und zur blauen Stunde das Meer und die Fassaden der dicht ans Ufer herangerückten Häuser illuminieren. Hauptsehenswürdigkeit im Zentrum ist der **Palazzo Vinciprova** aus dem 17. Jh., der gleich zwei

Museen beherbergt: das Meeresmuseum und das Museum zur Mittelmeer-Diät. Im Jahr 1860 beteiligte sich der Adelige Leone Vinciprova an der sizilianischen Expedition des Freiheitskämpfers Giuseppe Garibaldi (als einer der sprichwörtlich-berühmten „1000" Rothemden, die zunächst die Aufständischen in Sizilien unterstützten und dann durch Kalabrien nach Neapel zogen). Am nördlichen Ortsende befand sich in der Antike an der Mündung der Mortella ein Hafen, der einst zu Velia gehörte (→ S. 133) und als sehr sichere Schiffsanlegestelle galt (Porto del Fico). Im Mittelalter fiel er an die Benediktiner von Cava dei Tirreni. Die Pappeln an der Bucht haben dem Fischerort vermutlich seinen Namen gegeben.

Museo Vivo del Mare: Das Museum entstand im Jahr 2000 unter Federführung der internationalen Kommission zum Schutz bedrohter Arten

Der Palazzo Vinciprova in Pioppi beherbergt zwei Museen

(CITES). Eine Abteilung beschäftigt sich mit den traditionellen Fischfangmethoden, eine andere widmet sich den Muscheln und den Knochen der Meeressäuger. Hauptattraktion sind zehn Aquarien, die einen bunten Querschnitt der Vielfalt unter Wasser bieten: Zahnbrassen, Tintenfische, Muränen, Seeigel und jede Menge Korallen. 24.000 Arten sollen an der Cilento-Küste heimisch sein.

Öffnungszeiten Mitte Juni–Mitte Sept. tägl. außer Di von 9.30–12.30, 18–22, in den anderen Monaten 9.30–12.30, 15–19 Uhr (Di/So geschl.). Eintritt 2 €. Palazzo Vinciprova, Via Caracciolo 146, ☎ 0974/905059, www.museodelmare.it.

Museo Vivente della Dieta Mediterranea: Bewahrt auf, was Ancel Keys (s. u.) der Gemeinde hinterließ, als er nach Amerika zurückkehrte: Schriftstücke, Fotos und wissenschaftliche Texte. Außerdem Hintergründiges zur Mittelmeer-Diät rund um die drei Kernbegriffe „Genuss", „Wohlbefinden" und „Agrokultur". Für Freunde der italienischen Küche ist der Besuch ein Muss!

Öffnungszeiten Mitte Juni–Mitte Sept. Fr–So 10–13, 16–20 Uhr. Eintritt 5 €. Palazzo Vinciprova, Via Caracciolo 146, ☎ 0974/905059, www.dietamediterranea.it.

Im Cilento geboren: La Dieta Mediterranea

Befragt, warum er ausgerechnet hier lebe, antwortete der amerikanische Ernährungswissenschaftler Ancel Benjamin Keys den verwunderten Einheimischen, dass ihn schlicht die unverfälschte Kultur des Cilento begeistere. Als er im Jahr 1944 nach Süditalien kam, um die Ernährung der kämpfenden Truppen im Zweiten Weltkrieg zu optimieren, ahnte er noch nichts von seiner künftigen Lebensaufgabe im Cilento. 1952 kehrte er nach Italien zurück und ließ sich in der Nähe von Pollica nieder, um in aller Ruhe die Ernährungsgewohnheiten im Cilento zu untersuchen. Das Resultat seiner Forschungen war eine umfangreiche Vergleichsstudie, die zu dem Schluss kam, dass die mediterrane Ernährung typisch westlichen Zivilisationskrankheiten wie chronischem Bluthochdruck, Arteriosklerose und Diabetes vorzubeugen hilft. Das Buch *Eat well and stay well, the Mediterranean way* machte die Mittelmeer-Diät *(La Dieta Mediterranea)* auf einen Schlag weltweit bekannt. Wobei eine Diät mitnichten auf Entsagung baut, im Gegenteil: im griechischen Wortsinn versteht sich *diaita* als Savoir-vivre – als feine Lebensart, zu der natürlich auch gesunde und schmackhafte Mahlzeiten gehören. Die Ernährungstipps von Ancel Keys lesen sich demzufolge wie ein repräsentativer Querschnitt aus dem Speiseangebot der cilentanischen Restaurants: hausgemachte Pasta als Vorspeise, mit Olivenöl beträufelte Artischocken, Hülsenfrüchte mit Heilkräutern gewürzt, aber auch Kaninchenfleisch, Fisch und Geflügel, zum Nachtisch werden Kaktusfeigen gereicht. Wenn es eines Beweises bedarf, dass dies der Gesundheit zuträglich ist: Ancel Keys starb im Jahr 2004 im biblischen Alter von 100 Jahren!

Die wichtigsten Leitsätze der Mittelmeer-Diät: Kalt gepresstes Olivenöl gehört zu jedem Gericht, der Schwerpunkt der Mahlzeiten liegt auf Obst und Gemüse, Fisch kommt in moderaten Mengen auf die Tafel. Große Zurückhaltung wird bei Wein und rotem Fleisch geübt – der Grundsatz der Mäßigung gilt für alle Lebensbereiche! Die Mahlzeiten sind einfach, die Zutaten werden kurz gegart, selbstverständlich wird darauf geachtet, was wo und zu welcher Jahreszeit wächst. Gegessen wird ohne Hast – im Bewusstsein, dass die Produkte der Erde (und des Wassers) der eigenen Gesundheit zuträglich sind.

Die Küste des Cilento

● *Information*   **Pro-loco**-Büro im Palazzo Vinciprova, gut organisiert, sehr hilfsbereites Personal, in den Sommermonaten tägl. 9–12, 18–21 Uhr. Via Caracciolo 146, www. prolocopioppi.it, www.comune.pollica.sa.it.

● *Parken*   Wenige Parkplätze im Zentrum oberhalb der Küstenstraße (SS 267), größere Parkflächen sowie Wohnmobil-Stellplätze am nördlichen Ortsausgang (beim ehemaligen antiken Hafen; Schild „Porto del Fico").

● *Veranstaltungen*   **Festa della Madonna del Carmine**, begleitet von einem zweitägigen Jahrmarkt, 16. Juli.

Festa della Dieta Mediterranea, die Mittelmeer-Diät feiert – mit gebotener Mäßigung – sich selbst, Mitte/Ende Juli.

Sagra del Pesce Azzurro, seit 40 Jahren kulinarisch-folkloristisches Dorffest im Zentrum, am 1. Fr und Sa im Sept.

Fischer in Ekstase:
Sagra del Pesce Azzurro in Pioppi

● *Baden/Pescaturismo*   Da die Häuser eng an den Strand heranrücken, bleibt nur wenig Platz für das eigene Handtuch: Auch als Badedestination erweist sich Pioppi als Ort mit individueller Note!

Lido Karibu, nettes und freundliches Strandbad mit Suaheli-Flair am südlichen Ende des Lungomare, 300 m vom Palazzo Vinciprova entfernt. Schmaler Sandstreifen und Bar mit Holzveranda; zum Lido gehört ein Restaurant (tagsüber *tavola calda*, abends Menü). Mai bis Ende Okt., Schirm und Liege 10–18 €/Tag. Der junge Fischer Angelo nimmt gerne Gäste auf seinem Boot mit (nicht im Juli/Aug., 25–40 € je nach Tageszeit und Länge der Ausfahrt, Bordmahlzeit inbegriffen). Via Lungomare, ✆ 0974/72349 oder 349/1307179, www.karibuvacanze.it.

● *Übernachten*   **Residence Pioppi**, zwei einfache aber zweckmäßige Apartments teilen sich ein Bad, vor dem Haus der Fischerfamilie ein kleiner Garten. Ruhig und dennoch zentral gelegen, ideal für Individualisten und junge Familien. Mai–Sept. geöffnet. DZ wochenweise ab 300 €. Via Caracciolo 71 (oberhalb der Ortsdurchfahrt), ✆ 328/0536915, www.residencepioppi.com.

TIPP!   **B&B Il Melograno**, bildhübsches Privatquartier an der nördlichen Ortsperipherie, das gepflegte Landhaus und die fünf Zimmer vermitteln Ferienstimmung pur! Garten, große Terrasse, ruhige Hanglage. DZ 50–80 €. Loc. Tarallo (der Eigentümer wollte 2008 ein Schild an der SS 267 anbringen; ohne Hinweis schwer zu finden), ✆ 0974/901054, www.ilmelogranopioppi.com.

Agriturismo La Mancosa, toprenoviertes Natursteinhaus zwischen Olivenbäumen mit schöner Terrasse und reichlich Meerblick. Nicht mehr ganz ursprünglich, dafür lässt die Ausstattung der Zimmer wenig Wünsche offen. Jan. geschlossen. DZ 70–100 €. Loc. Mancosa (4 km von Pioppi, an der SP 48 nach Pollica), ✆/≈ 0974/901242.

● *Essen & Trinken*   **La Caupona**, neben dem Palazzo Vinciprova, hier tischt man feine *cucina marinata* auf, besondere Spezialität: Sardellen, auch andere Gerichte in der Tradition der Mittelmeer-Diät – nicht ganz billig, aber seit Jahren in zuverlässig hoher Qualität. Juni–Sept. tägl., sonst nur am Wochenende geöffnet. Via Caracciolo, ✆ 0974/905251.

Bar Myosotis, gegenüber Ristorante La Caupona (s. o.), einige Freiplätze im kleinen Park zwischen Ortsdurchfahrt und Strand, Cornettaria und abends Weinlokal. Mai–Okt. Via Caracciolo, ✆ 0974/905414.

Wassersport pur in der Bucht von Velia

Bucht von Velia   (Golfo di Velia)

Zwischen der Punta Licosa im Norden und dem Capo Palinuro im Süden spannt sich der weite Golf von Velia. Der Festungsturm der Angioviner überragt die antiken Ruinen der griechischen Kolonie, während der lang gezogene Sandstrand im Sommer zahlreiche Badegäste anlockt.

Allenfalls die Fallwinde aus den Bergen, die für ungewohnt frische Temperaturen sorgen können, trüben an manchen Abenden die Stimmung. Für Wassersportler erweist sich das Mikroklima jedoch von Vorteil: Denn die Bucht von Velia ist ein ausgezeichnetes Terrain für Segler und Surfer, zudem sind die Tauchreviere am Capo Palinuro (→ S. 151) und an der Punta Licosa (→ S. 103) rasch mit dem Boot erreichbar. Zwischen den beiden **Bäderorten** Marina di Casalvelino und Marina di Ascea präsentiert sich die Küste ungewohnt flach. Schuld daran ist der Alento, der im Bereich seiner Mündung ins Meer reichlich Schwemmmaterial abgelegt hat. Die fruchtbare Ebene im Hinterland wurde seit jeher intensiv landwirtschaftlich genutzt, was die vergleichsweise dichte Siedlungsstruktur erklärt. Neben der Produktion der Sele-Ebene (→ S. 53) wird hier die feinste Büffel-Mozzarella hergestellt. Immer wieder fällt der landeinwärts schweifende Blick auf kleine Bergdörfer, deren Häuser im Licht der Abendsonne funkeln. Spätestens dann wird dem Betrachter bewusst, wie weit sich die Berge zwischen Casalvelino im Norden und Ascea im Süden von der Küste zurückgezogen haben: Der Vorhang hebt sich für kurze Zeit und gewährt jäh einen Einblick ins Hinterland – mit dem 1705 m hohen Monte Gelbison als wichtigster Landmarke.

Doch zunächst richten sich alle Augen auf das deutlich sichtbare Wahrzeichen der Bucht: Auf einem Hügelrücken thront 70 m über dem Meer der Turm der angiovinischen Burganlage, welche die Herrscher aus dem Norden auf den antiken Ruinen der **Akropolis von Elea** errichteten. Die ehemalige griechische Kolonie ist heute die touristische Hauptattraktion der Bucht und der gesamten Cilento-Küste. Wer am Westabhang des Monte Gelbison oder in den dichten Kastanienwäldern oberhalb von Ascea spazieren geht, wird sich immer wieder darüber wundern, dass der Turm von Velia fast immer zu sehen ist. Das mit den Sichtachsen gilt auch umgekehrt: Die Griechen wussten wohl, warum sie sich gerade hier niederließen. Ein wichtiger Handelsweg, auf dem u. a. das in den Küstenlagunen gewonnene Salz transportiert wurde, verband in Antike und Mittelalter die Bucht mit Lukanien *(Via del sale)*. Heute stößt die aus dem Alento-Tal kommende Eisenbahnlinie bei Ascea ans Meer, und nirgendwo sonst gelangt man auf der Straße so rasch vom Strandquartier ins küstennahe Hinterland rund um Vallo della Lucania.

Gesehen in Casalvelino

Marina di Casalvelino   (ca. 1800 Einwohner)

Auf den ersten Blick hält der moderne Badeort einen Vergleich mit den nördlich gelegenen Küstenstädten kaum stand. Bei näherem Hinsehen jedoch besitzt das kleine Zentrum am Hafen durchaus seinen Reiz, und wer länger bleibt, lernt die Vorzüge zu schätzen.

Und die Vorzüge sind: saubere Sandstrände mit guten Wassersportbedingungen, eine ausgezeichnete touristische Infrastruktur, dazu kurze Wege in viele Teile des Nationalparks. An den größten Fischer- und Freizeithafen der Bucht von Velia schließt sich in südöstlicher Richtung kilometerlanger Sandstrand an. Zahlreiche Bars und Rockcafés sorgen zur Hauptreisezeit für jugendgerechte Unterhaltung: Im Hochsommer steppt hier der Bär. Marina di Casalvelino ist kein Ort der großen Historie, Geschichte schrieb man 3 km weiter in Velia. Dennoch werden Fremde gern darauf hingewiesen, dass hier über einen langen Zeitraum die Reliquien des hl. Matthäus verehrt wurden, bevor man jene 954 nach Salerno überführte. Im Spätsommer gedenken Bootswettspiele an den Exodus der heiligen Gebeine, während landeinwärts die kleine Cappella di San Matteo ein stiefmütterliches Dasein am Ortsrand fristet.

Unbeeindruckt von alldem ruht das alte Dorf **Casalvelino,** der eigentliche Hauptort der Kommune *(capoluogo),* abseits am Hang des Monte Stella. Die sprachliche Verbindung zwischen *Velia* und *Velino* ist augenfällig und stützt sich auf die Historie: Ähnlich wie in Paestum (→ S. 56) trieben Malaria-Epidemien im Mittelalter die Menschen aus Velia ins Hinterland. Die Flüchtlinge gründeten in den Bergen das „Neue Velia" (→ S. 209) und kehrten, als die Zeiten wieder besser waren, an die Küste zurück. Sicherheitshalber errichteten sie ihre neue Siedlung Casalvelino jedoch ein kleines Stück oberhalb der antiken Kolonie. Ein winziges Heimatmuseum (Casa Contadina) an der zentralen Piazza besteht im Grunde nur aus einem einzigen dunklen Raum: ein Ofen in der Ecke, klamme Tücher auf der Schlafstatt, keine Beschriftungen und auch keine ausgefeilten Inszenierungen. Dennoch eine gute Gelegenheit, sich ein Bild von der Vergangenheit zu machen (für die Besichtigung im Rathaus oder in der Eisdiele nebenan nach dem Schlüssel fragen).

Information/Diverses

• *Information* **Info-Pavillon** in Hafennähe (50 m südöstlich am Lungomare), Broschüren, nützliche Ortspläne und Wanderkarten. April–Okt., mit großzügigen Öffnungszeiten. ✆ 0974/907189, www.comune.casal-velino.sa.it, www.prolococasalvelino.it.
• *Ärztliche Versorgung* ✆ 0974/908001.
• *Post* Via Velia 34 (SP 161 in Richtung Velia), ✆ 0974/907109.
• *Internet* Internet-Point in der zentralen Snackbar Il Muretto. Piazza Marconi 62/64.
• *Anfahrt/Verbindungen/Unterwegs* **Pkw:** Schnellste Direktanfahrt über die SS 18 (Ausfahrt „Vallo Scalo"), dann auf der SS 267 an die Küste. Parkplätze in ausreichender Anzahl am Hafen.
Bahn/Bus: Der nächste Bahnhof ist 6 km weiter in Marina di Ascea, von dort z. B. mit *RIAG* nach Casalvelino.
Fähre: In der Hauptsaison wenige Verbindungen mit dem *Metro del Mare* nach Acciaroli oder Palinuro (→ S. 32).
• *Baden* Die Wasserqualität ist hervorragend, der Sandstrand zieht sich, mit wenigen Unterbrechungen, bis Marina di Ascea. In der Nebensaison bleibt man überwiegend für sich, im Aug. muss man um freie Plätze kämpfen. Strandbars und *bagni* nehmen in der Regel ab Anfang Juni ihren Betrieb auf. Die schönsten Badeplätze befinden sich am südöstlichen Ortsende. Nördlich vom Hafen beginnt die (leider nicht ganz unverbaute) Felsküste mit einigen Badebuchten für Individualisten.

• *Bootstouren* Beliebteste Destination ist das Capo Palinuro, aber auch Exkursionen zur Baia degli Infreschi und bis zur Maratea-Küste sind möglich. Touren vermittelt die Agentur *Cilento-Explorer* im Ortszentrum (auch Pescaturismo). Preisbeispiel: Ausflug nach Palinuro und zur Baia degli Infreschi ab 25 €. Werktags 8–13 und ab 16 Uhr. Piazza Marconi 79, ✆ 0974/900050, cilentoexplorer@libero.it, www.cilentoexplorer.com.
• *Wassersport/Tauchen* Der professionelle Sport- und Freizeitclub *Blue Soul* ist fest in deutscher Hand. Windsurfen, Katamaran- und Jollensegeln, Schnorcheln und Tauchen zu moderaten Preisen. Mitglied im *VDWS* und der *IDA/CMAS*. Materialleih, Anfängerkurse und Fortgeschrittenenschulung. Geführte Touren ins Hinterland und an den Golf von Neapel (festes Wochenprogramm), Verleih von **Mountainbikes** (10 €/Tag). Mitte April–Mitte Okt., am Strand Nähe Hotel Il Tempio/Hotel Leucosya (s. u.), ✆ 333/2237722, www.blue-soul.de.
• *Feste/Veranstaltungen* **Patronatsfest** San Biagio in Casalvelino, 3. Febr.
Palio di San Matteo, Bootsprozession, Mitte Sept.
Wochenmarkt, Fr vormittag (Marina di Casalvelino), Sa vormittag (Casalvelino Scalo).
• *Einkaufen* **La dispensa di Teodora**, kleiner, gut sortierter Laden am Hafen. Wurst, Käse, Olivenöl, Limonenmarmelade, Pasta und ausgewählte Cilento-Weine. Via Lista 12, ✆ 0974/907950. Weitere Adressen mit guter Auswahl regionaler Produkte im Ortskapitel Velia (→ S. 140).

Die Küste des Cilento

Beschauliches Treiben im Hafen von Marina di Casalvelino

Übernachten/Camping/Essen & Trinken

Reisende haben die Qual der Wahl: Eine große Anzahl von Quartieren (darunter einige in Casalvelino), von der Nobelherberge bis zur jugendherbergsähnlichen Einrichtung, machen den Standort auch für Low-Budget-Traveller attraktiv. Das Preisniveau ist generell niedriger als an anderen Küstenorten.

● *In Marina di Casalvelino* **** **Leucosya**, das beste Hotel in der Bucht von Velia, strandnah, ruhig, Palmengarten, Swimmingpool und eigener Strandabschnitt. April–Okt. DZ 90–180 € inkl. Strandliege und Schirm. Via Donna Sabella 1 (südliches Ortsende, von der Küstenstraße ausgeschildert), ✆ 0974/907611, ✆ 0974/907613, www.leucosyahotel.it.

*** **Il Porto**, familiengeführtes Hotel am Hafen, außer im Hauptferienmonat ruhig. 14 Zimmer, teils mit Meerblick, eigener Strandabschnitt, gutes Fischrestaurant (→ S. 131). Ganzjährig geöffnet. DZ 68–104 €. Via A. Lista 42, ✆/✆ 0974/907744, www.hotelilporto.com.

* **Zio Attilio**, charmantes Quartier mit Fischerflair für Individualisten. Klein, urig, herzlich. Neun einfache Zimmer, alle unterschiedlich. Haus über einem Kiesstrand 1 km nördlich vom Hafen. Ganzjährig geöffnet. DZ 35–60 €. Loc. Dominella, ✆ 0974/907060.

TIPP! **B&B Le Calanche**, kleines, abgelegenes Haus, sehr freundlicher Empfang der Familie Vigorito (Vater restauriert vor dem Haus Fischerboote), vier nette Zimmer. DZ 50–70 €. Via Lesche 7 (in Seitental Richtung Casalvelino), ✆ 0974/907918 oder 338/4433567, www.lecalanche.com.

Club Palma d'Oro, innovative Einrichtung zwischen Ostello und „Club Robinson für Jugendliche". In der Übergangszeit oft von Gruppen belegt, Einzelreisende und Familien sind jedoch willkommen. Unterbringung in Apartments, relaxte Atmosphäre, man spricht Deutsch! Verleih von Vespas (20 €/Tag) und hochwertigen Mountainbikes (10 €/Tag). Anfang April–Ende Okt. 20–27 €/Person (inkl. Abendessen). Loc. Isola (Nähe Hotel Leucosya), ✆ 333/2237722, www.blue-soul.de.

● *Camping* **Velia**, empfehlenswerte Anlage an der Küstenstraße in Richtung Ascea, strandnah, groß und mit viel Grün (auch Bungalows). Mitte März–Ende Aug. 2 Pers.

mit Zelt 20–32 € (im Aug. teurer). Via Elea, Loc. Isola, ✆/℡ 0974/907984, www.villaggio campingvelia.com.

• *Agriturismo* **Agriturismo Zio Cristoforo**, hervorragend geführte Azienda zwischen Marina und Capoluogo, professioneller Gästebetrieb, Fahrradverleih, weitläufige Anlage mit Pool, Hunde sind willkommen. Gemüseanbau; Käse & Marmelade fürs Frühstück und die Pasta zum Abendessen werden im Haus von Hand zubereitet. DZ 60–130 € (Zimmer sind sehr unterschiedlich!). Loc. Chiusa (gut beschildert), ✆ 0974/907552, ℡ 0974/902133, www.ziocristoforo.com.

TIPP! **Agriturismo I Moresani**, vielfach von der Nationalpark-Verwaltung ausgezeichneter Reiterhof am Monte-Stella-Hang, die Besitzer organisieren Kochkurse und Exkursionen im Cilento mit Pferden. Acht schöne Zimmer, gute authentische Küche (auch auswärtige Gäste sind willkommen). DZ 80–110 €. Loc. Moresani (oberhalb von Casalvelino), ✆/℡ 0974/902086, www.imoresani.com.

• *Essen & Trinken* **Il Forziere**, Restaurant und Pizzeria, romantisches Landhaus in Sichtweite zur Küstenstraße nach Ascea. Terrasse, solide cilentanisch-ländliche Küche zu fairen Preisen. Menü ab 20 €, Pizza ab 4,50 € (Pizza nur abends). Tägl. außer Mo. Via Paino, ✆ 0974/972270.

TIPP! **La Campagnola**, heimeliges Countryhouse an der Peripherie von Marina di Casalvelino (im Winter brennt das Kaminfeuer), familiäre Atmosphäre und ehrliche Preise, tolle Antipasti, hausgemachte Nudeln, gegrillte Fisch- und Fleischgerichte, abends auch Pizza. Bei Italienern beliebt, daher oft voll. Im Winter Mi geschlossen. Menü ca. 25 €, Pizza ab 5 €. Via Portararo (800 m landeinwärts), ✆ 0974/907149.

Il Morgana, Fischrestaurant im Erdgeschoss des Hotels *Il Porto* am Hafen, nur frische Zutaten werden verwendet, bei Einheimischen äußerst beliebt. Moderate Preise. Via A. Lista 42, ✆ 0974/907744, www.hotelilporto.com.

Le Tre Sorelle, feines aber keineswegs preiswertes Fischrestaurant, traditionelle *cucina cilentana* mit tägl. wechselnden Gerichten im Bergdorf Casalvelino (auch Zimmervermietung). Menü um 30 €. Via Roma 48, ✆ 0974/902024, www.locandaletresorelle.it.

• *Bar* **La Spiaggetta**, nette Hafenbar, Freiplätze am Strand, nur Mitte Juni–Mitte Sept. Via A. Lista (Nähe Hotel Il Porto).

Wanderung 4: Von Marina di Casalvelino nach Acciaroli

Charakteristik: Die abwechslungsreiche Küstenwanderung lässt sich in kürzere Etappen unterteilen. Zunächst steigt der Weg an und führt dann hoch über dem Meer nach Pollica, u. a. geht es auf einer *mulattiera* durch eine Schlucht. Über Cannicchio steigt die Route schließlich nach Acciaroli ab. Einkehrmöglichkeiten in Celso und Pollica (Achtung: Bars schließen nach 13 Uhr!). Marschverpflegung am besten in Casalvelino besorgen; Gehzeit 3:30–4 Std.

Wegbeschreibung: Start ist die zentrale Straßenkreuzung Nähe Hafen (WP 1). Auf dem Corso Europa landeinwärts, bis nach 150 m links die Via Fontanelle abzweigt und in ein Seitental führt (WP 2). Nach 1000 m an einer Gabelung rechts (Holzwegweiser; WP 3) und anschließend steil bergauf. Nachdem ein Teerweg kreuzt, setzt sich der Steig erst gepflastert und später als Treppenweg fort, erreicht schließlich die ersten Häuser von Casalvelino. Zwischen Häusern steigen enge Gassen weiter an, queren die stimmungsvolle Piazza Mornelli und enden schließlich im Zentrum an der Dorfstraße (WP 4). Auf der Piazza XXIII Luglio scharf nach rechts in die Via Giordano hinein, die gleich darauf nach rechts schwenkt. Später den Treppenweg nehmen, der hinter einer Querstraße (Via Penza) einen Holzwegweiser passiert, der bereits das Ziel angibt. Der Weg führt aus dem Ort heraus und einen Hügelrücken entlang. Nach 15 Min. weist eine Tafel an einer Gabelung nach rechts (WP 5). Weiter geht's, scheinbar stets auf die Radarkugel des Monte Stella zu, in Beibehaltung der bisherigen Gehrichtung auf einem breiten Teerweg. Gemächlich beschreibt dieser einen Linksbogen und wird dabei zum Schotterweg. Aufgepasst nach 30 Min.: links ein weiterer Holzwegweiser und ein Schotterweg, der im spitzen Winkel nach links abknickt (WP 6). Auf diesem geht's bergab, allerdings nur bis zur ersten Rechtskurve: Am Weidezaun den schmalen Grasweg wählen und zwischen Feigen- und Olivenbäumen weiter absteigen, dabei ein Einzelhaus rechts liegen lassen. Ein kreuzender Feldweg wird ignoriert, um bei der folgenden Wegkreuzung (WP 7) rechts weiterzuwandern. Hinter einer Rechtskurve (und einer einzeln stehenden Eiche) ein weiterer Wegweiser (WP 8): Nun beginnt der vielleicht schönste Teil der Wanderung. Der im spitzen Winkel nach links abzweigende Weg ist anfangs etwas zugewachsen, entpuppt sich aber dann als Maultierpfad, der – zunächst flankiert von einzelnen Eichen – später in den Wald eintaucht. Der Abstieg endet an einer Steinbrücke. Auf der anderen Seite ein zünftiger Anstieg: Die Serpentinen enden auf einem schmalen Schotterweg (WP 9). Dort rechts (links geht's nach Pioppi) und bei der nächsten T-Kreuzung gleich wieder links. Kurz vor Celso beschreibt der Weg eine Rechtskurve (WP 10): Bereits in Sichtweite zu den Häusern ist links ein Gatter; rechts von diesem öffnet sich das Buschwerk, und man entdeckt den weiteren Weg rechts in den Wald hinein. Der Hohlweg verzweigt sich (hier nach links) und mündet auf eine Schotterstraße, die rechts als Via Velino auf der Piazza Sernicolo endet (WP 11).

Die Bar Giardino dei Fiori (→ S. 121) lädt in Celso zu einer Pause ein. Wer lieber ein Picknick im Freien machen möchte, läuft noch ein kleines Stück weiter: Von der Piazzetta geht's links in die Via Mazziotti hinein und gleich hinter der Post wieder links (Wegweiser). Jetzt immer die hangparallele Wegvariante wählen und alle Abzweigungen ignorieren. Es folgt ein weiteres schönes Stück mit tollen Ausblicken aufs Meer. Wenn das Capo Palinuro wieder ins Blickfeld rückt, passiert der Weg Picknickbänke und endet am Franziskaner-

Ausblick vom Wanderweg nach Acciaroli

kloster (WP 12). Vom Konvent die Zufahrt hinunter, dann auf der Fahrstraße nach rechts, um nach 70 m auf dem Treppenweg nach Pollica abzusteigen. Dieser endet als Salita Mazziotti auf der zentralen Piazza Cortiglia (WP 13). Mit dem Gesicht zur Chiesa Santa Nicola di Bari geht's rechts die Dorfstraße hinunter, vorbei an der Bar Gerry (Eis!), bis die Straße nach 2 km Cannicchio erreicht (WP 14). Beim ersten Haus die Straße verlassen und zwischen den Häusern absteigen, viele malerische Winkel, es macht Spaß der Topografie des Hügelrückens zu folgen. Am Ortsende die kurze Zuführung zur Straße ignorieren und an der Verzweigung links, vorbei an einem Gehöft und dann gleich bei der nächsten Gabelung wieder links. Nach 10 Min. hinter einer Kapelle die Straße queren und den Abstieg auf dem Weg fortsetzen, der schräg gegenüber beginnt und schließlich steil das Ziel Acciaroli ansteuert. Die Wanderung endet an der Küstenstraße (WP 15).

Velia (Elea)

(Parco Archeologico)

Die Ruinenfelder in der Senke verschmelzen mit den sanft auslaufenden Hügelrücken zu einem wundervollen Amphitheater der Natur. Über allem thront die Kulisse der Akropolis. Langsam wie eine Schildkröte wandeln die Besucher durch Raum und Zeit und arbeiten sich dabei behutsam von der Piana di Velia nach oben.

Ein besinnlicher Ort, im wörtlichen Sinn: Wo heute wilder Spargel und Fenchel wächst, haben vor rund 2500 Jahren die Philosophen der Eleatischen Schule nach der Wahrheit geforscht und Gleichnisse ersonnen, um ihre Ideen an interessierte Zeitgenossen weiterzugeben. Das berühmteste handelt von Achill, dem schnellsten Läufer Griechenlands, und einem Wettlauf zwischen ihm und einer Schildkröte: Warum kann der Mensch die Schildkröte unmöglich einholen, wenn man ihr nur den Hauch eines Vorsprungs lässt? Wie auch immer das Rennen ausgeht, die Schildkröte ist zum Symbol von Elea geworden und leitet heute die Besucher durch das Ruinenfeld.

Vor dem Hintergrund der langsamen Schildkröte mutet es wie eine gewaltige Ironie der Geschichte an, dass ausgerechnet das Zeitalter der Beschleunigung die Ruinen ans Licht brachte: Als 1888 für den Eisenbahnbau ein Tunnel durch den Akropolis-Hügel gegraben wurde, stießen Ingenieure zufällig auf die Reste der alten griechischen Kolonie. Mit dabei war der deutsche Eisenbahnexperte und Freizeitarchäologe Wilhelm Schleuning, der sich vehement für die Ruinen interessierte und mit ersten systematischen Aufzeichnungen begann.

Geschichte: Wie so häufig im Cilento begann alles mit einer Odyssee. Bedrängt und schließlich von den Persern vertrieben, machten sich die kleinasiatischen Phokäer mit ihren Schiffen auf den Weg über das Meer. Zunächst versuchte das Seefahrervolk vergeblich, sich auf Korsika festzusetzen. Nach einer weiteren Irrfahrt, begleitet von zahlreichen Scharmützeln auf See, folgte ein kleiner Teil der ursprünglich recht ansehnlichen Flotte der Botschaft des delphischen Orakels und segelte von Kalabrien die Küste hinauf, um schließlich in der Bucht von Elea einen hervorragenden Ankerplatz vorzufinden. Herodot nennt das Jahr 540 v. Chr. für die Gründung einer Siedlung nach griechischem Muster durch die Exilanten. Die rasch wachsende Kolonie tauften die Bewohner zunächst Hyele, später Elea. Bereits der antike Geograf Strabon spekulierte über den Namen, der sich vielleicht von einer Quelle gleichen oder ähnlichen Namens ableitet oder von einem Fluss namens Elees. Die Ausstrahlung der eleatischen Philosophenschule förderte das Renommee der Kolonie, die in der Magna Graecia bald einen ausgezeichneten Ruf genoss. Die Griechen prägten eigene Münzen und schlugen einen Angriff der Lukanier und Poseidonier zurück. Später tat sich Elea mit anderen Städten zusammen und schloss sich

Im angiovinischen Wachturm zu Velia wohnte bis vor kurzem eine Contessa

dem Italischen Bund an. Im 3. Jh. v. Chr. betrachtete man sich schließlich als Verbündete der Stadt Rom, und 88 v. Chr. wurde Elea zum römischen Municipium Velia. In der frühen Kaiserzeit bereicherten neue Gebäude und Thermenanlagen die Stadt, die in dieser Phase kräftig wuchs.

Mit zunehmender Versandung der beiden Hafenanlagen beschleunigte sich der Niedergang. Ursprünglich lag die Küstenlinie viel näher an der Stadt, etwa auf Höhe der heutigen Bahnlinie. Der Akropolis-Hügel schob sich wie ein Sporn ins Meer, und in den beiden Buchten nördlich und südlich ankerten die Schiffe. Von den antiken Hafenbauten ist heute nichts mehr zu sehen, die Lage der beiden Stadtteile diesseits und jenseits der Akropolis (Nord- und Südstadt) lassen jedoch noch etwas von der ursprünglichen Anlage erahnen. Das Schicksal der antiken Stadt gleicht aufs Haar dem von Poseidonia-Paestum: Im 5. Jh. n. Chr. war die einst mächtige Stadt nur noch ein bedeutungsloses Fischerdorf, danach vertrieb die Malaria die verbliebene Bevölkerung. Zumindest der Hügelrücken behielt im Mittelalter seine strategische Funktion: Seit dem 11. Jh. befestigten nacheinander Normannen, Staufer, Angioviner und die Herren von Sanseverino die Akropolis. Bis heute kennen die Landkarten die „Burg am Meer" als Castellammare della Bruca, während der Volksmund die Erinnerung an unwirtliche Zeiten auf seine Weise tradiert, indem er die einst sumpfige Piana di Velia noch immer als Lago (See) bezeichnet.

Zwischen der *zona archeologica* und dem Meer hat sich ein **moderner Badeort** von zweifelhafter ästhetischer Anmut breitgemacht, der inzwischen mit der benachbarten Marina di Ascea zu einem Konglomerat zusammengewachsen ist (die praktischen Reiseinfos finden Sie daher im folgenden Ortskapitel ab S. 140).

Scavi di Velia (Zona Archeologica)

Im Vergleich zu Pompei oder Paestum kann die Ausgrabungsstätte nur mit wenig Spektakulärem aufwarten, sehenswert sind die Ruinen trotzdem. Die schönste Zeit ist der spätere Nachmittag, wenn die Hitze nachlässt und schräg einfallendes Sonnenlicht die Kulturlandschaft in warme Gelb- und Grüntöne taucht (Kopfbedeckung nicht vergessen!). Picknickbänke laden an schattigen Plätzen zur Erholungspause ein, an den Wasserhähnen kann man die mitgebrachte Flasche füllen. Für eine ausgiebige Erkundung sollte man wenigstens drei Stunden einplanen. Wegen der tollen Ausblicke ist die kurze Wanderung von der Akropolis zum oberen Mauerring (Castelluccio) zu empfehlen. Auf dem Hügelrücken kann der Pfad etwas zugewachsen sein, daher am besten lange Hosen mitbringen. Auf dem gesamten Terrain gibt es Schlangen.

Blick über das Ausgrabungsgelände

Die Küste des Cilento

Die *zona archeologica* befindet sich kurz vor dem Badeort Marina di Ascea und nur unweit der Küstenstraße (SS 447). Die Zufahrt ist beschildert, Parkplätze sind vorhanden. Hinter der Kasse präsentiert ein kleiner Raum einige Reproduktionen, u. a. die berühmte Kopfbüste des Parmenides und ein topografisch exaktes Modell der Ausgrabungsstätte. Der Showroom ist Teil eines Projektes, das die archäologische Stätte mittelfristig für Blinde barrierefrei machen möchte. Der Rundgang erschließt den südlichen Stadtteil und den Akropolis-Hügel, die Nordstadt kann nicht besichtigt werden. Weil die Ausgrabungsarbeiten noch nicht abgeschlossen sind, können einzelne Areale vorübergehend für Besucher gesperrt sein.

Öffnungszeiten Tägl. 9 Uhr–1 Std. vor Sonnenuntergang. Eintritt 2 €, ☎ 0974/972396.

Nicht nur Wortklauberei – die Eleatische Schule

Neben den frühen Naturphilosophen und den in Italien populären Pythagoräern zählen die Denker der Eleatischen Schule zu den großen Protagonisten der vorsokratischen Philosophie. Xenophanes, Parmenides und Zenon haben von Elea aus europäische Geistesgeschichte geschrieben und die abendländische Philosophie maßgeblich geprägt.

Nach seiner Flucht aus Kolophon an der ionischen Küste Kleinasiens wurde **Xenophanes** (ca. 570–480 v. Chr.) von Piraten überfallen und anschließend als Sklave verkauft. Wieder frei, verbrachte er einige Zeit auf Malta, Sizilien und den Liparischen Inseln, bevor er sich endgültig in Elea niederließ und sich am Aufbau der Eleatischen Schule beteiligte. Der Philosoph erlebte die Anfänge der Griechenstadt hautnah mit und beschrieb diese in dem Gedicht *Die Kolonisation von Elea*.

Im Gegensatz zu Xenophanes wurde **Parmenides** in Elea geboren (zwischen 520/510 v. Chr.). Ansonsten ist aus seinem Leben nicht viel bekannt: Stundenlang wanderte er durch die zauberhafte Landschaft um Elea und schürfte dabei intensiv nach der Wahrheit, die er jenseits der wahrnehmbaren, physischen Wirklichkeit vermutete. Die Vielheit der Dinge hingegen sei, einschließlich der berühmten *Ideen* Platons, „nur äußerer Schein". Einmal reiste der scharfsinnige Denker mit seinen Anhängern nach Athen, um sich mit den attischen Granden zu einer der in Griechenland so überaus beliebten philosophischen Disputation zu treffen. Sein wichtigstes Werk, das Lehrgedicht *Über das Sein*, ist nur in Fragmenten überliefert. Bis heute gehen die Interpretationen weit

Im Zeichen der Schildkröte – die Eleatische Schule

auseinander, mit anderen Worten: es ist nicht sehr verständlich. Der lyrische Torso berichtet von einer Reise des suchenden und fragenden Menschen in eine fremde, jenseitige Welt, auf einem göttlichen Wagen fahrend, mehr sich führen lassend als selbst führend. Hinter einer Pforte erwartet die allwissende Göttin Dike den Helden und erklärt diesem den Unterschied zwischen Illusion und dem unveränderlichen, unteilbaren Urgrund des Seins. Das Problem, so Dike, liege in der Dualität, in der Trennung der Dinge durch den Menschen, worauf die tumbe Unwissenheit jener gründe.

Parmenides hatte einige Schüler, darunter Empedokles und **Zenon**. Mit Letzterem verband ihn nicht nur das gemeinsame Streben nach Wahrheit, sondern auch körperliche Zuneigung – nicht unüblich in antiken Philosophenkreisen. Zenon (ca. 490 v. Chr.) ist die vielleicht schillerndste Gestalt: Er war nicht nur politisch aktiv, sondern interessierte sich neben der Philosophie auch für Mathematik und Astronomie. Als einmal eine politische Revolte gegen einen tyrannischen Widersacher scheiterte, wurde Zenon festgesetzt und gefoltert. Der Überlieferung zufolge soll er sich die Zunge abgebissen haben, um den Schergen nicht die Namen seiner Mitverschwörer zu entdecken. Die Strafe folgte auf dem Fuß: Nicht gerade zimperlich, quetschten ihn seine Gegner in einem Mörser zu Tode. Von Bedeutung ist Zenon aber v. a., weil er komplexe Gedanken meisterhaft zu vermitteln verstand. Hierzu bediente er sich gerne paradoxer Gleichnisse, u. a. dem von Achill und der Schildkröte. Im Grunde funktionieren Paradoxa wie Zen-Koans: sie brechen stereotype Weltbilder und Denkstrukturen auf und wecken die Neugier, hinter die Schleier der (scheinbaren) Normalität zu blicken.

Für Parmenides war die Wahrheitssuche eine Tätigkeit, die ständige Denkübung erfordert, denn der Geist und das Sein sind im Grunde eins. **Empedokles** jedoch stieß sich am Intellektualismus und an den eleatischen Wortklaubereien, flüchtete aus der Stadt und in allerlei esoterische Praktiken.

Andererseits revidieren die ausgegrabenen Thermen und Kultstätten das Bild der kopflastigen Denker: Die Pflege und Weiterentwicklung der Heilkunst samt Regeln zur richtigen Ernährung gehörten ebenfalls zum Programm der Philosophen. Wem das alles jedoch zu abgehoben ist, der folgt am besten dem Rat von Luciano De Crescenzo: „In Elea herrschen Ruhe und Frieden; streckt euch im Gras aus und esst, was ihr als Verpflegung für euer Picknick mitgebracht habt; nehmt schließlich ein Sonnenbad auf den Stufen des Großen Tempels und betrachtet in aller Ruhe den Ort, an dem Parmenides jeden Morgen Zenon lehrte, dass ‚das Seiende ist' und ‚Nichtsein unmöglich ist'.“

Rundgang: Vom Eingang führt der Rundweg zunächst in die Südstadt, die über die Porta Marina sud aus dem Ende des 4. Jh. v. Chr. betreten wird. Das Stadttor zum Hafen ist Teil der **Stadtmauer** aus Sandsteinblöcken, die im Verlauf der Geschichte mehrfach umgebaut und verstärkt wurde und ursprünglich nur aus getrockneten Lehmziegeln bestand (später wurden die Velia-Ziegel in einer stadteigenen Manufaktur gebrannt und ins Umland exportiert; aufgrund entsprechender Funde schließen Archäologen auf den politisch-wirtschaftlichen Hegemoniebereich der Kolonie). Die Stadtmauer ist das wichtigste Zeugnis der frühen Siedlungsperiode. Am ehemaligen Hafen beginnend, durchschneidet die gepflasterte **Hauptstraße** (Via

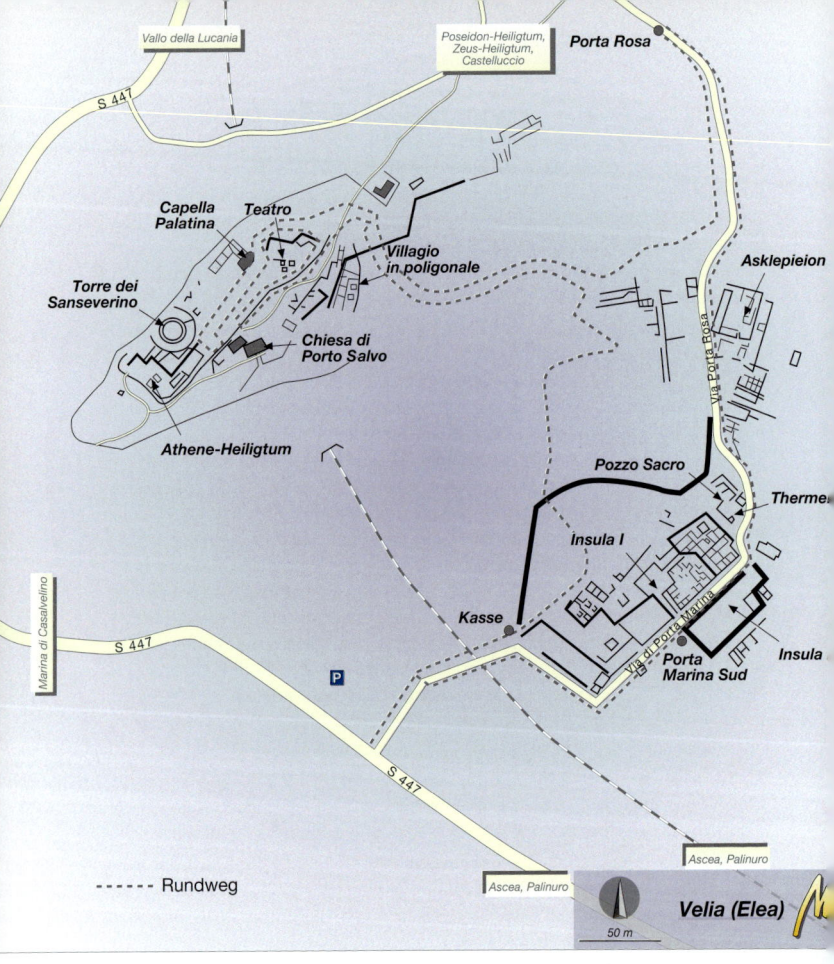

----- Rundweg

Velia (Elea)

Porta Marina sud) schnurgerade das Quartier. Sie trennt griechische Wohnhäuser (Insula I) von Gebäuden aus augusteischer Zeit (Insula II), wo man Statuen renommierter Ärzte fand und daher vermutet, dass sich hier das Zentrum der Eleatischen Schule befand.

Hinter dem Quartier knickt die Straße nach Norden ab und steuert als nächstes einen **heiligen Brunnen** aus hellenischer Zeit an (Pozzo Sacro). Im knapp 8 m tiefen Schacht entdeckte man einige Münzen und Terrakottascherben mit Inschriften, die darauf hinweisen, dass hier einmal ein dem Eros geweihter Altar stand. Direkt dahinter befinden sich Thermen aus dem 2. Jh. v. Chr., deren Wände und Böden sich mittels Tonröhren erwärmen ließen.

Mittlerweile folgt der Rundweg der antiken Hauptverkehrsstraße (Via Porta Rosa) und trifft etwas oberhalb auf eine **monumentale Platzanlage** (Asklepieion). Hier hob man nicht nur eine der ältesten griechischen Thermenanlagen aus (3. Jh. v. Chr.), sondern auch eine gefasste Quelle, an der die Eleaten dem Heilgott Asklepios huldigten. Die Via Porta Rosa verband die Nord- mit der Südstadt und durchstieß zu diesem Zweck – wie 2500 Jahre später die Eisenbahnlinie – den Akropolis-Hügel. Der Durchbruch, die **Porta Rosa,** dessen Wölbung ohne Mörtel gefertigt wurde, ist das bauliche Wahrzeichen Eleas und verdankt seinen Namen der Grille eines Archäologen: Der Verliebte benannte das Sandsteintor nach seiner Frau.

Nach dem Abstecher zur Porta Rosa führt der ansteigende Weg geradewegs zur **Akropolis** und passiert dabei am terrassierten Hang den ältesten Siedlungskern (Villagio in poligonale). Andere vermuten, dass das „Dorf" nicht erst 540 v. Chr. entstand, sondern schon vor der Landung der Phokäer von Lukaniern bewohnt wurde. Das Amphitheater (Teatro) aus der Kaiserzeit fasste 2000 Zuschauer und markiert den Beginn der Monumentalbauten auf der Hügelspitze. Zunächst stechen jedoch die **mittelalterlichen Bauwerke** ins Auge: der normannisch-angiovinische Festungsturm (Torre di Sanseverino), die Cappella Palatina aus dem 12. Jh. und etwas unterhalb die Chiesa Santa Maria di Porto Salvo. Die Akropolis war das Zentrum des öffentlichen und religiösen Le-

Hier wohnten die alten Griechen: Detailansicht von Velia

bens und wurde zum Meer hin von einem Heiligtum abgeschlossen, das vermutlich der Athene geweiht war – der Schutzgöttin der griechischen Kolonie. Von ihrem Altar sind nur noch die Fundamente erhalten. Bergwärts trifft man auf einen Wanderpfad, der auf dem Hügelrücken verläuft und dabei auf weitere Kultstätten trifft: zunächst auf ein weitläufig befestigtes Areal mit einem Altar, dem Poseidon-Asphaleios als Beschützer der Seefahrer geweiht, und noch ein Stückchen höher auf eine weitere Terrasse mit einer Zeus-Kultstätte aus dem 5. Jh. v. Chr.

Marina di Ascea   (ca. 2000 Einwohner)

Im Hochsommer platzt der moderne italienische Badeort aus allen Nähten, doch bereits Mitte September sind die vielen Saison-Apartments verwaist. Ein Jammer, dass die Badesaison so kurz ist, denn der überaus ansprechende Sandstrand wird von der Gemeinde vorbildlich gepflegt, und der jüngst neu gestaltete Lungomare gestattet einen unverbauten Blick aufs Meer. Zentraler Punkt der Uferpromenade ist die Piazza Teatro, eine weitläufige Betonbrache mit einem modernen Amphiheater, das in der Saison für Veranstaltungen genutzt wird (Auditorium Parmenide).

Auch das verkehrsberuhigte Zentrum ist an sich ganz hübsch: 100 m landeinwärts durchschneidet parallel zur Küste der Corso Elea die Wohnquartiere. Ein Standortvorteil ist zweifellos der Bahnhof, der einzige zentral gelegene Haltepunkt zwischen Agropoli und Sapri.

Wenige Schritte von der Bahnstation entfernt, beweist die *Fondazione Alario per Elea-Velia,* dass das geistige Erbe der Eleatischen Schule (→ S. 136) in Marina di Ascea auch heute noch eine gewisse Wertschätzung erfährt: Im Palazzo Alario aus dem 18. Jh. hat die Stiftung öffentlichen Rechts eine Studienbibliothek und ein Auditorium für Kongresse eingerichtet. Den Hofgarten ziert eine Bronzefigur des Parmenides, die fünf Figuren am Brunnen stehen symbolhaft für die großen Stauseen im Cilento-Nationalpark (Infos: www.fondazionealario.it).

• *Information* Gut organisierter **Info-Pavillon** (Pro loco) vor dem Bahnhof. Ortspläne und viel nützliches Infomaterial, ganzjährig werktags 9–12, Juni–Sept. 9–13, 17–19 Uhr. Piazza Ferrovia 1, ℰ 0974/972230, www.asceaturismo.it, www.comune.ascea.sa.it.

• *Anfahrt/Verbindungen* **Pkw:** Vor dem Zentrum knickt die SS 447 ab und steuert den höher gelegenen Hauptort der Kommune Ascea an; daher wirkt die Marina wie eine große ,Sackgasse'. Ausreichend Parkplätze sowie Wohnmobil-Stellplätze am Lungomare (1 € von 8 bis 20 Uhr; Ver- und Entsorgungsstationen für Wohnmobile nördlich der Piazza Teatro).
Bahn/Bus: Fast stündl. Züge nach Sapri und Agropoli, mit *RIAG (Infante)* nach Vallo d. Lucania (mit Stopp in Velia Scavi), Palinuro und Marina di Casalvelino.

• *Taxi* *Autonoleggio Rizzo,* ℰ 0974/972022 oder 339/4421704; *Mazzeo Angelo,* ℰ 0974/972917 oder 347/6695850.

• *Fahrräder* *Giuseppe Nese* führt ein Fahrrad- und Motorradgeschäft und vermietet Räder zu günstigen Preisen. Tourenrad 15 €/Woche, Mountainbike 25 €/Woche. Werktags 8–12.30, 14–19 Uhr. Via Piana di Velia (unterhalb der Akropolis an der Einmündung der Küstenstraße von Casalvelino in die SS 447).

• *Veranstaltungen* **Velia Musica,** Jazzkonzerte in den antiken Ruinen, Ende Juli (www.veliamusica.it).
Velia Teatro, Theater und Konzerte in den Ruinen von Velia, Anfang Aug.–Mitte Sept (www.veliateatro.it).
Wochenmarkt, am nördlichen Lungomare, Do vormittag.

• *Übernachten* *** **La Palazzina,** Feudalbesitz aus dem 18. Jh., in dem früher Tabak verarbeitet wurde, grandios umgebaut, zwölf gediegene Zimmer, schöner Garten,

sehr gutes Restaurant mit tägl. wechselnden Gerichten (Menü ab 25 €). Ganzjährig geöffnet. Standard-DZ 70–84 €, im Aug. pensionspflichtig. Via Coppola 41 (SS 447), 3 km in Richtung Vallo d. Lucania), ℰ/℡ 0974/62880, www.hotellapalazzina.it.
Agriturismo Parmenide, der ,Mercedes' unter den Aziendas im Cilento, 30 ha Obst- und Gemüseplantagen (mit Verkaufsladen). 33 Zimmer, Garten, Pool, professionell organisiert, die Gäste fühlen sich wohl. Fahrradverleih inkl. Tourenvorschläge mit Höhenprofil. Menü 15–20 €. DZ 70–110 €. Via Coppola 10 (gegenüber Hotel La Palazzina), ℰ 0974/715074, ℡ 0974/715338, www.agriturismoparmenide.it.

TIPP! *** **Camping Le Palme,** direkt am Meer an Nordens Ende des Lungomare, sauber und exzellent organisiert, weitläufig und grün. Anfang Mai–Ende Okt. 2 Pers. inkl. Zelt 26 € (Juli/Aug. teurer). Viale Esperia, ℰ 0974/972036, ℡ 0974/972572, www. villaggiolepalme.it.

• *Essen & Trinken* **Porta Rosa,** empfehlenswertes Familien-Ristorante neben der *zona archeologica,* gute Vorspeisen, wechselnde Hauptgerichte mit Schwerpunkt auf Fisch und Meeresfrüchten, leckere Desserts (abends ausgezeichnete Pizza), überdachte Terrasse. Menü ab 20 €. Di Ruhetag. Via Porta Rosa, ℰ 0974/972536.
Rosticceria-Bar Calzone, unscheinbare Bar mit unschlagbar guten Snacks (z. B. leckere *pizzette,* nur abends!), ideal für den kleinen Hunger. Via Porta Rosa 97 (500 m von der Ausgrabungsstätte in Richtung Marina di Casalvelino).
Anna dei Sapori, Ristorante mit besonderer Note: verwendet ausschließlich Cilento-Produkte, vorzügliche Hausmannskost, serviert auf rustikalen Holztischen, öffnet nur nach Voranmeldung! Auch Zimmervermietung (3 DZ für 60 € inkl. Frühst.) und Ver-

kaufsshop für regionale *prodotti tipici* (biologisches Olivenöl, Cilento-Weine, Käse, Kastanienbier). Via Venere 1 (an der SS 447 Richtung Vallo d. Lucania), ℡ 0974/63928, www.annadeisapori.it.

Le Macine, alte Ölmühle, feines, allerdings nicht preiswertes Restaurant, romantischer Innenhof, Fischspezialitäten, hausgemachte Pasta. Menü ab 30 €. Juni–Sept. tägl., sonst Do–So geöffnet. Via Grisi 14 (an der Straße nach Ascea), ℡ 0974/7972142.

• *Einkaufen* **Teresa Greco**, Feinkostladen im Zentrum von Marina di Ascea, frische hausgemachte Pasta, Mozzarella, Schinken und mehr. Corso Elea 67, ℡ 0974/972179.

Caseificio Chirico Benedetto, die Käserei produziert seit 1972 feine *Mozzarella di bufala*, vielfach preisgekrönter Betrieb, Büffelfleisch, auch Imbiss, unbedingt frischen Joghurt aus Büffelmilch probieren! Casa da Stampella (SS 447 Richtung Vallo d. Lucania), ℡ 0974/971584, www.caseificiochirico.it.

Baden

Von der Alento-Mündung bis zum Beginn der Felsküste 5 km teils grobkörniger Sand, je weiter im Süden, desto besser: Am Ortsende wird die Promenade von einer Dünenlandschaft abgelöst, Stichwege führen von der Schotterpiste zu den Badestellen. Landschaftlich am schönsten ist das untere Ende südlich der Baia Tirrena: Die Berghänge rücken nah ans Meer, Wasser bricht sich an Felsklippen, von einem Absatz grüßt der Torso eines Küstenwachturms (Torre del Telegrafo). Mit etwas Glück entdeckt man in den Dünen die Pankrazlilie *(Pancratium maritimum)*, während an den Kalk- und Flyschhängen der endemische Cilento-Ginster blüht. Strandbäder säumen im lockeren Abstand die Küste.

• *Bootsverleih* In der Hauptsaison betreibt **Cilento Explorer** ein kleines Stück vom südlichen Ende der Promenade entfernt einen Bootsverleih. Zugang gegenüber Zeltplatz Nuovo Lem, Lungomare Lido Elea, ℡ 0974/900050, www.cilentoexplorer.com.

• *Lido* **Il Brigantino**, liegt landschaftlich schön am Übergang zur Felsküste. Schirm und Liege 10 €/Tag, Snackbar, abends Ofenpizza. Loc. Scogleria, Lungomare Lido Elea, ℡ 333/3648265.

Umgebung/Wandern

Ascea: Zwischen Velia und Palinuro verläuft die Küstenstraße (SS 447) über dem Meer. Erste Station ist Ascea-Capoluogo: Der 200 m hoch gelegene Hauptort der Kommune nennt sich seit 2003 Ascea-Velia. Einst wahrscheinlich von Piraten als Rückzugshort gegründet, versprüht das Zentrum heute einen eher herben Charme. Die Küstenstraße schneidet Ascea gleichsam entzwei: eine Durchgangsstation, die kaum vom Gästeverkehr profitiert. Die abendlich hübsch illuminierte Piazza Antonio Correale sowie der (demnächst) frisch restaurierte Palazzo Ricci werten das Ortsbild auf.

Weiter in Richtung Ceraso: Überraschendes erlebt, wer im Zentrum von Ascea die übliche Reiseroute verlässt und auf schmalen Sträßchen landeinwärts pendelt: Angeblich gewann im 12. Jh. Kaiser Friedrich I. Barbarossa mit seinem staufischen Heer auf ähnlicher Route das Hinterland. Nacheinander passiert die Straße drei karge Weiler, in denen der unverfälschte Cilento vergangener Tage noch auf Schritt und Tritt zu erleben ist. Ein idealer Standort, wer sich das Meer in Reichweite wünscht und andererseits Lust auf die Begegnung mit Menschen und auf einsame Spaziergänge in ausgedehnten Erlen- und Kastanienwäldern verspürt. Talwärts lösen Oliven- und Limonenhaine die Dominanz der Maronen ab, die Bauern produzieren Honig und andere *prodotti tipici*, die den Weg in die Verkaufsstellen an der Küste finden. Der erste Ort, **Terradura**, bedeutet „harte Erde", was ein bezeichnendes Licht darauf wirft, wie viel Mühe es bedarf, dem Boden einen Ertrag

Die Küste des Cilento

abzugewinnen. Abends treffen sich Fremde und Einheimische in der volkstümlichen Bar im Ortszentrum, der Blick von den Gärten auf den Golf von Velia ist berückend. In **Catona** zweigt die Teerauffahrt zur Chiesa della Madonna del Carmine ab: Das kleine Sanktuarium liegt einsam auf einem 713 m hohen Aussichtspunkt und ist am 7. Juli das Ziel einer Pilgerprozession. Ursprünglich von basilianischen Mönchen (→ S. 19) gegründet, zählt das Heiligtum heute zu den sog. Sieben Schwestern und ist Teil eines religiösen Netzwerkes von Marienheiligtümern im Cilento. Zuletzt führt die Straße hart am *centro storico* von **Mandia** vorbei. Es wurde im Mittelalter auf einer Hügelkuppe angelegt, um den Handelsverkehr im Fiumarella-Tal zu kontrollieren. Mandia ist ein Zentrum der Kastanienwirtschaft (bis zu 30 t Jahresernte) und ein guter Ausgangspunkt für Wanderungen.

• *Information* Armando Troccoli spricht sehr gut Deutsch, vermittelt Ferienwohnungen, Begegnungen mit Einheimischen, Wanderführer (z. B. Ausritte auf Eseln für Kinder), gibt Wandertipps. Terradura, Via Vittorio Emanuele 8, ✆ 0974/978008, www.cilento.de.

• *Wandern* Im waldreichen Dreieck zwischen Marina di Ascea, Ceraso und S. Mauro la Bruca (→ S. 148) lässt es sich hervorragend wandern, allerdings sind nur wenige Wege durchgehend markiert. Immer wieder tolle Ausblicke auf die Küste und ins Hinterland, Orientierung gibt die weithin sichtbare Wallfahrtskirche Madonna del Carmine. Die folgende kürzere Wanderung beginnt in Mandia und ist mit kurzen Hosen und leichtem Schuhwerk machbar (Gehzeit: 2–2:30 Std.):

Am besten an der Ortsdurchfahrt dem Schild „centro storico" folgen und nach 300 m das Auto auf der rechten Seite abstellen. Zurück an der Durchgangsstraße diese queren und danach die steile Betonrampe hinauf (am Brunnen die Wasserflasche füllen!). Hinter einem Bach und einer Gabelung geht's auf einem Schotterweg links weiter. Zunächst führt dieser nordwärts, schwenkt nach 15 Min. nach Osten, um oberhalb des Seitentals einen Sattel anzusteuern. Hier treffen mehrere Wege zusammen: weiter auf dem bisherigen Hauptweg, der im Schatten von Kastanien allmählich die Kammlinie erreicht. Von oben fällt der Blick vom Monte Gelbison über die Lambro-Senke bis zum Monte Bulgheria. Der Grat gibt jetzt die weitere Gehrichtung vor, bis es nach einem kurzen ebenen Teilstück an einer Verzweigung rechts weitergeht (rot-weiße Markierung auf einem Stein). Der Weg folgt abermals – diesmal absteigend – der Kammlinie, wobei abzweigende Weg missachtet werden. Nach 20 Min. eine Kreuzung: mit Blick auf Catona und

die Wallfahrtskirche Madonna del Carmine scharf nach rechts, der Wirtschaftsweg steigt kontinuierlich ab und endet schließlich an der Straße (auf dieser gelangt man nach 1500 m wieder zurück zum Ausgangspunkt).

• *Übernachten/Einkaufen* **Villa da Michele**, hübsche Ferienapartments für Selbstversorger, Dachwohnung mit großer Aussichtsterrasse. Rizzo Michele führt kompetent durch die *zona archeologica* in Velia. DZ mit Küche und Bad ab 50 €. Im Ortszentrum von Terradura, ✆ 0974/978008, www.cilento.de.

Agriturismo Le Favate, eines der schönsten Landgüter im Cilento, oft ausgebucht, da die Azienda sich exzellent vermarktet. Ideal für Komfortaufenthalt auf dem Land: schöner Pool zwischen Olivenbäumen, zehn geschmackvoll möblierte Zimmer mit TV und Heizung im stattlichen Haupthaus, auf dem Gelände befindet sich eine Olivenölmühle aus dem 17. Jh., Küche nur durchschnittlich. März–Nov. DZ 80–130 €. Contr. Favate (von Terradura ausgeschildert), ✆ 0974/977310, ✆ 0974/977949, www.favate.it.

B&B Domenico, familiäres Quartier für Individualisten: zwei Zimmer teilen sich ein Bad, Domenico kennt sich bestens mit den Wegen in der Umgebung aus, Gabriella kocht ausgezeichnet. Eine moderne Olivenöl-Kaltprese steht im Keller (Hausverkauf von exzellentem Öl und Limoncello). DZ ab 35 €. Mandia, Via Provinciale 3 (an der Zufahrt zum *centro storico*), ✆/✆ 0974/977450, domenicodalessandro@libero.it.

• *Einkaufen* **Sansone Antonietta**, seit 15 Jahren feinster Kastanienhonig, eingelegte Walderdbeeren, Lobeerlikör, Gemüse und Konfitüre. Unscheinbarer Garagenverkauf (kein Schild). Mandia, Via Provinciale 38 (Zufahrtsstraße ins Ortszentrum), ✆ 0974/975043.

Ceraso: Der sympathische Ort mit gepflegtem Zentrum ist ein beliebtes Ausflugsziel von Sport- und Freizeitradlern. Allerdings muss man schon ein wenig Kondition mitbringen, um die Serpentinen von der Küste bis auf 330 m Höhe zu bewältigen. Dafür lohnen unterwegs schöne Ausblicke und viel Natur. Ceraso liegt umgeben von Agrarland und ist von überschaubarer Größe: Entlang der verkehrsberuhigten Ortsdurchfahrt laden Bars zu einer Trinkpause ein; eigentliches Zentrum ist die Piazza Madonnina mit dem spätklassizistischen Kuppelbau der Chiesa di San Nicola.

● *Anfahrt* Über die ausgebaute SS 18 mit eigener Ausfahrt, ansonsten ist's von der Küste auf der SS 447 am schnellsten, auf beschilderte Abzweigung achten (SP 269). Landschaftlich schön ist die Fahrt über Ascea, Cantona und S. Barbara (SP 216). **Bus:** Mit *RIAG* 3-mal tägl. nach Ascea bzw. Vallo d. Lucania.

● *Übernachten/Essen & Trinken* ****** Albergo Antico Cilento**, hübsches Landhotel im Grünen, professioneller Gästeservice und freundlicher Empfang. Die Zimmer sind geschmackvoll möbliert und in unterschiedlichen Farbtönen gehalten. Ristorante mit lokaltypischer Küche, ganzjährig geöffnet. Einziges Manko: nicht ganz ruhig, da die *superstrada* nur 250 m entfernt ist. DZ 80–120 €. Loc. Massascusa, Via Ponte 7 (Nähe SS 18, Ausfahrt Ceraso), ✆/✉ 0974/61761, www.anticocilento.eu.

B&B Casa de Luca, ruhiges Stadthaus am Ortsrand, kleiner Garten (Wein, Mandarinen, Tomaten), vor der Haustüre rauscht der Bach. Die drei Zimmer sind nüchtern eingerichtet und teilen sich Bad und Gemeinschaftsküche. DZ ca. 60 €. Via Fuschi 24 (vom Zentrum ausgeschildert), ✆ 0974/61238, www.casadeluca.net.

Osteria del Notaro, bodenständige Ausflugs-Trattoria und Bar im Grünen, trotz Plastikstühlen sitzt man herrlich im Garten, gekocht wird glutenfrei (Mitglied im Verband *AIC Campania*), abends auch Pizza. Menü ca. 15 €, Pizza ab 4 €. Im Winter Di Ruhetag, sonst tägl. mittags und abends geöffnet. Via Isca 19 (Ortsausgang in Richtung SS 18/Vallo d. Lucania), ✆ 0974/61294.

Abstecher nach Castelnuovo Cilento: Aus der Ferne wirkt das Bergdorf mit dem Kastell wie eine exakte Kopie der mittelalterlichen Akropolis von Velia. Und in der Tat handelt es sich um eine doppelte Gründung durch Bewohner der Küstenstadt: Zum einen kontrollierte der wehrhafte Hügel den Handelsverkehr auf der Salz-

Strategischer Geniestreich: das mittelalterliche Kastell

Die Küste des Cilento

straße (→ S. 128), zum anderen zogen in der Zeit des Niedergangs die Eleaten zunächst hierher. Der Legende nach verbanden einst geheime Gänge den Bergsolitär mit der Küste. Benediktiner nutzten die zahlreichen Höhlen als Eremitage, während Normannen, Staufer und Angioviner die vorhandene Burg jeweils verstärkten. Trotz der Schäden, die drei Erdbeben Mitte des 19. Jh. anrichteten, gehört die in ihrer Grundstruktur unverkennbar staufische Anlage zu den eindrucksvollsten Burgen des Cilento. Der fantastische Blick von der Bastei aufs Meer und ins Hinterland allein lohnt bereits den Ausflug.

● *Anfahrt* Das Bergdorf liegt 300 m hoch auf halbem Weg zwischen Marina di Ascea und Vallo della Lucania. Zwei Straßen führen von der SS 447 bzw. der alten SS 18 auf den Hügel, Parkplätze vor dem Eingang zum Kastell. Der **Bahnhof** Vallo Scalo ist 2 km Luftlinie entfernt, *CSTP*-Busse vom Bahnhof nach Vallo d. Lucania fahren z. T. über Castelnuovo.

Kunst am Bau: Fassaden-Patchwork in Castelnuovo Cilento

Fantastische Volkskunst: der Gaudí aus Castelnuovo

Wer durch die Straßen und Gassen von Castelnuovo schlendert, stolpert unweigerlich über die kunstvoll-skurrilen Steinskulpturen von Guerina Galzerano. Da wäre zunächst das Wohnhaus im Zentrum, das der schrullige Landwirt in mühevoller Kleinarbeit mit Abertausenden kleiner Flusskiesel gleichsam verschalt hat. Das solcherart gepanzerte Gebäude in der Via Talamo bricht vollständig mit den etablierten Sehgewohnheiten. Beinahe noch fantastischer ist der kleine Skulpturenpark am Ortsrand unterhalb der Burg: Hier hat der Künstler ein ganzes Kastell im Kleinformat nachgebaut – ebenfalls mit Flusskieseln. Der begehbare Kunstparcours gleicht dem Modell einer steinernen Gaudí-Utopie und ist ein beliebter Abenteuerspielplatz für Katzen, Hunde und hellauf begeisterte Kinder. Wie originell der Künstler ist, beweist ein drittes Kunstwerk auf dem Friedhof: Hier hat Galzerano seinen eigenen Grabstein mit seiner unverwechselbaren Handschrift versehen.

Jeden Mittwoch ist Markt in der Altstadt von Pisciotta

Pisciotta   (ca. 1600 Einwohner)

Die Küstenstraße führt mitten durch das mittelalterliche Städtchen, das auf einem Hügel über dem Meer liegt: Häuser, scheinbar so alt wie die umliegenden Berge, würfeln und schichten sich übereinander. Rundherum jahrzehntealte Olivenhaine.

Die umliegenden Terrassen mit den knorrigen Olivenbäumen haben Pisciotta berühmt gemacht. *Pisciottano* heißt der Baum, den wahrscheinlich die Griechen bei ihrer Ankunft in Italien im Gepäck hatten und dessen Früchte das feinste Öl des Cilento liefern. Mittlerweile ist die überdurchschnittlich hoch wachsende Kulturpflanze auch in anderen Gegenden zu finden. Im Jahr 1997 wählte eine internationale Jury das *olio extra vergine d'oliva* aus Pisciotta zu einem der qualitativ hochwertigsten Ölprodukte weltweit, ein Jahr später erhielt es das DOP-Prädikat der Europäischen Union (EU-Siegel für Produkte mit geschützter Herkunftsbezeichnung).

Pisciotta ist pittoreskes Bergdorf und Küstensiedlung zugleich. Von den vielen Aussichtsterrassen im gut erhaltenen *centro storico* eröffnen sich immer wieder bezaubernde Ausblicke auf das azurblaue Meer. Der Ursprung der Stadt verliert sich im Nebel antiker Mythen: Pisciotta könnte eine nördliche Pflanzstadt der Kolonie Pixous gewesen sein – legendärer Landepunkt trojanischer Flüchtlinge am Golf von Policastro (→ S. 187). Urkundlich erwähnt wurde Pissocta allerdings erstmals im 12. Jh. als normannische Gründung. Eine Wehrmauer schützte die Stadt, die nie erobert wurde. Ausgangspunkt des Rundgangs ist die Piazza Pinto an der Durchgangsstraße. Am höchsten Punkt des Stadthügels steht der **Palazzo Marchesale** aus dem 16. Jh., in dessen Räumen ein Kulturinstitut im Sommer Gegenwartskunst präsentiert.

Öffnungszeiten Der Palazzo öffnet nur bei Ausstellungen oder nach Voranmeldung. Osservatorio Nazionale per l'Arte Contemporanea del Mediterraneo. Eintritt frei. ✆ 0974/973600.

Am unteren Ende der Altstadt liegt die Piazzetta Pagano mit der **Chiesa dei Santi Pietro e Paolo.** Falls die Hauptkirche der Stadt offen sein sollte, lohnt ein Blick ins Innere: Die üppige Barockausstattung bildet einen scharfen Kontrast zum ländlichen Gassengeflecht mit den auffallend zahlreichen Hinterhofkapellen, die betuchte Bürger und Adelige einst gestiftet haben.

170 m unter dem *borgo medioevale* betreibt die am Meer gelegene **Marina di Pisciotta** professionelles Understatement: eine bescheidene Promenade, ein winziger Fischerhafen und eine schäbige Häuserzeile mit verwitterten Fassaden. Ein Badeparadies ist die Marina nicht gerade: Der Kies verhindert im Sommer den Massenauflauf der Feriengäste, aber Sonnenschirm und Liege gibt es auch hier. Es ist einfach ein netter Platz zum Ausspannen, denn hier man bleibt weitgehend für sich. Mit traditionellen Holzbooten *(menaide)* fahren die Sardellenfischer aufs Meer, folgen den Fischschwärmen und werfen bis zu 200 m lange Netze aus. Die Erfahrung lehrt sie, dass die Sardellen dem Lauf von Sonne und Mond folgen. Früher postierten sie Gaslampen *(lampara)* in den Booten, um die silbrigen Fischchen zu täuschen. Sofort nach Ankunft im Hafen waschen die Frauen den Fang zuerst in Salzlake und legen die Fische dann in Keramikbehälter ein, wo sie bis zu zwei Jahre lagern – abgesehen vom Salz ohne Konservierungsmittel.

● *Information* Das **Pro-loco**-Büro zwischen Piazza Pinto und Altstadt hat nur sporadisch geöffnet. Via Roma, ✆ 0974/970800, www.pisciotta-online.it, www.pisciotta.net.

● *Anfahrt* **Pkw**: Pisciotta ist über die SS 447 von Marina di Ascea (11,5 km) und Palinuro (11 km) erreichbar. Parkplätze sind Mangelware, notfalls das Auto außerhalb an der Küstenstraße abstellen und ins Zentrum laufen (genügend Parkplätze am Hafen).

Bahn/Bus: Der Bahnhof liegt 2 km südlich von Pisciotta. Gemeindebusse steuern von hier Hafen, Capoluogo und die übrigen Ortsteile an, mit *Agenzia Infante* von Marina di Camerota über Palinuro.

● *Taxi* **Fazio Antonio**, ✆ 0974/973132; *Greco Aniello*, ✆ 0974/973330.

● *Feste/Veranstaltungen* **Festa di Sant' Aniello**, Patronatsfest mit Kerzen-Prozession *(le cinte)*, 10. Aug.

Zwischen ausgedehnten Kastanienwäldern: Pisciottas Ortsteil Rodio

Sagra del Pesce Azzurro, Fischspezialitäten und Folklore am Hafen, Mitte/Ende Aug.

Premio di Poesia, Lyriktage zu Ehren von Alessandro Pinto (1920–1987), der seine Gedichte im lokalen Dialekt verfasste, Sept.

Festa di Santa Maria di Portosalvo, Meeresprozession in Marina di Pisciotta, 8. Sept.

Wochenmarkt, malerisch auf der Piazza Pinto, Mi vormittag.

● *Pescaturismo* Nachtausfahrten im Frühjahr und Sommer, Abfahrt am frühen Abend, Dauer ca. 3 Std., 20 €/Person inkl. Sardellenmahlzeit an Bord (bei mindestens 4 Pers.). *Rosa dei Venti*, Lungomare Colombo 1 (Marina di Pisciotta), ☎ 0974/973090 oder 340/3380231.

● *Einkaufen* **Ammiraglio**, Fisch für Selbstversorger, auch eingelegte Sardellen. An allen Fangtagen 8–13 und 17.30–22 Uhr. Via Gozzipuodi 9 (Marina di Pisciotta), ☎ 0974/973118.

● *Wandern* Ein im ersten Teil passabler Treppenweg führt von Pisciotta hinunter zum Hafen, das letzte Stück allerdings auf der Straße. Von der Piazzetta Pagano zur Ruine des Franziskanerklosters absteigen, dann dem Pfad zwischen Olivenbäumen folgen.

Übernachten/Camping

TIPP! **Marulivo**, 2008 neu eröffnetes Nobel-Logis im Herzen der Altstadt. Klein, aber fein: nur zehn Zimmer in einem grandios sanierten Stadtpalais, idyllischer Innenhof und Aussichtsterrasse, alle Zimmer unterschiedlich, jedes geschmackvoll ausgestattet und meist mit Meerblick. Gute Bäder, kein Ristorante. Ganzjährig geöffnet. DZ ab 80 €. Via Castello, ☎ 0974/973792, 🖷 0974/973647, www.marulivohotel.it.

*** Riviera, einziges Logis in Marina di Pisciotta, hat schon bessere Tage gesehen, einfache Zimmer im Charme der 1960er-Jahre, teilweise mit Meerblick. Ostern–Ende Sept. (Olivenölverkauf im Foyer!). DZ 64–110 €. Lungomare Colombo 11, ☎/🖷 0974/973073, www.cilentohouse.it.

● *Agriturismo* **Agriturismo La Locanda del Fiume**, schöne Unterkunft in einer geschmackvoll umgebauten Wassermühle aus dem 18. Jh. (Olivenholzparkett), 10 Min. ins Ortszentrum, schöner Blick auf Altstadthügel. Menü um 20 €. Ostern–Ende Okt. DZ 80–100 € inkl. Frühst. Via Fiori, ☎/🖷 0974/973876 oder 335/8119175, www.amachina.it.

Agriturismo San Carlo, trotz naher Bahnlinie sehr schön, toller Meerblick, eine alte Olivenölpresse kann besichtigt werden. Zehn Zimmer (auch Apts.). Restaurant mit guter cilentanischer Küche (tägl. wechselnde Gerichte, auswärtige Gäste sind willkommen). Verkauf von eigenem Olivenöl, Kochkurse. Ganzjährig geöffnet. DZ 50–80 € inkl. Frühst. Caprioli di Pisciotta, Via Noce 8 (vom Bahnhof 1 km in Richtung Palinuro), ℰ 349/6937145 oder 347/676 1300, www.agriturismo-sancarlo.it.

● *Camping* **Costa del Mito**, empfehlenswerte Anlage an der Küstenstraße in Richtung Palinuro, schattiger Platz über dem Meer unter Pinien und Ölbäumen, toller Blick auf Capo Palinuro (auch Bungalows). Anfang Mai–Mitte Sept. 2 Pers. mit Zelt 22–36 €. Loc. Caprioli, ℰ 0974/976070 oder 346/0660721, ℰ 0974/976320, www.costadelmito.it.

Essen & Trinken

Die *alici di menaica* sind eine lokale Spezialität, die man am besten am Hafen probiert. Das rosafarbene Sardellenfleisch hat ein intensives Aroma, es genügt, die Sardellen kurz im Zitronensud zu schwenken und anschließend mit Kräutern und Knoblauch zu verzehren.

A'Tartana, beste Adresse für *alici di menaica*, einfaches Ristorante mit Terrasse am Lungomare, der Besitzer ist selbst Sardellenfischer. Den Salat mit rohen Sardellen probieren *(insalata di alici crude)*. Menü um 20 €. Ostern–Ende Sept. tägl. Lungomare Colombo 31 (Marina di Pisciotta), ℰ 0974/973024, menaica@virgilio.it.

Angiolina, hübsches Gartenlokal zu Beginn des Lungomare, Fischgerichte und solide cilentanische Speisen. Menü um 25 €. Ostern–Ende Okt. Via Passariello 2 (Marina di Pisciotta), ℰ 0974/973188.

I Tre Gufi, im *centro storico*, benannt nach den drei Eulen im Dachgebälk des Palazzo Marchesale, toller Blick von der Terrasse. Muscheln, Sardellen und Schwertfisch, auch Gemüsegerichte und Pizza, Eis (Gelateria!), Menü ab 20 €. Ostern–Sept., Mo Ruhetag, Via Roma 1, ℰ 0974/973042, www.ristorantetregufi.it.

TIPP! **Perbacco**, auf dem Weg nach Ascea herrlich am Hang gelegen, romantische Terrasse unter Olivenbäumen, rustikales Mobiliar. Im Schnitt etwas teurer, aber der Weg lohnt sich: beste *cucina tipica*, kreative Fisch- und Gemüsegerichte, guter Weinkeller. Menü um 25 €. April–Okt., bis Juni nur Sa/So. Contr. Campagna 5 (an der SS 447), ℰ 0974/973849.

Il Poggio del Cardinale, 2007 eröffnetes Ristorante in San Nicola di Centola, der traditionellen *cucina cilentana* verpflichtet, prämierte Küche (auch Pizza), der Weg lohnt sich! Terrasse mit Meerblick. Zimmervermietung (DZ 60–90 € inkl. Frühst.). Menü 20–25 €. Juni–Sept. tägl., sonst nur Sa/So. Via Nazionale 148 (auf der S 447 in Richtung Palinuro, nach 4 km links), ℰ 0974/934474, ilpoggiodelcardinale@alice.it.

● *Bar* **Café Germania**, Bar, Zeitschriftenladen und Info-Point an der Piazza Pinto. Nette Freiplätze laden zur Kaffeepause ein, der Inhaber vermietet ein einfaches Apt. in der Altstadt (2 DZ mit Küche/Bad für 400 €/Woche). ℰ 0974/973409.

Umgebung/Wandern

Rodio: kleines, 350 m hoch gelegenes Bergdorf in waldreicher Umgebung. Der mittelalterliche Ortskern geht auf eine Gründung des Malteserordens im 13. Jh. zurück. Die **Piazza Vittoria** zählt zu den anmutigsten Zentren im unmittelbaren Küsten-Hinterland, in sich an den Platz anschließenden Gassen liegt der halb verfallene **Palazzo Landulfo** mit viereckigem Zinnenturm und interessanten Neidköpfen (Fratzen).

● *Essen & Trinken* **Osteria l'Angelo del Barone**, volkstümliche Trattoria im Ortszentrum, der traditionellen cilentanischen Küche verpflichtet. Rustikale Sitzplätze im Gewölbe. Mittags und abends geöffnet (sicherheitshalber vorher anrufen!). Piazza Vittoria, ℰ 0974/973680.

San Mauro la Bruca: Kleinkommune mit großer Vergangenheit und gestern wie heute politisch-geografisches Scharnier zwischen Küste und Hinterland. Im Mittelalter stand die Gegend unter benediktinischer Verwaltung, vom einstigen machtvollen Kloster ist jedoch nichts mehr erhalten. Der Ortsname und die religiöse Tradition halten das Andenken an die Mönche wach, denn noch heute wird in der Hauptkirche die hölzerne Kultstatue des hl. Maurus (ca. 508–584) verehrt, dem

Nachfolger des Ordensgründers Benedikt von Nursia. Der Zusatz *la Bruca* hingegen könnte bedeuten, dass sich hier einst Flüchtlinge aus Velia niederließen (→ S. 133). Der Teilort **San Nazario** hingegen steht ganz im Zeichen der konkurrierenden Basilianer, die bereits um 1000 n. Chr. in der wasserreichen Gegend siedelte. Durch das kleine Zentrum fließt idyllisch ein Bach, eine alte Mühle und drei Gerberteiche erinnern hier noch an die Präsenz der Mönche aus dem Osten. Wanderwege erschließen das agrarisch geprägte Umland, in dem Oliven, Wein und Feigen angebaut sowie pikant schmeckende Wurst und der berühmte *Caciocavallo-Silano*-Käse produziert werden.

● *Anfahrt* Auf der SS 447 in Richtung Palinuro, nach 4 km auf der SP 84 nach rechts in Richtung Futani. Parkplätze unmittelbar vor dem Ortszentrum. **Bus:** 1-mal tägl. mit *CSTP* von Pisciotta oder Vallo d. Lucania.

● *Einkaufen* **Marsi Cilenterie**, kleiner Dorfladen mit vielen lokalen Produkten (eingelegte Gemüse, Wurst- und Käsetheke); ideal, um sich vorm Wandern mit einem Sandwich zu versorgen. Via Roma 66, ✆ 0974/974279, www.marsimarket.com.

● *Wandern* Zum nachfolgend beschriebenen Weg auf den Hausberg von San Mauro (Castelluccio, 803 m) gibt es einige Varianten, u. a. lässt sich die Strecke durch dichte Kastanienwälder bis auf die andere Seite nach Catona oder Ceraso fortsetzen (→ S. 142).

Castelluccio (Gehzeit 2 Std.): Von der zentralen Piazza Sant'Eufemio in San Mauro führt ein Treppenweg zwischen Häusern bergauf (Via Castelluccio). Gleich darauf auf der Via Belvedere nach rechts, um wenige Schritte später an einem Brunnen den Anstieg auf Treppen fortzusetzen. Bei den letzten Häusern ein Asphaltsträßchen: Hier rechts 200 m bergab bis zu einer Kreuzung, an der es auf dem steil ansteigenden Teerweg nach links weitergeht (rot-weiße Markierung). Nach einer Verzweigung geht die gut markierte Trasse in einen Waldweg über, der oben am Kamm, vor einer weiteren Wegkreuzung, spürbar verflacht. Rechts bzw. geradeaus geht es mit Blick auf die Wallfahrtskirche **Madonna del Carmine** (→ S. 142) und den Monte Gelbison ein kurzes Stück flach weiter, ehe am nächsten Kreuzungspunkt der Wanderweg Nr. 59 rechts abzweigt. Dieser wird zum Pfad (die nächste Passage kann jahreszeitlich bedingt etwas zugewachsen sein), schlägt einen Bogen und steigt mit Blick auf Monte Bulgheria merklich ab. Wieder im Schatten von Kastanien mündet er auf einen breiten Sandweg, der talwärts schließlich als breiter, steiler Schotterweg an der Straße endet (Achtung an einer Ga-

Gesehen in San Mauro la Bruca

belung: bei unklarer Markierung geht's links weiter). Zum Teilort San Nazario ist's nicht mehr weit, 2 km sind es noch auf der Straße zurück zum Ausgangspunkt.

● *Übernachten/Essen & Trinken* **Agriturismo Il Forno Antico**, freundliche Azienda im Stil eines Landhotels, kurzer Weg zur Küste, Pool und hübscher Ausblick. Die Familie spricht Deutsch und gibt Tipps zu Wanderungen, Radtouren und Exkursionen. Empfehlenswertes Ristorante. 23 Zimmer, großzügig, schlichte Einrichtung. DZ ab 80 €. Contr. Forno (an der SP 84, 4 km vor San Mauro), ✆/✉ 0974/974203, www.ilfornoantico.it.

B&B Il Giardino, Lieblingsquartier im Grünen, in Sichtweite zu San Nazario. Drei Zimmer in einem Landhaus, darunter 2 Apts. für Selbstversorger. Terrasse und Garten, ideal für Naturliebhaber, die Ruhe und Abgeschiedenheit suchen. EZ 35–45 €, DZ 50–60 € (die Familien-Apts. werden nur wochenweise vermietet). Contr. Selva, ✆ 0974/938184 oder 349/4004634, www.bbilgiardino.net.

Keramiken in Palinuro illustrieren das tragische Ende des mythischen Steuermanns

Palinuro (ca. 1500 Einwohner)

Schon von Weitem ist das Kap von Palinuro zu erkennen, das wie ein halb versunkener Walfisch im Meer liegt. Die romantischen Badebuchten und Grotten zählen zu den Hauptattraktionen der Cilento-Küste. Von allen Orten ist Palinuro der am stärksten vom Tourismus geprägte.

Dem römischen Dichter Vergil zufolge war es ein simples Bauernopfer: Poseidon höchstselbst verlangte den Tod des Steuermanns, damit der trojanische Recke Äneas mit seinen verbliebenen Gefährten das Land seiner Bestimmung erreichen dürfe. Eines Nachts übermannte *Palinuros* – so hieß der Todgeweihte – der Schlaf, und er stürzte samt Steuer ins Meer. Der Steuermann hielt sich drei Tage über Wasser, dann wurde er an die cilentanischen Gestade gespült und von beutegierigen Küstenbewohnern erschlagen. „Und die Stätte behält Palinuros' Namen auf ewig", so Vergil im 6. Buch der *Aeneis*.

Der Gründungsmythos von Palinuro lebt: Handbemalte Terrakottakacheln in den Straßen machen ihn selbst Analphabeten vertraut. Die größte Illustration der antiken Story befindet sich auf der Piazza Virgilio vor der Touristenauskunft, die kunstvollste in der Via Independenza gegenüber dem Hotel La Conchiglia (→ „Übernachten", S. 154). In der Tat lehrten die gefährlichen Strömungen vor dem Kap die antiken Seefahrer das Fürchten, rund 30 Schiffe liegen hier auf dem Meeresgrund. Wer von Sizilien die Küste hinaufsegelte, war heilfroh, wenn die gefährliche Landspitze hinter ihm lag. Weiter im Norden stießen die griechischen Kolonisten auf die sanften Buchten von Elea und Poseidonia, wo sie sich schließlich niederließen. Jedoch segelten nicht alle weiter, einige blieben in Palinuro: Wie auch

Elea war die Siedlung am Kap eine Gründung phokäischer Flüchtlinge (→ S. 134). In den 1930er-Jahren entdeckten Archäologen oberhalb des modernen Badeortes Nekropolen aus dem 6. Jh. v. Chr., gefüllt mit zahlreichen Grabbeigaben. Eine Villa am Meer wurde kürzlich zu einem kleinen **Museum** umgebaut, das sehenswerte archaische Terracotta präsentiert (Antiquarium): Votivfiguren, Amphoren, Graburnen und kunstfertigen Fibelschmuck. Einige in Korinth hergestellte Töpferwaren lassen auf weitreichende Handelsbeziehungen schließen.

Öffnungszeiten Tägl. außer Mo 9.30–13, Aug. auch 17–20 Uhr. Eintritt frei. Die Villa über dem Meer ist ausgeschildert („Museo"), Zugang durch einen Park vom Corso Pisacane, ☏ 0974/4933137.

Heute interessieren sich nur die wenigsten Besucher für die antike Vergangenheit der Stadt. Die Gäste kommen wegen der unvergleichlich schönen Strände her und haben – anders als einst der Steuermann – von den Einheimischen natürlich nichts zu befürchten. Die Karriere des modernen Fremdenverkehrs begann in den 1950er-Jahren, als der neu gegründete Club Mediterranee in der malerischen Hafenbucht eines sei-

Das Kap von Palinuro besichtigt man am besten vom Boot aus

ner ersten Urlaubsdomizile eröffnete. Inzwischen haben die französischen Touristiker die All-Inclusive-Oase längst aufgegeben, was aber nicht zu einem nennenswerten Einbruch der Gästezahlen führte. Im Clubhaus wurden Ferienapartments eingerichtet (→ „Übernachten", S. 154), und in der Badesaison befindet sich das ehemalige Fischerdorf mehr denn je im kollektiven Gästerausch. Die **Via Independenza** im Zentrum ist die Hauptflaniermeile und *der* Touristenboulevard des Cilento: Souvenirläden, Eiscafés und Pizzerien reihen sich aneinander, die Lebensqualität ist hoch, das Preisniveau ebenso. Eine Straße verbindet den oberhalb der Küste gelegenen Badeort mit dem herrlich gelegenen Naturhafen.

Capo Palinuro

Das Kap von Palinuro ist das landschaftliche Highlight der Cilento-Küste. An manchen Stellen stürzt der Fels bis zu 80 m lotrecht in die Tiefe, unterbrochen von wildromantischen Badebuchten, in die man bis auf wenige Ausnahmen nur mit dem Boot gelangt. Eine weitere Sehenswürdigkeit sind die Höhlen, die sich zum Wasser hin öffnen und in der Regel ebenfalls per Schiff angesteuert werden. Am bekanntesten ist die **Grotta Azzurra**: weit weniger überlaufen als ihre berühmte Schwester auf Capri, dabei 90 m lang und innen teils zu Fuß begehbar. In den

Buchten und Höhlen am Kap fanden sich Siedlungsspuren aus prähistorischer Zeit. Die Unterwasserwelt am Kap ist das beliebteste Tauchrevier der *costiera cilentana* (→ „Bootstouren/Tauchen", S. 153).

Einmal rund um das Kap und wieder zurück

Die **Grotta Azzurra** ist die Antwort des Cilento auf die Blaue Grotte auf Capri. Kleine Boote fahren hinein, Unentwegte erreichen sie schwimmend oder mit dem Tretboot vom Hafen.

Martialisch ist die **Grotta del Sangue** (Blutgrotte) nur dem Namen nach: Die rötlich schimmernden Flechten am Fels stimulierten die Fantasie.

Grotta Sulfurea und **Cala Fetente**: Giftige Schwefeloxidgase machen den Höhlenbesuch zum Höllentrip; eine Schwefelquelle unter Wasser steht Pate für die „Stinkende Bucht".

Durch Luftoxidation und mineralienhaltiges Wasser verfärben sich Stalagmiten braun. Sie erinnern in der **Grotta dei Monaci** an betende Mönche.

Die **Cala delle Ossa** ist die einzige vom Land aus zugängliche Höhle. Hier wohnten Neandertaler zwischen bizarren Stalagmiten. Altertumsforscher fanden Knochen prähistorischer Tiere.

Wie die Ossa-Bucht liegt der **Arco Naturale** jenseits des Kaps im Bereich der Mingardo-Mündung. Wind und Wasser schufen den fotogenen Karstbogen.

Der Fluss Lambro trennt das bis auf 200 m ansteigende Kap vom Hinterland. Auf diese Weise entsteht der Eindruck eines topografisch eigenständigen Vorgebirges *(promontorio)*, das schon bei der Anfahrt das Fußgängerherz höher schlagen lässt. Allerdings entpuppt sich die felsige Landzunge bei näherer Betrachtung keineswegs als Wanderparadies; kürzere Spaziergänge sind jedoch möglich und bieten prächtige Ausblicke aufs Meer (→ „Wandern", S. 156). Ein Teil des Vorgebirges ist Sperrgebiet: Zu diesem gehören der Leuchtturm *(faro)* und eine Wetterstation, die seit 1936 meteorologische Daten für zivile und militärische Nutzung generiert *(stazione meteorologica)*. Eine schmale Zufahrt endet vor dem Leuchtturm (an der Ringstraße hinter dem Hotel King's Residence auf Schild „Faro" achten).

Südlich des Kaps breitet sich landeinwärts die agrarisch geprägte Ebene *Isca delle Donne* aus. Meerwärts erhebt sich ein 140 m hoher Hügel, auf dessen Kuppe die Reste einer Burg und eines Dorfes stehen (Castello di Molpa). Nachdem die ursprüngliche Festung in den Gotenkriegen zerstört wurde, bauten Normannen sie wieder auf. Ein weiteres Mal nahmen 1464 Sarazenen die Burg ein, viele Bewohner wurden anschließend versklavt. Von diesem Schlag sollte sich der Ort nicht mehr erholen, gegenwärtig wird die Ruine restauriert. Ein kurzer Wanderweg führt von der Ebene auf den Hügel.

*I*nformation/*D*iverses

● *Information* Hilfsbereites Info-Büro **(Pro loco)** im Zentrum, Zimmervermittlung, Verkauf von Bus- und Bahnbillets. Tägl. 10–12.30 und 17–19 Uhr (Juni–Sept. länger). Piazza Virgilio 1, ☎ 0974/938144, www.capopalinuro.it, www.comune.centola.sa.it.

● *Ärztliche Versorgung* Loc. Pedali im nördlichen Teilort Caprioli, ☎ 0974/976303.

● *Post* Nähe Ortseingang. Corso Pisacane, ☎ 0974/931315.

● *Internet* Internet-Terminal am Ortseingang. Computerservice, Via Independenza 242.

● *Anfahrt/Verbindungen/Unterwegs* **Pkw:** Schnelle Anfahrt von der SS 18 über die SS 447 (Ausfahrt Palinuro). Das Zentrum

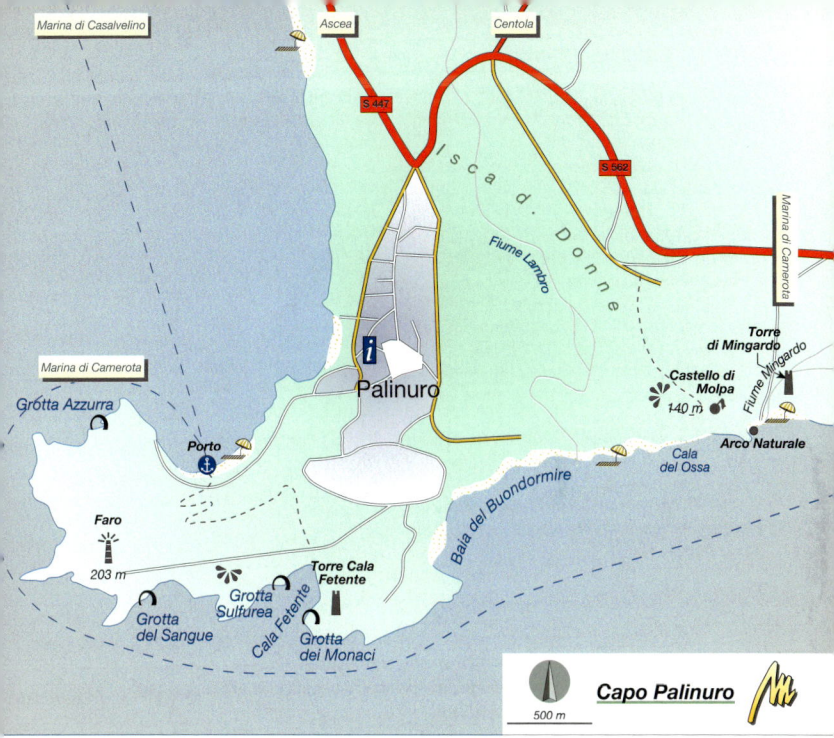

Capo Palinuro

500 m

liegt ein kleines Stück abseits der Küstenstraße (von Pisciotta SS 447, nach Camerota SS 562, im Ort Einbahnstraßen. Parkplätze vor dem Ortseingang und am Hafen (gebührenpflichtiger, bewachter Parkplatz am Hafen kurz oberhalb des Hotels
La Torre).

Bahn/Bus: Mit *Agenzia Infante Viaggi* zu
den Bahnhöfen Centola (im Hinterland)
oder Pisciotta (an der Küste) und über Marina di Camerota nach Sapri (mit demselben Unternehmen in die Teilorte). Alternativ
mit *CSTP* zur Bahnstation Centola.

Taxi: *Erranti*, ✆ 0974/931201 oder 938095.

Fähre: Juni–Sept. mit der *Metro del Mare*
zu den anderen Küstenorten (→ S. 32).

Mietfahrzeuge/Vespa: *Rent a Car* (Sixt-
Agentur), Kleinwagen ab 44 €/Tag. Via Independenza 15, ✆ 0974/931176. *Iannaco*, ganzjährig geöffnete Autowerkstatt, Vespa ab
45 €/Tag, Fahrrad 20 €/Tag (auch Tandems).
Corso Pisacane 86, ✆ 0974/931520.

● *Feste/Veranstaltungen* **Sapori & Sapori**,
traditionelle Musik, Poesie im Cilento-Dia-
lekt und jede Menge Lokalkolorit im Teilort
San Nicola, Mitte Aug.

Palinuro Griffe, Musikfestival am Meer,
Ende Aug.

Notte del mito, am Mingardo-Strand wird
der Landung des Äneas gedacht, Ende Aug.

Festa di Sant'Antonio del Porto, Patronatsfest am Hafen (1951 rettete der hl. Antonius
die Fischer vor einem Sturm), 25. Sept.

Festa del pane e uoglio, Degustationstag,
u. a. neuer Wein und frisch gepresstes Olivenöl, Agriturismo Isca delle Donne (→
S. 154), Mitte Nov.

● *Bootstouren* Boote zu den Buchten und
Grotten starten vom Hafen und vom Strand
am Arco Naturale.

Hafen: Tretbootverleih in der HS sowie
mehrere Gite-in-Barca-Stationen. Die Stipp-
visiten zu den Grotten dauern 1:30 Std.,
12 €/Person (Kinderermäßigung; Preise gelten für mindestens 4 Pers. – bei geringerer
Auslastung wird's teurer). Auch Transfers
zu den Badebuchten am Kap (früheste Abfahrt 10 Uhr, späteste Rückkehr 17 Uhr,
während der Badesaison problemlos). *Coop.
Palinuro Porto*, Via Porto 19, ✆ 0974/931604,
www.palinurocoop.com. *Servizi Quadrifoglio
Palinuro* organisiert zusätzlich Ausflüge zur

Baia degli Infreschi (→ S. 167) mit lokaltypischen Holzbooten *(gozzi)*, ☎ 338/9495288, www.costieradelcilento.it.

Arco Naturale: Ein Stichweg verbindet die Küstenstraße (SS 562) mit dem Strand. *Coop. Arco Naturale*, ☎ 335/5486737.

Spiaggia Marinella: *Fabio & Aniello*, Bootsverleih und Pescaturismo, ☎ 340/9095336 (→ „Baden", S. 156).

● *Tauchen* Professionelle Tauchbasen befinden sich am Hafen und am Arco Naturale. Die faszinierende Unterwasserwelt am Kap ist – auch auf Deutsch – gut dokumentiert.

Hafen: *Palinuro Sub*, professionelle Tauchbase am Hafen. Fabio Barbieri hat seit 1983 die Unterwasserwelt am Kap systematisch erforscht und darüber publiziert. Höhlentauchen ab 55 €, geführte Tauchexkursionen ab 85 €. Mai–Okt. Via Porto (gegenüber Fischerkirche Sant'Antonio), ☎ 0974/938509, www.palinurosub.it.

Arco Naturale: *Diving Center Arco* auf dem Campingplatz Arco Naturale (→ S. unten) organisiert professionell begleitete Tauchgänge, auch Kurse mit Zertifikat-Abschlüssen (PADI, FIPSAS, CMAS).

Literatur: Fabio Barbieri, *Palinuro Sub. Guida alle immersioni* (ital./engl., für 14 € direkt beim Tauchsportclub Palinuro Sub erhältlich, www.palinurosub.it). Friedrich Naglschmid, *Tauchreiseführer Italien. Capo Palinuro*, Stuttgart 1988 (zurzeit nur antiquarisch lieferbar; www.naglschmid.de).

● *Einkaufen* Oleificio Fedullo, seit 1980 steht der Familienbetrieb für qualitativ hochwertiges Olivenöl, ein Besuch der Ölmühle ist möglich, eine zusätzliche Verkaufsstelle befindet sich in der Pizzeria degli Amici (Via Independenza 166). Loc. Casaburi (SS 447 Richtung Centola, dann nach 300 m links), ☎ 0974/931862, www.frantoiofedullo.com.

*Übernachten/*CAMPING

Von den meisten Unterkünften ist das Meer rasch zu Fuß erreichbar. Viele Hotels verfügen über einen eigenen Strandabschnitt oder bieten Transfers zu einem Strandbad an (z. B. zum Lido La Torre am Saline-Strand). Eine weitere exzellente Unterkunft befindet sich oberhalb von Palinuro in Centola (→ S. 158). Apartments für Selbstversorger im ehemaligen Club-Med-Areal (→ S. 151) kann man u. a. über Italimar buchen (☎ 0221/4249422 in Deutschland, www.italimar.com).

**** King's Residence, die Spitze der gehobenen Luxusklasse im Cilento, auf einer Terrasse hoch über dem Meer, grandioser Ausblick (eigener Zugang zum Privatstrand). Mitte April–Mitte Nov. Standard-DZ 114–200 €. Loc. Buondormire, Via Piano Faracchio, ☎ 0974/931324, ✆ 0974/931418, www.hotelkings.it.

**** La Torre, modernes Hotel in abgeschiedener Lage am Hafen, abends lange Sonne, 40 nett eingerichtete Zimmer, die feinen Apts. im alten Gebäudeteil sind etwas für Liebhaber! Teures, aber sehr gutes Ristorante mit großer Terrasse (Mitte Mai–Mitte Sept.). Mitte März–Mitte Oktober. Standard-DZ 100–250 €. Loc. Porto, ☎ 0974/931264, ✆ 0974/931107, www.latorrepalinuro.it.

TIPP! ***** La Conchiglia,** hervorragend geführtes, erst kürzlich renoviertes Haus im Zentrum. 25 tadellose Zimmer, Terrasse mit tollem Ausblick. Vermietung von Strandliege und Schirm (9 €/Tag). Frühstücksbuffet, gutes Restaurant mit Meerblickterrasse. Ganzjährig geöffnet. Standard-DZ 94–150 € inkl. Frühst. (in den Sommerferien Pensionspflicht). Via Independenza 52, ☎ 0974/931018,

✆ 0974/931030, www.hotellaconchiglia.it.

** Belvedere, kleine, freundliche Familienpension an der Straße zum Hafen. 20 gute Zimmer (teils mit Meerblick). Ganzjährig geöffnet (kein Restaurant). DZ 40–80 € inkl. Frühst. Via Porto 39, ☎ 0974/931074 oder 347/1226509.

** Il Parigino, Pension mit Charme im Ortskern, zehn sehr einfach eingerichtete Zimmer (z. T. mit Meerblick), auch Restaurant. April–Okt. DZ 60 € inkl. Frühst. (im Aug. Pensionspflicht). Via Independenza 10/12, ☎/✆ 0974/931027.

● *Agriturismo* Isca delle Donne, liebenswerte Azienda, weitläufiges Gelände und ein beeindruckendes Natursteinhaus (Wein, Obst, viele Tiere), gute Küche (Menü 20–25 €, auch auswärtige Gäste willkommen). Vermietung nur wochenweise (Ausnahmen in der Vorsaison möglich). DZ 660 €/Woche inkl. Frühst., 4-Bett-Apt. 880 €/Woche. Via Isca delle Donne, Nähe S 562 in Richtung Camerota (ausgeschildert), ☎ 0974/931826, www.iscadelledonne.com.

● *Camping* ****** Arco Naturale Club**, schöner Platz unter Pinien, direkt am Meer,

Capo Palinuro: Felsen vor romantischen Badebuchten

Südlicher Cilento

Nähe Arco Naturale, Kiesstrand, Bootsanleger, Tauchbasis, Swimmingpool, vielfältige Sport- und Freizeitaktivitäten. Weitläufige Anlage (auch Bungalows), toporganisiert.

Mitte Juni–Mitte Sept. 2 Pers. mit Zelt 21–45 €. Loc. Arco Naturale (von der SS 562 nach 2,5 km rechts), ☎ 0974/931157, ✆ 0974/931975, www.arconaturaleclub.it.

Essen & Trinken

Anema e Core, hoch über Palinuro kredenzt man auf einer idyllischen Terrasse grundsolide *cucina cilentana*, auch Fischgerichte und hausgemachte Pasta. Gute Weine der Region. Menü ab 20 €. März–Nov. tägl. mittags und abends. Via Piano Faracchio 13 (Nähe Hotel King's Residence), ☎ 0974/93169.

TIPP! **Da Carmelo**, der Familienbetrieb ist eine Institution im Cilento und eines der besten Restaurants weit und breit. Fotos an den Wänden dokumentieren: Hier trifft man sich zum Schlemmen, dass sich die Tische biegen. Fantasievolle Fischgerichte (auch Hotel, DZ ab 60 €). Menü um 35 €. Nov./Dez. geschlossen, Mi Ruhetag. Loc. Isca (an der SS 562 nach Marina di Camerota), ☎ 0974/931138, www.dacarmelo.it.

La Taverna del Porto, landestypisches, solides Fischrestaurant mit reichlich Flair. Direkt am Hafen, etwas oberhalb vom Stadtstrand, tagsüber auch Snackbar. Menü ab 20 €. Via Porto, ☎ 0974/931872.

Molly's Pub, auch wenn man es nicht vermutet, aber hier gibt's die beste Pizza in Palinuro, rustikales Flair im Ortszentrum, auch für den abendlichen Absacker zu empfehlen. Wenige Freiplätze auf der Veranda. Pizza ab 5 € (auch Snacks, Bruschetta und Salate). Via Belvedere 43 (Piazza Virgilio), ☎ 0974/930309.

● *Bar/Gelateria* **Da Siena**, neu eröffnetes Großcafé mit Aussichtsterrasse und opulenter Eistheke, dazu Kaffee, Kuchen und Drinks. Via Independenza 51, ☎ 0974/931019.

● *Nachtleben* Die **Disco Il Ciclope** ist der berühmteste Schickeriatreff der cilentanischen Riviera, in die gleichnamige Grotta del Ciclope hineingebaut – hier soll Odysseus dem Zyklopen sein Augenlicht geraubt haben. Horrende Eintrittspreise (20 €), Promis gehen gern hierher, sehenswerte Lightshows. Juni–Aug. Via Mingardo (SS 562 auf halbem Weg nach Marina di Camerota), ☎ 334/436671, www.ilciclope.com.

Baden

Feinkörniger Sand, kristallklares Wasser und dazu der vorgelagerte Kalkfelsen (Il Coniglio) sind Gründe, warum für viele Gäste die **Bucht des guten Schlafs** (Baia del Buondormire) am Kap zu den schönsten Badeplätzen der Cilento-Küste zählt. Boote vom Hafen oder vom Arco Naturale bringen die Wasserratten hin und auch wieder zurück. Weit weniger bekannt ist die **Spiaggia della Marinella** an der Lambro-Mündung, die den Vorteil hat, dass man hierher auch mit dem eigenen Fahrzeug bzw. zu Fuß gelangen kann. Eine kleine Strandbar vermietet Boote (in Richtung „Faro", dann auf Schild „Spiaggia Marinella" achten). Landschaftlich schön, aber zum Baden etwas weniger gut geeignet, ist der Kiesstrand am Arco Naturale. Dafür bleibt man außerhalb der Hauptsaison weitgehend für sich. Ein Stichweg verbindet parallel zum Mingardo die Küstenstraße (SS 562) mit dem Strand.

Palinuro: Ausblick vom Kap

Nördlich und südlich von Palinuro zieht sich kilometerlanger Sandstrand: Im Norden ist die Sandqualität besser, während sich im Süden die Küstenlandschaft zur Hochform aufschwingt und ganz zu Recht den Beinamen **Cilentanische Riviera** verdient. Auf dem Weg nach Marina di Camerota zeigen sich immer wieder bizarre Felsformationen, mehr als einmal muss die Küstenstraße den Berg durch einen Tunnel queren. Der lange Mingardo-Strand (Spiaggia del Mingardo) liegt nur wenige Meter von der Straße entfernt. In der Gegenrichtung ist man zwar mit dem eigenen fahrbaren Untersatz ebenfalls schnell am Badeplatz, die Umgebung zwischen der Torre dei Caprioli und dem gleichnamigen Teilort von Centola hält jedoch dem Vergleich mit der Riviera nicht stand.

• *Lido/Bar* **Lido La Torre**, komfortables, familienfreundliches Strandbad an der Spiaggia delle Saline nördlich von Palinuro, schöne Badestelle zwischen Dünen im Schatten des Küstenwachturms (Torre dei Caprioli). Bar, Pizza aus dem Steinofen, die Gäste sind zufrieden. Mai–Ende Sept. Schirm und Liege 7 €/Tag (im Aug. 20 €). Via Saline, ☎ 0974/931402.

Lido Club Michele, in Richtung Marina di Camerota (1 km südlich der Disco Il Cyclope an der Spiaggia del Mingardo), gepflegtes Strandbad in toller Lage und Blick aufs Kap, Barbetrieb (Panini und ausgewählte Pastagerichte), Schirm und Doppelliege ab 8 €/Tag, www.clubmichele.it.

Wandern

Zwei kürzere Spaziergänge – der eine vom Hafen, der andere von der Ebene *Isca delle Donne* im Hinterland – führen auf die von Macchia bewachsenen Höhen und gewähren gute Ausblicke. Die Wege sind auch für Familien mit Kindern geeignet.

Vom Hafen zur Punta Fortino: Ein kurzer Spaziergang verbindet den Hafen mit der Ruine einer mittelalterlichen Küstenbastion. 30 m vor dem Gebäude der Küstenwache gibt es eine Tafel zu Flora und Fauna sowie einen deutlich erkennbaren Weg (C.M. 196). Dieser steigt flach an und bietet bereits nach wenigen Metern schöne Ausblicke über die Bucht. Nach 10 Min. endet der Weg an der Ruine. Von der Plattform blickt man auf die Steilküste mit der Grotta Azzurra.

Vom Hafen zum Leuchtturm: Ein paar Schritte oberhalb des Hotels La Torre (→ S. 154) zweigt von der Via Porto ein Treppenweg ab *(sentieri natura)*. Der ansteigende Weg quert die verschiedenen Stufen mediterraner Vegetation (Pinien, Macchia), dann einen Bach (Picknickbänke) und endet oben am Zufahrtsweg zum Leuchtturm. Ei-gentlich handelt es sich um ein ganzes Netz kleinerer und größerer Wege, so dass man auf alternativen Pfaden wieder den Rückweg antreten kann.

Wanderweg zum Castello di Molpa: Auch dieser Pfad ist leicht zu finden und ausreichend markiert, war allerdings zum Zeitpunkt der letzten Recherche wegen Arbeiten am Kastell vorübergehend gesperrt. Der Gang lohnt vor allem im Frühjahr, wenn die Macchia blüht. Am besten von der Zufahrt zur Azienda Isca delle Donne (→ S. 154) starten, kurz nach dem Abzweig von der SS 562. Oben schöne Ausblicke vom Kastellhügel auf die Buchten und ein passabler Picknickplatz. Vom Kastell selbst sind die Fundamente zu sehen. Auf demselben Weg wieder zurück. Gehzeit 1:30 Std.

Umgebung

Die Ziele in der unmittelbaren Umgebung von Palinuro lassen sich kombinieren: Abenteuerlich ist die Fahrt mit der gemieteten Vespa, sportiv Veranlagte meistern den 325 m hohen Pass zwischen Foria und Centola mit dem Drahtesel.

Gola del Mingardo (Mingardo-Schlucht): Einheimische nennen den Fluss-Canyon auch „Teufelsschlund" (Gola del Diavolo). Dieser liegt nur wenige Autominuten von Palinuro entfernt, die SS 447 quert die Schlucht als ausgebauter Cilento-Highway (SS 18) in voller Länge. Vom Castello di San Sergio in Centola (→ S. 158) kann man die 300 Höhenmeter auch zu Fuß zum Fluss absteigen, jedoch erweist sich der (oft zugewachsene) Wanderpfad als grandiose Sackgasse und hört irgendwann auf. Im Jahr 1075 fand ein langobardischer Feudalherr auf dem Grund der Schlucht den Tod.

San Severino di Centola: Wie bei Roscigno Vecchia (→ S. 229) im nördlichen Cilento-Hinterland, handelt es sich auch bei diesem populären Ausflugsziel um ein von Menschen vollständig verlassenes Geisterdorf (Borgo San Severino). Wie ein Adlerhorst kleben die halb verfallenen Häuser – darunter die Reste eines Kastells und einer Kirche – auf einer Felsnase am Ausgang der Mingardo-Schlucht. Der von Langobarden im 12. Jh. gegründete Ort sollte den Verkehrsweg durch die Schlucht bewachen und das Hinterland absichern. Später fiel die Siedlung an die Grafen

Zum „Geisterdorf"

Südlicher Cilento

von Sanseverino (→ unten). Von der Straße aus führt ein kurzer Treppenweg ins Dorf; von oben hat man einen tollen Blick auf die Mingardo-Ebene und den Monte Gelbison. Der Bau der Eisenbahn bedingte das Aussterben des Dorfes: Als der Bahnhof im Tal in Betrieb genommen wurde, zogen die Menschen in dessen Nähe.

Glücksritter, Stifter und Verschwörer: die Sanseverinos

Ohne die Herren – und Damen – von Sanseverino ging im Cilento in der Regel nichts. Denn von altersher zählte die Familie normannischer Abstammung zu den wichtigsten Adelshäusern Süditaliens: Zeitweilig nannte sie stolze 300 königliche Lehensgüter, 40 Grafschaften, zwölf Herzog- und zehn Fürstentümer ihr Eigen. Im Dienst der weltlichen Herrscher zu Neapel und des geistlichen Klerus stellte der Clan Marschälle, Kardinäle und Vizekönige. Die Erfolgsgeschichte beginnt in den Wirren der normannischen Eroberungszüge: Als Dank für die hilfreiche Unterstützung vermachte Robert Guiskard (→ S. 20) seinem Kämpen Turgiso einen kleinen Flecken Erde unweit von Salerno. Dort schufen jener und seine Nachfahren ihre Stammburg, deren Ruinen noch heute auf einem Hügel über Mercato San Severino zu sehen sind. Immer wieder mischte die Familie in der großen Politik mit: 1460 erhielt Roberto Sanseverino vom Haus Anjou die Stadt Salerno nebst Umland als Lehen. In der alten Hauptstadt der Langobarden begründete er in der Folge eine eigenständige salernitanische Linie. Der berühmteste Spross war Thomas von Sanseverino, ein gottesfürchtiger Mann, der 1306 den Grundstein zum Bau der Certosa di Padula legte und die symbolische Zahl von sieben Franziskanerklöstern im Cilento errichten ließ.

Als sich 1485 in Neapel eine Adelsverschwörung gegen die ungeliebten Aragonier und deren repressive Steuerpolitik formierte *(la Congiura dei Baroni)*, hatte abermals ein Sanseverino seine Hand im Spiel. Es war nicht das erste Mal, dass die Familie gegen die weltliche Macht rebellierte: Schon im Aufstand gegen Kaiser Friedrich II. Mitte des 13. Jh. war das Adelshaus maßgeblich beteiligt gewesen (→ S. 20). Als Admiral des aragonesischen Königreichs stellte sich Antonello Sanseverino an die Spitze der Erhebung. Ihr Scheitern bedeutete im ausgehenden 15. Jh. das Ende der Familienhegemonie in Süditalien: Der Rebell musste ins Exil; die Aragonier brannten einige Städte nieder, deren Bewohner die Aufständischen unterstützt hatten; der beträchtliche Familienbesitz wurde parzelliert und auf kleinere Grundherrschaften verteilt.

Centola: Vom Hauptort der Kommune am Kap *(capoluogo)* genießt man den Ausblick auf die *costiera cilentana*. Der Name geht auf eine Hundertschaft (lat. *centulas*) zurück, die aus dem von Sarazenen zerstörten Dorf Molpa hierher flüchtete. Im Risorgimento spielte der Ort eine Vorreiterrolle in der antibourbonischen Revolte (→ S. 179), als die Bewohner in der Nacht zum 28. Juni 1828 die Guardia Urbana entwaffnete. Zentrum des lebendigen Bergdorfes ist die neu gestaltete Piazza San Nicola.

● *Übernachten* TIPP! **B&B Antico Maniero**, eins der besten Quartiere im Cilento: geschichtsträchtiger Palazzo in Alleinlage mit herrlichem Blick aufs Meer, die Landvilla aus dem 17. Jh. ersetzte eine ältere Wehranlage (Castello di San Sergio). Der Bau wurde liebevoll, unter Beibehaltung der historischen Bausubstanz, restauriert, die Inneneinrichtung beweist reichlich Stilbewusstsein (fünf Zimmer teilen sich zwei Bäder, Frühstückssalon, romantischer Garten). April–Okt. DZ 60–90 €. Colle San Sergio (von der Piazza San Nicola ausgeschildert), ✆ 0974/1870104, www.anticomanieropalinuro.it.

- *Essen & Trinken* **TIPP! Agriturismo San Leonardo**, beste Adresse für hochklassige Landküche, der Reiterhof serviert deftige Gemüse- und Fleischgerichte auf hohem Niveau, hausgemachte Pasta. Gute Weinauswahl, nette Terrasse im Grünen (Plastikstühle). Contr. Badia (auf Schild am Ortsausgang in Richtung Foria achten), ℘ 0974/930029, www.agriturismosanleonardo.it.

- *Bar/Gelateria* **TIPP! La Pergola**, Bar, Pasticceria und Eiscafé an den zentralen Piazza, tolle Auswahl an kalorienreichen Produkten und verführerische Kreationen hausgemachter Eiscreme, nette Freiplätze auf der Veranda. Im Winter Di Ruhetag. Piazza San Nicola.

Marina di Camerota   (ca. 3500 Einwohner)

Ein lebhaftes Städtchen, das sich erfolgreich dem Tourismus geöffnet hat, ohne dabei seine eigene Identität preiszugeben. Im Hafen liegt die größte Fischereiflotte des Cilento vor Anker. Bei gutem Wetter starten von hier die Boote zur Baia degli Infreschi.

Marina di Camerota ist kein Ort, in dem sich Sehenswürdigkeit an Sehenswürdigkeit reiht, aber ein exzellenter Ausgangspunkt zur Erkundung der südlichen Cilento-Küste und des Hinterlandes rund um den Monte Bulgheria (→ S. 171). Wie in Palinuro sind auch hier die **Höhlen und Grotten** zumeist vom Wasser aus zugänglich und stehen zudem unter besonderer Beobachtung: Paläontologen geben sie Aufschlüsse über die Kontinentaldrift und die Entstehung der Karstphänomene. In der **Grotta della Cala** fand man Faustkeile und steinzeitliche Knochen. Die Höhle diente vor rund 80.000 Jahren dem *Homo camerotonsis* – einem steinzeitlichen Vorfahren des Menschen, verwandt mit dem Neandertaler – als Wohnstatt. Ein seltsames Kuriosum verbirgt sich in einer weiteren Höhle an der östlichen Peripherie der Küstenstadt: In der vom gleichnamigen Strand zugänglichen **Grotta di Lentiscelle** befindet sich ein Bootstorso mit Kultstatus. Mit der nur 9 m langen Nussschale segelten 1880 drei Auswanderer, u. a. der aus Marina di Camerota stammende Pietro Troccoli, von Montevideo nach Livorno – ein nautisches Meisterstück. Ihre Schaluppe tauften die Abenteurer *Leone di Caprera,* eine Hommage an Giuseppe Garibaldi, der viele Jahre auf der Insel Caprera zwischen Sardinien und Korsika verbracht hatte. Die drei Matrosen hatten ein goldenes Schwert an Bord, eine Ehrengabe der Bürger von Montevideo für den verdienten Freiheitskämpfer und Einiger Italiens. Kein Wunder, dass der „Löwe von Caprera" zur nationalen Reliquie wurde. Seit März 2007 wird das Boot in Livorno gründlich überholt, soll aber nach Abschluss der Arbeiten wieder an seinen alten Platz zurückkehren.

Die einwohnerstärkste Stadt der *costiera cilentana* war noch im 17. Jh. nicht mehr als ein kleiner Fischerhafen. Dies änderte sich mit dem Ausbau der Küstenwachtürme: Mit der nachlassenden Bedrohung von der See her entwickelte sich ein blühendes Seilerhandwerk. Die aus Naturmaterialien gefertigten Stricke waren ein Exportschlager und wurden bis nach Venedig hinauf gehandelt. Den wirtschaftlichen Niedergang im 19. Jh. konnte das heimische Handwerk indes nicht aufhalten. Wie in anderen Städten emigrierten die Menschen nach Übersee, um vorzugsweise in Südamerika Arbeit und eine neue Heimat zu finden. Ähnlich wie in der 6 km entfernt im Hinterland gelegenen Stadt Camerota (→ S. 168) erinnern zahlreiche Denkmäler und Straßennamen an Uruguay, Bolivien und Venezuela (→ S. 160).

Abseits vom umtriebigen Hafen sind die Gassen ruhig. Typisch süditalienische Atmosphäre und ein ungewohnter Hauch von Urbanität empfängt die Flaneure, die alle irgendwann auf der lebensfrohen, geschmackvoll gepflasterten **Piazza San**

Südlicher Cilento

Domenico landen. Beim Patronatsfest werden die Statuen der Muttergottes und des hl. Dominikus mit Geldscheinen und vielen auf Zetteln notierten Wünschen dekoriert durch die Straßen getragen. Die Verehrung des Heiligen und Ordensgründers geht auf ein Wunder im Jahr 1937 zurück, als vier Fischer auf dem Rückweg von Pisciotta im Unwetter bereits verloren schienen. Einer warf das Bild des Heiligen ins Wasser, woraufhin sich die Wellen schlagartig glätteten. An der Piazza überzeugt die barocke Pfarrkirche Chiesa di San Alfonso im Innern mit ästhetisch freundlichen Farben.

Venezuela – kollektiver Auszug ins gelobte Land

Mit Beginn der industriellen Revolution riss die Landflucht im Mezzogiorno gewaltige Lücken ins soziale Gefüge der Dörfer und Städte. Lange vor dem Gastarbeiterstrom über die Alpen emigrierte man von hier aus bevorzugt nach Venezuela und in andere Staaten Südamerikas. Zwischen dem Ersten und dem Zweiten Weltkrieg suchte man dort für die Erschließung der Ölquellen händeringend nach Arbeitskräften. Als sich die Nachricht auch bis zur Cilento-Küste herumgesprochen hatte, wagte sich der erste Pionier aus Marina di Camerota über den Atlantik ins gelobte Land. Seine Briefe nach Hause machten die Runde, und bald folgten ihm weitere *Marinai,* wie die Bewohner heißen. Ein wahrer Exodus nach Übersee setzte ein, der die Hafenstadt beinahe komplett entvölkerte. Natürlich profitierten die wenigen, die zu Hause blieben, von den Geldsendungen, die regelmäßig aus der Fremde eintrafen, ganz besonders zum Fest des hl. Dominikus.

Bis heute fühlt sich die Stadt eng mit Südamerika verbunden. Allenthalben stoßen Reisende auf den Namen Simón Bolívar: Eine Durchgangsstraße ist nach dem Freiheitskämpfer benannt, an exponierter Stelle am Hafen ist ihm ein Denkmal gewidmet. Alljährlich im Frühsommer findet das große venezolanische Volksfest Chèvere statt – mit heißen Samba-Rhythmen, einer Miss-Latina-Wahl und kulinarischen Spezialitäten von der anderen Seite des Ozeans.

*I*nformation/*D*iverses

• *Information* Das örtliche **Pro-loco-Büro** befindet sich am Hafen, gute Hintergrundinfos zu den Grotten (engl.), aktuelle Übernachtungsverzeichnisse. Tägl. 9–13 und 15–19 Uhr. ℡ 0974/932900, www.marinadicamerota.it. Homepage des **Hafens:** www.portodicamerota.it.

• *Post* Nähe Hafen. Via Sulmona 2, ℡ 0974/932102.

• *Internet* Kleines Internet-Center am Altstadtrand. *G & A,* Via Nazario Sauro 4.

• *Anfahrt/Verbindungen/Unterwegs* **Pkw:** Schnellste Anfahrt vom Cilento-Highway (SS 18) über die SS 447 nach Palinuro, dann auf der SS 562 entlang der Küste. Längere Bergstrecke vom Golf von Policastro (25 km auf der SS 562 bis zum Ende der SS 18 bei Policastro Bussentino). Der

Hauptverkehr wird um die Stadt herumgeleitet, im Ort Einbahnstraßenverkehr. Die Zufahrt ins Zentrum endet automatisch am Hafen, dort genügend Parkplätze Nähe Stadtstrand San Domenico (im Sommer kostenpflichtig, Wohnmobile erlaubt, Fr vormittag wegen Wochenmarkt gesperrt).

Bus: Busse u. a. nach Palinuro und Sapri mit *Infante.* Die Gesellschaft unterhält im Zentrum ein Verkaufsbüro (aktuelle Fahrpläne, Verkauf von Bus-, Boots- und Zugtickets). Mo–Fr 9–13 und 16.30–19.30 Uhr (auch Sa vormittag), Via Nazario Sauro 65.

Taxi/Mietfahrzeuge: Taxi-Service sowie Pkw- und Vespaverleih über *Calicchio Viaggi,* Via Marsicano 27, ℡ 0974/935054, www.calicchioviaggi.it.

Lebhaftes Fischerstädtchen Marina di Camerota

Fähre: Juni–Sept. mit der *Metro del Mare* nach Sapri und zu den anderen Küstenorten (→ S. 32).

• *Feste/Veranstaltungen* **Patronatsfest**, San Domenico mit Prozession (3./4. Aug.), ein weiteres Fest in Gedenken an das Fischerwunder (→ S. 160) am 1. So im März.

Meeting del Mare, Open-Air-Konzerte, Ausstellungen, Symposien, letztes Wochenende im Mai.

Chèvere, venezolanisches Volksfest, Ende Mai/Anfang Juni, www.cheverevent.it.

Festa della Madonna del Carmine, Marienprozession, Markt und Feuerwerk, Mitte Juli.

Sagra del Pesce azzurro, Gastrospektakel mit Fischerflair, Ende Aug.

Wochenmarkt, mit vielen Ständen auf dem großen Hafenparkplatz, Fr vormittag.

• *Bootstouren* Mitte Juni–Mitte Sept. routinierter Pendelservice zwischen Hafen und den Badebuchten an der Costa degli Infreschi (→

S. 165), z. B. mit der *Cooperativa Cilento Mare* (die Bootsfahrt entlang der Steilküste ist ein Erlebnis, das man keinesfalls missen sollte; 5 € für die einfache Fahrt). Mehrere Gite-in-Barca-Pavillons am Hafen organisieren Ausflugsfahrten zur Baia degli Infreschi oder zum Capo Palinuro (→ S. 151), u. a. *Noleggio Barche Saturno* (15–30 € für Hin- und Rückfahrt zur Baia degli Infreschi, abhängig von der Personenzahl, Dauer 3 Std.). Fahrten verteuern sich in Vor- und Nachsaison, wenn die Boote nicht ausgelastet sind.

• *Tauchen* In Hafennähe bietet das *Diving Center Marina di Camerota* Tauchexkursionen zum Capo Palinuro (→ S. 151) und zur Baia degli Infreschi an (Dependence am Mingardo-Strand Richtung Palinuro). Lungomare Trieste 29, ✆/✉ 0974/932605, www.divingcamerota.com.

• *Pescaturismo* Lamparata-Nachtfischen mit anschließender Grillfete am Strand (4–5 Std., Abfahrt 20–21 Uhr). ✆ 338/4514896.

Ü̈bernachten/Camping (siehe Karte S. 162/163)

**** Residence Baia Infreschi (3), zentrumsnahe, ruhig gelegene Hotelresidenz ohne Empfangsbereich und Restaurant (kein Frühst.). Neubau mit Swimmingpool, schön eingerichtete Apts. für 2–3 bzw. 4–5 Pers. mit Küche. Direktion tagsüber nicht besetzt.

Apt. ab 280 €/Woche. Via Bolivar, ✆ 0974/379613, ✉ 0974/932585, www.residence-baiainfreschi.com.

*** La Scogliera (4), empfehlenswertes, freundliches Hotel am Hafen, kürzlich renovierter Nachkriegsbau, einige Zimmer mit

Hafenblick, Restaurant. Anfang Mai–Ende Okt. DZ 70–90 € (Vollpensionspflicht im Aug., dann teurer). Via Lungomare Trieste 97, ✆/✉ 0974/932019, www.lascoglierahotel.it.

** **Brera (9)**, charmantes Hotel in einer ruhigen Seitengasse im Zentrum, einfache Zimmer und romantische Dachterrasse. Exzellentes Restaurant (→ S. 164). Ende März–Ende Okt. (im Sommer pensionspflichtig). DZ 65 € (bei Halbpension im Juli/Aug. 120 €). Via Sant'Alfonso 29, ✆ 0974/939086.

*** **Delfino (8)**, einfaches, familiäres Hotel an der Durchgangsstraße, ruhige Zimmer nach hinten raus, 22 Zimmer, schöne Terrasse, eigener Strandabschnitt. Dez. geschlossen. DZ 55–70 € inkl. Frühst. (Aug. Pensionspflicht). Via Bolivar 45, ✆ 0974/932239, ✉ 0974/932979, www.albergodelfino.com.

● *Agriturismo* **Nonna Rosa**, ursprünglich gebliebener Bauernhof oberhalb der Marina, schnuckeliges Steinhaus, einfache Zimmer, hübsche Sitzplätze im Freien. Ideal für Ferien auf dem Land, empfehlenswertes Restaurant mit lokaltypischer Landküche (Gemüse, Kräuter aus dem Garten, hausgemachte *pancetta*, eigener Wein), Anfang April–Mitte Nov. DZ 90–130 €. Loc. Monte di Luna (Richtung Lentiscosa, dann rechts die Via San Talamo den Berg hoch), ✆/✉ 0974/939058, www.nonna-rosa.de.

● *Ferienwohnung* **Baia della Luna**, Landhaus in traumhafter Alleinlage hoch über der Costa degli Infreschi, zwei ruhige 4-Pers.-Apts. mit Küche und Bad, Veranda mit Korbsesseln und Pool. April–Ende Okt. Apt. ab 320 €/Woche. Loc. Monte di Luna, ✆ 0221/4249422 (in Deutschland!), ✉ 0221/4064551, www.italimar.com.

● *Camping* *** **Villaggio dell' Isola (2)**, empfehlenswerte, freundliche Anlage 1 km vom Zentrum entfernt, gepflegtes Terrassengelände oberhalb des Sandstrandes (eigener

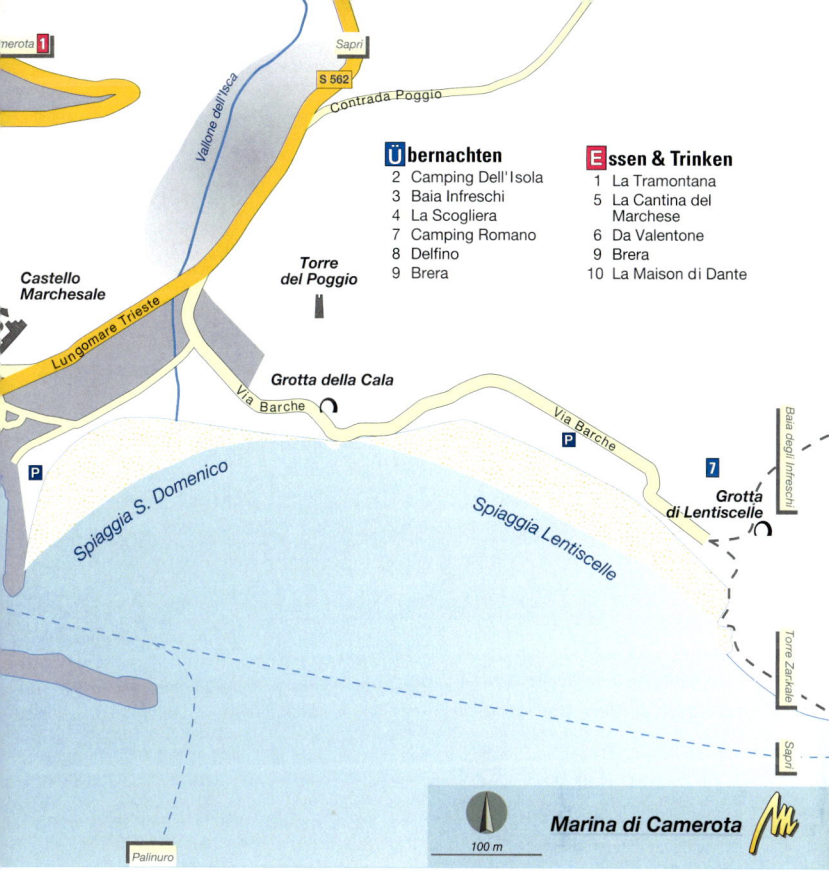

Übernachten

2 Camping Dell'Isola
3 Baia Infreschi
4 La Scogliera
7 Camping Romano
8 Delfino
9 Brera

Essen & Trinken

1 La Tramontana
5 La Cantina del Marchese
6 Da Valentone
9 Brera
10 La Maison di Dante

Castello
Marchesale

Torre
del Poggio

Grotta della Cala

Via Barche

Via Barche

Baia degli Infreschi

Grotta
di Lentiscelle

Spiaggia S. Domenico

Spiaggia Lentiscelle

Torre Zarkale

Sapri

Marina di Camerota

100 m

Palinuro

Abschnitt mit Strandliegen und Sonnenschirmen), schattig unter Olivenbäumen. Mitte April–Ende Aug. 2 Pers. mit Zelt 16–38 € (auch Bungalows). Loc. Sirene (Richtung Palinuro), ✆ 0974/932230, www.villaggioisola.it.

Romano (7), einfacher, zentrumsnaher Zeltplatz, tolle Lage unter Olivenbäumen, versteckt am äußersten Ende des Lentiscelle-Strandes. Juni–Sept. 2 Pers. mit Zelt 10–21 € (auch Bungalows). Spiaggia Lentiscelle, ✆ 0974/932542, ✆ 0974/939757.

Essen & Trinken

Marina di Camerota ist ein gutes Pflaster, um leckere Fischgerichte und die traditionelle cilentanische Küche zu genießen. Weitere Restaurantempfehlungen in Lentiscosa (→ S. 165) und im Ortskapitel Camerota (→ S. 170).

Da Valentone (6), alteingesessene Trattoria auf der zentralen Piazza, urgemütliche Terrasse, landestypische Pasta- und Gemüsegerichte, empfehlenswerte Antipasti. Menü ab 25 €. Ostern–Okt. mittags und abends. Piazza San Domenico 4, ✆ 0974/932004.

TIPP! **Cantina del Marchese (5)**, in einer Seitengasse verstecktes Traditionslokal, rustikales Ambiente und feinste *cucina ci-lentana*. Serviert wird auf Holztischen zwischen Verkaufsregalen (auch gute Einkaufsadresse!), gute Weinauswahl, Vollkornpizza und herzhafte Gemüsegerichte. Menü ab 20 €. Im Sommer tägl. mittags und abends, ansonsten nur Fr–So, Nov.–Febr. geschlossen. Via del Marchese 15, ✆ 0974/932570, www.lacantinadelmarchese.it.

Marina di Camerota: stimmungsvolle Piazza im Stadtzentrum

La Maison di Dante (10), Altstadtlokal mit Flair, grundsolide landestypische Küche, die Wohlgerüche aus der Küche ziehen durch die Gaststube. Menü um 30 €. Ganzjährig mittags und abends, Di Ruhetag. Via Duca D'Aosta 29, ☎ 0974/932302.

Brera (9), eine Institution im Cilento, guter und freundlicher Familienbetrieb mit ausgezeichneten etwas teureren Fisch- und Pastagerichten; die frischen Goldbrassen probieren! Stimmungsvoller Vorgarten inmitten der Altstadt. Ganzjährig geöffnet, auch Zimmervermietung (→ S. 162). Via Sant'Alfonso 29, ☎ 0974/939086.

La Tramontana (1), idyllisches, hoch über dem Meer gelegenes Ausflugslokal, man sitzt auf Holzbänken unter schattigen Bäumen. Der Weg lohnt sich: solide Hausmannskost, tägl. wechselnde Fischgerichte, auch Pizza. Menü 15–25 €, Pizza um 5 €. Ganzjährig geöffnet. Loc. Teano (an der Straße nach Camerota), ☎ 347/5652879.

● *Bar/Gelateria* Die **Pasticceria Napoletana** am Hafen hat die bestbestückte Süßwarentheke weit und breit. Lungomare Trieste 71, ☎ 0974/379648.

Gelateria Gran Caffè, leckeres Eis (u. a. die Eigenkreation Feige-Karamell), Freiplätze mit Hafenblick. Lungomare Trieste 83 (Nähe Hotel La Scogliera).

Baden

Herrlich sauberes Wasser zeichnet auch die Strände in und um Marina di Camerota aus. Die Blaue Flagge weht hier fast schon selbstverständlich, und nur wenige Orte konnten sich bislang so häufig mit den Fünf Segeln schmücken. Es gibt drei zentrumsnahe Strände: östlich vom Hafen die Spiaggia San Domenico und – weiter abgelegen – die Spiaggia Lentiscelle, ein Kiesstrand, zu dem eine Stichstraße führt (am Ortsende rechts abzweigen; Parkplätze und kleines Fischrestaurant direkt am Meer). Der schönste Stadtstrand ist allerdings die westlich gelegene **Spiaggia di Calanca,** eine wundervolle Sandbucht, begrenzt durch Felsen, im Hochsommer allerdings ziemlich überfüllt. Ein kleiner Parkplatz liegt am Ende der Via Mazzeo, dann auf dem Treppenweg absteigen.

• *Lido* **Calanca Beach Bar**, freundliche, in eine Felsengrotte hineingebaute Snackbar, vermietet Sonnenschirme und Liegestühle für günstige 5 €/Tag in der NS, in der Hauptreisezeit 10 €. Ostern–Nov. tägl.

Strände in der Umgebung: Westlich beginnen hinter dem Capo Grosso die langen Sandstrände der cilentanischen Riviera, viele von ihnen auf kurzen Wegen von der Küstenstraße erreichbar und in der Nebensaison, abgesehen vom Wochenende, menschenleer (der lange Mingardo-Strand ist im Ortskapitel Palinuro auf S. 156 beschrieben). Im Osten hingegen ist die Küste steil und felsig (Costa degli Infreschi): Hier kommt man nur mit dem Boot in die kleinen, verschwiegenen Buchten, darunter die romantische Cala Fortuna (Glücksbucht nannten die Fischer diesen Ort wegen der ergiebigen Fanggründe), die Cala di Monte di Luna (im Schatten des sog. Mondberges ragt ein kühner Felssolitär aus dem Wasser – ein Wahrzeichen der Cilento-Küste) oder die Cala Bianca, die sich unterhalb der Tonbrüche befindet, in denen die Töpfer von Camerota (→ S. 168) früher ihren Rohstoff gewannen. Die Spiaggia Pozzallo in der Cala Bianca ist zwar in punkto Romantik nur schwerlich zu überbieten, allerdings längst kein Geheimtipp mehr. Die Königin der Badebuchten ist die **Baia degli Infreschi.** Der Naturhafen wird im folgenden Absatz ausführlicher beschrieben. An der Cala Bianca sowie in der Baia degli Infreschi gibt es je eine Strandbar mit Saisonbetrieb (an der Baia degli Infreschi sogar einige Umkleidekabinen mit einfachstem Standard), Boote bringen die Badegäste vom Hafen hin und zum Hafen zurück (→ „Bootstouren", S. 161). Auch auf Schusters Rappen lassen sich die beiden Kiesbuchten erreichen (→ „Wanderung 5", S. 167).

Umgebung/Wandern

Lentiscosa: Hinter Marina di Camerota schwingt sich die Küstenstraße (SS 562) serpentinenreich in die Höhe. Erste Station in Richtung Golf von Policastro ist das Bergdorf Lentiscosa, ein Aussichtsbalkon 300 m über dem Meer. Auffallend ist die Majolika-Kuppel der Chiesa Santa Maria ad Martyres aus dem Jahr 1493 im Zentrum. Der Ortsname leitet sich vom Matixstrauch ab, der an den Hängen im Frühjahr gelblich-weiß blüht. Vor dem Ortseingang rechts liegt das kleine Sanktuarium Santa Rosalia: Vom Vorplatz überblickt man die Cilento-Küste bis zum Capo Palinuro.

• *Essen & Trinken* **TIPP! La Locanda del Curato**, hier stimmt einfach alles: sowohl das Ambiente als auch die Qualität der Küche. Die volkstümliche Osteria genießt im südlichen Cilento den besten Ruf, die Karte ist auf lokaltypische Gemüse- und Fleisch-gerichte spezialisiert (empfehlenswert ist das Polentagericht *Maricciata con Broccoli*). Stilvolle Terrasse im Grünen, nur wenige Schritte vom Zentrum entfernt. Menü ab 15 €. Im Sommer tägl., sonst Fr–So nur abends. Via Infreschi, ✆ 0974/936263.

Torre Zancale: Der Küstenwachturm auf einem Bergsporn über dem Meer ist einer von zwölf Wehranlagen rund um Marina di Camerota aus der zweiten Hälfte des 16. Jh. und nur zu Fuß zu erreichen. Vom Startpunkt am Lentiscelle-Strand ist der gut ausgebaute Küstenweg bereits zu erkennen, der nach 20 Min. am Wachturm endet. Ein wilder Karstabhang lädt zu einer Picknickpause ein, von der anderen Seite blickt man auf die Glücksbucht und auf den Monte di Luna. Da es hier nicht weitergeht, entweder auf demselben Weg zurück oder nach wenigen Metern den Serpentinenpfad rechts den Abhang hoch. Oben geht's abermals rechts an einem Familienanwesen vorbei, bis der Pfad vor dem Eingang endet. An der Toreinfahrt die Zufahrt hinabgehen, bis ein markierter Weg nach links abzweigt. Dieser endet wieder unten an der Spiaggia Lentiscelle.

Südlicher Cilento

Die Königin der Buchten: Baia degli Infreschi

Costa degli Infreschi e della Masseta

Zwischen Marina di Camerota und dem Golf von Policastro liegt der faszinierendste Küstenabschnitt des Cilento. Die zerfaserte Steilküste ist in höheren Lagen bewachsen von Gras, Macchia, Eichen und knorrigen Olivenbäumen, dazwischen zeigen sich immer wieder blanker Fels und schroffer Karst. Häufig vorkommendes Dolomitgestein hat dem Abschnitt auch den Beinamen *costa dolomitica* gegeben. Der Küstenverlauf zwischen der Torre Zancale (→ S. 166) und dem idyllischen Fischerort Scario (→ S. 183) erschließt sich am wirkungsvollsten vom Boot aus, aber auch zu Fuß ergeben sich immer wieder spannende Einblicke in die komplexe Topografie (→ Wanderungen 5 und 6, S. 167 u. 180 und das Ortskapitel Scario, S. 183). Die Costa degli Infreschi ist ein sensibles Ökosystem: 5200 ha stehen unter besonderem Schutz (Parco Marino di Punta degli Infreschi), weshalb Boote nur mit abgestelltem Motor in die auch hier zahlreich vorhandenen Grotten hineingleiten dürfen. Längst vorbei sind natürlich die Zeiten, in denen Schmuggler und Piraten die vom Meer zugänglichen Kalkhöhlen als Lager für ihr Raubgut nutzten. Der Volksmund belegte die Felsen im Wasser und die Stalagmiten in den Grotten mit fantasievollen Namen. Zwischen dem südlichsten Punkt des Cilento-Nationalparks und dem Golf von Policastro heißt der Küstenstrich Costa della Masseta.

Die älteren Einheimischen kennen noch die Geschichte der jungen Liebenden, deren Verbindung bei den Eltern auf Ablehnung stieß. Das Paar lief weg und fand durch Zufall den Eingang zu einer Höhle, wo es im Schutz der Felsen das vollzog, was ihm außerhalb untersagt war. Natürlich wurde hinterher trotzdem geheiratet – und zwar mit dem Segen der Eltern. Die Höhle heißt seither **Grotta degli Innamorati** (Höhle der Verliebten).

Marina
di Camerota

Campingplatz
Romano

Grotta di
Lentiscelle

Spiaggia
Lentiscelle

Start

Torre Zancale

Cala Fortuna

Monte di Luna

Cala
Monte di Luna

Serra degli Infreschi

Grotta degli
Infreschi

Ziel

Baia degli
Infreschi

S. Lazzaro

Torre degli
Infreschi

Cala Bianca

Torre
Cala Bianca

Torre degli
Iscolelli

Mar Tirreno

500 m

Wanderung 5
Baia degli Infreschi

Die bekannteste Bucht an diesem Küstenstrich ist die **Baia degli Infreschi,** in manchen Karten auch als Porto degli Infreschi verzeichnet. Tatsächlich ist die wildromantische Bucht ein Naturhafen, den Fischer und Seefahrer seit der Antike immer wieder als sicheren Ankergrund nutzten. Im 17. Jh. betrieb der Marchese von Camerota hier eine Ölpresse, und im 19. Jh. kamen die Fischer von der Marina zum Tunfischfang hierher. Die unterirdischen Süßwasserquellen in der Grotta degli Infreschi färben das Wasser smaragdgrün und sind Namensgeber für die Höhle, die Bucht und die gesamte Küste: Kaltes Süßwasser sorgt für eine erquickende Thermik – in der Tat ein erfrischender Ort! Die kiesbedeckte Strandsohle bietet kaum Platz genug, um das Handtuch auszubreiten. Im Sommerhalbjahr steuern Boote von Marina di Camerota und Scario das Idyll an.

• *Essen & Trinken* **Il Pirata**, hier herrscht in der Tat muntere Freibeuter-Atmosphäre. Wenige rustikale Bänke zwischen Felsen, Grotten und kargen Büschen, Holzbar. Gekocht wird auf dem Boot (Fisch- und Fleischgerichte, auch Barbetrieb). Mitte Juni–Mitte Sept. Porto Infreschi, ✆ 330/559006.

Wanderung 5: Küstenweg zur Baia degli Infreschi

Charakteristik: Ein Klassiker unter den Küstenwanderungen im Cilento, ein leicht zu gehender Weg, der keine größeren Anforderungen stellt. Wer nicht auf demselben Weg zurück möchte, nimmt von der Baia degli Infreschi das Boot (in der Vor- und Nachsaison am besten vorher im Hafen vereinbaren). Der Ausflug kann auch in umgekehrter Richtung gemacht werden: zuerst mit dem Boot und zu Fuß zurück. Wenig Schatten, von Mitte Juni bis Mitte September ist am Ziel eine Einkehrmöglichkeit vorhanden (→ oben), einfache Gehzeit 2:30 Std.

Wegbeschreibung: Startpunkt ist der Lentiscelle-Strand in Marina di Camerota, vom hintersten Ende geht's links an der Grotta di Lentiscelle mit der Bootsreliquie (→ S. 159) vorbei bergauf, bis der Pfad oben an einem Fahrweg endet. Auf diesem nach links bis zur nächsten T-Kreuzung, von dort auf der Via Monte di Luna nach rechts gehen. Nach ca. 2 km beschreibt der Weg ansteigend einen Schwenk nach links, um eine Gruppe Häuser anzusteuern. Bei dieser Gelegenheit der Markierung (C.M. 11) nach rechts folgen und die Straße verlassen. Bei der folgenden Wegkreuzung mit Blick auf die Küste geradeaus und danach alle weiteren Abzweigungen ignorieren. Der Schotterweg nimmt absteigend Kurs auf die Cala Bianca (→ „Baden", S. 165), im Hintergrund ist der Küstenwachturm Torre di Cala Bianca zu sehen. Der Weg steigt in ein Seitental ab und quert unten ein Trockenbett (kurz davor zweigt der Pfad zur Spiaggia Pozzallo rechts ab). Anschließend verengt er sich und wird zum Pfad, der den Hügelrücken gewinnt, danach ein weiteres Seitental quert, um abermals die Höhe anzusteuern. Oben trifft er auf einen Wirtschaftsweg: hier links und bei der ersten Gelegenheit (ohne Markierung) wieder rechts halten. Vorbei an einer kleinen Kapelle (Chiesetta di San Lazario) führt der Weg hinunter zur Bucht.

Camerota   (ca. 1400 Einwohner)

Der 300 m hoch gelegene Mutterort der Marina *(capoluogo)* reckt sich wie ein Meteora-Kloster in die Höhe. In der mittelalterlichen Altstadt trifft man auf malerische Winkel, enge Gassen und die Reste eines Kastells auf der Spitze des Hügels.

Im mächtigen Schatten des Monte Bulgheria (→ S. 171) und nur 2 km Luftlinie vom Meer entfernt stößt der Besucher hinter jeder Biegung auf die Vergangenheit. Am besten erschließen sich die sehenswerten Feinheiten bei einem geführten Rundgang des umtriebigen Heimatvereins (→ S. 170). Neben der Weidenflechterei ist in den Straßen und Gassen das **Terrakotta-Handwerk** heimisch, wie unschwer an den Geschäften zu erkennen ist, die bemalte und rohe Gebrauchs- und Schmuckkeramik feilbieten. Der späte Nachmittag ist die beste Tageszeit, um den Künstlern bei der Arbeit über die Schulter zu schauen. Nach traditionellem Verfahren formten sie den Ton zu geschwungenen Krügen, *mommole* genannt, deren poröse Haut das

Im Schatten des Monte Bulgheria: Camerota

Trinkwasser über einen langen Zeitraum frisch hielt. Insgesamt ist die Struktur dörflich, Touristen verirren sich eher selten hierher. Aber das kann sich ändern: Ein erstes Privatquartier in der Altstadt war zum Zeitpunkt der letzten Recherche gerade im Entstehen (Piazza San Daniele).

Geschichte: Der Legende zufolge verliebte sich der Steuermann Palinuros (→ S. 150) in eine schöne Frau namens Katamaròn, wurde von ihr jedoch schnöde zurückgewiesen. Zur Strafe verwandelte Aphrodite sie in einen Stein. Das griechische Wort *Katamaròn* bedeutet aber auch Gewölbe, was sich sowohl auf die Hauskeller als auch auf die Küstengrotten beziehen kann. In den Gotenkriegen suchten zahlreiche Bewohner auf dem Hügel Schutz. Die vorhandene Befestigung wurde in der Folge zu einer der besten Verteidigungsanlagen im südlichen Cilento ausgebaut, was jedoch 868 n. Chr. die Sarazenen nicht daran hinderte, die Stadt einzunehmen. Die Eroberer bauten das Kastell aus und

Camerota: Immer wieder gewährt die Altstadt überraschende Durch- und Einblicke

blieben fast ein halbes Jahrhundert: Neben Agropoli (→ S. 74) wurde Camerota somit zur zweiten Sarazenen-Hochburg im Cilento. Nach Abzug der Fremden änderte im 13. Jh. Karl I. von Anjou die Herrschaftsverhältnisse radikal, indem er die Ländereien treu ergebenen Rittern französischer Abkunft zum Lehen gab. Auf diese Weise gelangte Camerota in den Besitz eines gewissen Egidio di Blemur. Im Schicksalsjahr 1552 wurde die Stadt auf dem Berg das Opfer des grausamen Osmanen Turgut Reis, der Camerota brandschatzte und viele Gefangene in die Fremde verschleppte. Die Einwohnerzahl reduzierte sich um 90 „Herdfeuer" *(fuochi),* die Festung wurde noch im selben Jahr wieder aufgebaut.

Mitte des 17. Jh. machte Camerota abermals auf blutig-martialische Weise von sich reden: Am 23. Juli 1647 rebellierte das Volk gegen ein berühmt-berüchtigtes Adelsprivileg: das **Recht der ersten Nacht** *(ius primae noctis).* Nach der Festsetzung des Privilegs wurde der Körper des Marchese Paolo II., gegen den sich der Aufstand richtete, zerstückelt und in alle Winde verstreut. Leider brachte das Gemetzel nichts: Paolos Nachfolger wollte nicht auf sein kostbares Privileg verzichten. Noch heute sind einige Gassen in Camerota nach den anatomischen Teilen des Fürsten benannt.

Sehenswertes: Eines von ursprünglich drei Zugangstoren ist noch erhalten (Porta di Susa), auf den Streifzügen durch die Gassen stößt man auf Kirchen (zumeist ver-

Südlicher Cilento

schlossen) und Adelspaläste mit Wappen über den Renaissance-Torbögen, z. B. auf den Palazzo Salerno mit gotischen Spitzbögen am Vorplatz. Die Via degli Emigranti verweist auf die nach Südamerika Emigrierten. An höchster Stelle befindet sich das **mittelalterliche Kastell**, das nach der Erweiterung durch die Angioviner neben der Zugbrücke und dem 30 m hohen Bergfried auch Reitställe, eine Folterkammer und angeblich einen Geheimgang in seinen Mauern barg. In einer Seitengasse versteckt liegt der Zugang zu einem kleinen **Museum** im ehemaligen Stadtkerker (Museo Civico dell'Artigianato). Fotos aus alten Zeiten vermitteln nostalgisches Flair, zwei Räume stellen einfachstes und bürgerliches Mobiliar zur Schau.

Öffnungszeiten Tägl. 17–20.30 Uhr, aber besser vorher anrufen. Eintritt frei. Via Armando Diaz, ℡ 0974/935289.

Die Hauptkirche am Eingang zur Altstadt – die **Chiesa di Santa Maria** – birgt im Innern ein paar Kostbarkeiten, z. B. ein Renaissancebild aus dem 15. Jh. hinter dem Hochaltar. Das Ölgemälde auf Holz zeigt die Madonna mit dem Kinde: Wer genau hinschaut, entdeckt den hauchzarten Schleier vor ihrem Antlitz.

● *Anfahrt* von Marina di Camerota 7 km auf der SP 66, Parkplätze am Altstadteingang vor der Hauptkirche. Mehrere Busverbindungen tägl. mit *Infante* von Marina di Camerota und Centola (Bahnhof; → S. 158).

● *Stadtführung* Der Verein *A.GA.T.A.* organisiert von Juni bis Sept. jeden Mo von 19 Uhr bis Mitternacht Stadtführungen, die sich unbedingt lohnen! Dem Besucher ansonsten verschlossene Türen zu Kulturdenkmälern und den Werkstätten der Kunst-

Künstlerdorf: Blick in eine Keramik-Werkstatt

handwerker *(botteghe)* werden auf dem Rundgang geöffnet. Ab 4 Pers. sind Exklusivführungen möglich (Arnaldo D'Alessio spricht Deutsch). Via Carmine 27, ℡ 347/1509316.

● *Einkaufen* **Franco Pellegrino**, der Keramik- und Terrakotta-Künstler, ist eine Institution in Camerota. Von April bis Okt. kann man den *maestro* in seinem Verkaufsatelier besuchen. Ansprechendes Sortiment im Laden an der Durchgangsstraße. Via S. Vito, ℡ 0974/935112.

● *Übernachten/Essen & Trinken* **Agriturismo Capo Canto**, abgelegener, ursprünglich gebliebener Hof mit schönem Blick auf Camerota, der Padrone ist Mitglied im Verband der Biobauern (eigene Wildschweinzucht). März–Okt. DZ 60–80 €. Loc. Capocanto (kurz vor Camerota links, 3 km auf schmaler Zufahrt), ℡/℻ 0974/935227, www.capocanto.com.

Del Borgo, Osteria, Snackbar und Bruschetteria am Eingang zum *centro storico*, urgemütliche Stube, auch für den kleinen Hunger zwischendurch (abends auch Pizza). Mi Ruhetag. Via Armando Diaz 11, ℡ 0974/935398.

Rianata a Vasulata, liebenswertes Restaurant an der Landstraße am Ortseingang von Camerota, der traditionellen Cilento-Küche verpflichtet, Enoteca. Tägl. wechselnde Gerichte; auch Pizza (um 4 €). Juni–Sept. tägl., sonst nur Sa/So. Via S. Vito 2, ℡ 0974/935136.

TIPP! **Al Castello**, unvergleichliche Lage am Kastell, urgemütliche Sitzplätze auf dem kleinen Hof, leckere Hausmannskost zu fairen Preisen (auf Bestellung Kaninchen, Ziege, Lammfleisch), auch Pizza. Menü ab 15 €, Pizza ab 4,50 €. April–Sept. tägl. mittags und abends, Mo Ruhetag. ℡ 0974/935009.

Löwe unter den Bergen im Cilento: Monte Bulgheria

Monte Bulgheria

Das 1225 m hohe Wahrzeichen der südlichen Cilento-Küste ist kaum zu übersehen. Wild präsentiert sich das Massiv vom Golf von Policastro, steil fällt der Kalksteinblock nach Norden hin ab. Von den vielen Wanderwegen bieten sich immer wieder herrliche Ausblicke auf die Costa degli Infreschi.

In der Tat ist der Monte Bulgheria ein ausgezeichnetes Wandergebiet, die klassische Aufstiegsroute auf den Gipfel beginnt in San Giovanni a Piro (→ S. 175). Auch an den spärlich bewachsenen Lavendelhängen zum Meer, an denen im Frühjahr Orchideen blühen, lässt es sich bestens laufen, das Bergdorf erweist sich auch hier als gut geeigneter Ausgangspunkt. Auf administrativer Ebene haben sich die Gemeinden zur *Comunità Montana Lambro e Mingardo* zusammengeschlossen. Der Zweckverband mit Sitz in Futani ist für die Markierung der Wege zuständig und hat im Jahr 2005 eine nützliche Wanderkarte im Maßstab 1:30.000 herausgegeben, die vor Ort allerdings nur schwer zu bekommen ist.

Wer beim Namen Bulgheria sofort an Bulgarien denkt, liegt wahrscheinlich richtig, denn es waren in der Tat Bulgaren, die nach dem Ende des Weströmischen Reichs im Gefolge der Byzantiner an die Cilento-Küste gespült wurden. Im letzten Drittel des 7. Jh. trat aus einer zweiten Einwanderungswelle ein ebenfalls aus Bulgarien stammender Söldnerführer *(condottiere)* hervor, der hier im Dienst der Langobarden gegen Byzantiner und Normannen kämpfte. Später begegneten sich an den abgeschiedenen Hängen basilianische Mönche (→ S. 19) und Flüchtlinge aus Velia und anderen Küstenorten, die sich wegen der zunehmenden Bedrohung vom Meer in die sicheren Höhenlagen zurückgezogen hatten. Zahlreiche Klöster, z. B. die in San Giovanni a Piro und in Roccagloriosa (→ S. 172), erwarben sich in der Folge große Verdienste, indem sie halfen, das geschundene Land wieder aufzubauen und zu entwickeln.

Der Berg ist ein Wechselbalg: Aus der neutralen Vogelperspektive ist das Bulgheria-Massiv ein lang gezogener, breiter Rücken, während es aus östlicher Richtung, vom Golf von Policastro aus gesehen, als Pyramide nach oben ragt. Vom Hinterland aus betrachtet wirkt der Berg hingegen wie ein ruhender Löwe, das erhabene Haupt nach Osten erhoben. Tatsächlich nennen ihn Einheimische deshalb auch **Löwenberg** (Monteleone). Nach Norden und Westen grenzt der Mingardo das Gebirge von der restlichen Cilento-Landmasse ab, u. a. in Gestalt eines tiefen Canyons (Gola del Diavolo). Nimmt man noch die natürliche Grenze durch den Küstenverlauf hinzu, entpuppt sich der Monte Bulgheria, ähnlich wie der Monte Stella im Norden (→ S. 112), vollends als geomorphologisch eigenständiges Gebiet. Geologen bestätigen die Sonderstellung des Berges, dessen Gesteinsschichten vielfältig sind wie bei keinem anderen: Vom Meer aus gesehen folgen auf schwarzen Trias und schwarzen Jura hellere Schichten von Kalkgestein erdgeschichtlich jüngeren Datums, darauf ruht fossilienreicher Mergel, gefolgt von weißem Kalk. Auf der Nordseite des Massivs wiederum dominiert der typische Cilento-Flysch (→ „Geologie", S. 14).

Roccagloriosa (ca. 1500 Einwohner)

Sehenswerte Festungsstadt zwischen Monte Bulgheria und Mingardo-Senke, von hier hat man den südlichen Cilento fest im Blick. Die strategisch überragende Bedeutung erkannten die Menschen schon im Altertum.

Die Aussicht von der Spitze des 498 m hohen Burgberges ist in der Tat fantastisch: Nach Süden erstreckt sich das Panorama vom Monte Bulgheria zum Golf von Policastro, nach Norden vom Monte Gelbison bis in die Basilikata. Kein Wunder, dass sich in und um Roccagloriosa Siedlungsspuren finden, die bis in die Bronzezeit zu-

Treppenaufgang in der Altstadt

rückreichen. In der Vergangenheit war der Ort wegen der strategisch wichtigen Position hart umkämpft, und es fügt sich durchaus ins Bild, dass Kaiser Friedrich II. Roccagloriosa als einzigen Cilento-Ort mit dem Prädikat *castra exempta* versah: eine reichsunmittelbare Festung unter persönlicher Aufsicht. Ein interessantes **Museum** im Ortszentrum präsentiert an zwei Standorten Objekte, die überwiegend aus lukanischen Nekropolen in der Umgebung stammen.

Wer heute von Norden auf dem Cilento-Highway (SS 18) den Golf von Policastro ansteuert, fährt nah an der Festungsstadt vorbei. Bei näherem Hinsehen erweist sich der Ort komplexer als vermutet: Nicht nur, dass die Sehenswürdigkeiten teils außerhalb liegen *(zona archeologica)*, auch besteht Roccagloriosa aus zwei eigenständigen Orten. Zunächst das *centro storico* unterhalb der Burg mit Kirchen, Klöstern und Palästen, hübschen Torbögen und den

Insignien der örtlichen Steinmetzkunst. Hier endet der Corso Umberto I als Sackgasse auf einer Piazza, die gleichzeitig spröde und anheimelnd wirkt. Der **Löwenbrunnen** aus dem Jahr 1893 ist eine Reminiszenz an die weltliche und die geistliche Macht (Fontana dei Tre Cannoli), unterirdische Kanäle leiten das Wasser zu einem öffentlichen Waschplatz. Das zweite Roccagloriosa ist das kleine **Felsennest Rocchetta,** ein autonomer Weiler abseits des Zentrums und ein verträumtes, ursprünglich gebliebenes Dorf mit wappenverzierten Toren rund um die liebliche Piazza San Nicola. Vermutlich im 6. Jh. von Bulgaren auf den Ruinen einer lukanischen Siedlung gegründet, wirkt es heute wie ein Freilichtmuseum.

Adelswappen in der Altstadt von Torre Orsaia

Geschichte: Auf beiden Stadthügeln gruben Archäologen Keramikscherben aus der Bronzezeit aus, aber erst seit dem 5. Jh. v. Chr. entwickelte sich 2 km nördlich des heutigen Zentrums eine bedeutendere lukanische Siedlung. Die Ausgrabungsstätte kann besichtigt werden (→ S. 174). Altertumsforscher entdeckten u. a. eine Bronzetafel mit oskischen Schriftzeichen, die Aufschlüsse über Verwaltung und Sozialstruktur im 4./3. Jh. v. Chr. gibt. Zu dieser Zeit war die Macht der hiesigen Lukanier auf dem Höhepunkt angelangt. Warum die Menschen die Stadt aufgaben, ist nicht bekannt; jedenfalls gründeten sie eine neue Siedlung im Bereich der beiden heutigen Teilorte von Roccagloriosa. Im Punischen Krieg unterstützte man Hannibal, was die Römer anschließend sanktionierten, indem sie den Ort mit einer Garnison belegten. Den weiteren Verfall lösten die zunehmenden Aktivitäten der griechischen Küstenkolonien im Hinterland aus; schließlich zog der römische Heeresführer Flavius Stilicho (ca. 365–408) nach seiner Landung am Golf von Policastro eine Spur der Verwüstung durch das Land.

In den Wirren der Gotenkriege befestigte ein byzantinisches Heer unter Narses den Burghügel, der später an die Normannen fiel. Robert Guiskard schenkte das Gebiet den Benediktinern und gab somit den Startschuss für einige Klostergründungen: Auch Basilianer, Zisterzienser, Malteser und Templer hinterließen in der Folge hier ihre Spuren. Nach Langobarden, Staufern und dem Haus Anjou übernahm das Adelshaus Sanseverino die Macht. Später fiel das Territorium an die neapolitanische Familie Carafa. 1552 brandschatzte Turgut Reis, der bereits in Camerota gewütet hatte, die Stadt (→ S. 169).

● *Anfahrt* Roccagloriosa ist mit eigener Ausfahrt rasch über die SS 18 erreichbar, Busse vom Bahnhof Centola und von Sapri bzw. Scario/S. Giovanni a Piro (*Curcio*).

● *Essen & Trinken* In und um Roccagloriosa wird zum Nachtisch gern **Torroncino** kredenzt: Die Nougatspezialität ist eine traditionelle Hochzeitsspeise und besteht aus Mandeln, Zucker, Öl und Wasser. Der Teig wird über dem Holzfeuer karamelisiert und anschließend mit dem Messer in mundgerechte Stücke zerlegt.

Südlicher Cilento

Trattoria Il Borgo, familiäres Ristorante im Ortszentrum, die *mamma* kocht. Klein, nett und freundlich, typische Cilento-Küche zu fairen Preisen, abends auch Pizza. Do Ruhetag. Corso Umberto I 43, ✆ 0974/4981423.

TIPP! **U' Trappitu**, Ausflugsrestaurant in einer Mühle im Teilort Aquavena. Einfache, handgeschriebene Karte, auf dem Zettel stehen schmackhafte Fisch- und Fleischge-

richte, die Pasta ist hausgemacht (abends auch Pizza), Freiplätze auf der Veranda. Menü 20 €. Mo Ruhetag, Mitte Nov.–Neujahr geschlossen. Via del Mare (an der Ortsdurchfahrt), ✆ 0974/980167.

Antica Caffetteria, überaus freundliches Café mit großzügigen Öffnungszeiten. **Info-Point** und erster Anlaufpunkt im Ortszentrum, nett gestaltete Innenräume. Corso Umberto I.

Sehenswertes

Zona Archeologica: Der kleine archäologische Landschaftspark 2 km nördlich von Roccagloriosa wurde mit EU-Mitteln finanziert, viel ist von der einst 15 ha großen Stadt der Lukanier nicht mehr erhalten. Das Prunkstück sind die Reste der ehemals 1200 m langen Stadtmauer – grob aufeinandergeschichtete Kalkquader von beträchtlicher Größe. 250 m vor dem Areal sind rechts der Zufahrt im Abstand von 50 m je zwei lukanische Grabkammern zu sehen. 1991 wurden die Ausgrabungen unter Leitung eines kanadischen Teams von der University of Alberta abgeschlossen (der Weg zur *zona archeologica* ist ausgeschildert).

Antiquarium: Eine überaus sehenswerte Antikensammlung an zwei Standorten im *borgo antico*. Zu sehen sind die Fundobjekte aus der *zona archeologica*, Tafeln mit oskischen Inschriften, lukanischer Bronzeschmuck von großer Anmut, Fibeln, Votivfiguren sowie Grabbeigaben aus Tonerde (Vasen und Öllampen). Didaktisch gut aufbereitete Erklärungen (engl./ital.) vermitteln eine plastische Vorstellung vom einstigen Aussehen der antiken Stadt. Der größte Teil der Sammlung befindet sich im Ortszentrum in der Chiesa Santa Maria dei Martiri aus dem Jahr 1509, in der einige Renaissancefresken erhalten sind. Die Großamphoren sind in einem eigenen Schauraum in der Altstadt präsentiert, das Museumspersonal erklärt den Weg.

Öffnungszeiten Juli/Aug. tägl. 17.30–20.30 Uhr, Juni/Sept. nur Sa/So, ansonsten nach Voranmeldung. Eintritt 1,50 €. Via Armando Diaz, ✆ 0974/981113.

Kastell: Von der Teerstraße, die das Zentrum mit dem Teilort Rocchetta verbindet, ist die Burgruine auf einem Pfad in wenigen Schritten erreichbar. Im Wesentlichen handelt es sich um einen exzellenten Aussichtspunkt, erst von hier oben lässt sich die Lage der Ortschaft richtig erfassen. Neben den Mauerresten aus dem 8./9. Jh. n. Chr. grüßt von oben die unscheinbare Cappella della Gloriosa, die alljährlich am 15. August im Mittelpunkt des religiösen Lebens steht.

Umgebung

Abstecher nach Torre Orsaia: Lebhaftes Städtchen ca. 5 km landeinwärts mit einem wuchtigen Campanile aus dem 12. Jh. im Zentrum (Torre Campanaria). Im Durchgang des Turms sind einige Fürstenwappen zu sehen. Die Pfarrkirche wurde im 19. Jh. komplett umgestaltet (Chiesa di San Lorenzo Martiri) und enthält einige bemerkenswerte Requisiten süditalienischer Volksfrömmigkeit, z. B. die Statue des Schutzpatrons rechts im Seitenschiff. Der Stadtrundgang bietet ebenfalls die eine und andere Überraschung, z. B. das öffentliche Waschhaus aus dem Jahr 1569 im oberen Ortsteil, das noch immer von den Frauen genutzt wird *(lavatoio pubblico)*.

● *Essen & Trinken* **TIPP!** **Osteria da Addolorata**, eines der urigsten Restaurants im Cilento, seit 1954 öffnet die mittlerweile in die Jahre gekommene *mamma* tägl. mittags und abends ihre gastliche Stube und bewirtet die Gäste mit authentisch-cilentanischen Gerichten. Menü 10–15 €. Via Pulsaria 15 (Ortsdurchfahrt, kein Schild), ✆ 0974/985669.

Abstecher nach Castel Ruggero: Winziges Bergdorf in strategisch günstiger Lage, nur einen Steinwurf von Torre Orsaia entfernt. Die Struktur ist ländlich, im Ortskern hat die Verwaltung des Nationalparks im Palazzo Pecorelli ein Studien- und Dokumentationszentrum eingerichtet (Zeitungsartikel, Schriften und Bücher); im Kellergewölbe wird eine Dauerausstellung mit Fotos zum Thema Emigration gezeigt. *Öffnungszeiten* Juli/Aug. Mo, Do und So 17–21 Uhr, sonst nach Voranmeldung an Werktagen. Eintritt frei. ✆ 347/6763033 oder 347/6527638.

Bester Blick auf den Golf von Policastro: San Giovanni a Piro

Südlicher Cilento

San Giovanni a Piro   (ca. 2000 Einwohner)

Groß gewachsenes Bergdorf und Hochburg der Basilianer auf einer fruchtbaren Terrasse zwischen Monte Bulgheria und Costa degli Infreschi gelegen. Ein idealer Ausgangspunkt für Wanderungen, die wichtigen Kulturdenkmäler befinden sich außerhalb des Zentrums.

Die rund 500 m hoch gelegene Bergkommune mit Küstenkontakt ist voll und ganz dem Golf von Policastro zugewandt: Atemberaubend ist der Blick auf das blaue Meer und die Berge der Basilikata. Eigentlich handelt es sich um zwei Ortschaften, die sich gegenseitig beäugen und mittels der Durchfahrtsstraße sorgsam voneinander getrennt sind. Der obere Weiler *(sopra)* ist ein bescheidenes Straßendorf mit der barocken Chiesa di San Gaetano im Zentrum; der untere Weiler *(sottana)* hingegen präsentiert sich als verwinkeltes Haufendorf mit der Chiesa di San Pietro in der Mitte. Die Pfarrkirche liegt an der Piazza T. Gaza, die an den griechischen Humanisten Theodorus Gaza (ca. 1400–1475) erinnert, der in San Giovanni a Piro begraben ist. Bester Ausgangspunkt für einen Rundgang ist die Piazzale Europa an der Durchgangsstraße.

Aristoteles und der springende Punkt: Theodorus Gaza

Im Jahr 1430 fiel Thessaloniki nach zweimonatiger Belagerung in die Hände des osmanischen Sultans Murat II.: Viele der Bewohner flüchteten, unter ihnen der junge Gelehrte Theodorus Gaza, den es zunächst nach Norditalien verschlug. Langsam arbeitete er sich in der Folge nach Süditalien vor und gelangte über die Stationen Mantua, Rom und Neapel in den Cilento. Gaza war ein echter Vertreter des *rinascimento* – der Wiedergeburt der Antike im Abendland. Er übersetzte die Werke von Hippokrates und Theophrast ins Lateinische und machte sich mit Neuinterpretationen der aristotelischen Schriften einen Namen. Unterstützt vom bildungsfreundlichen obersten Hirten in Rom, Papst Nikolaus V., wirkte er jahrelang im Cilento als Prokurator in der basilianischen Klosterabtei zu San Giovanni a Piro, wo sich noch heute sein Grabstein befindet.

Auch das berühmte geflügelte Wort vom „springenden Punkt" entstammt der Übersetzungstätigkeit des Humanisten: Aristoteles beschreibt in seiner neunbändigen *Tierkunde (Historia animalium),* wie sich im Eiweiß das Herz des werdenden Kükens als Blutfleck zeigt – ein winziger Punkt, der bereits hüpft und springt wie der kommende Vogel. Theodorus Gaza übersetzte die Passage mit *quod punctum salit iam et movetur ut animal* – der „springende Punkt" *(punctum saliens)* war geboren!

Der springende Punkt an der Sache? Mitte des 17. Jh. bestätigte der britische Mediziner William Harvey – der Entdecker des Blutkreislaufs – die aristotelische Beobachtung und übernahm auch dessen Ausdruck. Dank der Übersetzung des Humanisten aus Thessaloniki machte das Wort vom „springenden Punkt" die Runde und war hinfort aus dem europäischen Sprachschatz nicht mehr wegzudenken.

Die basilianische Abtei, in der Theodorus Gaza wirkte, kann besichtigt werden, ebenso wie das Santuario di Pietrasanta, ein populäres Pilgerziel vor den Toren des Bergdorfes. Wanderwege führen von San Giovanni a Piro auf den Gipfel des Monte Bulgheria und von der Wallfahrtskirche hinunter an die Costa degli Infreschi.

• *Information* Hilfsbereites **Pro-loco-Büro** in der Durchgangsstraße am Übergang von Alt- und Neustadt (wer den Monte Bulgheria besteigen will: hier gibt's Kopien der Wanderkarte Lambro-Mingardo). Mo–Fr 9– 13 und 16–18 Uhr. Via Nazionale, ☏ 0974/ 983332, www.sangiovanniapiro.com, www. comunedisangiovanniapiro.it.

• *Anfahrt* Das Bergdorf liegt an der Küstenstraße SS 562, die hoch über der Costa degli Infreschi die Marina von Camerota (16 km) mit Policastro (10 km) verbindet. Mit dem Bus von Bahnhof Centola *(Infante, Curcio)* und von Scario/Sapri mit *Infante, Curcio, Lamanna.*

• *Veranstaltungen* **Festa della Madonna di Pietrasanta,** Wallfahrtsevent am 31. Mai,

eine weitere Pilgerprozession am 14. Aug. (zu Fuß geht's von Policastro den Berg hoch). **Passianu e Magnannu,** Kultur- und Gastronomiefest, Mitte Aug. **Wochenmarkt,** auf der Piazza Mercato, Mo vormittag.

• *Einkaufen* **Anna Roberto,** ländlicher und überaus charmanter Laden mit Cilento-Lebensmitteln; frische Wurst, dazu Wein, Pasta, Honig und Gebäck. Via Nazionale 108/110 (unterhalb des Piazzale Europa), ☏ 0974/983411.

• *Übernachten/Essen & Trinken* **TIPP!** *** **Romeo,** das Hotel-Restaurant im Ortsteil Bosco ist eine Institution im südlichen Cilento, der Padrone spricht Deutsch und sorgt mit viel Engagement dafür, dass die Gäste sich wohl fühlen (er gibt Wandertipps

Marienheiligtum unterhalb der Wallfahrtskirche

und viele Infos zur Region). Die Pasta ist selbst gemacht, die Wildschweingerichte sind eine Wucht! 1.–7. Jan. geschlossen. Menü ab 20 €, DZ 50–72 €. Via Provinciale 35, ✆/🖷 0974/980004, www.romeo-bosco.com.

** **Albergo La Pergola**, freundliche Familienpension mit ausgezeichnetem Re-

staurant (hausgemachte Pasta, Hasen- und Ziegenfleisch sowie Fischgerichte). Gut geführt, einfach, die Zimmer zur Straße möglicherweise etwas laut. Ganzjährig geöffnet. EZ 25–30 €, DZ 50–55 €. Via Nazionale 39 (Ortsdurchfahrt, untere Neustadt), ✆/🖷 0974/983177, www.albergolapergola.it.

Sehenswertes

Santuario della Madonna di Pietrasanta: Die Wallfahrtskirche vor den Toren des Bergdorfes stammt aus dem 13. Jh. und wurde zwischen 1600 und 1750 mehrfach erneuert. Sie präsentiert sich heute frisch restauriert in schlichtem barocken Ornat und ragt wie ein Leuchtturm über San Giovanni a Piro auf. 1814 hielt Joachim Murat (→ S. 23) sie versehentlich für eine militärische Bastion und ließ sie beschießen. Über dem Hauptaltar steht die **farbenprächtige Madonna** mit dem Jesuskind und einer silbernen Krone auf dem Haupt. Ikonografische Besonderheiten rücken die Figur in das Umfeld der Basilianer, die vermutlich einst den Marienkult auf der Spitze des Monte Picotta (575 m) einführten. Ein alter Pilgerweg endet am Vorplatz der Kirche. Ein paar Schritte die Stufen hinab gelangt man zu einer kleinen Grotte, davor ist eine mit Schmuck behängte Madonna zu sehen. Dem Wasser in der Grotte wird eine besondere Heilwirkung nachgesagt. Falls der Quell aufgrund der spätsommerlichen Trockenheit nicht versiegt ist, kann man mittels einer Kelle etwas von dem Nass kosten. Von der Zufahrt zweigt ein befahrbarer Steinplattenweg zu einer Panoramaplattform (Pianoro Ciolandrea) ab: Wie ein Gemälde liegen der Golf von Policastro und die Maratea-Küste den Betrachtern zu Füßen.

Öffnungszeiten Tägl. 10–13 und 16.30–20 Uhr. Von der SS 562 am oberen Ortsausgang ausgeschildert, ✆ 340/4623220, www.santuariopietrasanta.it.

Wallfahrtskirche Madonna di Pietrasanta

Cenobio di San Giovanni Battista: Neben der Abtei von Pattano bei Vallo della Lucania (→ S. 205) ist dieses Kirchendenkmal an der Peripherie von San Giovanni a Piro das am besten erhaltene Zeugnis der Basilianer im Cilento. Über Rossano in Kalabrien zogen die Mönche aus dem Osten hierher und begründeten Ende des 10. Jh. das Kloster. Es handelt sich um eben jene Abtei, in der im 15. Jh. der Humanist Theodorus Gaza (→ S. 175) wirkte. Zum Zeitpunkt der letzten Recherche wurde das Baudenkmal saniert (an der Ortsdurchfahrt auf Ausschilderung achten).

Bosco: Der kleine Teilort an der Nebenstraße nach Roccagloriosa (→ S. 172) pflegt sein Image als Künstlerdorf. Langobarden hatten im Jahr 571 den Basilianern das Waldstück *(bosco)* überlassen, in dem sich später Briganten und Outlaws versteckten. 1828 unterstützten die Bewohner die Aufständischen gegen das bourbonische Regime in Neapel. Zur Strafe wurde das Dorf dem Erdboden gleichgemacht, ein **Majolika-Patchwork** aus 196 gebrannten Fliesen an der Durchgangsstraße illustriert die traurige Episode. Auch im Ortszentrum verweisen hübsch gestaltete Straßenschilder aus Keramik auf das heimische Kunsthandwerk. Die Via San Nicola endet an der trutzigen Kirche gleichen Namens, davor liegen eine Aussichtsplattform sowie das Wohnhaus des spanischen Picasso-Schülers José García Ortega, der 1980 das oben erwähnte Kunstwerk fertigte (Casa di José Ortega).

Dorf in Flammen

Die Gründe für den Aufstand im Cilento (La Rivolta del Cilento) waren vielfältig, den Ausschlag aber gab die Anhebung der Wegmaut und der Weizenzölle, die die Bauern in wirtschaftliche Nöte stürzte. Unterfüttert wurde das Protestpotenzial mit den nationalen und liberalen Forderungen des Risorgimento. So ist es kein Wunder, dass im Jahr 1828 zahlreiches Landvolk im Cilento zu den Waffen griff und sich gegen die Bourbonen zur Wehr setzte. Zunächst zog der wütende Haufen nach San Giovanni a Piro, in der Hoffnung, die dortigen Klöster würden die Revolte unterstützen. Als der Klerus nicht mitspielte, brandschatzte man dessen Häuser und zog nach Norden weiter. Die Bewohner von Bosco hingegen öffneten den Aufständischen willig Tür und Tor, nicht wenige schlossen sich spontan der Horde an, Rufe nach einer Verfassung wurden laut.

Der Ruf wurde natürlich auch in Neapel gehört. Die Bourbonen kannten in solchen Fällen keinen Spaß, das Imperium schlug zurück: Ein königliches Heer passte die Revoltierenden ab, die inzwischen in Richtung Vallo della Lucania weitergezogen waren, und zerstreute die Überrumpelten in alle Winde. Der militärisch dilettantisch geführte Aufstand war gescheitert, an Bosco wurde hernach ein grausiges Exempel statuiert. Die Bürger wurden festgesetzt und die Rädelsführer hingerichtet, sämtliche Familien mussten ihre Häuser verlassen. Ende Juli proklamierte König Francesco I. die vollständige Ausradierung Boscos. Ein ganzes Dorf wurde abgefackelt, der Wiederaufbau per Dekret verboten und vorsorglich Salz auf die Felder gestreut, um die Schollen auf Jahre unbrauchbar zu machen. Erst im Jahr 1832 hob Nachfolger Ferdinand II. den Erlass wieder auf und erlaubte den Familien die Rückkehr. Als Sieger durften sich die Bourbonen dennoch nicht fühlen: Drei Jahrzehnte später mussten sie sich dem Freiheitskämpfer Garibaldi geschlagen geben und Neapel verlassen.

Wandern

Ein Klassiker ist der Aufstieg auf den **Monte Bulgheria**, für den man mindestens 4 Std. Gehzeit einkalkulieren sollte. Einstieg: In San Giovanni a Piro auf der SS 562 in Richtung Marina di Camerota fahren und 500 m hinter dem Ortsschild auf den Rechtsabzweig zum Sportplatz achten *(campo sportivo)*. Parkplätze unterhalb vom Platz, der Weg ist rot-weiß markiert (C.M. 43).

Wanderung zur Spiaggia di Marcellino: Der Marcellino-Strand zählt trotz der Nähe zur „Totenbucht" (Cala dei Morti) zu den schönsten Badeplätzen an der Costa della Masseta. Wer nicht auf demselben Weg zurück möchte, kann vom Ziel das Boot nach Scario nehmen (→ S. 184) und von dort mit Bus oder Taxi zum Startpunkt zurückkehren. Tipp: Außerhalb der Badesaison den Bootstransfer vorher vereinbaren! Gehzeit 2:30 Std., Höhenunterschied 520 m (im Info-Büro gibt's Kartenkopien, für den Einstieg und das erste Wegstück → Wanderung 6).

Wanderung 6: Hoch über der Masseta-Küste

Charakteristik: Der folgende Rundweg ist ein längerer Spaziergang auf einfachen Wegen, der fantastische Ausblicke auf die zerklüftete Steilküste und den Golf von Policastro gewährt. Wer nicht motorisiert ist, kann vom Ortszentrum zum Einstieg laufen, alternativ ist ein Start auch von der Wallfahrtskirche denkbar. Ein Teilstück verläuft auf einem traditionellen Pilgerweg, ein längerer Abstecher hinunter zur Küste ist möglich (Gehzeit 1:30–2 Std.).

Wegbeschreibung: Startpunkt ist die erste Haarnadelkurve an der Zufahrt zum Sanktuarium Madonna di Pietrasanta (→ S. 178). Am Linksschwenk der Straße befinden sich einige Häuser (Loc. Ciolandrea) sowie ein abzweigender Fahrweg, der geradeaus Kurs aufs Meer nimmt (roter Markierungspunkt links an der Mauer). Beim letzten Haus geht das Sträßchen in einen Schotterweg über, 5. Min. später in einen Steinplattenweg. An einer Dreifachgabelung jeweils links halten: Ansteigend erreicht der geteerte Weg einen Sattel und endet an einer T-Kreuzung. Hier abermals links und 200 m weiter an einem grünen Zaun wieder nach rechts. Erstmals fällt der Blick auf den Golf von Policastro, bei guter Sicht sind die Berge der Basilikata zu erkennen. Nach weni-

Ausblick vom Wanderweg auf den Golf von Policastro

gen Minuten sind eine große Aussichtsplattform und einige Bänke zum Ausru-
hen (Pianoro Ciolandrea) erreicht. Eine
Variante führt zum Marcellino-Strand
(→ S. 180): 30 m vor der Terrasse scharf
nach rechts und den breiten Schotterweg wählen (rot-weiße Markierung
rechts an einer Mauer), der nahezu ebenerdig einige Weinlauben passiert. An der
nächsten Gabelung geht's rechts weiter
und geradewegs hinunter zur Küste
(links führt der markierte Weg C.M. 30
zu den Rudimenten der Torre Trarro).

Hinter der großen Aussichtsplattform
schließt sich ein modernes Flachge-
bäude an, das der weitere Rundweg in
der Folge passiert: Ein Wiesenweg verlässt hier den bisherigen breiten Weg
nach rechts und schlängelt sich in der
Folge unter Pinien über eine Kammli-

nie, um danach zur Fahrstraße abzusteigen. Nach links gelangt man in
wenigen Schritten zur Wallfahrtskirche
Madonna di Pietrasanta, hier rücken
bereits die Häuser von San Giovanni a
Piro und der Monte Bulgheria ins Blickfeld. Vom Vorplatz der Kirche geht's auf
dem traditionellen Pilgerweg die Stein-
stufen hinab, vorbei an der Heilwasser-
grotte mit der Madonnenfigur (→
S. 178). Der Wallfahrtweg steigt weiter
ab, quert ein kleines Trockental und
führt danach wieder aufwärts. Bei der
nächsten Verzweigung gibt es zwei
Optionen: Wer zurück ins Ortszentrum
möchte, wendet sich nach rechts, zum
Ausgangspunkt geht's links hoch. Von
der Kapelle sind es auf der Zufahrtsstraße zum Sanktuarium noch 700 m
bis zum Startpunkt der Wanderung.

Blick über die Dächer von S. Giovanni a Piro auf den Golf von Policastro

Golf von Policastro   (Golfo di Policastro)

Am südlichsten Ende Kampaniens erweist sich der Golf von Policastro als würdiger Abschluss des Cilento-Nationalparks. Hinter Sapri beginnen bereits die Basilikata und die Maratea-Küste.

Weht der frische Tramontana von den Bergen, treten die Konturen scharf hervor und der Golf von Policastro verwandelt sich in ein Naturtheater. Es ist in der Tat beeindruckend, wenn die blau-grünen Berge nah ans türkisfarbene Meer rücken und die Elemente Erde und Wasser zu verschmelzen scheinen. Von der Punta degli Infreschi, dem südlichsten Punkt des Cilento-Nationalparks, bis nach Maratea spannt sich das regelmäßige Halbrund der Bucht. Landschaftliches Wahrzeichen ist der Monte Bulgheria (1225 m), während sich das kulturelle Emblem in der Basilikata befindet: Hoch über Maratea steht auf dem Monte Biagio (644 m) wie ein Leuchtturm eine über 20 m hohe **Christusstatue,** die mit ausgebreiteten Armen einen atemberaubenden Abschnitt der Tyrrhenischen Küste beschützt (die Costa di Maratea ist ausführlich im Reisehandbuch *Kalabrien & Basilikata* des Michael Müller Verlags beschrieben).

Zitronenhaine und einige sehenswerte Städte verbreiten am Golf einen Hauch von *campania felix.* Trotz der „glücklichen Landschaft" ist der südliche Abschluss der Provinz Salerno (mit Ausnahme von Scario) kein Ferienrevier: Grund sind zum einen die Strände, an denen trotz des herrlich sauberen Wassers teils grober Schotter die Badefreuden trübt, zum anderen hält die touristische Infrastruktur den Vergleich mit der des Nationalparks nicht stand. Aus kulinarischer Sicht ist allerdings nichts zu bemängeln, denn speisen lässt es sich am Golf ganz vorzüglich. Ein weiterer Pluspunkt ist die sehr gute Erreichbarkeit: Die *superstrada* (SS 18) von

Paestum/Agropoli endet bei Policastro Bussentino am Meer, über die mindestens ebenso gut ausgebaute Querverbindung SS 517 ist das Vallo di Diano in wenig mehr als einer halben Stunde erreichbar. Auch mit öffentlichen Verkehrsmitteln lässt es sich am Golf von Policastro recht bequem reisen. Größter urbaner Flecken ist Sapri, historisch gesehen gebührt jedoch Policastro Bussentino die Ehre, ein zumindest gleichberechtigtes Zentrum an der Küste zu sein, und es ist kein Zufall, dass die meisten Verkehrswege noch heute in der Kleinstadt an der Bussento-Mündung enden.

---

www.golfodipolicastro.it: Infoportal mit Ortskapiteln und Hotelverzeichnis.

www.baiaweb.it: Kurzinfos zu den Orten und Ausflugstipps (ital./dt.).

www.golfonetwork.it und **www.navigagolfo.it**: zwei kommerzielle Portale mit übersichtlicher Struktur und nützlichen Infos.

Scario   (ca. 600 Einwohner)

Das Fischerdorf ist eine kleine Perle am südlichen Abschluss der Cilento-Küste. Malerisch stehen die Häuser an der Hafenpromenade Spalier, Oleander und Palmen schaffen eine Atmosphäre, die zum Flanieren anregt.

Über den einstigen griechisch-antiken Hafen *skariòs* wacht heute die **Chiesa dell'Immacolata** mit ihrem charakteristischen Glockenturm. Seit 1846 beherbergt sie eine Madonnenfigur, die ein Kapitän aus Dankbarkeit stiftete, nachdem er sich von seinem sinkenden Schiff retten konnte. Alljährlich am 10. August steht die Madonna im Zentrum einer prächtigen Meeresprozession. Weil die Straßen vor dem Zentrum enden, entsteht der Eindruck einer beschaulichen Sackgasse: Der Autoverkehr bleibt weitgehend außen vor, außerhalb der Hochsaison ist es die meiste

Südlicher Cilento

Hafenpromenade von Scario

Zeit ruhig. Im Sommer werden in den hinteren Reihen einige Villen und Landhäuser an Feriengäste vermietet, ansonsten machen sich Quartiere am Hafen rar: Die besten Unterkünfte befinden sich oberhalb in aussichtsreicher Hanglage. Im Sommer verbinden Boote den Hafen mit den romantischen Badebuchten an der Costa degli Infreschi und der Costa della Masseta (→ S. 166), einige Strände lassen sich auch auf Schusters Rappen erreichen.

Information/Diverses

● *Information* Das **Pro-loco-Büro** in der Via La Piana schräg gegenüber des Hotels Garagliano hat nur sporadisch geöffnet (notfalls im Hauptort S. Giovanni a Piro probieren). ✆ 0974/986033, www.comunedisangiovanniapiro.it, www.scario.it, www.scariovacanze.it.

● *Anfahrt* **Pkw:** kurze Anfahrt vom Ende der SS 18 bei Policastro Bussentino (5 km), zwei direkte Verbindungen zum Hauptort der Kommune S. Giovanni a Piro (5 km). Parken: bei der Hafenanfahrt vor dem Hotel Il Giardino oder im hinteren Ortsteil Nähe Leuchtturm. **Bahn/Bus:** nächster Bahnhof in Policastro Bussentino; Busse über S. Giovanni a Piro

Scario – außerhalb der Saison ein Ziel für Individualisten

nach Centola oder über Policastro nach Sapri (*Infante, Curcio, Lamanna, S.L.A.*; →.

● *Ärztliche Versorgung* nur im Sommer, ✆ 0974/986106.

● *Internet* Internet-Point *Scario*, Lungomare Marconi 48.

● *Veranstaltungen* **Patronatsfeste**, Festa di Sant'Anna (25./26. Juli), Festa dell'Immacolata mit Meeresprozession, 10. Aug. **Equinozio d'Autunno**, Herbstfest mit viel Kultur, Konzerte am Hafen, erste Woche im Sept. **Wochenmarkt**, stimmungsvoll am Lungomare Marconi vor der Kirche, Mo vormittag.

● *Baden* Scario selbst ist kein Badeort, der Kiesstreifen wirkt nicht sonderlich gepflegt. Allerdings sind die romantisch gelegenen Sandbuchten an der Steilküste (Costa della Masseta bzw. Costa degli Infreschi) nicht weit und werden in der Regel von Scario aus mit dem Boot angefahren. Zur Spiaggia della Molara – der ersten Badebucht hinter dem Küstenwachturm (Torre Spinosa) – gelangt man auch zu Fuß (→ „Wandern", S. 185), die Spiaggia dei Gabbiani, die Cala dell'Inferno sowie die beliebte Spiaggia di Marcellino (→ S. 180) sind per Schiff erreichbar.

● *Bootstouren* Mehrere Gite-in-Barca-Stationen an der Hafenpromenade, außerhalb der Saison am besten in der Bar Tony (→ S. 185) nachfragen. Während der Badesaison routinierte Abwicklung des Transfers zu den Stränden – in der Regel starten die Boote vormittags 9–11 Uhr und holen die Badegäste nachmittags 13–17 Uhr wieder ab. Kosten 5 €, in der Vor- und Nachsaison nach Verhandlung, z. B. mit *Masseta S.a.s.*, ✆ 349/2961107.

Übernachten/Essen & Trinken

*** Hotel Garagliano, sehr einfache, aber ordentliche Ortspension in Hafennähe, die Bäder sind verbesserungsfähig, Zimmer nach vorne mit Balkon, eigener Hotelparkplatz, familiäres Restaurant. Mitte Dez.–Anfang Mai geschlossen. DZ 50–80 €. Via La Piana 14, ✆ 0974/986004, www.fonsecahotel.it.

B&B Casa dei Nonni, freundliche Privatherberge in einem Landhaus oberhalb von Scario, zwei Apts. jeweils mit Küche und Bad, Wein und Oliven im Garten, schöner

---

Blick von der Veranda auf den Golf von Policastro. DZ ab 70 €. Traversa La Pietra 6 (1,5 km in Richtung S. Giovanni a Piro), ☎ 340/2658426, www.casadeinonni.eu.

● *Agriturismo* TIPP! **Palazzone**, ursprünglich gebliebener Landbauernhof hoch über Scario. Himmlische Ruhe und toller Blick auf Meer, Wein und Oliven, gute Küche (fast ausschließlich traditionell-cilentanische Zutaten, Menü 20–25 €), einfache, aber insgesamt ordentliche Zimmer, unter den Bäumen kann gezeltet werden. Im Sept. für eine Woche geschlossen. DZ 60–100 € (Zeltplatz ab 20 €). Loc. Palazzone (2 km steile Anfahrt, ausgeschildert), ☎ 0974/986530, 🖷 0974/983083, www.agriturismopalazzone.com.

U' Zifaro, feines Fischrestaurant an der Hafenpromenade, empfohlen von Gambero Rosso. Edles Flair, schöne Sitzplätze innen und außen, große Auswahl an Pasta-Gerichten, zu empfehlen ist die Fischsuppe nach Art des Hauses. Menü ab 25 €. Mi Ruhetag, Dez./Jan. geschlossen. Lungomare Marconi 43, 0974/986397, www.scariovacanze.it/zifaro.htm.

La Pietra, rührend-familiäres Ausflugsrestaurant auf dem Weg nach S. Giovanni a Piro, der Weg lohnt sich! Kleine Karte mit kleinen Preisen, eigener Wein, selbst gemachtes Tiramisu, auf die Auberginen-Kroketten ist Verlass *(cotelette di melanzane)*. Mi Ruhetag, sonst mittags und abends geöffnet (im Winterhalbjahr sicherheitshalber vorher anrufen). Loc. Altieri (ausgeschildert, in Richtung S. Giovanni a Piro), ☎ 347/5142043.

Tipiteca, 2008 als Alternative zu den Speiserestaurants am Hafen neu eröffnet: *cucina tipica* in schmalen Portionen ohne Menüzwang, Fisch, Fleisch und Gemüse, gleichzeitig Verkaufstheke für Cilento-Produkte (u. a. das Olivenöl der *Cooperativa Nuovo Cilento*). Nur wenige Sitzplätze im Freien. Juni–Sept. tägl. mittags und abends, sonst nur Sa/So (Ende Sept./Anfang Okt. für eine

Wahrzeichen: die Fischerkirche am Strand von Scario

Woche geschlossen). Lungomare Marconi 2, ☎ 0974/986448.

Gelateria-Bar Tony, Frühstücksbar, Snacks und leckeres Eis, schöne Sitzplätze am Hafen, Info-Point für Bootsausflüge. Lungomare Marconi 23, ☎ 349/5852975.

TIPP! **Quo Vadis**, empfehlenswertes Fischrestaurant in Gehentfernung zum Hafen, der lokalen Küche verpflichtet (abends auch Pizza, die beste im Ort!). Bei Italienern sehr beliebt, tolle Speiseterrasse. Menü ab 25 €, Pizza ab 5 €. Di Ruhetag, Mitte Juni–Mitte Sept. tägl. Via Rione Nuovo (an der Ortsausfahrt Richtung Policastro), ☎ 0974/986759.

Wandern

Eine kürzere Küstenwanderung verbindet Scario mit dem Molara-Strand, an dem man weitgehend für sich ist. Der Weg lässt sich bis zu einer Küstengrotte fortsetzen, die vom Land aus zugänglich ist (Grotta dell'Acqua). Auf demselben Weg wieder zurück, Gehzeit inkl. Abstecher zur Höhle ca. 2–2:30 Std. Ein weiterer Wanderweg zum Marcellino-Strand beginnt in San Giovanni a Piro (→ S. 180).

● *Wegbeschreibung* Start am Hafen, am Restaurant *U' Zifaro* (→ „Übernachten/Essen & Trinken", S. oben) die Stufen hinaufsteigen (Vico Conte Carafa) und an der nächs- ten Querstraße links. An einer linkskurve quert die Via Principe Amadeo ein Trockenbett: Hier zweigt die Via De Poli nach rechts ab und steigt als Asphaltweg steil an

Südlicher Cilento

Scario – am Wanderweg zur Masseta-Küste

(rot-weiße Markierung). Hinter einigen Felsen flacht er ab und setzt sich nach dem Abzweig zum Feriendorf La Francesca als Schotterweg fort. Nach wenigen Minuten geht er in einen schön zu laufenden Küstenweg über, später bieten sich schöne Ausblicke auf den Golf von Policastro und die Masseta-Küste. Dann teilt sich der Pfad: Für den Abstieg ans Meer benötigt man gutes Schuhwerk, denn der Saumpfad ist an dieser Stelle sehr steil (allerdings kommt man nicht ganz bis zum Wasser). Scharf nach rechts steuert der Saumpfad in wenigen Minuten den Küstenwachturm an, der gleichzeitig ein schöner Aussichtspunkt ist (Torre Spinosa). Geradeaus geht es weiter zum Molara-Strand, ein Schild zeigt an, wo der notdürftig hergerichtete Treppenweg den Küstenpfad verlässt und zum Kiesstrand zwischen Felsen absteigt. Von der Abzweigung zum Strand bis zur Grotta dell'Acqua sind es von hier noch knapp 45 Min. auf eindeutig erkennbarem Pfad. Der Höhleneingang befindet sich 40 m über dem Meer, Tropfsteine sind in Ansätzen zu erkennen – Fazit: nichts Besonderes, aber der Weg ist schön.

Policastro Bussentino   (ca. 2000 Einwohner)

Geschichtsträchtiges Pflaster an der Golfküste, weder Stadt noch Dorf. Eine sehenswerte Kathedrale markiert das Zentrum der Altstadt, die mittelalterliche Stadtbefestigung ist an einigen Stellen noch gut erhalten.

Gäbe es nicht seine großartige Vergangenheit, könnte man heute um den Ort einen Bogen machen. Und tatsächlich finden nur selten Ortsfremde den Weg durch die Stadttore ins Zentrum, weshalb Policastro Bussentino eigenartigerweise wenig von seinen Baudenkmälern profitiert. Auf dem Akropolis-Hügel oberhalb der Stadt sind noch einige Ruinen des mittelalterlichen Kastells aus dem Jahr 1397 erhalten. 1806 zerstörte der Bombenhagel einer britischen Fregatte das Kastell. Weit beeindruckender sind die Reste der **normannischen Ringmauer,** die im 12. Jh. die antike Befestigung an gleicher Stelle ersetzte. Das *centro storico* ist von überschaubarer Größe: Die Straßen und Gassen münden auf den Vorplatz der **Kathedrale,** die zu den kunsthistorisch wichtigsten Kirchendenkmälern im Cilento zählt (Cattedrale Santa Maria Assunta). Einige Kirchenschätze sind im nebenstehenden Bischofspalais ausgestellt (Museo Diocesano). Zwischen Dom und Altstadtzugang sind – versteckt hinter der Hauptpost – 20 m einer antiken Römerstraße zu sehen: Über Stufen kann man hinabsteigen und kurz das Gefühl auskosten, auf antikem Pflaster zu wandeln (Schild „strada romana").

Das Stadtzentrum liegt nicht am Meer, sondern 500 m Luftlinie von der Marina di Policastro entfernt. Es wiederholt sich ein Muster, das bereits in Paestum und Velia in Erscheinung trat: Der antike Hafen versandete im Lauf der Zeit, was sich auf die wirtschaftliche Bedeutung des Ortes erheblich auswirkte. Die betonierte Hafenmole und ihre Umgebung wirken wenig einladend, ein paar hübsche Strandab-

Die Vielbewehrte: Stadtmauer, im Hintergrund der Monte Bulgheria

schnitte finden sich jedoch etwas weiter nördlich in der Nähe der Bussento-Mündung. Fast alles spielt sich links und rechts der Küstenstraße ab, die den Hafenbezirk von der Altstadt trennt. Oberhalb von Policastro liegt auf knapp 500 m Höhe der Hauptort der Kommune Santa Marina *(capoluogo)*.

Geschichte: Die „Vielbewehrte" geht auf eine antike Stadt zurück, deren Ursprünge im Dunkeln liegen. Möglicherweise war sie, ähnlich wie Paestum-Poseidonia, eine Pflanzstadt der Magna Graecia, gegründet im 8. Jh. v. Chr. von Siedlern aus Sybaris (→ S. 54). Nach Ansicht des Geografen Strabon ist die Stadt jedoch jüngeren Datums und ein Ableger des antiken Rhegion (Reggio di Calabria). Der Mythos hingegen verknüpft die Anfänge nach dem üblichen Strickmuster mit Troja: Flüchtige aus der zerstörten Stadt zogen nach Westen, gelangten über mehrere Stationen an die Golfküste und errichteten hier die Stadt Pyxos. Der griechische Wortstamm, der auch im Ortsnamen Pisciotta (→ S. 145) enthalten ist, könnte sich vom immergrünen Buchsbaum *(buxus sempervirens)* herleiten. Viel aus der frühesten Siedlungsperiode ist nicht überliefert, denn im Mittelalter wurde die antike Siedlung einschließlich der Akropolis komplett überbaut. Im 2. Jh. v. Chr. fiel der Ort an die Römer, die hier ein Schanzlager *(oppidum)* errichteten. In den Wirren der Völkerwanderungen wurde das römische Buxentum gleich mehrfach zerstört.

Nach einem byzantinischen Intermezzo zerstörte der normannische Warlord Robert Guiskard die Stadt, ließ die Befestigungsanlagen anschließend aber in verändertem Stil wieder aufbauen. Die zinnenbekrönten Balustraden, die heute die Altstadt umschließen, stammen aus dieser Zeit. Nach einer erneuten Zerstörung als unmittelbare Folge der Sizilianischen Vesper (→ S. 21) fiel die normannische Grafschaft an unterschiedliche Adelshäuser, u. a. an die Familien Sanseverino und Carafa – letztere nannten sich Grafen von Policastro (Conte di Policastro). Zu diesem Zeitpunkt hatten sich die weltlichen Machthaber längst von der Küste in den höher gelegenen Ort Santa Marina zurückgezogen: Sie residierten nun dort, wohin schon zuvor Teile der Bevölkerung vor Hunger, Pest und den Überfällen von der See her geflüchtet waren. Nicht so die Geistlichkeit, denn diese blieb in Policastro, das seit 592 Bischofssitz ist. Der Legende nach setzte Apostel Paulus höchstpersönlich den ersten Vertreter Gottes in Policastro ein.

● *Anfahrt*   **Pkw**: Die Cilento-Schnellwege SS 517 und SS 18 beginnen bzw. enden in Policastro, als Küstenstraße quert die SS 18 nach Sapri das Zentrum. Schilder *centro storico* weisen den Weg in die Altstadt, Parkplätze kurz vor der Bahnlinie am Stadtpark *(villa comunale)*.
Bahn/Bus: Zentral gelegener Bahnhof (stündl. Züge nach Agropoli und Sapri), *Curcio*-Busse fahren nach Scario und Sapri.

● *Veranstaltungen*   **Sagra del pesce azzurro**, Fischspezialitäten und Kultur am Hafen, Anfang Aug.
Fiera dell'Assunta, Patronatsfest rund um die Kathedrale, 14./15. Aug.
Wochenmarkt, zwischen Küstenstraße und Hafen, Mo vormittags.

● *Übernachten/Essen & Trinken*   ***** Hotel Pixunte**, einziges Quartier im Ort, an der Durchgangsstraße, freundlich und gut geführt mit renovierten Zimmern (nach hinten ruhig, teils mit Balkon). Gute Betten, Bäder okay, sehr empfehlenswertes Ristorante/Pizzeria (Fr Ruhetag, außer im Sommer nur abends), eigener Strandabschnitt. Jan. geschlossen. DZ ab 56 €. Via Nazionale 1, ☎ 0974/984018, 📠 0974/984038, www.hotelpixunte.com.
Il Ghiottone, Fischrestaurant mit gehobenem Niveau, edles Ambiente, großer Innenraum nach hinten raus, die Außenveranda ist weniger schön. Menü ca. 30 €.

Di Ruhetag (im Nov. drei Wochen geschlossen). Via Nazionale 24, ☎/📠 0974/ 984186, www.ilghiottonesrl.com.
L'Antica Hostaria, gemütliche Altstadt-Trattoria, freundlich, außen Plastikstühle. Zur Auswahl stehen Tintenfischsalat, Steinpilzgerichte, gekochter Steinbutt oder Schwertfisch-Carpaccio. Menü ab 20 €. Im Winterhalbjahr Mi Ruhetag. Via Duomo 1, ☎ 0974/984085.

TIPP! **Cantina Carlino**, kleiner Rohdiamant abseits der touristischen Pfade. Die Tabacchi-Bar auf einer hinreißenden Aussichtsplattform über dem Golf von Policastro entpuppt sich als Osteria, spezialisiert auf lokaltypische Cilento-Gerichte. Nett eingerichtet, im Sommer Stühle auf der Terrasse. Ostern–Ende Aug. (Bar ganzjährig). San Cristoforo, Via Mancuso 16 (Zufahrt über Capitello und Ispani ausgeschildert), ☎ 331/4077008.
Pasticceria Alba, Bar und Pralineria, leckere Süßwaren nach Art des Hauses, Freiplätze laden zur Kaffeepause ein. Mo geschlossen. Via Nazionale 79 (SS 18), ☎ 0974/ 984352.

Bar Balbo Maria, freundliches und überaus nettes Strandcafé, versteckt an der Bussento-Mündung, Mitte Juni–Mitte Sept. In Richtung Scario, am Fluss links gelegen, ☎ 0974/983214.

Sehenswertes

Cattedrale: Die 1079 eingeweihte Bischofskirche ist das wichtigste Beispiel der normannischen Romanik im Cilento. Noch zu Lebzeiten Robert Guiskards ersetzte sie einen antiken Tempel bzw. einen byzantinischen Vorgängerbau. Aus der Zeit der römischen Ostkirche sind noch Teile der **Krypta** erhalten, z. B. die schweren Stützsäulen aus Marmor, rotem Granit und unterschiedlich geformten Kapitellen. Die im 6. Jh. erbaute Unterkirche ist dem hl. Gregor geweiht. Im Gegensatz zur schlichten Krypta sind dem Langhaus die diversen Umbauten späterer Epochen anzumerken: Beeindruckend der vollständig erhaltene **Majolika-Fußboden** mit eingelassenen Sarkophagen aus der frühen Neuzeit (Bischofsgräber). In der Nähe des Eingangs liegt ein weiteres sehenswertes Grabmal aus dem 15. Jh.: Hier ruhen die Gebeine eines lokalen Barons aus Battaglia bei Casaletto Spartano (→ S. 196). Trotz des bedenklichen Erhaltungszustands erweist sich die **farbenprächtige Holzdecke** aus dem Jahr 1655 als echter Blickfang. Der dreigeschossige Campanile sowie die Fassade atmen noch den Geist der normannischen Ära, einzig das Marmorrelief über dem schlichten Eingang ist ein Werk der Renaissance.

Museo Diocesano: Das Domschatzmuseum der Diözese Policastro-Teggiano ist im nebenstehenden ehemaligen Bischofspalast untergebracht (Sede Vescovile). Seit der letzten Restaurierung 1989/90 präsentiert es neben der wertvollen Bibliothek einige wichtige Kirchenschätze, z. B. Reste des Bischofsstuhls und ein Elfenbeinkruzifix.

Öffnungszeiten Mi 10.30–13 Uhr. Eintritt frei. Via Pezzullo (Sede Vescovile).

Sapri: Fischerboote am Golf von Policastro

Südlicher Cilento

Sapri   **(ca. 7000 Einwohner)**

Die kleine Bucht am Golf ist ein von der Natur begünstigter Ort. In der Antike ankerten hier die Schiffe; hinter dem längsten Lungomare zwischen Salerno und Reggio di Calabria breitet sich die heutige Stadtanlage im Schachbrettmuster aus.

An Sapri scheiden sich die Geister: Der oft zitierte Kommentar Ciceros, der die Kleinstadt ein „kleines Juwel am südlichen Gestade" nannte *(parva gemma maris inferi)*, scheint aus heutiger Sicht ein wenig übertrieben. Auf der anderen Seite ist der lebensfrohe urbane Flecken trotz einiger Bausünden mitnichten der „hässliche Schandfleck am Golf", den manch Reisender hier gesehen haben will. Die gepflegte Uferpromenade ist sogar ausgesprochen hübsch und lädt vor allem zur abendlichen *passeggiata* ein.

Dass fast jeder Italiener das Städtchen kennt, liegt vor allem am Schriftsteller und politischem Hasardeur **Carlo Pisacane**, der 1857 mit einigen wackeren Gesellen auf einer Sträflingsinsel 300 Gefangene befreite und anschließend mit seinem Schiff in Sapri landete. Der „Che Guevara Italiens" verkaufte sein Husarenstück als Aktion von nationaler Tragweite und gilt heute als Symbolfigur des Risorgimento (→ S. 190). Auf der zentralen Piazza Vittorio Veneto steht unter Palmen vor dem Rathaus sein Bronzedenkmal aus dem Jahr 1933.

Carlo Pisacane: Aus Protest wird Gewalt

Zunächst schlug der Neapolitaner Carlo Pisacane (1818–1857) die typische Laufbahn eines Adeligen ein und besuchte die Militärakademie. Schon bald jedoch wandte er sich intellektuellen Themen zu, begann zu schreiben und

entdeckte sein Herz für Giuseppe Garibaldi, der zu jener Zeit in Südamerika für das Ideal der Freiheit kämpfte. Als im Schlüsseljahr 1848 die italienische Unabhängigkeitsbewegung im feindlichen Kugelhagel starb, radikalisierte sich Pisacane und beschäftigte sich in der Folge eingehend mit den französischen Anarchisten. Deren „Propaganda der Tat" *(propagande par le fait)* fiel bei ihm auf fruchtbaren Boden, Gewalt als Mittel zum Zweck der nationalen Befreiung schien ihm angesichts der Aussichtslosigkeit der Lage nun ein probates Mittel. Im Geheimen bereitete der Rebell einen Aufstand in Süditalien vor *(Spedizione di Pisacane)*. Mit ein paar Gefährten kaperte er 1857 ein Schiff und befreite auf den Pontinischen Inseln im Tyrrhenischen Meer 300 Gefangene, mit denen er in Sapri an Land ging. Verfolgt von den Bourbonen wandte er sich mit seinem Trupp

Freiheitsheld: Der Che Guevara Italiens landete in Sapri

landeinwärts und wurde schließlich an den wilden Cervati-Hängen in der Nähe des Städtchens Sanza (→ S. 202) gestellt. Sein Ende ist bis heute unklar: Briganten, die in den Wirren Freund und Feind nicht mehr unterschieden, sollen ihn schließlich getötet haben. Die sterblichen Überreste der 300 Mitstreiter gelten kurioserweise als Reliquien des Risorgimento und werden heute in Padula in einer Kirche verwahrt (→ S. 240).

Abgesehen von einer kurzen, aber heftigen Badesaison, die sich auf die Monate Juli und August beschränkt, reüssiert Sapri ansonsten eher als Durchgangsstation für Reisende entlang der Tyrrhenischen Küste. Das bedeutet jedoch nicht, dass es hier nicht das eine oder andere zu sehen gäbe: Am Rand der Piazza Plebiscito mit der barocken Chiesa dell'Immacolata steht auf einem Backsteinsockel ein **römischer Grabstein** aus Marmor. Der Inschrift zufolge verstarb ein leitender Verwaltungsbeamter *(duumvir)* namens Sempronius Priscus im 1. Jh. v. Chr. im Alter von nur 25 Jahren. Die *zona archeologica* im Stadtteil Santa Croce kann nicht besichtigt werden: Das freigelegte Fundament einer antiken Villa sowie Reste eines Theaters lassen jedoch vermuten, dass prominente Römer die heiße Jahreszeit gerne in Sapri verbrachten. Die Fundstücke wanderten nach Salerno ins Archäologische Museum.

Folgt man von der Kirche dem Schild „Rione Marinella", gelangt man in den alten Stadtteil von Sapri, der noch viel Flair vergangener Tage ausstrahlt. Am nördlichen

Stadteingang springt dem neugotischen Stift Santa Croce gegenüber gelegen ein verspielt wirkender **Küstenwachturm** ins Auge. Das dekorative Bauwerk aus dem Jahr 1927 ist eigentlich eine Wetterstation, Keramikplaketten an den Seiten porträtieren große Naturwissenschaftler wie Galilei und Kopernikus (Torre dell'Osservatorio).

Information/Diverses

• *Information* Der Info-Pavillon (**Pro loco**) vor dem Rathaus hat nur im Juli/Aug. geöffnet. Tägl. 10–13 und 17–21 Uhr, Piazza Vitt. Veneto, ✆ 0973/605550, www.prolocosapri.org, www.comunedisapri.it, www.sapri.com.

• *Ärztliche Versorgung* Via Verdi, ✆ 0973/609111.

• *Post* Piazza Marconi, ✆ 0973/604018.

• *Hafen* 2 km südlich des Zentrums, ✆ 320/3623297, www.marinadisapri.it.

• *Internet* Internet-Point *Betshop*, Lungomare (Corso Italia) 19.

• *Anfahrt/Verbindungen/Unterwegs* **Pkw:** Sapri liegt an der Küstenstraße SS 18 von Agropoli nach Maratea, gebührenpflichtige Parkplätze auf der Piazza Vitt. Veneto, ansonsten entlang des Lungomare oder vor dem Bahnhof probieren.

Bahn: Der Bahnhof liegt 300 m vom Lungomare entfernt, regelmäßig Züge nach Agropoli und Maratea (Basilikata), mehrmals tägl. nach Reggio di Calabria und Salerno/Neapel.

Bus: Der Bahnhofsvorplatz ist gleichzeitig Start- und Endpunkt einer Reihe von Buslinien, u. a. *Lamanna* (nach Padula und ins Vallo di Diano), *Curcio/Infante* (nach Scario und an die cilentanische Küste).

Taxi: Taxistation an der Piazza Vitt. Veneto, ✆ 0973/392992.

Fähre: Juni–Sept. mit der *Metro del Mare* zu den Küstenorten des Cilento (→ S. 32); bislang unklar ist, ob die *Metro di Golfo di Policastro* (das Pendant zur *Metro del Mare*) auch in den kommenden Jahren verkehren wird: nur im Aug. 1-mal tägl. Sapri–Villamare–Policastro–Scario und zurück, Abfahrt vom Hafen. ✆ 333/6047156.

• *Veranstaltungen* **Patronatsfest**, San Vito Martire, 15. Juni.

Percorsi Mediterranei/Sapri Amanteatro, Theater, Konzerte und Kabarett auf der Piazza Plebiscito und am Lungomare (Höhepunkt ist die Segelregatta), Juli/Aug.

Rievocazione storica dello sbarco di Carlo Pisacane, historisches Straßenfest, das an die Landung von Carlo Pisacane 1857 erinnert, 3. So im Aug.

• *Einkaufen* **Bottega dei Golosi**, der prall gefüllte Laden bietet ein breites Sortiment der üblichen cilentanischen Produkte (Wein, Olivenöl, Honig), auch Keramik-Kunsthandwerk der Region. Via Umberto I 21 (Zentrumslage), ✆ 0973/391390.

Sapori dei Golfo, die kleine Azienda stellt ihre Produkte hauptsächlich nach biologischen Methoden her. Feigenmarmelade, eingelegte Auberginen und Paprika, Basilikumlikör und vieles mehr. Via Oliveto 3 (zwischen Sapri und Villamare), ✆ 0973/365554.

• *Baden* Die Badesaison ist kurz, das Wasser einwandfrei, man sieht bis auf den Grund. Grober Schotter macht Sapri nicht gerade zur Badedestination erster Kategorie, um kurz einmal ins kühle Nass zu springen, reicht es jedoch allemal. Einige Strandbäder säumen die Uferpromenade (→ „Essen & Trinken", S. 192). Südlich von Sapri, am Übergang zur Maratea-Küste,

Verspielt: Dieser Küstenwachturm enthält eine Sternwarte

Südlicher Cilento

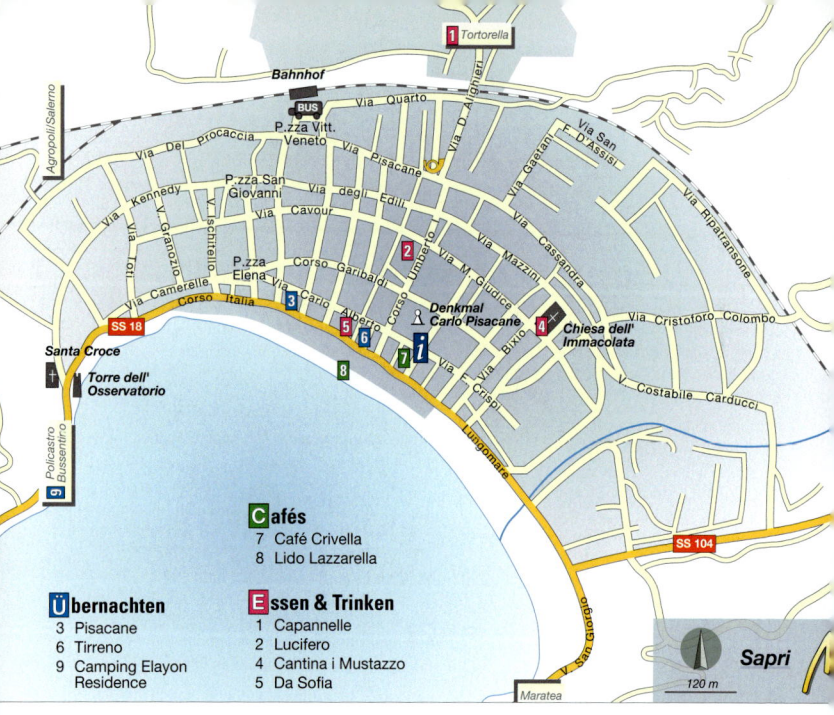

C afés
7 Café Crivella
8 Lido Lazzarella

E ssen & Trinken
1 Capannelle
2 Lucifero
4 Cantina i Mustazzo
5 Da Sofia

Ü bernachten
3 Pisacane
6 Tirreno
9 Camping Elayon
   Residence

Sapri

120 m

landschaftlich schönes Steilufer mit einigen Badebuchten, die mit dem Boot angefahren werden können. Wie in Palinuro und in Marina di Camerota gibt es auch hier Karstgrotten, in denen Forscher auf prähistorische Siedlungsspuren stießen.

• *Bootstouren* Noleggio Barche am Hafen: Bootsverleih sowie Organisation von Touren zur Costa degli Infreschi und zur Maratea-Küste mit einem traditionellen Fischerboot *(gozzo)*, Exklusivfahrten für 9 Pers. ab 150 €/Tag, ✆ 340/1815884, www.docedoce.it.

Übernachten/Essen & Trinken

• *Übernachten* ****** Hotel Pisacane (3)**, tadelloses Hotel in einem ehrwürdigen Uferpalais, blitzsaubere Zimmer (nach vorn mit kleinem Balkon, dafür aber auch mit der Küstenstraße vor der Nase), internationaler Standard. Ganzjährig geöffnet, Restaurant nur im Juli/Aug. DZ 75–95 € (im Aug. teurer). Via Carlo Alberto 35, ✆ 0973/605074, ✉ 0973/604874, www.hotelpisacane.it.

*** Tirreno (6), kein ästhetisches Highlight, dennoch ein gut geführtes Stadthotel zentral am Lungomare, Frühstücksbuffet, Internet-Terminal im Foyer. Ganzjährig geöffnet. EZ 35–70 €, DZ 55–120 €. Corso (Lungomare) Italia 44, ✆ 0973/391006, ✉ 0973/391157, www.hoteltirrenosapri.it.

• *Camping* **Elayon Club Residence (9)**, der bessere von zwei benachbarten Campingplätzen an der Küstenstraße, akzeptabler Zeltgrund, wegen der Nähe der Straße nur

bedingt ruhig. Gute Infrastruktur (Bungalows, Restaurant, Pool und Tennisplatz), 50 m zum Meer. Mitte Mai–Mitte Sept. 2 Pers. mit Zelt 24–44 €. Contr. Oliveto (auf der SS 18 1 km Richtung Villamare), ✆ 0973/603646, ✉ 0973/604928, www.elayonclub.it.

• *Essen & Trinken* **Osteria Lucifero (2)**, satanisch gute Trattoria, etwas versteckt in einer Seitengasse. Ausgefeilte Fisch- und Fleischgerichte mit internationalem Einschlag, z. B. Zackenbarsch *(cernia)* mit Kartoffeln; abends auch Pizza. Etwas teurer, aber die Qualität stimmt. Menü ab 25 €. Mi Ruhetag. Trav. di Corso Garibaldi, ✆ 0973/603033.

TIPP! **A Cantina i Mustazzo (4)**, die traditionelle Hafentrattoria (seit 1903) hat sich ins Zentrum verlagert, grandioses Open-Air-Flair, die Tische biegen sich unter der Speisenfülle, Antipasti vom Servierwagen, Sardellen und Garnelen, Schwert- und Tintenfisch, Ziegen- und Hasenfleisch – alles zu ehrlichen Preisen! Mi abend geschlossen. Piazza Plebiscito 27, ✆ 0973/604010. www.cantinamustazzo.com.

Da Sofia (5), volkstümliches Lokal im Zentrum am Lungomare, ausgezeichnete Pizza, aber auch die Meeresfrüchte und die Paella nach lokaltypischer Art sind zu empfehlen. Menü ab 20 €, Pizza ab 4 €. Di Ruhetag, Nov./Dez. geschlossen. Corso Umberto I, 5, ✆ 0973/603362.

Le Capannelle (1), populäres Ausflugsristorante hoch über Sapri, der Weg lohnt sich. Deftige Landküche, seit Jahren ein zuverlässiger Tipp (ehrliche Preise; abends auch Pizza). Mo Ruhetag. Contr. San Giocondo (auf der SP 16 in Richtung Torraca), ✆ 0973/366030.

• *Lido* **Lido Lazzarella (8)**, das Strandbad im Zentrum ist ästhetisch ein Hochgenuss, auch für denjenigen, der nicht baden möchte: ideal für einen abendlichen Absacker auf der Holzveranda über dem Meer, Bier, Kaffee, Musikbar, Pizzeria. Juni–Ende Sept. (Schirm und Liege 9 €/Tag). Via Lungomare, ✆ 0973/391511.

• *Bar/Gelateria* TIPP! **Café Crivella (7)**, einer der kultiviertesten Plätze im Cilento, Edel-Chocolaterie, hausgemachte Süßspeisen, Lesecafé und vieles mehr (schräg gegenüber liegt ein guter Eissalon!), stilvolle Sitzplätze im Freien. Corso Italia (Lungomare) 54, ✆ 0973/603973, www.crivella.it.

Umgebung/Wandern

Villamare: Die Küstenstraße führt am Vorort von Sapri vorbei. Zwischen einem wuchtigen Küstenwachturm, erbaut zwischen 1580 und 1595, und der Pfarrkirche Santa Maria di Portosalvo erstreckt sich eine mehr als ansehnliche Uferpromenade, die eine intakte Fassade malerischer Fischerhäuser von den Sand- und Kiessträn-den trennt. Der Abstecher lohnt sich auch kulinarisch.

• *Einkaufen* **Ceramica Keradon**, eine Keramik-Bottegha aus Policastro betreibt im Sommer diesen Laden in Villamare, ästhetisch ausgereifter Stil, geschmackvolle Tonware. Corso Italia 14 (Lungomare), ✆ 0973/365894, www.ceramicakeradon.com.

• *Essen & Trinken* **La Cantinella sul Mare**, erstklassige und nicht billige Feinschmeckeradresse, die seit der Eröffnung 2006 zahlreiche Preise eingeheimst hat. Der Padrone kauft täglich frischen Fisch, wechselnde Karte, zu empfehlen ist der Schwert-fisch *(pesce spada)* nach Art des Hauses. Wenige Innenplätze im edel gestalteten Gewölbe. Mo Ruhetag, Jan. geschlossen. Corso Italia 129, ✆ 0973/365442.

TIPP! **Taverna Portosalvo**, winziges Fischlokal, etwas versteckt am Lungomare, authentische Meeresküche auf hohem Niveau, die Fischsuppe ist berühmt *(zuppa del pesce)*. Nur wenige Plätze innen und außen, daher besser reservieren. Menü um 25 €. Mo und Do abends geschlossen. Corso Italia 77, ✆ 338/5617963.

Küstenweg nach Süden: Der aufwändig angelegte Spazierweg beginnt am Hafen von Sapri und führt in Richtung Maratea-Küste *(sentiero della carnale)*. Schöne Blicke über den Golf zum Monte Bulgheria und zur Costa della Masseta, die Felsen im Wasser stehen in Zusammenhang mit der Expedition von Carlo Pisacane (→ S. 190) und sind ein nationales Heiligtum (Scoglio dello Scialandro). Auf demselben Weg wieder zurück, da der Küstenpfad an der Straße endet. In früheren Tagen war der Felsweg so schmal, dass zwei sich entgegenkommende Esel nicht aneinander vorbeikamen, was zu der eientümlichen Praxis führte, das schwächere Tier buchstäblich über die Klippen springen zu lassen.

• *Wegbeschreibung* Kurz bevor die Zufahrt den *porto turistico* erreicht, steigen Treppen nach links an. Unterhalb der Küstenstraße (SS 18) geht's bequem Richtung Süden. Nach 20 Min. kreuzt ein Teerweg: dort rechts bergab, nach wenigen Schritten setzt sich der Küstenweg auf der anderen Seite fort.

Torraca: Der erste typische Bergort auf dem Weg ins Bussento-Gebiet (→ S. 194), das Zentrum mit intakter Struktur liegt 400 m über dem Meer. Es ist ein Dorf mit großer Vergangenheit: Erstmals im 11. Jh. urkundlich erwähnt, soll im Kastell einst der Stauferkaiser Friedrich II. genächtigt haben. Im 16. Jh ersetzte der Palazzo Baronale die mittelalterliche Burg.

Südlicher Cilento

Bussento-Tal

(Valle del Bussento)

Dünn besiedelt und reich an Wald und Wasser präsentiert sich der süd-lichste Zipfel des Cilento-Nationalparks. Ein grandioses Naturschauspiel findet unter Tage statt: Bei Caselle in Pittari verschwindet der Bussento in ein gähnendes Karstloch, um 6 km weiter südlich wieder aufzutauchen.

Nur 42 km ist der Bussento lang: Von den Quellen am Südhang des Monte Cervati (→ S. 225) bis zur Mündung in den Golf von Policastro bewältigt er dabei rund 1500 Höhenmeter. Unterhalb der Cervati-Kommune Sanza knickt der Fluss nach Süden ab, um wenig später in ein 20 m hohes und 10 m breites Felsportal (**Inghiot-titoio del Bussento**) einzuströmen. Nach einer rasanten unterirdischen Talfahrt tritt er nahe der sympathischen Ortschaft Morigerati in einer mindestens ebenso spektakulären Grotte wieder ans Tageslicht (**Risorgenza del Bussento**). An beiden Orten ist es möglich, sich dem Ein- bzw. Austrittsloch zu Fuß zu nähern – es wer-den Blicke auf das beeindruckendste Schauspiel gewährt, das die Natur im Cilento zu bieten hat. Unterhalb von Morigerati nimmt der Bussento das Wasser des Tor-rente Bussentino (oder Rio di Casaletto) auf, der am Oberlauf durch einen wild-ro-mantischen Canyon fließt. Das fantastisch gelegene Dorf Tortorella ist der beste Ausgangspunkt, um auf Wanderwegen die Schlucht zu erkunden, in der Turmfal-ken und Gabelweihen nisten, auf kleinen Absätzen Ziegen weiden und im Frühling die Orchideen blühen.

Die Bergdörfer im Bussento-Gebiet haben sich zur *Comunità Montana Bussento* mit Sitz in Torre Orsaia (→ S. 174) zusammengeschlossen. Wenn bereits der Cilento eine Destination für Liebhaber und Individualisten ist, so gilt dies erst recht für den einsamen Landstrich an der Peripherie des Nationalparks: Wer auf der Suche nach ursprünglicher cilentanischer Gastlichkeit ist und gerne wandert, ist hier gut aufge-hoben. Kulinarisch weiß die Bussento-Region mit einigen Besonderheiten aufzu-warten: Die Gemüsepolenta ist eine beliebte Alternative zu hausgemachten Nudeln wie Fusilli, Cavatielli und Gnocchi. Als Hauptgericht kennt die einfache Bauerntafel u. a. Kohlsuppe mit Schweinefleisch *(minestra di verza e maiale)* oder die berühmte *cimardola:* ein Gemüsegericht aus Tomaten, Zucchini und Auberginen (in Süd-italien *melanzane* genannt).

Tortorella und Casaletto Spartano

Das karge Bergdorf Tortorella liegt auf einem 582 m hohen Kalkplateau, das steil in die Bussentino-Schlucht abfällt. Nur einen Steinwurf entfernt weist auf der anderen Seite des Canyons Casaletto Spartano eine mindestens ebenso intakte Struktur auf.

Am Friedhof unterhalb von Tortorella (562 Einw.) begegnet uns, nach langer Absti-nenz, die Madonna mit dem Granatapfel wieder (→ „Capaccio", S. 66). Ein Stock-werk weiter oben wären die stillen Gassen eine geeignete Kulisse, falls jemand Carlo Levis Roman *Christus kam nur bis Eboli* ein zweites Mal verfilmen wollte. Seit 1900 ging hier die Bevölkerung um die Hälfte zurück. In der Antike und im Mittelalter führte eine Handelsroute an der strategisch wichtigen Felsbastion vor-bei. Dieser Weg verband den Golf von Policastro mit der Ionischen Küste.

Im Zusammenhang mit der süditalienischen Dialektforschung kommt dem Ort heute eine große Bedeutung zu: Der in ganz Italien bekannte deutsche Romanist Gerhard Rohlfs (1892–1986) forschte in den 1930er-Jahren in und um Sapri nach gallo-italienischen Sprachinseln. Er kam dabei bis nach Torraca (→ S. 193), allerdings ohne fündig zu werden. Ein Projekt der Universität Heidelberg unter Federführung von Professor Edgar Radtke setzt die Studien seit Jahren fort. 10 km landeinwärts entdeckte man in Tortorella, was der große Vorgänger vergeblich suchte: Der Dialekt weist unmissverständlich norditalienische Einschläge auf.

Lokaldialekte: Indizien wider die geografische Isolation

„Der sehr isoliert gelegene Ort am Rande des Monte Cocuzzo", schreibt Edgar Rathke von der Uni Heidelberg über Tortorella, „konnte als eindeutige norditalienische Sprachkolonie gedeutet werden." Mit Norditalien ist hier Ligurien gemeint, das aufgrund der geografischen Nähe zu Frankreich einen eigenen gallo-italienischen Dialekt entwickelt hatte. Wie aber gelangte dieser nach Süditalien? Im ausgehenden Mittelalter und in der frühen Neuzeit haben Hungersnöte zu einem erzwungenen Exodus der Ligurier geführt. Einige könnten über Sardinien den Weg in den Cilento gefunden haben. Seit 1990 bemüht sich die Universität Heidelberg, die vorhandenen Wissenslücken zu schließen. Eins wird jedoch jetzt schon deutlich: Die Dörfer im lukanischen Hinterland waren in der Vergangenheit längst nicht so isoliert, wie es die romantische Vorstellung gerne glauben macht.

Trotz seiner 1700 offiziell gemeldeten Einwohner wirkt **Casaletto Spartano** kaum größer als Tortorella. Aufgrund der relativ gemäßigten Hanglage auf 400 m Höhe erscheint es weit weniger schroff. Vom winzigen Teilort Battaglia hat man das Zentrum auf der anderen Seite des Bussentino fest im Blick. Historisch gesehen ist Battaglia sogar der eigentliche Hauptort, wovon noch heute der imposante **Palazzo Baronale** zeugt. Seit dem Mittelalter übte hier die toskanische Adelsfamilie Gallotti die Grundherrschaft aus. Das Jahr 1806 beendete die Hegemonie Battaglias: Der Magistrat sollte die französischen Truppen mit Munition versorgen, bekam jedoch die erforderliche Menge nicht zusammen. Zur Strafe wurde die Verwaltungshoheit auf die andere Seite verlegt, wo sie sich noch heute befindet.

Zwischen beiden Orten quert die Straße den Fluss und passiert dabei einen Wasserfall (Capelli di Venere) sowie einen nett gelegenen Picknickplatz. Der Ortsname Spartano leitet sich von *sparta* ab: Das auf Terrassen wild wachsende, binsenähnliche Halfagras *(Stipa tenacissima)* wird traditionell zum Flechten von Kälberstricken verwendet.

● *Anfahrt* **Pkw**: Auf der SP 16 von Sapri (16 km nach Tortorella), alternativ von der Cilento-Quertrasse (SS 517) ebenfalls auf der SP 16 nach Casaletto Spartano. **Bus**: Mehrmals tägl. mit *Lamanna* von Sapri über Tortorella nach Casaletto Spartano; 1-mal tägl. mit *SITA* nach Salerno.

● *Wandern* Von Tortorella führen zwei **Wanderwege in die Bussentino-Schlucht**; der erste beginnt im oberen Ortszentrum: am besten vor der Chiesa Madre parken und 150 m die Straße zurücklaufen, bis rechter Hand ein Picknick- und Aussichtsplatz auftaucht. An der Wanderwegtafel beginnt der steile und aussichtsreiche Kurzabstieg in die Schlucht.

Die bequemere Variante beginnt unterhalb von Tortorella an der Ortszufahrt (SP 16) von Süden. Mit Blick auf Felsplateau und Dorf zweigt der Wanderweg 906 a an einer scharfen Rechtskurve nach links ab und gewinnt absteigend ein Seitental des Bussentino. Am Wildbach (Torrente del Gerdenaso) entlang geht es dann in nordwestlicher Richtung bis zur Schlucht (Gehzeit 2:30 Std.; jeweils auf demselben Weg wieder zurück).

Capelli di Venere: Der kurze Abstecher von der SP 16 zum wildromantischen Wasserfall war zum Zeitpunkt der letzten Recherche leider gesperrt, Einstiegstelle ist der Brunnen an der Haarnadelkurve zwischen Battaglia und Casaletto Spartano.

Weitere Wandermöglichkeiten: In Casaletto Spartano beginnt ein schöner Pilgerweg zum Sanktuarium Madonna dei Martiri (698 m) mit guten Ausblicken in die Bussentino-Schlucht (3 Std. hin und zurück). 3-mal im Jahr, u. a. am Ferragosto (Mitte Aug.), ist die Kapelle Ziel einer Prozession.

Eine anspruchsvollere Wanderung führt auf den Monte Cocuzzo, einen 1371 m hohen Aussichtsgipfel an der Grenze zur Basilikata. Aktuelle Infos zu den Wanderwegen am besten bei Bettina Simoni einholen (→ „Übernachten/Essen & Trinken").

• *Übernachten/Essen & Trinken* **Case in Italia**, Daniela di Bartolo wohnt in Tortorella und vermietet Ferienhäuser und Apts. für Selbstversorger im Ort oder außerhalb im Grünen, die einzelnen Objekte sind sehr unterschiedlich. Sie spricht Deutsch und steht ihren Gästen mit Rat und Tat zur Seite. Preise auf Anfrage. ☎ 09732/91880, ✆ 09732/780399 (in Deutschland), www.caseinitalia.com.

Il Rifugio, Ristorante und Pizzeria in Casaletto Spartano, dörflicher und landestypischer geht's fast nicht mehr, die Zutaten (z. B. Ziegenfleisch) kommen vom Bauern vor Ort, hausgemachte schmackhafte Desserts. Rustikaler Raum mit Holzbalkendecke und laufendem Fernseher. Menü ca. 15 €. Mi Ruhetag. Via Nazionale 186 (Nähe Piazza Municipio; nur ein winziges Schild hängt über der Tür), ☎ 0973/374556.

TIPP! **B&B Palazzo Gallotti**, im Vorderhaus lebt noch die Contessa, im hinteren Teil des Palastes haben Bettina und Roberto Simoni ein wunderschönes Privatlogis eingerichtet. Vier Zimmer teilen sich ein Bad, das ganze Haus ist ein Museum. Bettina ist Deutsche und kennt sich wie keine andere mit den Wanderwegen vor Ort aus. Mai–Okt. DZ 60–70 €. Battaglia, Via Nazionale 19, ☎ 0973/374063, www.palazzogallotti.it.

Morigerati

(ca. 400 Einwohner)

Das Herz der Bussento-Region: Hauptanziehungspunkt ist die WWF-Oase unten in der Schlucht, dort, wo der Fluss seine Wiederauferstehung feiert. Im Ort lohnt die vorbildlich präsentierte ethnografische Sammlung einen Besuch.

War die Bussentino-Klamm bei Tortorella noch steil und eng (→ S. 194), öffnet sich die Landschaft bei Morigerati. Das Dorf liegt auf einem schmalen Treppenabsatz über dem vegetationsreichen Talgrund, oberhalb streifen die Bauern auf der Suche nach Trüffeln durch die ausgedehnten Steineichenwälder. Nahezu ein Drittel der Häuser im kleinen *centro storico* steht leer. Klassischer Zugang ist das mittelalterliche Stadttor mit dem Wappen der Familie Florenzano. Der Landadel bewohnt noch heute den **Palazzo Baronale**, der sich gleich hinterm Tor anschließt. In seiner heutigen Gestalt mit dem ländlich-schmucken Innenhof und der Kapelle Madonna delle Grazie stammt der Bau aus dem Jahr 1726. Am unteren Rand des alten Ortskerns befindet sich der große Gebäuderiegel des ehemaligen Klosters der Schwestern von Sant'Anna (Convento di Suore di Sant'Anna) mit einem sehenswerten **Museum**. Hier findet sich die mit Abstand beste Präsentation traditioneller Handwerks- und Bauernkultur des Cilento. Grundstock bildet die Privatsammlung der Familie Florenzano, die mittlerweile durch Zukäufe der Kommune auf 250 Objekte angewachsen ist. Prunkstücke sind u. a. eine Maschine zum Kämmen der Wolle und die Mitte des 19. Jh. aus Sizilien importierten „Backformen" für religiöse Votivfiguren (eine Kindpuppe aus Gips drückte z. B. den Wunsch nach Nachwuchs aus). Interessant sind die Handwerksgeräte und Textilien aus Naturfasern; vom Kloster ist noch ein Altar im Originalzustand erhalten (Museo Etnografico di Morigerati).

Öffnungszeiten Okt.–Mai Mo–Fr 10–13 (besser vorher anrufen), Juni–Sept. Di–So 16–19, Sa zusätzlich 10–13 Uhr. Eintritt frei. ☎ 339/5687522.

Südlicher Cilento

Grotte del Bussento/Oasi WWF: Sicherlich ein landschaftliches Highlight im südlichen Cilento, das man sich nicht entgehen lassen sollte. Der 800 m lange Abstieg in die Schlucht zur Austrittsstelle des Bussento erfolgt auf gut ausgebauten Wegen. Im Sommer 2008 stand eine Einschienenbahn *(monorotaia)* kurz vor der Fertigstellung, so dass der Besuch zukünftig auch für Fußkranke möglich ist. Die beeindruckende Höhle ist auf 80 m mit Taschenlampe begehbar, ein Gang führt parallel zum Bussento in den Berg hinein, die hinteren Abschnitte der Grotte sind den Speläologen vorbehalten. In dem kühlen Gewölbe hausen Fledermäuse, mittags sind die Lichtverhältnisse am besten. Das Wasser hat seit dem Verschwinden im Karst bei Caselle in Pittari eine unterirdische Strecke von 6 km zurückgelegt (Luftlinie) und sich dabei auf 10–13 °C abgekühlt. Die Folge sind fast schon nordeuropäische Bedingungen in der Klamm: Abgesehen vom wilden Lorbeer *(Laurus nobilis)* ist die Vegetation alles andere als mediterran, auf dem Boden wuchert Farn, feuchtes Moos hängt wie Lefzen von den Bäumen herab. Das natürliche Herbarium ist ideal für Familien mit aufgeweckten Kids.

Die Liste der Pflanzen, die Mitarbeiter des *World Wide Fund For Nature (WWF)* bislang in der Schlucht entdeckt haben, ist lang: 23 Baum- und 49 Straucharten, insgesamt 231 Pflanzen, darunter 27 verschiedene Orchideen. Seit 1985 kümmert sich die Naturschutzorganisation in Zusammenarbeit mit der Kommune um die Erhaltung des sensiblen Ökotops, das mittlerweile eine Fläche von 607 ha umfasst. Während der geführten Rundgänge wird auch ein Blick in die ehrwürdige Wassermühle geworfen. Das horizontale Mühlrad wird von einer Quelle wenige Meter oberhalb angetrieben, die pro Minute 50 l Wasser ausschüttet (weitere Informationen zum Karstphänomen im folgenden Ortskapitel „Caselle in Pittari", S. 200).

● *Anfahrt* **Pkw:** Schnellste Anfahrt auf der SS 517 mit eigener Ausfahrt, alternativ von Sapri und von der Küste über Vibunati (20 km auf der SP 56). **Bus:** Mehrmals tägl. mit *Lamanna* von Sapri, seltener nach Sanza und ins Vallo di Diano.

● *Information/geführte Exkursionen/Canyoning* Angelika Bartholomäi ist Deutsche und hat Morigerati zu ihrer Wahlheimat erkoren. Sie steht für Fragen gern zur Verfügung, arbeitet eng mit den WWF-Verantwortlichen zusammen und organisiert Touren durch die Schluchten *(torrentismo)*. Auch Sprach-, Botanik- und Kochkurse und vieles mehr. *Cives Mundi*, Via Granatelli 21, ✆ 0974/982131, www.civesmundi.it; www.comune.morigerati.sa.it.

● *Centro Visite* Zum **WWF-Besucherzentrum** unterhalb von Morigerati führt eine schmale Pflasterstraße (Wegweiser „Grotte del Bussento"). Besser ist es, im Ort zu parken und den Weg in 10 Min. zu Fuß zu gehen. In der Ölmühle, erkennbar am WWF-Pandabären, ein Büchertisch mit Postkarten, im Angebot ferner Honig und Olivenöl heimischer Erzeuger. Wer eine deutschsprachige Führung möchte, wendet sich am besten an *Cives Mundi* (→ oben). Juli–

Mitte Sept. tägl. 10–18 Uhr, sonst nach Voranmeldung, Eintritt 5 €. Piano della Porta 17, ✆ 0974/982223 oder 320/7461613, www.grottedimorigerati.it.

● *Wandern* Vom Besucherzentrum geht es auf eindeutig erkennbarem Stufenweg in die Schlucht (Schild „Acesso"), für die Erkundung des Höhleneingangs ist eine Taschenlampe hilfreich. Empfehlenswert, aber nicht obligatorisch ist eine Führung durch qualifiziertes WWF-Personal. Der Weg ist auch dann geöffnet, wenn das *Centro visite* nicht besetzt ist. Kurz vor dem Grund der Schlucht eine Gabelung: Links geht's in 5 Min. zur Bussento-Grotte, rechts zu einer alten Ölmühle, davor liegen ein paar Picknickplätze und eine Badestelle. Wer die Klamm erkunden möchte, sollte gutes Schuhwerk tragen, denn die Feuchtigkeit macht den Untergrund glatt (einfache Gehzeit in die Schlucht ca. 30 Min.).

Weitere Wandermöglichkeiten: Vom Grund der Schlucht kann man über die Brücke den Weg fortsetzen und auf der anderen Seite zum Nachbarort Sicili aufsteigen. Es handelt sich um einen alten Verbindungsweg, den Einheimische noch bis vor Kurzem mit Maultieren gegangen sind.

Bussento: karstige Schluchten

Der Weg zum Grottenheiligtum San Michele oberhalb von Morigerati ist im nachfolgenden Ortskapitel „Caselle in Pittari" (→ S. 201) ausführlich beschrieben. Der Start ist auch von hier möglich, Infos im *Centro Visite* oder bei Angelika Batholomäi (→ S. 198).

• *Übernachten/Essen & Trinken* **Paese Ambiente**, unverfälschte Einblicke in die Dorfkultur bieten Apts. im Ortszentrum, alle sehr unterschiedlich und nur wochenweise zu mieten. Das Frühst. wird in der Bar eingenommen, deutsche Ansprache vor Ort gegeben. 210 €/Pers./Woche (inkl. Halbpension). Buchung im Rathaus oder bei *Cives Mundi* (→ S. 198), ☎ 0974/982016, www.morigerati.net.

Al Castello, Restaurant und Bar am Eingang zum *centro storico*, nüchterne Gaststube im Vorderhaus, opulenter Fürstensaal im hinteren Teil des Adelspalais' (der Inhaber vermietet auch Zimmer). Verwendet werden ausschließlich landestypische Zutaten, jede Menge hausgemachte Pasta, Pizza; Kaninchen nach Vorbestellung. Menü ab 25 €. Via Piano La Porta 9, ☎ 0974/982085.

Südlicher Cilento

Caselle in Pittari   (ca. 2000 Einwohner)

Sympathisches und lebendiges Bergdorf mit überraschend ausgereifter Infrastruktur. Ein alter langobardischer Pilgerweg verbindet das Zentrum mit dem Grottenheiligtum des Erzengels Michael. Das Verschwinden eines ganzen Flusses im Berg ist ein grandioser Anblick.

Trotz der relativen Größe ist die Orientierung einfach: Alle Anfahrtswege enden am zentralen Straßenkreuz der Neustadt. Als steingepflasterte Ahornallee stellt die Via Roma über einen Damm die Verbindung zum dörflich wirkenden Altstadthügel her. Wer sich hier nicht unterwegs in den Gassen verliert, erreicht irgendwann die Reste der **mittelalterlichen Bastei** auf der 450 m hoch gelegenen Spitze. Von der angiovinischen Anlage aus der zweiten Hälfte des 13. Jh. ist ein trutziger Turm erhalten, von dem aus der Betrachter drei wichtige Cilento-Berge fest im Blick hat: Monte Gelbison, Monte Cervati und Monte Centaurino. Indizien weisen jedoch darauf hin, dass die Besiedlung weiter in die Vergangenheit zurückreicht: In Caselle in Pittari lebten einst basilianische Mönche, und an einem Nebenfluss des Bussento vor den Toren des Städtchens entdeckten Archäologen Spuren eines lukanischen Dorfes aus dem 4. Jh. v. Chr. (Zona archeologica di Laurelli).

Die eigentlichen Attraktionen befinden sich in der unmittelbaren Umgebung und sind, wie so oft im Cilento, nur auf Schusters Rappen zu erreichen. Einen Kilometer Luftlinie östlich vom Altstadthügel verschwindet der Bussento auf spektakuläre Weise im Fels **(inghiottitoio del Bussento)**. Das scheunentor-große **Karstloch** befindet sich am Fuß einer 150 m hohen Kalkwand (La Rupe) und ist nur zu sehen, wenn man sich zu Fuß an den Abstieg in die Schlucht wagt. Seit Jahrmillionen löste Schmelzwasser vom Monte Cervati an dieser Stelle den Kalk. Erstmals wurde die auf diese Weise ausgewaschene Grotte 1950 von Baron Carlo Franchetti näher untersucht, dem Mitbegründer der wichtigsten speläologischen Forschungsgruppe Italiens *(Circolo Speleologico Romano)*. Wie beim Austritt des Flusses 6 km südlich und 80 m tiefer bei Morigerati (→ S. 198), kann man mit Taschenlampen auch hier ein Stück in die Grotte hineinlaufen. Der zunehmend enger werdende Höhlentunnel weitet sich auf einmal wieder zur „Krebshalle" (Sala del Gambero) – der Rest bleibt ein Geheimnis. Ein großer Teil des Untertagestroms ist bis heute nicht erforscht, der genaue Verlauf des Bussento mit den Verzweigungen und Zuflüssen ist unbekannt. Fest steht, dass in der unteren Schlucht bei Morigerati signifikant mehr Wasser den Berg verlässt als oben einströmt. Seitdem weiter nördlich der Bussento zum Lago Sabetta aufgestaut wird, kann dies allerdings der Augenschein kaum überprüfen: Die Stauwerkbetreiber regulieren den Ausfluss der Wassermenge, und nicht selten versickert nur noch ein dünnes Rinnsal im Karst.

• *Anfahrt/Einstieg* Vom zentralen Straßenkreuz an der Via Nazionale nach Süden, dann auf Schilder „Inghiottitoio del Bussento" bzw. „La Rupe" achten. Das kleine Sträßchen erreicht die andere Talseite, an einer Rechtskurve auf die beiden Schautafeln achten und das Auto abstellen. Für den Abstieg auf dem Naturlehrpfad ist gutes Schuhwerk nötig, wer den Weg nicht auf sich nehmen mag, kann schon nach wenigen Metern mit dem Fernglas das Karstloch erspähen. Einige Picknickbänke am Boden der Schlucht.

Der Erzengel Michael

Am 8. Mai, dem Patronatstag des hl. Michael, ist auf dem 3 km langen Pilgerweg zur **Höhle des Erzengels** reichlich Betrieb, ansonsten kann man die Fels- und Kulturlandschaft mit Feigen und Kastanien weitgehend für sich genießen. Die Höhle ist gleichzeitig ein **grandioser Aussichtspunkt:** Wie ein entrücktes Landschaftsgemälde liegen Bussento-Tal und Golf von Policastro zu Füßen der Wanderer und Pilger.

• *Anfahrt* mit dem eigenen **Pkw** rasch über die SS 517 mit eigener Ausfahrt, günstig gelegene **Parkplätze** auf der Rückseite vom Rathaus *(municipio)*. **Bus:** Mehrmals tägl. mit *Lamanna* von Sapri, 1-mal tägl. über Sanza nach Sala Consilina.

• *Führungen* Engagierte Mitglieder der Gruppe *Terra Madre* organisieren Eseltrekking oder verkleiden sich als basilianische Mönche und erzählen von alten Zeiten (Mönchswanderung für 20 €/Person inkl. Abendessen, Exkursionen zur Bussento-Höhle 10 €/Person). April–Ende Sept., Via

Independenza 112, ✆ 338/8765667, asso ciazioneterramadre@virgilio.it.

● *Einkaufen* **Antico Forno Lo Sceriffo**, versteckt in wenig romantischer Umgebung gelegene Bäckerei, hier wird richtig gutes Brot gefertigt! In der angeschlossenen Pizzeria gibt's die beste Pizza im Ort. Via Sandro Pertini 24 a (vom Zentrum in Richtung SS 517, dann auf Schild zum Sportplatz achten), ✆ 0974/988569.

● *Übernachten/Essen & Trinken* **Albergo La Sosta**, einfache Zentrumspension, innen sehr ordentlich, einige Zimmer mit Balkon. Der Inhaber betreibt die gleichnamige Bar im Erdgeschoss (abends auch Bierpub und Weinstube). Ganzjährig geöffnet. DZ 25–30 €. Viale Roma, ✆ 0974/988702.

Agriturismo Pittari, günstig gelegenes, freundliches Haus am Ortsrand, mehr Kleinpension als Bauernhof, drei Zimmer teilen sich das Bad. Toller Frühstücksraum, gute Küche (Ristorante „La Taverna" nach Vorbestellung). Aug. geschlossen. DZ 36 €. Via Nazionale 168, ✆/℡ 0974/988800.

TIPP! **Zi Filomena**, niveauvolle Osteria im Ortszentrum, alteingesessen (seit 1932) und beliebt. Die Pasta ist hausgemacht, ebenso die Nachspeisen. Ansonsten bietet die Karte einen repräsentativen Querschnitt durch die kampanische Landküche, von allem wird reichlich aufgetischt. Keine Freiplätze. Menü um 25 €, Pizza ab 4 €. Viale Roma 11, ✆ 0974/988024, www.ristorantezifilomena.it.

La Botte, gute Adresse an der Ortseinfahrt zum Probieren der typischen Bussento-Landküche, abends auch Pizza. Nett gestalteter Innenraum. Tägl. geöffnet (im Winter Di Ruhetag). Via Caselle Bosco 1, ✆ 0974/988603, www.ristorantepizzerialabotte.com.

Wanderung 7: Auf dem Pilgerweg zur Michaelsgrotte

Charakteristik: Ein einfacher Wanderweg (6 km, 150 m Höhenunterschied) auf einer alten Wallfahrtsroute zu einem schönen Aussichtsbalkon auf 600 m Höhe (→ S. 200). Am Ziel warten zwei Grottenkirchen, in einer steht die Steinskulptur des Erzengels, der mit einem Fuß den Dämon zertritt (Santuario rupestre di San Michele Arcangelo). Der Weg ist oft ruppig, teilweise markiert, immer wieder weisen moderne Kalvarienkreuze die Richtung (Gehzeit 2:30 Std. hin und zurück).

Wegbeschreibung: Start ist die zentrale Straßenkreuzung von Caselle in Pittari, von hier geht's auf der Via Nazionale nach Süden. Nach 200 m trifft man am Ortsausgang auf eine weitere Kreuzung mit einer Fülle von Wegweisern. Hier nach dem gelben Schild „Grotte di San Michele" Ausschau halten und der angegebenen Richtung nach links folgen. Gleich darauf zweigt ein Teerweg rechts ab, der gleich darauf in ein gepflastertes Sträßchen übergeht. Bei der nächsten Verzweigung beginnt rechts der eigentliche Pilgerweg, der sofort kompromisslos in Serpentinen ansteigt. Bereits nach wenigen Schritten entfaltet sich ein großartiges Panorama, das uns in der Folge erhalten bleibt. Oben flacht der Weg ab, hält sich nach rechts und umrundet in einem großen Bogen die Hügelkuppe unterhalb einer steilen Kalkwand. Das Ziel, die beiden im Felsen hängenden Kapellen, liegt auf der anderen Seite des Hügels. Man erreicht es ohne signifikante Abzweigungen. Tief unten liegen Morigerati und Sicili, im Süden Tortorella und die Berge der Basilikata, im Westen schimmert das Meer (auf demselben Weg zurück).

Sanza

Verkehrsgünstig gelegene Kleinstadt an der Schwelle zum Vallo di Diano (→ S. 231). Der Altstadthügel überblickt das obere Bussento-Tal, die Spitze ziert ein schlanker Stadtturm mit rundem Glockengeschoss und roter Ziegelhaube (Torre medioevale). Wenige Schritte weiter liegt die Piazza Plebiscito mit der **Chiesa Santa Maria Assunta.** Im Inneren des dreischiffigen Gotteshauses steht die Kultfigur der **Madonna della Neve,** die alljährlich am 26. Juli auf den Monte Cervati getragen wird (→ S. 225). Sanza ist über die Cilento-Quertrasse (SS 517) mit eigener Ausfahrt rasch von der Küste erreichbar. Startpunkt der Cervati-Besteigung ist die SP 18 Richtung Rofrano (nach 1,5 km rechts eine Kalvarienstation und ein braunes Schild „Monte Cervati").

● *Essen & Trinken* **Agriturismo Villa Balbi**, zuverlässig gutes Ausflugsrestaurant in einem beeindruckenden Landgut 2 km unterhalb von Sanza am Bussento. Rustikale Landküche zu fairen Preisen (Sa/So auch Pizza), die grüne Talaue lädt anschließend zu ausgedehnten Spaziergängen ein. Menü ca. 15 €. Ganzjährig geöffnet (werktags nur nach Vorbestellung). Contr. Molinello, unterhalb der Stadt auf Ausschilderung achten, ✆ 340/4008142.

San Vito, familiäres Restaurant und Pizzeria an der alten SS 517, Wildschweinbraten und Paella nach Vorbestellung, ansonsten hausgemachte Pasta und eine reiche Auswahl an Bier und Wein. Menü ab 10 €. Mo Ruhetag. Via S. Vito (1 km in Richtung Buonabitacolo und Vallo di Diano), ✆ 0975/322803.

Sanza: Blick auf den Altstadthügel

Cattedrale di S. Pantaleone: Vallo della Lucania ist Bischofssitz

Vallo della Lucania (ca. 8800 Einwohner)

Der Cilento-Hauptort wirkt wie ein etwas zu groß geratenes Straßendorf und empfängt die wenigen Besucher gänzlich unvorbereitet. Dabei gibt es in der Stadt durchaus einiges zu sehen – und in der unmittelbaren Umgebung erst recht.

Seit dem Ausbau des Cilento-Schnellweges (SS 18) kann man Vallo della Lucania weiträumig umfahren – und die meisten Feriengäste tun dies auch. Selten verirrt sich jemand hierher, nach guten Restaurants muss man suchen, für die empfehlenswerten Quartiere gar auf die Umgebung ausweichen. Dabei bietet das überschaubare Zentrum eine recht hohe Lebensqualität mit vielfältigen Einkaufsmöglichkeiten. Freunde der Kirchenkunst entdecken im Bischofspalais ein überaus sehenswertes **Museum**, das hochrangige Kunstschätze aus dem Cilento präsentiert (Museo Diocesano). Nach dem Erdbeben 1980 wurden die wichtigsten Werke sakraler Kunst aus den Dörfern hierher gebracht. Beeindruckend ist die auf Kniestümpfen sitzende **Holzfigur des Märtyrer-Heiligen Philadelphus** aus dem 10. Jh. (Statua di S. Filadelfo). Sie stand ursprünglich in der Abtei von Pattano (s. u.) und gilt als wichtiges Beispiel gräko-italienischer Kunst im Cilento. Ein bebilderter Kurzführer in italienischer Sprache ist an der Kasse erhältlich.

Öffnungszeiten Di/Do 9–13 Uhr, Sa/So auch nachmittags (falls dennoch verschlossen, im Seitenflügel des Palazzo Vescovile nach dem Schlüssel fragen). Eintritt 2 €. Via F. Cammarota 2, ☎ 0974/75794, www.diocesivallodellalucania.it.

Das Bistum von Vallo della Lucania ist historisch gesehen recht jung: Erst 1851 trat es die Nachfolge der Diözese von Capaccio an (→ S. 64) und umfasst seither den größten Teil des Cilento; nur der Südosten gehört zum Nachbarbistum Teggiano-Policastro. Dies mag ein Grund dafür sein, dass die Kathedrale der Stadt ebenfalls jüngeren Datums ist (Cattedrale di San Pantaleone). Obwohl sich die wichtigsten Kirchenschätze im bischöflichen Museum (→ S. 203) befinden, lohnt der mächtige barocke Kuppelbau mit der prächtigen Orgel aus dem Jahr 1784 einen Blick.

Kerzengerade zieht sich die Fußgängerzone durch die Altstadt und quert dabei das arkadengesäumte Rechteck der **Piazza Vittorio Emanuele**. Palmen und Cafés verbreiten urbane Stimmung und südländisches Flair. Am nördlichen Ende des Zentrums mündet der Corso auf die Piazza Santa Caterina mit dem ehemaligen Kloster der franziskanischen Frauen, das heute der Nationalparkverwaltung Asyl gewährt. Auf dem Weg hinein sollte man kurz in die frisch restaurierte Konventskapelle aus dem 17. Jh. schauen (Cappella del Crocifisso). Viel gibt es hier sonst nicht zu tun, der Buch- und Andenkenladen führt jedoch einige nützliche Nationalpark-Devotionalien, u. a. das vollständige Wanderkartenset.

Öffnungszeiten Di/Do 10–13 Uhr (Buchladen), Mo–Fr vormittag stehen die Mitarbeiter für Fragen zur Verfügung. ☏ 0974/7199250, www.cilentoediano.it.

Wenige Schritte unterhalb der Fußgängerzone liegt in einer Seitengasse ein ehemaliges Dominikanerkloster mit Kreuzgang: Liebhaber der mediterranen Flora finden hier eine bescheidene ethnobotanische Ausstellung (Di/Do 9.30–12 und 15–20 Uhr).

● *Information* Bei wichtigen Fragen ans **Rathaus** *(municipio)* wenden, Piazza V. Emanuele, www.comune.vallodellalucania.sa.it.

● *Ärztliche Versorgung* Ospedale S. Luca, Via F. Cammarota, ☏ 0974/4623.

● *Post* Via L. Rinaldi 12/13.

● *Internet* *Bar Apicella*, wenige Schritte oberhalb der Piazza V. Emanuele, Via Passero 42/44.

● *Anfahrt/Verbindungen/Unterwegs* **Pkw:** Mit eigener Ausfahrt über die *superstrada* (SS 18) rasch erreichbar. Die alte SS 18 (SP 430) führt durch den Ort, viel Verkehr zu den Geschäftszeiten. Mehrere Parkplätze sind in Zentrumsnähe ausgeschildert. Beste Option ist der bewachte Parkplatz Madonna dei Rosario oberhalb der Altstadt (0,50 €/Std.). **Bahn/Bus:** Der **Bahnhof** befindet sich 12 km unterhalb in Vallo-Scalo, regelmäßige Busverbindungen vom großen Verkehrsknotenpunkt im Tal ins Stadtzentrum, der **Busbahnhof** liegt wenige Schritte jenseits der Ortsdurchfahrt (SS 18/SP 430). Fast alle wichtigen Linien fahren ihn an, z. B. *CSTP* (Orria, Cannalonga, Castelnuovo, Novi Velia) oder *Curcio* (Agropoli, Palinuro). **Taxi:** Elisio Viaggi, ☏ 0974/62258.

● *Feste/Veranstaltungen* **Patronatsfest**, viel Betrieb in der Stadt zur Festa di San Pantaleone, 26–29. Juli.

Surgite a 'stu paese bbona gente, Risorgimento-Ausstellung zur Erinnerung an die Cilento-Revolte 1828 (→ S. 179), Mitte Juli.

Finestra Jazz, Jazzkonzerte, Ende Aug.

In terra di briganti, Spezialitäten der Region und Historienspektakel über mehrere Tage in Gedenken an die Briganten im Cilento, Anfang Dez.

Wochenmarkt, größter Markt im Cilento an drei Standorten, So.

● *Einkaufen* **Libreria Pagina 5**, kleiner, gut sortierter Buchladen im Zentrum mit viel Cilento-Literatur (auch Wanderkarten und Musik-CDs). Via G. Murat 5, ☏ 0974/78975.

● *Essen & Trinken* Das Angebot in der Stadt ist nicht sonderlich üppig, dafür bietet die Umgebung (→ S. 206) einige verlockende Alternativen. Weitere Restaurant- und Logiertipps in den Ortskapiteln Novi Velia (→ S. 210) und Ceraso (→ S. 143).

La Vecchia Casa (1), bestes Restaurant im Ort, imposantes Natursteinhaus in Zentrumsnähe (Palazzo De Mattia), auf der Karte stehen Fisch- und Fleischgerichte, empfehlenswerte Antipasti, abends Pizza. Nur Innenplätze. Ganzjährig geöffnet. Via Garibaldi, ☏ 0974/712173.

La Tavernetta del Principe (2), kleines Bistro oberhalb der zentralen Platzarkaden mit schönen Sitzplätzen im Innenhof, die Mittagsgerichte in der Warmtheke sind für eine Notmahlzeit in der Stadt okay. So Ruhetag. Piazza V. Emanuele, ☏ 334/9575584.

Caffe Murat (3), nette Schlechtwetterbleibe im Zentrum, kleiner Innenraum, tagsüber Snacks für den kleinen Hunger, abends Drinks und Cocktails. Via G. Murat 21, ☏ 0974/72155.

Essen & Trinken
1 Vecchia Casa
2 Tavernetta del Principe

Cafés
3 Murat

Novi Velia

SS 18

BUS

Via Piedicasale
Via Piediscalella
Via Domenico Pignataro
Via G. Scarpa De Masellis
Via Angelo Rubino
Via Alessandro Pinto
V. Luigi Rinaldi
E. Nicodemo
Via Cafasso
Via G. D. Verdi
Largo Palazzo
Via Valenzani
Via Murat
C.so Gioacchino
Superstrada

Via Angelo Rubino
Via M. de Laurentis
Via B. Oricchio
Via B. Onicchio
Via Garibaldi
V. Giovanni Malese
V. Michelangelo Mainente
Oricchio

**Cattedrale
S. Pantaleone**

P.zza S.
Caterina *i*
Nationalpark-
Verwaltung

C.so Fam. De Mattia

Via Stefano Passero
Via R. Passarelli
Via R. Passarelli
Via R. Prassatelli
Via Nicola Battagliese

**P.zza V.
Emanuele**

Convento Domenicani

Via Angelo Raffaele Passaro

Municipio

C.so Madonna del Rosario

V. Santa Maria di Loreto
Via Madonna di Loreto

Museo Diocesano

**P.zza
dei Martin**

M

Vallo della Luciana

100 m

Umgebung/Wandern

Badia di Pattano: Eingeklemmt zwischen der alten und der neuen SS 18 ist die ehrwürdige Abteikirche zwar gut erreichbar, aber wenig romantisch gelegen. Eigentlich sind es zwei Bauwerke, die zusammengenommen zu den wichtigsten Hinterlassenschaften der Basilianer im Cilento zählen (→ S. 19): Zum einen die **Badia di Santa Maria,** ein Kloster, das auf dem Boden einer antiken Landvilla aus der frühen Kaiserzeit errichtet wurde und zu den frühesten Zeugnissen basilianischen Wirkens gehört. Der rechteckige Glockenturm aus dem 10. bzw. frühen 11. Jh. weist islamische und byzantinische Einflüsse auf, geweiht war die Klosterkirche einst der heiligen Wegführerin (Madonna Hodigitria). Das zweite Bauwerk ist die kleine **Cappella di San Fidolfio** mit byzantinischen Fresken. In der Apsis finden sich

Darstellungen der Himmelfahrt Christi, der Jungfrau mit den zwölf Aposteln sowie der heilig gesprochenen Bischöfe. Weitere Bilder erzählen von den Wundertaten des hl. Philadelphus, dessen Figur heute im Bischofspalast zu Vallo della Lucania steht (→ S. 203). Die Abtei stand an strategisch wichtiger Position und kontrollierte einst den Verkehr auf der Salzstraße *(Via del Sale)*. Archäologen bemühen sich seit geraumer Zeit um den Nachweis, dass der Standort in der Antike und im Mittelalter durchgehend besiedelt war. In Nekropolen fanden sie Tonscherben und goldenen Ohrschmuck aus dem 6./7. Jh.

Landvilla bei Vallo della Lucania

● *Öffnungszeiten* Do 16–19, Sa 10–12.30 und 16–19 Uhr oder nach telefonischer Voranmeldung. ✆ 0974/4349 oder 328/805895.

● *Essen & Trinken* **Il Faraone**, auch mit neuem Inhaber präsentiert das Restaurant schräg gegenüber der Abtei bewährte cilentanische Spezialitäten (Fisch, Lamm und Weine der Region), abends auch Pizza. Menü ca. 20 €. Mo Ruhetag. Loc. Badia 5 (SS 18), ✆ 0974/72142.

● *Pferdetrekking* **Mac Ranch Oricchio Pantaleone**, der Reiterhof engagiert sich für Pferdetherapie und die Arbeit mit Behinderten (Mitglied im Verband F.I.S.E.), Kutschfahrten und geführte Pferdeausflüge in den Nationalpark. Von Pattano auf der alten SS 18 talwärts, dann in Richtung Ascea, nach 1 km links ein Wegweiser. ✆ 0974/78965 oder 338/1831655.

Cannalonga: Kleines Dorf 3 km nordöstlich von Vallo della Lucania, überregional bekannt wegen der traditionsreichen **Fiera della Frecagnola.** An fünf Tagen Anfang September wird das ansonsten eher unscheinbare Dorf zur Hauptstadt des Cilento, mehr als 6000 Besucher sorgen für den Ausnahmezustand; Musik, Tanz, historische Darbietungen und Spezialitäten gibt es satt. Ansonsten geht es rund um die Dorfpiazza mit der schäbigen Fassade des Palazzo Ducale und dem schlohweißen Brunnen eher beschaulich zu. Trotz großzügiger Ausschilderung lohnt der Abstecher zum oberhalb des Ortes gelegenen Stausee nicht (Lago Carmine).

● *Übernachten/Essen & Trinken* TIPP! **Agri-locanda La Diga**, idyllisches Ausflugsrestaurant hoch über Cannalonga, der Blick von der Terrasse reicht bis zum Meer. Ländliche Küche mit einheimischen Produkten zum günstigen Preis, auch Pizza (der Inhaber vermietet hier einige Zimmer, DZ ab 50 €). Di Ruhetag. Via Maddaloni, ✆ 0974/3272, www.ladiga.it.

Pellare und Moio della Civitella: Nur 1 km Luftlinie nördlich von Vallo della Lucania überzeugt Pellare durch sein intaktes mittelalterliches *centro storico*. Ein winziges **Heimatmuseum** (Museo della Civiltà Contadina) präsentiert neben Bügeleisen, Mausefallen und haus- bzw. landwirtschaftlichen Geräten auch eine steinalte Olivenpresse zur Ölgewinnung.

Öffnungszeiten Juli/Aug. Mo, Mi, Fr/Sa 15–19 Uhr oder nach telefonischer Voranmeldung. ✆ 347/4049844.

Der Nachbarort Moio della Civitella wiederum ist Ausgangspunkt eines Abstechers zum Civitella-Hügel (818 m). Auf dem Gipfel liegen unter Buchen und Kastanien die **Reste einer antiken Stadt,** deren Ursprung auf das 6. Jh. v. Chr. datiert werden kann. Die Siedlung war entweder mehrheitlich von Lukaniern bewohnt oder eine Schutzbastion der Griechenkolonie Elea zur Kontrolle der Salzstraße (→ S. 128). Wie dem auch sei, wer hier oben steht, erkennt sofort die strategische Sonderrolle, die dem Hügel zukam. Der Niedergang des Ortes setzte mit dem Ausgriff der Römer nach Süditalien ein. Heute herrscht hier oben himmlische Ruhe, von der **Kapelle,** die seit dem 15. Jh. die Hügelspitze ziert, fällt der Blick über die Täler bis zur Küste (Cappella dell'Annunziata). Beeindruckend zeigen sich die Reste des ehemaligen Ringwalls, titanische Sandsteinquader, die sich der Topografie des Berges anpassen. Einst gab es vier Zugangstore, von denen die Porta Sud noch am besten erhalten ist. Ein Sträßchen führt bis kurz unterhalb der archäologischen Zone, alternativ verbindet ein hübscher Wanderweg den heutigen Ort mit dem Areal (Civitella Scavi).

Die Legende des verlorenen Schatzes

„Bei einer Belagerung erging an einen Soldaten der Auftrag, Schmuck zu vergraben. Der Soldat wurde aber getötet, die Schatztruhe nie gefunden. Dann trug die Muttergottes einem Mönch auf, er solle hinaufsteigen und unter dem Tempel der verfallenen Stadt graben und mit dem Schatz eine Kirche bauen. ‚Und?! Steht da nicht eine Kirche, auf dem Hügel?!', sagten die Alten.

Einen jungen Pfarrer hatten sie damals, der fing ernsthafter mit der Suche an ... Sie fuhren mit ihrem Fiat 500 ins nahe Velia, dort leitete Professor Mario Napoli die Ausgrabungen. Immer wieder lagen sie ihm in den Ohren, erzählten von ihrem Hügel Civitella – ‚Città di Velia' müsse das doch bedeuten, waren sie überzeugt. Der Hügel sei wohl wichtig gewesen, räumte Napoli ein, er liege ja strategisch günstig. Der Enthusiasmus der jungen Männer habe ihn dann überzeugt, der Professor habe, illegal sozusagen, Geld aus Velia abgezweigt und auf der Civitella mit Grabungen beginnen lassen."

Barbara Schäfer, *Limoncello mit Meerblick* (→ „Literatur", S. 45).

Das Hinterland des Cilento

● *Anfahrt* **Pkw**: 2,5 km von Vallo d. Lucania auf der SS 488 nach Moio della Civitella, an der Q8-Tankstelle geht's rechts den Berg hinauf. Wer zu Fuß gehen mag, stellt das Auto an der Tankstelle ab. **Bus**: Mit *CSTP* von Vallo d. Lucania nach Roccadaspide.

● *Wandern* Die Hauptstraße queren und auf der kleinen Teerstraße ansteigen (links der Parkplatz eines Gebrauchswagenhändlers). Nach wenigen Schritten passiert die Straße die Cappella Madonna del Carmine, danach trifft man an einer Linkskurve auf eine Quelle: Hier beginnt der gut erkennbare Pfad, der mehrfach die Straße quert und schließlich an der Porta Sud (→ oben) und einem Bänkchen im Wald endet. Mehrere Saumpfade führen von hier durch das Ausgrabungsareal auf die Hügelspitze (Gehzeit hin und zurück 1:30 Std.).

● *Übernachten/Essen & Trinken* **B&B Don Titino**, rustikale Landvilla aus dem 19. Jh.

unterhalb von Pellare, ein kleines Paradies für romantisch gesinnte Individualisten. Jugendlich-relaxte Atmosphäre mit Weinfässern, Holztischen und roten Plüschsesseln auf der Terrasse. Restaurant und Weinlokal im Gewölbekeller (Cantina Casino mit deftigem Essen, Menü ab 12 €, Di Ruhetag, mittags nur nach Vorbestellung). Drei DZ, ab 42 €. Von Moio ausgeschildert (1 km auf schmaler Zufahrt), ✆ 329/4333432, www.casinodontitino.it.

Osteria Zia Rossa, 2008 neu eröffnete Trattoria am oberen Ortseingang von Pellare, die freundliche Familie fertigt die Fusilli von Hand, dazu gibt's Grillgerichte und jede Menge Antipasti. Menü ca. 20 €. Via Civitella (Nähe Q8-Tankstelle), ✆ 349/6414028.

Bar Centrale, versteckt gelegenes Altstadtcafé mit gemütlichen Sitzplätzen auf der Piazza und großzügigen Öffnungszeiten. Pellare, Piazza dei Eroi, ✆ 0974/66136.

Der Erde entrückt – Gipfelimpression vom heiligen Berg des Cilento

Monte Gelbison (Monte Sacro)

Der 1705 m hohe heilige Berg ist die wichtigste topografische Landmarke im Cilento-Nationalpark. Bei klarer Sicht schweift der Blick bis nach Kalabrien, sogar Capri und die Amalfiküste sind schemenhaft zu erkennen.

Nicht von dieser Welt wähnten sich hier oben auch die Basilianer (→ S. 19), die im frühen Mittelalter als Einsiedler auf dem Gipfel hausten. An diesem Ort knüpfte ihr Madonnenkult an eine Tradition an, die vermutlich auf heidnische Zeiten zurückging. Es wurde viel darüber spekuliert, warum sich das arabische Wort *ghebil el son* einbürgerte, das so viel wie „Berg der Anbetung" bedeutet. Vermutlich waren es schlicht Sarazenen, die bei der Landung an der *costiera cilentana* auf die markante Erhebung aufmerksam wurden.

Auf dem Monte Sacro wird bis heute die **Madonna di Novi Velia,** die Schützerin der Bergwelt, verehrt. Im Zentrum der Anbetung steht die hölzerne Statue einer schwarzen Madonna, die unverkennbar byzantinische Merkmale aufweist und im Sanktuarium auf dem Berg aufbewahrt wird. Und natürlich wirkte sie in der Vergangenheit mehrfach Wunder, beispielsweise als die Bewohner von Novi Velia am Fuß des Berges einen **Marienschrein** errichten wollten. Aber jedes Mal, wenn sie eine Pause einlegten, machte eine unsichtbare Hand die Arbeiten über Nacht wieder zunichte. Die Bürger kamen schließlich überein, ein Lamm zu opfern, das Tier konnte sich jedoch befreien. Es flüchtete auf den Berg und wurde bei einer Höhle im Fels aufgegriffen, in der man schließlich die Marienfigur fand. Mit dem Segen des Bischofs von Capaccio wurde das Omen richtig gedeutet und der Heiligen Jungfrau auf dem Gipfel ein Gotteshaus errichtet. Von Mai bis Oktober ist hier am meisten Betrieb, vor allem zur Eröffnung der Wallfahrtssaison am letzten Sonntag im Mai. Traditionell pilgerten die Gläubigen barfuß auf den Gipfel. Heute bietet sich an diesem Tag die Gelegenheit, die von Laiengruppen dargebotene traditionelle Musik zu erleben: *Tarantella Madonna di Novi Velia* oder *Pizzica Cilentana* werden die schmissigen Gesänge genannt (→ „Musik", S. 46).

Neben dem Sanktuarium fallen das große **eiserne Gipfelkreuz** sowie die **Chiesa di San Bartolomeo** auf. Ersteres leuchtet nachts und ist von weither zu sehen, letztere stammt wie das Pilgerheiligtum aus dem 10. Jh. und steht wuchtig-kühl am Rand des Abgrunds. In zwei Gasthäusern werden den Wallfahrern Pilgermenüs bereitet. Allerdings nehmen nur noch wenige den Fußmarsch auf sich, seitdem von Novi Velia ein schmales Sträßchen bis unterhalb des Gipfels führt.

● *Wandern* Die am häufigsten begangene Aufstiegsroute beginnt kurz oberhalb von Novi Velia (→ unten). Der Weg ist gut ausgebaut und kann ohne Weiteres allein bewältigt werden. Dies gilt jedoch nicht für die anderen Aufstiegswege (z. B. von Cuccaro Vetere, Laurito oder Rofrano), für die ein qualifizierter einheimischer Führer zu empfehlen ist.

Der Pilgerweg von Novi Velia: Der außerhalb der Pilgerzeiten wenig begangene Weg verläuft z. T. parallel zur kleinen Fahrstraße – aber nur ganz selten auf ihr. Wer nicht vom Ortszentrum in Novi Velia loslaufen mag, nimmt mit dem Auto die beschilderte Zufahrt, vorbei am Ausflugsrestaurant La Montanara, bis linker Hand ein Picknickplatz auftaucht. Dort das Fahrzeug am Straßenrand abstellen und den Einstieg suchen. Unter Kastanien und Buchen steigt der ehrwürdige Pfad steil an, herrlich klar springt zu Beginn das Wasser der Torna zwischen Steinen und sattgrünem Farn ins Tal. Unterwegs, kurz bevor der Weg die Straße quert, Picknickbänke und eine Quelle zum Auffüllen der Wasserflasche. Oberhalb der 1000-m-Grenze wird es zunehmend alpin: immer wieder Ausblicke auf Felsen und in die Täler, Wald wechselt sich mit Wildwiesen und Matten ab. Von der Wendeplatte und dem Ende der Straße führt schließlich ein Treppenweg, flankiert von Kreuzwegstationen, auf den Gipfel (einfache Gehzeit 2:30 Std.).

● *Essen & Trinken* **Zio Michele**, das nettere der beiden Restaurants kurz unterhalb des Gipfels, Pilgermenü für 10 €, allerdings in der NS nicht zuverlässig geöffnet. ✆ 0974/95028 oder 329/1829662, positano63@cheapnet.it.

Novi Velia

(ca. 2100 Einwohner)

Die wehrhafte Langobarden-Stadt liegt auf einer Treppenstufe zwischen dem Cilento-Hauptort Vallo della Lucania und dem waldreichen Ostabhang des Monte Gelbison.

Hauptsächlich macht Novi Velia als Basislager für Besteigungen des Monte Gelbison (→ oben) von sich reden. Dieser Umstand verschleiert, dass der Ort in beherrschender Lage eine **stolze Vergangenheit** aufzuweisen hat, von der noch ein paar Spuren im *centro storico* zeugen. Das von geflüchteten Bewohnern Velias (→ S. 134) an der Schwelle von der Antike zum Mittelalter gegründete *Neue Velia* lag am Schnittpunkt der wichtigsten Militär- und Handelsrouten von der Küste ins Hinterland. Die später von den Langobarden gegründete und von den Normannen erweiterte **Burg** konnte die Pässe über die Berge hervorragend überblicken. Von der mittelalterlichen Anlage ist ein 15 m hoher Turm aus dem 11. Jh. erhalten (Torre Normanna). Im 13. Jh. fiel die alte Burg schließlich dem Konflikt zwischen Staufern und Anjou zum Opfer. Ein neues Schloss entstand gleich unterhalb und wurde in der Folgezeit zur Heimstatt lokaler Adelshäuser (Nuovo Palazzo Baronale).

Die Altstadt betritt man traditionell durch die Porta San Giorgio – eines von ursprünglich einmal vier Toren. Die Via dei Greci windet sich anschließend durch die alten Gemäuer, vorbei am Bischofspalais mit beeindruckendem Adelswappen und

Das Hinterland des Cilento

Freskenresten im Eingangsbereich (Palazzo Vescovile), bis die Gasse die Altstadt durch die Porta dei Greci wieder verlässt. Wenige Schritte weiter trifft man auf die sehenswerte **Chiesa di Santa Maria dei Longobardi:** Seit das RAI-Fernsehen im Mai 2007 einen Film über das Gotteshaus drehte, ist das Bauwerk bei der Bevölkerung in aller Munde. Natürlich zunächst wegen der Kunstschätze aus der Renaissance; zu nennen ist z. B. das Gemälde *Adorazione dei Magi* des neapolitanischen Hofmalers Cristoforo Faffeo (Ende 15. Jh.). Bei der *Madonna mit dem Kind* handelt es sich hingegen um eine Kopie des berühmten Raffael-Gemäldes, das heute im Prado von Madrid hängt. In Novi Velia machte man eine Ausnahme und beließ die sakralen Kunstwerke am angestammten Ort, anstatt sie wenige Kilometer weiter ins Museum nach Vallo della Lucania zu verfrachten (→ S. 203). Vor allem aber lohnt die Kirche den Besuch wegen der zahlreichen Requisiten süditalienischer Volksfrömmigkeit. Faszinierend vor allem die **Krypta mit den volkstümlichen Fresken** aus dem 15. Jh.

• *Anfahrt* **Pkw:** Von Vallo d. Lucania auf der alten SS 18 oder von Ascea über Ceraso, jeweils in Massa abbiegen (SP 117). Parken gegenüber dem Hotel Gelbison vor dem Eingang zum Zentrum. **Bus:** Mit *CSTP* mehrmals tägl. von Vallo d. Lucania.

• *Feste/Veranstaltungen*   **Patronatsfest,** San Nicola di Bari, 17. Aug.
Sagra „ri murtedde", Altstadtfest rund um den Büffelmozzarella, 2. Augusthälfte.
Festival degli Antichi Suoni, für Freunde der traditionellen Musik Italiens ein Muss, Ende Aug., www.festivalantichisuoni.com.
Wochenmarkt, Mi vormittag.

> Die Stadt ist ein **Zentrum der traditionellen Musik**. Beim Rundgang durch die Altstadt kann man sie zuweilen hören; die zahlreichen Events in und um Novi Velia halten die Tradition lebendig.

• *Übernachten/Essen & Trinken* ***** Gelbison,** schönes und sauberes Logis im Zentrum, 19 Zimmer teils mit Kastell- oder Meerblick. Gutes Restaurant (Menü ab 20 €, Pizza ab 4 €). Ganzjährig geöffnet. DZ 55–65 €. Via Monte Gelbison 2, ✆ 0974/65025, ✆ 0974/706007, www.hotelgelbison.it.

La Montanara, Restaurant an der Straße zum Monte Gelbison, das nach Besitzerwechsel nicht mehr ganz hält, wofür es einst berühmt war. Dennoch schön, im Herbst stehen Steinpilzgerichte nach wie vor auf der Karte. Menü ab 25 €, auch Pizza. Mo geschlossen. Via Monte Gelbison 18, ✆ 0974/65366.

TIPP! **La Chioccia D'Oro,** seit 25 Jahren eine Institution im Cilento, Hausspezialität ist das *goldene Hühnernest* aus Pasta mit Sauce (spielt auf eine lokale Legende an), hausgemachte Süßspeisen. Menü ab 15 €. Fr Ruhetag im Sept. zwei Wochen geschlossen). Via Bivio (unterhalb von Novi Velia an der SP 117), ✆ 0974/70004, www.chiocciadoro.com.

Cuccaro Vetere   (ca. 600 Einwohner)

Intaktes Bergdorf in stupender Lage auf 629 m Höhe, vom Südwesthang des Monte Gelbison hat man die Küste im Blick. Bei ihrer Ankunft im Cilento im 6. Jh. n. Chr. befestigten die Byzantiner den strategisch wichtigen Hügel. Das griechische Wort *kora* schliff sich im Mittelalter zu *Castrum Cuccari* ab, wovon sich wiederum der heutige Ortsname ableitet. Alles, was in der Vergangenheit Rang und Namen hatte, versuchte hier einen Fuß in die Tür zu bekommen. Umso verwunderlicher, dass heute nur noch wenig von der einstigen Pracht übrig ist: Die Burganlage wurde später komplett überbaut, bis auf ein paar lausige Mauerreste ist nichts erhalten. Selbst das Kloster aus dem 14. Jh. am oberen Ortseingang ist nur noch ein romantisch-pittoreskes Ruinenidyll (Convento di San Francesco).

Asinomania: Die eigentliche Besonderheit von Cuccaro Vetere ist die herausragende Bedeutung des Esels *(l'asino),* ganz besonders spürbar Mitte August beim legendären Eselrennen am Vorabend von Mariä Himmelfahrt (Palio del Ciuccio). Zudem trägt sich die Kommune mit dem Gedanken, vor den Dorftoren ein Maultierasyl einzurichten und für Kinder Eseltouren anzubieten.

Eine **Führung** durch Mitarbeiter des umtriebigen Pro-loco-Büros ist unbedingt zu empfehlen: Wie von Zauberhand hebt sich der Schleier, der über das nur scheinbar abweisende Dorf gebreitet liegt. Türen und Tore, die sonst verschlossen sind, öffnen sich, in zwei Stunden erfährt man mehr über die Sitten und Gebräuche des Cilento als in drei Urlaubswochen! Gezeigt werden u. a. der bischöfliche Wohnsitz (Palazzo Ducale), die Pfarrkirche im typischen Landbarock (Chiesa San Pietro) sowie eine Heimatstube (Casa Contadina).

● *Information* **Pro-loco-Büro** in einer ehemaligen Kapelle an der Piazza Umberto I (vor der Altstadt, dort auch Parkplätze). Nach Voranmeldung geführte Stadtrundgänge (→ oben). Mo–Fr 8.30–13 und 16–20 Uhr. ✆ 0974/953359, www.comune.cuccaro vetere.sa.it.

● *Anfahrt* **Pkw:** Cuccaro Vetere liegt an der alten SS 18 zwischen Vallo d. Lucania und Sapri, schneller ist die Anfahrt jedoch über die *superstrada* mit eigener Ausfahrt. **Bus:** Mit *Lettieri* 3-mal tägl. von Vallo d. Lucania.

● *Übernachten/Essen & Trinken* **B&B Villa Luongo**, 2008 neu eröffnetes Countryhouse außerhalb des Dorfes, drei freundlich eingerichtete Zimmer teils mit Veranda und Blick auf den Monte Bulgheria. Gute Bäder, ein barrierefreies Zusatzzimmer, großer Frühstückssalon. DZ ca. 60 €. 4 km auf der alten SS 18 Richtung Laurito, 800 m hinter der Abzweigung nach Futani rechts abbiegen, ✆ 333/1121369, aldo.luongo@libero.it.

Peccati di Gola, diese kleine Pasticceria ist ein verstecktes Juwel im *centro storico*. Die kunstvoll gemachten Pralinen sind klasse, eine Aussichtsterrasse lädt zu einer Pause ein (keine Getränke). Piazza S. Nicola dei Greci, ✆ 0974/953413.

TIPP! **La Baita**, legendäres Ausflugsrestaurant hoch über Cuccaro zwischen Erlen und Kastanien, direkt am Pilgerweg zum Monte Sacro, berauschender Blick von der Veranda. Innen im Stil einer rustikalen Alpenvereinshütte eingerichtet, die Skier hängen an den Holzwänden. Auf 1000 m Höhe gibt's beste *cucina tipica* zu günstigen Preisen (Pilze, gegrilltes Fleisch und Pasta), abends auch Pizza. Menü bis 20 €, Pizza ab 3 €. Mai–Sept. tägl. mittags und abends, sonst nur Sa/So oder nach Vorbestellung. Auf der alten SS 18 Richtung Vallo d. Lucania, dann auf Schild nach rechts achten, ✆ 0974/953650.

Rofrano

(ca. 2200 Einwohner)

Abgelegenes Bergstädtchen und südliches Entree zum wilden Herzen des Nationalparks. Die exzellente touristische Infrastruktur macht Rofrano zu einem idealen Ausgangspunkt für Ausflüge und Wanderungen.

Das *centro storico* hängt spektakulär an einem Felsen über dem Mingardo-Tal. Von der hübschen Piazza Cammarano an der schmalen Ortsdurchfahrt ausgehend ist die Altstadt am besten zu erschließen. Ein **basilianisches Pilgerheiligtum** aus dem 10. Jh. n. Chr. (Santuario di Grottaferrata) grüßt von der Spitze des Hügels. Die Madonna mit dem Jesuskind steht alljährlich am 8. September im Mittelpunkt des Patronatsfestes, zu dem auch zahlreiche Emigranten aus aller Herren Länder, vorzugsweise aber aus Australien, in ihren Heimatort zurückkehren. Erst Ende des 15. Jh. gelang es dem weltlichen Adel, unterstützt von den Lehnsherren aus Neapel, die Mönche vom Berg zu verdrängen.

Die Lage von Rofrano am Oberlauf des Mingardo ist nur scheinbar entrückt: Viele kleine Sträßchen laufen hier zusammen – ein großer Vorteil für Entdeckungsfreudige, die den Nationalpark auf weniger ausgetretenen Routen erkunden möchten.

Wer gern zu Fuß unterwegs ist, findet hier oben einige Optionen; spärlich markierte Pfade führen auf den Monte Gelbison, den Monte Centaurino und ins Cervati-Gebiet.

• *Information*   Die Nationalparkverwaltung unterhält ein **Info-Büro**, das von der lokalen G.E.T.-Gruppe (→ unten) kompetent geführt wird. Viele gute Infos und Wandertipps, Mi/Do 8.30–13.30 Uhr (bei Fragen außerhalb der Öffnungszeiten anrufen). *Centro Locale del Parco*, Via C. Ronsini (in der oberen Neustadt), ✆ 0974/952135 oder 347/9497391.

• *Anfahrt* **Pkw:** Rofrano liegt in einem Seitental abseits der großen Verkehrswege, bei Laurito oder Alfano die alte SS 18 verlassen. Zwei landschaftlich schöne Strecken führen nach Sanza (→ S. 202) und Piaggine (→ S. 226), für letztere benötigt man jedoch starke Nerven. **Bus:** Mit *Lettieri* 3-mal tägl. Busverbindungen von Vallo d. Lucania.

• *Geführte Touren*   Mimmo Pandolfo und die Mitarbeiter der örtlichen G.E.T.-Agentur *(Gruppo Escursionistico Trekking)* stehen Gästen bei Fragen hilfreich zur Verfügung. Darüber hinaus organisieren sie Wanderungen, Ausflüge, Kletter- und Wildbachtouren (Canyoning), ✆ 347/9497391, mimmo pandolfo@hotmail.it, www.gettrek.it.

• *Übernachten/Essen & Trinken*   Die zahlreichen guten Restaurants und Quartiere machen es unmöglich, eine Adresse besonders hervorzuheben: Jede ist für sich ein Tipp. Im Herbst die frisch zubereiteten Kastanien- und Steinpilzgerichte probieren! **Hotel Il Centauro**, das 9 km von Rofrano entfernt liegende, gut geführte Landhotel bietet große Kapazitäten in abgeschiedener Natur. Blick auf den Monte Bulgheria, Pool, der Inhaber spricht Deutsch. Die Zimmer sind von der Qualität sehr unterschiedlich,

empfehlenswertes Restaurant (große Fischkarte, im Herbst Pilzgerichte, Pizza aus dem Holzofen). Ganzjährig geöffnet. DZ 66–96 €. Loc. Viggiano (auf der SP 96 Richtung Sapri, dann auf der SS 18 nach links und auf Ausschilderung achten), ✆/✆ 0974/985581, www.centaurohotel.com.

B&B La Torretta, wunderbares Privatlogis auf der Spitze des Altstadthügels, wohnen mit Kastellatmosphäre und einem Weingarten vor der Nase! Vier DZ im hübsch restaurierten Altstadthaus und ein EZ, Letzteres ohne Bad, dafür im runden Turm. Mitte März–Ende Dez. DZ 60 €. Via Dott. Roberti 26, ✆ 0974/3167, www.geocities.com/latorrettarofrano.

Rofrano Hostel, die Kommune hat eine ehemalige Schule am Osthang des Monte Gelbison in ein reizendes, familiäres Hostel umgebaut, ideal für Familien mit Kindern. Gute Bäder und ebensolche Betten, einige Zimmer mit kleiner Terrasse. Ganzjährig geöffnet. 10 €/Person im Mehrbettzimmer, DZ 30 €. Loc. S. Menale, 3 km in Richtung Laurito, dann rechts den Berg hoch, ✆ 347/3195699 (Carlo Palumbo, G.E.T.).

Da Cono, kultiges Landlokal im Grünen, herzlich und landestypisch. Rustikale Terrasse, keine Speisekarte: einfach fragen, was es gibt. *Mamma* kocht, abends Pizza und feuchtfröhliche Feste. Menü ab 10 €. Ganzjährig mittags und abends (im Winter besser anrufen). Fünf urige Bungalows für Abenteuerlustige mit Blick auf Rofrano (DZ 30 € mit Frühst.). Via Lettafora (nach 2 km in Richtung Laurito links), ✆ 0974/952461, www.dacono.it.

Umgebung/Wandern

Wagemutige finden in der Umgebung zahlreiche Möglichkeiten, die wilde Bergwelt zu erkunden. Die Aufstiegsrouten auf den 1433 m hohen Hausberg **Monte Centaurino** oder den Monte Gelbison zu finden, ist jedoch auch mit guter Karte nicht leicht. Mit dem eigenen fahrbaren Untersatz lässt sich von Rofrano auf rauer Schotterpiste z. B. das bekannte Karstloch Grava di Vesalo ansteuern, das im folgenden Calore-Kapitel näher beschrieben wird (→ S. 200). Auch die Cervati-Region ist nicht weit: Die beiden klassischen Startpunkte für die Besteigung des höchsten Cilento-Gipfels (→ S. 225) bei Sanza und Piaggine sind von Rofrano aus erreichbar.

• *Mingardo-Schlucht*   Der kürzere Spaziergang unterhalb von Rofrano eignet sich gut für Familien mit Kindern. Den Einstieg erreicht man auf der Straße nach Laurito: 250 m hinter der Brücke über den Fluss (Torrente Faraone) rechts ein Wanderweg-

Campolongo: Wanderungen im wilden Herzen des Nationalparks

weiser, an dem der Weg die Straße verlässt. Nach 10 Min. erreicht dieser den Wildbach (Picknickbänke), ein Abstecher endet nach wenigen Schritten an einer felsigen Badewanne, dahinter liegt das steile Ende einer Klamm (Forra dell'Emmisi). Gut ausgebaut umgeht der Weg in der Folge die Schlucht und endet oben an einer kleinen Plattform am Ende einer Wildwiese und eines Feldes (abermals Picknickbänke, auf demselben Weg wieder zurück, Gehzeit 1 Std.)

• *Campolongo* Bei dieser Wanderung auf großer Höhe ist die lange Anfahrt das Schwierigste: Zunächst gilt es die richtige Ausfallstraße nach Sanza zu finden. Bei der ersten nennenswerten Abzweigung nach 3 km geht es rechts auf einer groben Piste talwärts (in Richtung Laurino/Piaggine ohne Straßenschild). Nach 7 km zweigt der Schotterweg zur Grava di Vesalo ab. 2,5 km weiter an einer Rechtskurve das Auto am Wegrand parken.

Wegbeschreibung: Los geht's auf 1130 m Höhe, erkennbar ist die richtige Einstiegsstelle auch am schmalen Steig, der hier links die Böschung emporklettert. Das landschaftlich schöne Hochtal mit dem Namen Campolongo liegt aber rechts von der Fahrstraße, im Hintergrund der Monte Faiatella (1710 m). Zunächst geht's auf dem breiten Weg rechts hinunter und nach wenigen Schritten an der ersten Linkskurve auf dem schmalen Felspfad geradeaus weiter. Fast pfadlos verlässt die Route den kargen Hügelrücken und steigt über eine Wildwiese wenige Meter ins Tal hinab, entlang einer Baumreihe zur Linken. Unten trifft der Weg auf einen von rechts kommenden Saumpfad. Jetzt links, bis der Pfad nach 5 Min. nach rechts schwenkt: hier geradeaus, quer über eine weitere Wildwiese, um am Rand des Hochtals auf einem neuen Wildpfad nach links weiterzuwandern. Jetzt geht es immerzu stramm nach Osten, mal auf eindeutigen, mal auf schwach erkennbaren Pfaden. Verlaufen kann man sich hier oben jedoch nicht, sofern der Talgrund nicht verlassen wird. Sachte steigt die Route an, hin und wieder ein Karsttrichter im Boden. Am Ende des Hochtals entlang oder zwischen den Erdmoränen leicht nach links orientieren: Bei einer Sommeralm trifft die Route auf einen breiten Wirtschaftsweg, der links wieder zurück zum Ausgangspunkt führt (Gehzeit 2–2:30 Std.).

Das Hinterland des Cilento

Felsige Badewannen am Grund der Calore-Schlucht

Die Schluchten des Calore (Gole del Calore)

Die von Karst geprägte Calore-Region wirkt im Verbund mit den ehrenvoll ergrauten Mittelalterdörfern archaisch. Im Niemandsland zwischen Monte Cervati, Monti Alburni und anderen Bergketten gibt es abseits der ausgetretenen Pfade einiges zu entdecken: antike und mittelalterliche Brücken, verlassene Felskapellen und vor allem Natur satt.

Das verzweigte System der landschaftlich herrlichen Schluchten, insgesamt fünf an der Zahl, ist von Vallo della Lucania in einer Dreiviertelstunde zu erreichen (SS 488). Kürzer ist die Anfahrt aus dem nördlichen Cilento – von Roccadaspide nach Felitto sind es lediglich 10 km. Der schönen Natur ist es zu verdanken, dass die Calore-Region zu den am besten erschlossenen Wandergebieten des Cilento zählt. Ob Fußgänger jedoch dem berühmten **Fischotter** begegnen, ist hingegen mehr als fraglich. Denn gerade dort, wo Reiseprospekte ihn vollmundig ankündigen, ist er am seltensten anzutreffen: Der Otter *(Lutra lutra)* meidet die Stellen, an denen er Gefahr läuft, dem Menschen über den Weg zu laufen. Sein Lieblingshabitat sind die Uferzonen kristallklarer, fischreicher Wildbäche, die ausreichend Rückzugsraum bieten. Eben dieses Anforderungsprofil erfüllen die Calore-Schluchten. Aber nicht nur hier, auch in anderen unwegsamen Felstälern des Cilento liegt das zur Familie der Marder gehörende Raubtier auf der Lauer.

Der **Calore Salernitano** entspringt am Monte Cervati, wendet sich dann nach Norden und mündet nach 63 ereignisreichen Kilometern in den Sele. Unterwegs versickert er und taucht an anderer Stelle wieder auf. Er ändert des Öfteren die Richtung, und kaum meint man, ihn hinter sich gelassen zu haben, steht man flugs erneut auf einer Brücke mit dem wohlmeinenden Hinweisschild „Calore". Aber damit nicht genug: Auf einigen Karten ist der Oberlauf des Tanagro im Vallo di Diano (→ S. 252) ebenfalls als Calore verzeichnet – mit eigener Quelle am Nordosthang des Cervati-Massivs. So verdreht sich dies auch anhören mag, so spiegelt sich dieser Umstand in der lokalen Gastronomie: Das Calore-Gebiet ist die Heimat der berühmten Fusilli, autochthone *pasta cilentani* und EU-geschütztes Markenprodukt (IGP, *Indicazione Geografica Protetta*). Die längliche Rohnudel wird von Hand in der Mitte gedreht und dann gekocht. Während der berühmten Sagra del Fusillo Mitte August in Felitto erhält man den besten Einblick in die lokale Pastakultur.

> **Information im Netz**: Vorbildlicher Internetauftritt der *Comunità Montana Calore Salernitano* – Wandertipps, Ortsbeschreibungen und eine anschauliche Navigation machen das Surfen zum Genuss (ital./engl.). www.ecoturismocmcalore.it.

Magliano Vetere und Magliano Nuovo   (ca. 1100 Einwohner)

Lästerlich kühn liegt Magliano Nuovo auf einem 728 m hohen Kalksporn und grüßt hinunter in die Schlucht. Das Dorf liegt am Beginn einer lang gezogenen Felsklippe, die sich nach Nordwesten bis Capaccio zieht. Es bewacht den Übergang vom Alento-Tal ins Calore-Gebiet, zeigt sich jedoch bei näherer Betrachtung nicht halb so sehenswert, wie es aus der Ferne erscheint. Immerhin sucht die grandiose Aussicht ihresgleichen: Man sieht und wird gesehen. Ein Wanderweg verbindet die Ortschaft mit dem Grund der Calore-Schlucht.

Das „neue" Magliano gibt es ohnehin nur, weil das alte Dorf, Magliano Vetere, im Jahr 1669 niedergebrannt wurde. Grund war eine Strafaktion mit abschreckender Intention: Man unterstellte, die Bewohner hätten die Briganten unterstützt. Rund um Magliano Vetere liegen einige sehenswerte **Höhlenkirchen,** die von der basilianischen und der benediktinischen Vergangenheit der Region erzählen. An religiösen Festtagen sind sie Ziel der Pilgerprozessionen (→ S. 216).

• *Information* **Pro loco** in Magliano Nuovo, nur sporadisch geöffnet, Via Belvedere, ✆ 0974/992053, www.comune.maglianovetere.sa.it.

• *Anfahrt* **Pkw**: Beide Orte liegen wenige Kilometer abseits der Hauptroute von Vallo d. Lucania nach Roccadaspide (SS 488). Eine Nebenstrecke führt über Monteforte und Trentinara in die Sele-Ebene. **Bus**: Mit *Stromillo* mehrmals tägl. von Capaccio, seltener von Vallo d. Lucania.

• *Übernachten/Essen & Trinken* **Agriturismo Piedimonte**, Landbauernhof unterhalb des Teilorts Capizzo, schöne Lage im Grünen, das Restaurant ist auf rustikale Landküche spezialisiert. Mo Ruhetag. Große Terrasse vor dem Haus, in der Scheuer liegt alter Bauerntrödel. Eigene Olivenproduktion, die Zimmer sind nüchtern, aber nett. DZ 30 €. An der SP 13 auf Ausschilderung achten, dann 1 km auf brüchigem Teerweg ins Tal, ✆ 333/1207756, www.agriturismopiedimonte.it.

TIPP! **B&B Sunflower**, relaxtes Privatdomizil mit Fernblick am Ortsrand von Magliano Vetere, auch Restaurant und Weinkeller (zwei Menüs zur Auswahl, ab 15 €, nur nach Vorbestellung). Fünf nobel eingerichtete Zimmer mit allem Komfort, Holzdecken, teils mit Terrasse. DZ 50 €. Via S. Giovanni (von der SP 13 ausgeschildert), ✆/✉ 0974/992280, www.sunflowercilento.it.

Umgebung/Wandern

Chiese rupestri: Die z. T. mit Fresken verzierten Grottenkirchen (berühmt sind z. B. die Höhlenkirchen von Matera in der Basilikata) sind ein typisches Indiz für die Präexistenz basilianischer Mönche (→ S. 19) zwischen Alento und Calore. Die beiden am besten erhaltenen Heiligtümer **Santa Lucia** und **San Mauro** sind jeweils nur zu Fuß erreichbar, ersteres über einen kurzen Fußweg von Magliano Vetere

Das Hinterland des Cilento

(30 Min.), letzteres vom Nachbarort Capizzo (45 Min.). Die unten ausführlich beschriebene Wanderung 8 führt an beiden Höhlenkirchen vorbei. Die Ruinen weiterer *Chiese rupestri* können durch einen Rundweg erschlossen werden, der in Capizzo beginnt (Wanderwegtafel am Straßenrand).

Abstieg in die Calore-Schlucht: Der Weg beginnt zwischen Magliano Nuovo und Magliano Vetere im Ortsteil Palazzo Soccorso an der SP 13 (von Vallo della Lucania/ Felitto kommend eine Wanderwegtafel 400 m hinter der Q8-Tankstelle). Der Pfad steigt steil in die Schlucht hinab und endet in Remolino oder Felitto (→ S. 217). Alternativ ist der Einstieg auch von Magliano Nuovo möglich (vor dem Ortseingang befinden sich ein Parkplatz und eine Aussichtsplattform mit Wanderwegweisern).

Die Felsenkirchen oberhalb von Magliano Vetere

Die Prozession zum Santuario di Santa Lucia findet traditionell am dritten Sonntag im September statt, zur Höhlenkirche des Märtyrer-Heiligen Maurus startet der Pilgerzug am 11. Juli – Start jeweils am frühen Morgen. Die Schlüssel für beide Kapellen sind beim Inhaber des Tabacchi-Ladens im Ortsteil Capizzo erhältlich.

Wanderung 8: Auf felsigem Grat zur Höhlenkirche San Mauro

Charakteristik: Zwar keine lange, aber eine durchaus anspruchsvolle Gratwanderung, die in Magliano Vetere beginnt und im Ortsteil Capizzo endet (2 km zu Fuß zurück zum Ausgangspunkt auf der wenig befahrenen SP 13). Die Route führt an zwei Felsenkirchen vorbei; die Chiesa San Mauro (über den hl. Maurus siehe S. 148) kann von innen besichtigt werden, wenn man sich zuvor den Schlüssel besorgt hat (→ oben). Der Pfad ist nur für geübte Wanderer zu empfehlen, gutes Schuhwerk, Trittsicherheit und ein gewisses Maß an Schwindelfreiheit sind notwendig (Gehzeit 2:30 Std. inkl. Rückweg auf der Straße).

Wegbeschreibung: Startpunkt ist das Rathaus an der Ortsdurchfahrt von Magliano Vetere (das Auto auf der Pi-

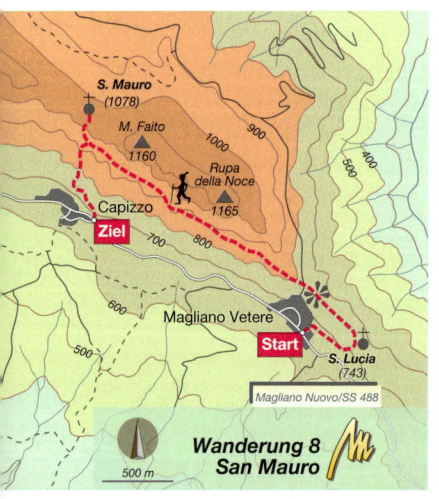

azza parken). Eine Wanderwegtafel verschafft einen groben Überblick, dann geht's an der Chiesa di Santa Maria dell'Assunta vorbei den Berg hoch. Nach wenigen Schritten eine Gabelung: Während der Treppenweg nach links ins *centro storico* führt, wenden wir uns nach rechts in Richtung der Chiesa di Santa Lucia. An den letzten Häusern geht der Plattenweg in einen Pfad über, der nach knapp 30 Min., begleitet von hinreißender Fernsicht, vor dem Sanktuarium endet (die Glastür erlaubt einen Blick ins Innere). Auf der anderen Seite fällt der Blick nun über die Calore-Schlucht bei Felitto (→ S. 218) hinweg auf die Monti Alburni. Jetzt geht's wenige Meter zurück, bis ein Pfad nach rechts abzweigt und einen Sattel ansteuert. Wer jetzt hinunter in die Calore-Schlucht möchte, wendet sich nach rechts, ansonsten dem roten Balken

Ausblick vom Wanderweg in die Calore-Schlucht

(CAI-Markierung) nach links folgen: Ab jetzt ist Trittsicherheit gefordert, denn der gut markierte Saumpfad quert in der Folge blanken Fels. Am nächsten Sattel kreuzt ein von Magliano Vetere kommender Teerweg. Hier diesem wenige Schritte nach rechts folgen, dann setzt sich der Pfad weiter fort (am Brunnen die Trinkwasserflasche füllen!). Jetzt wird es einfacher: Der Saumpfad setzt sich – unter Bäumen, später unterhalb einer Steilwand (Rupa della Noce) – in Beibehaltung der bisherigen Gehrichtung fort und steigt dabei kontinuierlich an. Schließlich trifft er auf den von Capizzo kommenden Pilgerpfad, auf dem wir nachher absteigen. Doch zunächst geht es rechts steil bergauf, bis der Waldweg vor dem Sanktuarium San Mauro endet. Kühn wie ein Schwalbennest klebt die Kapelle am Felsen, Bänke laden zu einer Pause ein. Anschließend geht es auf dem Treppenweg hinunter nach Capizzo und zur Straße.

Felitto (ca. 1400 Einwohner)

Klassischer Ausgangspunkt für Wanderungen in die Calore-Schlucht. Das Städtchen mit einem überschaubaren historischen Zentrum öffnet sich nach Norden zum Valle del Calore und zu den Alburner Bergen.

Von der wuchtigen Chiesa di Santa Maria dell'Assunta aus dem 13. Jh. mit dem 40 m hohen Campanile fällt der Blick nach Norden auf die fruchtbare Calore-Senke mit den Monti Alburni im Hintergrund. Mittelpunkt des städtischen Lebens ist seit jeher die **Piazza Mercato** an der Durchgangsstraße. Das Schicksal Felittos war historisch gesehen eng mit Cuccaro Vetere verknüpft (→ S. 210), seitdem Karl I. von Anjou beide Feudalgüter einem Adeligen namens Guglielmo di San Lupo zum Lehen gab. Die Grundherren blieben in der Stadt bis die Pest sie im Jahr 1656 wieder vertrieb. Trotz der nicht uninteressanten Altstadt steuern die meisten Gäste sofort den Ausgang der Calore-Schlucht an, der sich in Sichtweite zum historischen Zentrum befindet.

Das Hinterland des Cilento

Dieses Kulturdenkmal ist nur zu Fuß erreichbar

Gola di Felitto: Der 3 km lange Canyon bei Felitto ist *die* Calore-Schlucht schlechthin und zudem ein geschütztes WWF-Reservat *(Oasi Naturalistica Gole del Calore)*. Vom Parkplatz Remolino unterhalb von Felitto, die Zufahrt ist von der SS 488 ausgeschildert, steuert der Wanderweg das linke Flussufer an. Die Klamm ist üppig mit Farn, Buchen und Steineichen bewachsen, die Hänge sind so felsig wie das Flussbett. Der Weg verengt sich in der Folge zum Pfad und endet nach 45 Min. am Ponte di Petratetta – einer Natursteinbrücke über den Calore. Zu zwei romantischen Badeplätzen am Wasser geht's ein kurzes Stück geradeaus: Kurz nacheinander zweigen zwei Pfade zum Flussufer ab. Ansonsten bei der Brücke auf abenteuerlicher Leiter den Fluss queren und auf der anderen Seite zurück nach Remolino wandern (Gehzeit 1:30 Std.). Alternativen: Wer das Auto im Zentrum von Felitto abstellt, kann von dort auf eindeutig erkennbarem Weg in die Schlucht absteigen. Wendet man sich hinter der Natursteinbrücke nach links, gelangt man über einen Steilanstieg nach Magliano Vetere (→ S. 215).

Führungen in der Calore-Schlucht ganzjährig Sa/So 10 und 15 Uhr (nur bei vorheriger Anmeldung), ✆ 0828/945028.

Wanderweg zum Ponte Medievale: Die anmutige Steinbrücke aus dem Mittelalter ist unbedingt einen Besuch wert, allerdings nur auf schwierigem Terrain zu Fuß erreichbar. Daher ist das folgende Wegstück nur für geübte Wanderer sowie mit gutem Schuhwerk und Kartenmaterial zu empfehlen. Witterungsbedingt können einige Wegstücke schwer passierbar sein. Zunächst an der Natursteinbrücke in der Calore-Schlucht (→ oben) dem Pfad geradeaus folgen und nacheinander zwei Rechtsabzweige ignorieren. Später führt der Weg steil bergauf, wenig später ebenso steil über Felsen wieder hinab. Eine mittelalterliche Handelsstraße querte hier einst, exakt am Eingang zur Schlucht, den Fluss. Schlagartig treten auf der anderen

Seite die Berge zurück, Viehweiden und ein paar Felder bestimmen die Szenerie. An der Brücke geht's links hoch und in einem großen Bogen zurück nach Remolino, das letzte Stück auf einem Fahrweg (Gehzeit 3 Std.).

● *Information* **Pro-loco-Büro** an der Durchgangsstraße, informative Ortspläne. Werktags 8–14, So 8–12, Di, Fr/Sa auch 16–18 Uhr. Via Roma, ✆ 0828/945025, www.proloco felitto.it, www.trekkingcmcalore.it.

● *Anfahrt* **Pkw**: Kürzeste Verbindung von Roccadaspide auf der SS 488, länger ist die Strecke von Vallo d. Lucania. Parkplätze im Zentrum oberhalb der Ortsdurchfahrt, der Weg zur Calore-Schlucht ist ausgeschildert (dort weitere Parkplätze). **Bus**: mehrmals tägl. mit *SITA* nach Roccadaspide, seltener nach Salerno.

● *Veranstaltungen* **Sagra del fusillo felittese**, Wein, Musik und jede Menge gutes Essen an zehn Tagen um Ferragosto, Mitte Aug.

Sapori d'Autunno, Herbstfest und Gastrospektakel auf der Piazza M. De Augustinis, Ende Okt.

Patronatsfest, Madonna di S. Costantinopoli mit traditioneller Kerzenprozession, 2. Wochenende im Sept.

● *Übernachten/Essen & Trinken* **B&B Il Rifugio del Calore**, Privatlogis mit Altstadtflair, nur zwei Apts. mit kleiner Außenveranda. Ästhetisch ansprechende Zimmer mit hübschen Holzmöbeln, die großzügigen Zimmer sind auch für Familien geeignet. EZ 25–35 €, DZ 40–60 €. Via Pomerio 30, ✆ 0828/1962713, www.salwa.be/irdc/IT/felitto.html.

TIPP! **Agriturismo Difesa del Principe**, ideales Standquartier 5 km nördlich von Felitto, Anna Maria Gnazzo sorgt für das Wohlergehen der Gäste. Sechs einfache, geschmackvoll ausgestattete Zimmer, gute Küche (Anbau von Wein, Oliven und Kartoffeln). DZ 42–52 €. Loc. Difesa Principe (an der SS 488 auf Schild achten), ✆ 0828/944836, ✆ 0828/946949, difesaprincipe.altervista.org.

Remolino, klassische Ausflugstrattoria am Ausgang der Schlucht, fast jeder kehrt hier ein. Schmackhafte Landküche zu fairen

In der Altstadt von Felitto

Preisen, gute Pasta für den kleinen Hunger zwischendurch (z. B. *ravioli ricotta*), vom Koch die Herstellung der Fusilli erklären lassen. Nov./Dez. geschlossen, sonst tägl. außer Mo. (Aug. kein Ruhetag). Loc. Remolino, ✆ 0828/945360.

Il Rustico, 2 km weiter und über dieselbe Stichstraße wie die Trattoria Remolino zu erreichen, freundlicher Familienbetrieb mit solider *cucina cilentana* zu ehrlichen Preisen (Pastagerichte, gute Antipasti, Sa/So auch Pizza), für Camper gibt's einen Platz zum Zelten. Ganzjährig geöffnet, Do Ruhetag. Casa da Santoianni, ✆ 0828/945438.

Von Felitto ist es nur ein Katzensprung bis ins berühmte **Weinanbaugebiet um Castel San Lorenzo** (→ S. 83). In Roccadaspide trifft die Straße auf die Cilento-Querverbindung von der Sclo-Ebene ins Vallo di Diano (SS 166).

Laurino: Bergdorf par excellence

Laurino

(ca. 2100 Einwohner)

Kulturhauptstadt der Calore-Region in göttlicher Landschaft. Rundherum Schluchten, über die Wildbäche spannen sich mittelalterliche Brücken. Das Vorzeigemodell eines Cilento-Bergdorfes ist ein guter Ausgangspunkt für Touren und Wanderungen in die Umgebung.

Besonders eindrucksvoll ist der Blick auf Laurino am späten Nachmittag von Westen her. Aber fast noch schöner sind die frühen Abendstunden im kleinen Garten hinter dem Kastell am höchsten Punkt der Altstadt: Der Blick folgt wahlweise der steilen Felswand, die hier 150 m senkrecht hinabfällt, oder bleibt an den bewaldeten Kämmen haften, die den Lauf des Calore bestimmen. Im Hintergrund präsentiert sich das Massiv des Monte Cervati.

Geschichte: Kein Wunder, dass die Langobarden den Kalksporn befestigten, sobald sie ihn auf ihren Streifzügen im Hinterland entdeckt hatten. Dass der Ort schon weit früher besiedelt war, zeigen Ausgrabungen ganz in der Nähe: Südlich von Laurino fanden Archäologen Reste einer bronzezeitlichen Siedlung mit Tonscherben aus dem 14./15. Jh. v. Chr. Die Karsthöhlen der Umgebung nutzten die Menschen in der Mittleren Bronzezeit als Friedhof. 1246 ereilte Laurino ein ähnliches Schicksal wie Capaccio und die Orte des Fasanella-Tals: Aufgrund der Beteiligung an der antistaufischen Erhebung zerstörte ein schwäbisches Heer die Stadt (→ S. 20). Zu jener Zeit zählte Laurino etwa 20.000 Einwohner. Ein weiteres Mal wurde das Zentrum in den Bergen 1848 von den Bourbonen gebrandschatzt, weil sich eine Handvoll liberaler Oppositioneller in den Häusern versteckt hielt. Den kriegerischen

Zwischenfall bewahren die *Laurinesi* bis heute als **Schlacht von Laurino** (Battaglia di Laurino) im Gedächtnis. Zwischen den beiden Katastrophen lag eine dauerhafte Periode urbaner Prosperität, in der Adelige das verflossene langobardische Fürstentum (Ducato di Laurino) wiederbelebten. Die Blütezeit im 16. Jh. zog zahlreiche Kunstschaffende magisch an, sie hinterließen ihre Spuren in der Stadt. Gegenwärtig wird diese Tradition durch kulturelle Veranstaltungen wiederbelebt.

Ausgangspunkt für einen Rundgang ist die **Piazza Magliani** am Eingang zur Altstadt. Das politisch-gesellschaftliche Zentrum von Laurino ist nach dem italienischen Finanzminister Agostino Magliani (1824–1891) benannt, der hier geboren wurde. Neben dem Rathauspalais erinnert der öffentliche Magistratssitz aus dem Jahr 1588 mit einigen Wandmalereien an die Zeit der kommunalen Selbstverwaltung (Il Seggio o Foro). Nicht versäumen sollte man es, am Platz einen kurzen Blick in die **alte Apotheke** zu werfen: Die original erhaltene Einrichtung stammt aus dem Jahr 1902.

Palazzo Ducale: Durch das Portal mit dem monumentalen Fürstenwappen betritt man den Renaissancepalast. Er besetzt den höchsten Punkt des Altstadthügels und beherbergte in der Vergangenheit verschiedene Adelshäuser, die in der Blütezeit von hier aus das **Dukat von Laurino** verwalteten. Das Palais wird im Sommer für Ausstellungen genutzt, in den Wirtschaftsgebäuden befinden sich Privatwohnungen. Von der langobardischen Festung aus dem 12. Jh. sind noch einige Ruinen erhalten, durch eine Zwischentür gelangt man in einen idyllischen Garten und zu einer Plattform, die den besten Blick in die Calore-Schlucht gewährt.

Öffnungszeiten Der Palazzo wird nur für Ausstellungen geöffnet (in der Regel Mitte Juni–Mitte Sept.), tägl. 10–13 und 17–24 Uhr.

Collegiata di Santa Maria Maggiore: Die Kollegiatskirche am Altstadtrand gehört zu den sehenswerten Barockkirchen im Cilento und geht auf einen älteren Bau aus dem 11. Jh. zurück. Das Innere ist dunkel, der Hochaltar besticht durch die poppig-rote Farbgebung, dahinter liegt das reich verzierte Chorgestühl aus Holz. In der Krypta finden sich Fresken aus dem 17. Jh., ein wertvolles Renaissance-Gemälde von Cristofero Faffeo hängt heute im Museum für sakrale Kunst in Vallo della Lucania (→ S. 203).

Die Bedeutung als Kunstmetropole des Cilento-Hinterlandes wird durch das intakte Teatro Comunale unterhalb der Kollegiatskirche unterstrichen. Der Rest der mittelalterlichen Stadtbefestigung liegt ganz in der Nähe und ist nahezu unzugänglich. Von den Sehenswürdigkeiten in der Umgebung fällt zunächst das **Kloster Sankt Antonius** aus dem 17. Jh. mit freskengeschmücktem Kreuzgang auf. Es liegt in der unteren Vorstadt an der Ortsdurchfahrt, die Restaurierung war zum Zeitpunkt der letzten Recherche noch nicht abgeschlossen (Convento e Chiesa di Sant'Antonio). Fährt man auf der SP 11 die Serpentinen in Richtung Felitto und Campora hinab, trifft man am Fuß des Altstadthügels auf den Calore. Wenige Meter abseits der Straße überspannt eine fotogene mittelalterliche Bogenbrücke (Ponte medioevale) den Fluss, darunter lockt im Sommer ein herrlich gelegener Badeplatz. Weitere Brücken sind nur auf Schusters Rappen erreichbar (→ „Umgebung/Wandern", S. 223). Vieles in und um Laurino erinnert an die **Lokalheilige Helene:** Der Legende nach starb sie im Jahr 530 als Einsiedlerin in der Grotta di Sant'Elena auf halbem Weg zwischen Laurino und Rofrano. Der Stadtpatronin werden zahlreiche Wundertaten zugeschrieben, mehrere Kapellen sind ihr geweiht.

Das Hinterland des Cilento

Wanderweg ins Niemandsland

● *Information* **Pro-loco-Büro** an der zentralen Piazza A. Magliani, öffnet in der Regel am späten Nachmittag. ✆ 0974/941042, www.comune.laurino.sa.it.

● *Anfahrt* **Pkw**: Lange Wege nach Laurino: Von Vallo d. Lucania über Campora (26 km), von Roccadaspide über Felitto (28 km) oder aus dem Vallo di Diano über Piaggine (34 km). Am Eingang zum *centro storico* auf der Piazza A. Magliani parken.
Bus: 3-mal tägl. nach Roccadaspide *(SITA/ Santomauro)*, 1-mal tägl. nach Salerno *(Peluso)* und mit *Pecori* nach Roscigno.

● *Veranstaltungen* **Carri allegorici di carnevale**, traditionsreicher Umzug, Faschingszeit.
Patronatsfest, gleich 3-mal im Jahr wird der hl. Helene gedacht (→ S. 221): 22. Mai, 18. Aug. und 10. Okt; am 29. Juni pilgern die *Laurinesi* zur 7 km entfernten Grotta di Sant'Elena.
Jazz in Laurino, Konzerte an verschiedenen Standorten, Mitte Aug. (www.jazzinlaurino.it).
Fario del Duca, Historienzug mit Barockmusik, inszeniert wird das Leben des Lokalfürsten Don Giuseppe Spinelli (18. Jh.), Mitte Aug.

● *Übernachten/Essen & Trinken* Weitere Übernachtungs- und Restaurantempfehlungen im folgenden Ortskapitel Valle dell'Angelo und Piaggine (→ S. 227). Die Umgebung ist von Viehzucht geprägt, die Landwirte leben von der Fleisch- und Käseproduktion. **Typische Gerichte** der Calore-Region sind *polenta con salsiccia e broccoli* oder *soffritto di vitello* (Kalbsragout).
** La Rupe, einfache, aber ordentliche Zimmer am Altstadtrand, Zimmer nach hinten mit Aussichtsveranda. DZ ca. 60 €. Grundsolides Restaurant, das auf die traditionelle Zubereitung der Speisen Wert legt (z. B. Lamm, Ziege, Büffelfleisch oder *i muglitielli*: gerollte Innereien vom Schaf – eine Spezialität!), am Wochenende auch Pizza, gute Weinauswahl. Ganzjährig, Di Ruhetag. Piazza Magliani 40-42, ✆/✉ 0974/941064, www.ristorantelarupe.com.
Pizzeria S. Antonio, eine von zwei Pizzerien in der unteren Vorstadt an der Ortsdurchfahrt (SP 11). Gute Pizza aus dem Holzofen, akzeptabler Innenraum, keine Freiplätze, manchmal laute Musik. Pizza ab 3,50 €. Nur abends, Mo Ruhetag. Contr. S. Antonio 35, ✆ 0974/941292.

Umgebung/Wandern

Campora: Ehemalige Brigantenhochburg zwischen Vallo della Lucania und Laurino. In der Umgebung fand man Tonscherben, die auffallende Ähnlichkeiten mit der protogriechischen Gaudo-Kultur in Paestum aufweisen (→ S. 54). Das Ortszentrum wirkt etwas blass, dafür lockt die schöne Umgebung zu Spaziergängen und

Wanderungen: Kurz vor dem Ortseingang quert die SP 142 von Laurino kommend die Torno-Schlucht (Gole del Torno). Ein Fußweg führt von hier zu einer Aussichtsplattform, auf der anderen Straßenseite startet ein Rundweg zu den Mühlen im Tal (Gehzeit 2:30 Std.).

Warum Isolation stark macht: Genforschung im Cilento

Für Molekularbiologen ist die menschliche DNA ein Buch, in dem die Geschichte von Generationen und Landstrichen geschrieben steht. Ein einzigartiges Langzeitprojekt *(Progetto Genoma Cilentano)* analysiert seit 2001 das Erbgut der Bewohner von Campora und das elf weiterer Kommunen (u. a. Magliano, Moio della Civitella, Stio, Gioi und Orria). Das Besondere daran: Seit Urzeiten lebten die Menschen hier von der Außenwelt isoliert. Man heiratete untereinander, emigrierte in Notzeiten – ein nennenswerter Zuzug blieb aus. Dokumente belegen dies für Campora seit 1734, für Gioi sogar seit 1620. Seit Mitte des 18. Jh. erstellten Wissenschaftler – unter guter Kooperation der Bevölkerung – ein exaktes Datenprofil, um die Isolation anhand von Stammbäumen empirisch zu erfassen. Der Grund für diesen erheblichen Aufwand liegt ganz woanders: Die Forscher erhoffen sich vom genetischen Code der heutigen Bevölkerung neue Erkenntnisse auf dem Gebiet der Humanmedizin. Besonders der auffälligen Resistenz der *Camporesi* gegenüber Infektionskrankheiten wollte man auf den Grund gehen. Entgegen populärer Ansichten stärkte die Isolation die Menschen! Die einzigartigen Gene der *Camporesi* könnten auch die Krebs-, Alzheimer- und Allergieforschung wesentlich voranbringen.

Grava di Vesalo: Südlich von Laurino verschwindet am Fuß des Monte Caravello der Bach Milenzio in einen rund 30 m tiefen Kalktrichter *(inghiottitoio)*. Bei dem geologischen Phänomen auf 1000 m Höhe handelt es sich um den größten Karstschlund der Cervati-Calore-Region. Das zerklüftete Gelände liegt in einem dichten Buchenwald, die Ränder der Kavernen sind mit Farn und Moos bewachsen. Die Grava di Vesalo ist zwar überaus interessant, aber nicht ganz so spektakulär wie die Bussento-Grotten im südlichen Cilento (→ S. 198).

Anfahrt Von der SP 11 unterhalb von Laurino (auf Höhe der mittelalterlichen Brücke) führt ein ausgeschilderter Fahrweg nach Süden (SP 142 nach Rofrano). Zudem ist die Grava di Vesalo das Ziel der Wanderung 9 (→ S. 224).

Rundwanderweg um Laurino: Ein erlebnisreicher Rundweg, der Sehenswertes bietet, z. B. die mittelalterliche Brücke im Tal, das *centro storico* von Laurino und ein kurzes Teilstück der Calore-Schlucht. Der Einstieg ist alternativ auch von der Piazza Magliani aus möglich, Gehzeit ca. 2 Std.

● *Wegbeschreibung* Los geht's am Kreisverkehr in der unteren Vorstadt (SP 11). Das erste Teilstück ist identisch mit der Wanderung 9 (→ S. 224), kurz vor der ersten Steinbrücke geht's auf dem *sentiero natura* nach rechts und hart unterhalb des senkrecht aufsteigenden Kastellfelsens durch die Calore-Schlucht. Der Weg ist schön zu wandern, immer wieder entzückende Ausblicke. Der Pfad endet schließlich an der SP 11 unterhalb von Laurino, schräg gegenüber zweigt der Zugangsweg zu der zweiten mittelalterlichen Brücke von der Straße ab. Wenige Schritte oberhalb der neuen Calore-Brücke zweigt nach rechts ein alter Verbindungsweg von der Straße ab, steigt steil an, quert insgesamt 3-mal die SP 11 und endet schließlich als Betonrampe an einem modernen Wohnhaus am unteren Ende der Altstadt.

Das Hinterland des Cilento

Wanderung 9: Auf der Via del Sale zur Grava di Vesalo

Charakteristik: Der Weg folgt der antiken und mittelalterlichen Salzstraße (→ S. 128) nach Süden. Das erste Teilstück wird noch vom Calore-Fluss begleitet, dann steigt die Route 450 m bis zu einem idyllischen Hochplateau an, auf dem Rinder, Pferde und Schafe weiden (Einheimische nennen das Tal treffend Valle Solitaria). Bis auf ein paar Hindernisse während des Anstiegs eine eher leichte Wanderung: An wenigen Stellen ist der alte Verbindungsweg zerstört, schmale Pfade umgehen auf der Hangseite die Bruchstellen (keine Einkehrmöglichkeit, auf demselben Weg zurück, Gehzeit ca. 4 Std.).

Wegbeschreibung: Startpunkt ist der Kreisverkehr in der unteren Vorstadt. Von hier die Zufahrtsstraße zur oberen Altstadt wählen (SP 168) und nach 50 m, am Beginn der Steinmauer, die Straße auf den nach links absteigenden Treppen wieder verlassen (kurz vor der Pizzeria III. Millennio) und der talwärts führenden Teerstraße folgen. An der ersten Steinbrücke stößt von rechts der Weg durch die Calore-Schlucht auf die Route (→ „Rundwanderweg um Laurino", S. 223). Wir setzen den Weg über die Brücke bis zu einer Gabelung fort: Ein paar Schritte nach rechts ein herr-

lich gelegener Bade- und Picknickplatz am Fluss, aus einer Grotte sprudelt Wasser. Der Weg führt links weiter und über die zweite mittelalterliche Brücke über den Calore. Gleich dahinter liegt ein zweiter Picknickplatz vor der **Kapelle der hl. Helene** (Cappella rurale di Sant'Elena): toller Blick auf den Kastellhügel von Laurino, an der Seitenwand der Kapelle ist eine der zahlreichen Wunderhandlungen der Schutzpatronin dekorativ verewigt. Der Weg führt an dieser Seitenwand vorbei, nun als gepflasterte *mulattiera* – die ehrwürdige **Salzstraße** (Via del Sale)! Mal sanft, mal steil folgt sie dem Lauf des Calore, überwiegend im Schatten bleibend, mit nur wenigen Ausblicken. Nach 30 Min. schwenkt das Haupttal nach links in Richtung Piaggine ab (→ S. 227), während die Route dem ansteigenden Seitental nach Süden folgt. An der Stelle, an der das Pflaster zerstört ist, zeigt ein roter Punkt am Baum an, wie die Bruchstelle am besten zu umgehen ist. Oben mündet der Parcours auf ein flaches, lang gezogenes Hochtal, Wildschweine und Dachse lauern im Gebüsch, Gattertore führen auf die Wildwiesen (Valle Soprana). In der Folge sämtliche Abzweigungen missachten, bis der Hauptweg am Ende der Ebene an einem breiten Wirtschaftsweg endet. Dieser führt nach rechts sanft ansteigend über einen Sattel (Passo di Vesalo) und steigt anschließend ebenso leicht wieder ab. Bevor er an einer Schotterpiste, der Straße von Laurino nach Rofrano, endet, zweigt im Buchenwald nach links der Saumpfad zum geologischen Naturphänomen Grava di Vesalo ab (Holzschild).

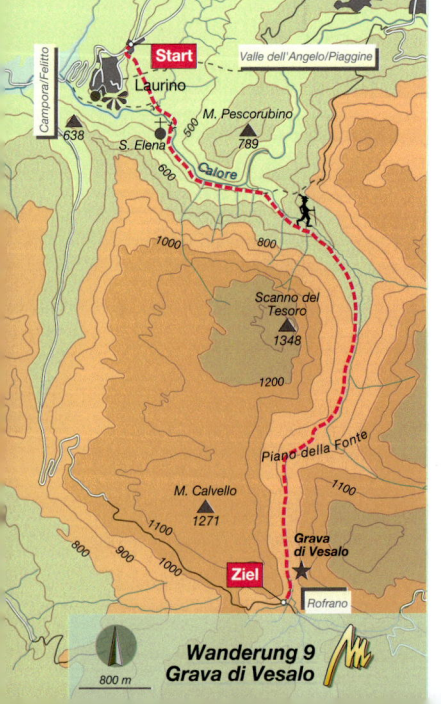

Wanderung 9
Grava di Vesalo

800 m

Gipfelsturm: auf dem höchsten Berg Kampaniens

Monte Cervati

Der höchste Berg Kampaniens (1898 m) versteckt sich im vegetationsreichen und ziemlich unzugänglichen Zentrum des Nationalparks. Seit jeher wird Ende Juli die Madonna della Neve auf einem alten Wallfahrtsweg den Berg hinaufgetragen.

Die lang gezogene Cervati-Moräne ist die Wirbelsäule des Nationalparks und grenzt das Cilento-Hinterland vom Vallo di Diano ab. Die Bergwelt entpuppt sich als natürliches Habitat, in höheren Lagen ist sie den Alpen ähnlicher als dem Mittelmeer. Oben blühen Lavendel und Alpenveilchen, bis weit ins Frühjahr liegt Schnee. Die Bourbonen ließen das Eis vom Monte Cervati auf Maultieren nach Neapel und Caserta bringen: In Säcken wurde es auf Tragtiere geladen und talwärts befördert. Sie befriedigten damit das Bedürfnis nach Luxus und kühlten mit dem Eis ihr berühmtes Zitronensorbet *(Il Sorbetto del Re Borbone)*. Die Bauern hingegen nutzten das Eis zu medizinischen Zwecken, denn es linderte den Wundbrand.

Von allen Seiten steuern Pilger- und Wanderwege die Gipfelzone an. Die Gletscher der letzten Eiszeit formten das steinig-wellige Hochplateau, das über steile Klippen nach Nordosten in die Tiefe stürzt. Natürlich ist der **Blick vom Dach Kampaniens** grandios, der Cilento und weite Teile der Basilikata liegen wie ein Teppich zu Füßen des Betrachters. In der Ferne glitzert das Meer, bei guter Sicht sind Capri und die Äolischen Inseln mit dem Stromboli auszumachen. Das **Santuario Madonna della Neve** liegt an der steilen Abbruchkante des Plateaus, ein beschilderter Fußweg führt von der Kapelle hinunter zur Grotte mit dem unsichtbar im Inneren verborgenen Corpus Delicti: Die eigentliche Madonnenfigur (ihr *alter ego* wird von Sanza den Berg hinaufgebracht) ist – verwunderlich genug – so groß, dass sie nicht durch die schmale Kalkritze passt. Um zu verhindern, dass unbefugte Hände sie rauben, so heißt es, habe sich die Jungfrau selbst aufgeblasen, denn wie sollte sie sonst hineingelangt sein? Als Rundweg über aussichtsreiche Klippen kehrt der Pfad anschließend zum Sanktuarium zurück.

Monte Cervati: Die klassischen Aufstiegsrouten

Bei **Sanza** beginnt der Pilgerweg (→ S. 202): Seit dem Mittelalter wird am 26. Juli die Statue der Madonna des Schnees auf den Gipfel getragen – traditionell barfuß, Start bei Dunkelheit um 4 Uhr morgens. Der *Sentiero storico Madonna della Neve* ist 9,5 km lang (1300 Höhenmeter, ca. 6 Std. Gehzeit).

Eine weitere Route beginnt bei **Piaggine** (s. u.): Mit dem Auto fährt man bis auf 1100 m hoch und verkürzt so den Höhenunterschied zum Gipfel auf 750 m. Eine empfehlenswerte Wegbeschreibung finden Sie im Buch „Cilento aktiv" (→ S. 33).

Die dritte Route startet im **Vallo di Diano** und wird ausführlich im nächsten Hauptkapitel beschrieben. Der Weg streift den Karstbruch *Calata dei Vaccari* und vereinigt sich später mit dem Pilgerweg (→ „Wanderung 10", S. 238).

Valle dell'Angelo und Piaggine

Die beiden Nachbardörfer könnten verschiedener kaum sein: Auf der einen Seite der arme Bauernweiler Valle dell'Angelo, einen Treppenabsatz weiter oben das vergleichsweise mondäne Städtchen Piaggine. Beide Orte vereint das Band des Widerstands: Die unwegsamen Wälder und Schluchten boten den Briganten in der Vergangenheit Unterschlupf.

Zwischen Calore und Cervati war der Ungehorsam gegenüber den Mächtigen in Neapel und Rom besonders ausgeprägt. Zusätzlich geschützt durch das beredte

Schweigen der Menschen, nutzten die Briganten im 19. Jh. die Höhlen im Karst als perfekt getarntes Versteck. Wer heute in den Dörfern mit den Einheimischen ins Gespräch kommt, erfährt rasch von den heroischen Taten des einen oder anderen Räuberanführers. Die Erinnerung an die Zeit der **Kämpfe gegen die Obrigkeit** ist noch heute höchst lebendig. Da gibt es beispielsweise die Geschichte des „Schlächters von Piaggine" (L'eccidio di Piaggine) und der zehn guillotinierten Banditen, deren Köpfe der Öffentlichkeit auf dem Hauptplatz als grausiges Schauspiel präsentiert wurden; bedeutend ist auch der aus Valle dell'Angelo stammende Andrea Mastandrea, der im Cilento in geheimen Bruderschaften federführend gegen das Regime der Bourbonen agitierte (→ „Geschichte", S. 23).

Piaggine: Ortszentrum

Valle dell'Angelo: Das agrarisch geprägte Zentrum um die Chiesa di San Barba-

Der Advokat der Widerspenstigen: Giuseppe Tardio

Der in Piaggine geborene Giuseppe Tardio gehört zu den illustren Gestalten des italienischen Risorgimento: Er studierte in Salerno an der Königlichen Akademie die Rechtswissenschaften und gab sich als kultivierter Mann. Einen Wendepunkt in seinem Leben markiert das Jahr 1861 mit der nationalen Einheit Italiens: Nach offizieller Lesart war damit der Auftrag des Risorgimento erfüllt, zumindest auf institutioneller Ebene. Nicht jedoch für Giuseppe Tardio und viele andere, die sich von den ersten politischen Schritten der Piemontesen auf der gesamtitalienischen Bühne enttäuscht zeigten – und sich radikal vom nationalen Projekt verabschiedeten.

Der Advokat nahm in Civitavecchia eine Barke, versammelte 32 getreue Mitstreiter um sich und landete in der Nacht vom 21. auf den 22. September 1861 in Agropoli. Er hatte sich selbst den Dienstgrad eines Admirals der Bourbonen gegeben *(il capitano comandante le truppe borboniche)* und zog durch den Cilento, um gegen die neuen Fremdherrscher aus dem Norden zu agieren. Centola, Camerota, Novi Velia und Vallo della Lucania hießen die Stationen. Seine Truppe vergrößerte sich stetig, zwischenzeitlich soll die Bande 2000 Mitglieder gezählt haben! Zweimal konnte er sich mit einer List aus der Umklammerung der Nationalgarde, die sich an seine Fersen geheftet hatte, befreien. Im Juni 1863 erlitt er jedoch eine entscheidende Niederlage. Danach verbarg er sich einige Zeit in Höhlen am Cervati-Hang, wurde schließlich aber aufgegriffen und in die Hauptstadt gebracht. Dort besann er sich auf seine Künste als Kenner der Rechte und verteidigte sich vor dem Tribunal selbst. Dass er sich geschickt auf die politischen Absichten seiner Handlungen berief, half jedoch nichts: Giuseppe Tardio wurde zu einer lebenslangen Haft verurteilt und starb 58-jährig – vergiftet von einer Frau.

to aus dem 17. Jh. präsentiert sich architektonisch intakt, Pilgerwege verbinden es mit den sagenumwobenen Felshöhlen in der Umgebung. Im höchst populären Michaelskult ist die langobardische Vergangenheit noch heute lebendig. Die **Grotta dell'Angelo** ist ein Hort archaisch anmutender Legenden: Aus Angst, einen Dämon vor sich zu haben, soll ein Ziegenhirte die Statue des Erzengels beschädigt haben. Piaggine Sottane hieß der 450-Einwohner-Weiler in der Vergangenheit aufgrund der Lage und seiner Nähe zum Nachbarort.

Piaggine: Während im Mittelalter in Valle dell'Angelo basilianische Mönche in den Höhlen hausten, wirkten in Piaggine die Benediktiner: Ein überraschend lebhaftes Städtchen mit 2100 Einwohnern und einem hübschen Zentrum auf 600 m Höhe. 1656 dezimierte die Pest die Bevölkerung um 60 %. Unter den Landadelpalästen aus dem 18./19. Jh. springt der **Palazzo Bruno** aufgrund seiner herausragenden Lage an der Piazza Vittorio Veneto ins Auge. Am stillen unteren Ortsrand überspannt an romantischer Stelle eine mittelalterliche Brücke den Calore. Dahinter zeigen sich die Chiesa di San Pietro, ein benediktinisches Erbe aus dem 12. Jh., und der Palazzo Tommasini mit bemerkenswertem Steinportal. Die Zufahrt in Richtung Monte Cervati (→ S. 225) ist ausgeschildert.

● *Anfahrt* Mit dem **Pkw** 5 Min. auf der Nebenstrecke von Laurino (→ S. 220) nach Valle dell'Angelo, doppelt so weit nach Piaggine (SP 11). Landschaftlich schön über Sacco und Roscigno zur SS 166 (von Capaccio ins Vallo di Diano) und ins Fasanella-Tal

Abgehoben: Sacco Vecchio entpuppt sich als Adlerhorst

(→ S. 91). **Bus**: Verschiedene Unternehmen fahren beide Orte an, z. B. mit *Pecori* nach Laurino oder Bellosguardo.

● *Übernachten/Essen & Trinken* **Alle Sorgenti del Calore**, gut geführte Pension und lokaltypisches Ristorante in Piaggine, sehr ordentliche Zimmer (mehr Sein als Schein), im Sommer schöne Freiterrasse, eigener Hauswein, hausgemachte Pasta, frisch gegrilltes Fleisch (Lamm, Wild, Wurstspieße), Sa/So auch Pizza. DZ 50 €. Corso Vitt. Veneto 124 (Ortsdurchfahrt), ✆/📠 0974/942003.

Pasticceria Pietro Macellaro, vielfach ausgezeichneter Betrieb für leckere cilentanische *dolci*, Pralinen und üppige Torten, zu den Spezialitäten des Hauses gehören Eis-

torten *(torte gelato e semifreddi)*. Piazza Vitt. Veneto, ✆ 328/6188973.

TIPP! **Osteria La Piazzetta**, kleines Juwel in Valle dell'Angelo, liebenswerte Slow-Food-Trattoria, im Herbst auf Pilzgerichte spezialisiert. Fantastisch gestaltete Innenräume, Freiplätze auf der Terrasse. Menü ca. 30 €, nur nach Vorbestellung. Die Betreiber sind gut mit den Wanderwegen vertraut, helfen mit Rat und Tat. Drei nett gestaltete Zimmer in der 1. Etage, teils mit Cilento-Bauernmöbeln ausgestattet (ein Zimmer mit Bad, die beiden anderen teilen sie ein weiteres Bad), zauberhaftes Apt. für Selbstversorger unterhalb der Kirche (albergo diffuso). DZ 60 €. Piazza C. Iannuzzi, ✆ 0974/942008, www.cilentanaprodotti.it.

Sacco: Auf landschaftlich reizvoller Strecke gelangt man von Piaggine nach Sacco (SP 11). Die Landstraße führt am Fuß eines felsigen Abhangs entlang, der zum Monte Motola gehört. 2 km vor Sacco zweigt eine lange Zufahrtspiste zur 1500 m hoch gelegenen Wallfahrtskirche Madonna del Monte Vivo ab. Das kleine Ortszentrum liegt unterhalb der Durchgangsstraße, an einer kleinen Piazza befindet sich ein winziges Privatmuseum zur örtlichen Holzschnitzkunst. Gezeigt werden die Arbeiten des 1901 geborenen Kunsthandwerkers Francesco Coccaro.

Öffnungszeiten Museo dell'Arte Artigiana Originale e Della Storia, einfach klingeln. Eintritt 1 €.

Sacco Vecchio: Ein anstrengender, aber lohnender Fußweg erklimmt den steilen Felsen nordwestlich von Sacco. Auf dem Plateau stehen die spärlichen Reste der langobardischen Festung Castelvecchio, Archäologen haben zudem Ruinen der Chiesa San Nicola di Myra freigelegt. Beide Bauten sowie eine zugehörige Siedlung stammen aus dem 8. Jh. und wurden im hohen Mittelalter aus bislang ungeklärten Gründen von den Bewohnern verlassen.

• *Anfahrt* **Pkw**: Von Sacco auf der SP 342 in Richtung Roscigno, nach 1 km auf gelbes Schild „Sacco Vecchio" achten und das Auto am Straßenrand parken. Ein zweiter Zugang von der SP 11 in Richtung Teggiano/Vallo di Diano war zum Zeitpunkt der letzten Recherche im Entstehen (inkl. eines weniger beschwerlichen Fußwegs).

• *Wandern* Eindeutig erkennbarer Steilaufstieg auf einem frisch angelegten Treppenweg im Schatten senkrechter Felswände. Oben an der T-Kreuzung nach links und auf die Felsnase hinaufklettern. Die tolle Aussicht belohnt die schweißtreibenden 180 Höhenmeter (Gehzeit 1–1:30 Std.).

> **Weiter von Sacco**: Die SP 342 führt über Roscigno nach Bellosguardo und schließt das Cervati-Motola-Gebiet an die Cilento-Quertrasse von der Sele-Ebene ins Vallo di Diano an (SS 166). Kurz hinter Sacco Vecchio quert die Straße auf einer Brücke die tief eingeschnittene **Sammaro-Schlucht**. In den Höhlen am Fluss fand man Spuren aus der Bronzezeit. Ein kurzer Stichweg führt von Sacco in die Klamm und zur Sammaro-Quelle (Sorgenti del Sammaro).
>
> Die SP 11 knickt hingegen nach Norden ab und wird zur spektakulären **Panoramastraße**: Hinter dem 1026 m hohen Pass Sella del Corticato steigt sie nach Teggiano und ins Vallo di Diano hinab (→ S. 231). Auf dieser Route verband bereits in der Antike die Salzstraße (Via del Sale) den Cilento mit Lukanien.

Roscigno   (ca. 1000 Einwohner)

Die Geisterstadt unterhalb der modernen Ortschaft ist heute ein Freilichtmuseum und beliebtes Tagesausflugsziel. 2 km nordöstlich von Roscigno markiert der 879 m hohe Monte Pruno den geostrategischen Übergang zu den Alburner Bergen.

Der Monte Pruno kontrollierte in der Vergangenheit die Passübergänge ins Vallo di Diano. In den 1920er-Jahren fand ein Bauer beim Eggen seines Feldes einige Fragmente aus Bernstein, die Wissenschafter nach eingehender Untersuchung als Grabbeigaben aus dem 6./5. Jh. v. Chr. identifizierten. Es sollten jedoch noch 50 Jahre vergehen, bis man mit der systematischen Freilegung begann. Das Ergebnis ist die wohl bedeutendste *zona archeologica* im Cilento-Hinterland: Vom 7. bis 3. Jh. v. Chr. befand sich hier oben eine **bedeutende Siedlung**, weitere Grabfunde – z. B. ein fein gearbeiteter Bronzekandelaber aus dem *Grab der Fürstin* – zeigen eine beeindruckende künstlerische Reife. In den Objekten mischen sich lukanische, etruskische und griechische Einflüsse. Mit dem Ausgreifen der Römer nach Süden wurde die Wehrburg zunehmend obsolet und wurde schließlich aufgegeben. Die meisten Objekte befinden heute im archäologischen Museum zu Salerno, einige wenige Funde wurden nach Paestum gebracht. Ein 2 km langer Fußweg führt von Roscigno zu den spärlichen Ruinenresten.

Die meisten Besucher steuern ohne Umschweife **Roscigno Vecchia** an. Das „alte" Roscigno liegt 1 km unterhalb von Roscigno Nuovo und wirkt auf den ersten Blick wie aus einem romantisch-bukolischen Gemälde geschnitten: eine idyllische Piazza mit Brunnen, dahinter eine malerische Häuserzeile sowie das obligate Gotteshaus (Chiesa di San Nicola Vecchia). Der Ort hat allerdings einen kleinen Schönheitsfehler: Die Häuser sind komplett verfallen und stehen leer. Allenfalls ein paar Katzen streichen um die Steine herum, Kühe fressen die Triebe, die zwischen den Pflasterritzen der *mulattiere* aufkeimen. Am Übergang vom 19. zum 20. Jh. bedrohten Erdrutsche die Existenz des Dorfes. 1902 erlaubte die Regierung den Bewohnern schließlich, ihre Häuser etwas weiter oben und in sicherem Abstand wieder neu aufzubauen.

Das Hinterland des Cilento

Der alte Mann und sein Dorf: Giuseppe Spagnolo

Nicht alle Bewohner zogen nach Roscigno Nuovo, einige wenige Unent-wegte blieben. Die Hangbewegungen kamen irgendwann zum Stehen, und so gab es auch keinen Grund mehr, das eigene Heim zu verlassen. Im Jahr 2000 hatte Roscigno Vecchia noch ganze vier Einwohner, und von denen ist heute nur noch ein einziger übrig geblieben: Giuseppe Spagnolo.

Der mittlerweile in Ehren ergraute Überlebenskünstler ist eine Kultfigur und eines der bekanntesten Gesichter im Cilento: Bart, Tabakspfeife und Baskenmütze sind seine Markenzeichen. Tag für Tag streift er über die Piaz-za, begrüßt alte Freunde und neue Gäste und führt sie in sein kleines Hei-matmuseum, das er selbst eingerichtet hat. Alles trägt seine Handschrift: landwirtschaftliche Geräte, Zubehör zur Brot-, Käse- und Pastaherstellung und jede Menge Tigel, Töpfe und Pfannen.

Infos Museo della civiltà contadina, tägl. 9–13, Sa/So zusätzlich 15–17 Uhr. ✆ 0828/963377, www.roscignovecchia.it.

Museo Sacro: Liebhaber der ländlich-sakralen Barockkunst kommen in der Chiesa San Nicola Nuova auf ihre Kosten. Am Ende der Durchgangsstraße in Roscigno Nuovo gewährt die frisch restaurierte Pfarrkirche Einblicke in die Mezzogiorno-Religiosität. Wichtigstes Gemälde ist die **Madonna di Loreto** aus dem Jahr 1762.

● *Anfahrt* **Pkw**: Von Capaccio auf der SS 166 nach Bellosguardo, dann auf Ab-zweigung nach rechts achten (SP 418), al-ternativ von Piaggine/Valle dell'Angelo auf der SP 11/SP 342. Die Stichstraße nach Ros-cigno Vecchia ist ausgeschildert. **Bus**: mit *Pecori* u. a. nach Salerno, Roccadaspide, Castelcivita und Piaggine.

● *Essen & Trinken* **Cristal**, der Familienbe-trieb bringt zu fairen Preisen auf die Tafel, was die Gegend hergibt: Wurst, Käse und diverses Fleisch und Gemüse, ebenso fin-det sich Fisch auf der Karte, abends auch Pizza. Mo Ruhetag. Via Papa Luciani 4 (von Bellosguardo aus noch vor der Abzweigung ins Geisterdorf), ✆ 0828/963298.

Roscigno Vecchia: Ein verlassenes Dorf wird zum Museum

Eingang zur Kartause von Padula

Vallo di Diano

Das Hochtal an der Südostflanke des Cilento trennt den Nationalpark vom lukanischen Apennin. Der schmale Korridor ist seit jeher ein wichtiger Verkehrsweg, in den ehrwürdigen Städten waltet das Primat der Kultur. Meistbesuchte Attraktion ist die Kartause von Padula – eine der größten Barockanlagen Süditaliens.

In mehrfacher Hinsicht ist das 37 km lange und 6 km breite Vallo di Diano ein eigenständiger kulturgeografischer Raum. Die beiden Längsseiten werden von hohen Bergketten flankiert: das Cervati- und Motola-Massiv auf der Cilento-Seite, die Monti della Maddalena am Übergang zur Basilikata. In südlicher Richtung steigt das Hochtal zu den bis zu 2000 m hohen Bergen um Lagonegro an, während im Norden der Fiume Tanagro über eine steile Klippe tiefer gelegene Gefilde ansteuert.

Die meiste Zeit war das brettflache Tal ein Durchzugsgebiet für Handlungsreisende und Soldaten. Heute folgt die Autobahn von Neapel nach Reggio di Calabria der **antiken Römerstraße**, die in den meisten Geschichtswerken Via Popilia genannt wird (in anderen Werken findet sich die alternative Bezeichnung Via Annia). Die Straße schloss das heutige Kalabrien an Capua und die Via Appia an. Dass der Via Popilia im römischen Weltreich nie die ganz große Bedeutung zukam, lag an den widrigen Rahmenbedingungen: Während der jüngsten Eiszeit (Pleistozän) breitete sich hier ein See aus, der allmählich austrocknete und menschenfeindliches Sumpfland hinterließ. Die Römer drainierten es notdürftig, um die tyrrhenische Route überhaupt befahren zu können. Mit schwindendem römischen Einfluss am Ende der Kaiserzeit wurde das Entwässerungsprojekt vernachlässsigt. Erst im 18. Jh.

machten sich die Bourbonen erneut daran, um Kalabrien besser an die Hauptstadt des Königreichs Neapel anzubinden (Regia Strada delle Calabria).

Geschichtsreiche Städte wie Polla, Atena Lucana, Sala Consilina und Padula besetzen wie Perlen an der Kette die strategisch wichtigen Plätze am Rand des Hochtals Sie wetteifern förmlich um die längste Tradition und die wertvollsten **Kulturgüter**. Auf der anderen Talseite steht dem das ehrwürdige Teggiano in nichts nach. Im Gegenteil, kaum ein Ort verfügt über eine so breite Palette an Sehenswürdigkeiten. Zudem verlieh der Verwaltungssitz der Familie Sanseverino dem Landstrich den Namen: *Diano* leitet sich von *Dianum* ab, der antiken Vorgängerin von *Teggiano*.

In der Talsenke fällt zunächst die starke **Zersiedelung** auf: Wo noch in der frühen Neuzeit Sümpfe und Mitte des 20. Jh. Ackerland und Wiesen dominierten, prägen heute zahlreiche Neubauten das Gesicht der Landschaft. Den Fiume Tanagro, der traditionell das Tal entwässert, bändigt ein nüchternes Betonbett, das die Ebene in zwei Hälften zerschneidet. Die meisten Reisenden kommen wegen der berühmten **Kartause von Padula** hierher. Neben der großformatigen Barockanlage erweist sich die **Engelsgrotte bei Pertosa** als weiterer Besuchermagnet. Andere Städte, die einen Besuch lohnen, werden hingegen häufig links liegen gelassen. Während Teggiano aufgrund seiner Kunstschätze mehr Aufmerksamkeit verdient hätte, haben andere historische Zentren noch immer mit den Schäden vergangener Erdbebenkatastrophen zu kämpfen.

Informationen zum Vallo di Diano

Im Vorhof der Kartause von Padula hat die *Comunità Montana Vallo di Diano* ein zentrales **Info-Büro** eingerichtet. In mehrfacher Hinsicht vorbildlich ist der farbig bebilderte *Guida turistica Vallo di Diano*: auf 250 Seiten ausführliche Beschreibungen der Sehenswürdigkeiten, Stadtpläne, praktische Adressen und vieles mehr. Ital. und engl., kostenlose Abgabe so lange der Vorrat reicht. Mo–Fr 8–14, Di/Do auch 15.30–18.30 Uhr. ✆ 0975/577111, www.montvaldiano.it.

Weitere **Internetseiten** mit Infos zu den Orten und aktuellen Veranstaltungen: www.navigavallo.it, www.valloweb.com, www.vallodidiano.info.

Teggiano   (ca. 8100 Einwohner)

Erhaben ruht das sehenswerte Städtchen auf einem 630 m hohen Hügelsolitär. Geschützt von den steilen Bergflanken des Motola-Massivs lenkten die wechselnden Herrschaften von hier oben das politische und geistliche Geschehen im Vallo di Diano.

Geschichts- und Kunstinteressierte sollten schon ein wenig Zeit mitbringen, um auf Streifzügen durch das *centro storico* die Relikte der Vergangenheit aufzuspüren. Aus jeder Pore und Ritze schlägt den Besuchern der Atem der bewegten Historie entgegen, eine ganze Stadt scheint einzig auf das Bewahren des Alten fixiert zu sein. Die Klöster, Kirchen und Museen lassen sich am besten vom höchsten Punkt erschließen: Die Piazza Municipio vor dem Kastell ist der klassische Ausgangspunkt für Rundgänge durch die Altstadt. Für vertiefende Eindrücke empfehlen sich die Abendstunden, wenn sich die zentrale Via San Cono zur *passeggiata* mit Leben füllt oder der Blick von der Balustrade der Piazza IV Novembre auf das Lichtermeer im Vallo di Diano fällt. Seltsam entrückt wirkt Teggiano dann, als ginge es der Stadt nichts an, was sich tief unter ihr im Tal abspielt.

Calcio Regionale: süditalienisches Flair in Teggiano

Geschichte: Das steile, schwer zugängliche Plateau erweist sich als ein Brennglas, in dem in vergrößertem Maßstab das erscheint, was für den gesamten Cilento jemals von Bedeutung war. Möglicherweise besiedelten griechische Oenotrier in der Eisenzeit erstmals den Hügel im Vallo di Diano (das griechische Wort *oinos* bedeutet Wein). Im 6. Jh. v. Chr. gründeten die Lukanier eine Stadt, die später an die Römer fiel. Die neuen Machthaber nannten ihre blühende Kolonie zunächst Tegianum und später Dianum. Für Kaiser Nero war Dianum, wie eine in Pompei gefundene Inschrift vermuten lässt, wichtigster römischer Stützpunkt im Süden Kampaniens. Noch heute entspricht das zentrale Achsenkreuz der Altstadt exakt der antiken Straßenführung *(cardo maximus* und *decumanus maximus)*. Im angehenden Mittelalter sicherten sich die Normannen den strategisch wichtigen Hügel. Das heutige Kastell geht wohl auf eine Gründung der Nordmänner zurück, wurde aber in der Folge mehrfach erweitert. Mit den Normannen begann die lange Epoche der Adelsfamilie Sanseverino: Die Fürsten von Salerno bauten das Kastell zur wichtigen Stammburg aus und nannten sich nebenbei Signore di Diano. Zum Kleinfürstentum Teggiano zählten auch die Nachbarorte, später umfasste die Herrschaft auch die Städte auf der anderen Seite des Tanagro. Das sollte sich 1485 bei der gescheiterten Adelsrevolte unter Führung von Antonello Sanseverino bitter rächen: Zwar durfte die Familie ihren Stammsitz behalten, das gegenüberliegende Kastell oberhalb von Sala Consilina und die Stadt Atena Lucana wurden jedoch von den Aragoniern niedergebrannt (→ „Glücksritter, Stifter und Verschwörer", S. 158). Ein halbes Jahrhundert später war aber auch in Teggiano die Familienherrlichkeit endgültig vorbei: Als Ferrante Sanseverino Mitte des 16. Jh. gegen die Politik des spanischen Vizekönigs in Neapel opponierte, musste er nach Frankreich ins Exil. Der Stammsitz im Vallo di Diano wechselte in der Folgezeit mehrfach die Besitzer und verlor an Bedeutung. Der heutige Ortsname Teggiano wurde übrigens erst im Jahr 1862 offiziell (wieder) eingeführt.

Vallo di Diano

Information/Diverses

● *Information* Das Info-Büro (**Pro loco**) befindet sich in der ehemaligen Chiesa S. Pietro mit dem Museum für sakrale Kunst, Kasse und Info-Point in einer Hand. Di–So 10–13 und 15–18 Uhr, ✆ 0975/79930, www.paradhosis.it, www.prolocoteggiano.it.

● *Anfahrt* **Pkw**: Eine schmale Straße führt vom Hochtal auf den Altstadthügel, schnellste Anfahrt über die Autobahn A 3 (Ausfahrt Sala Consilina), im Nachbarort San Rufo mündet die Cilento-Querstraße (SS 166) von Capaccio ins Vallo di Diano. Parkplätze auf der Piazza Municipio und vor dem Kastell.

Bus: Knotenpunkt ist die Piazza Municipio: mit *Lamanna* nach Salerno/Napoli; u. a. mit *Curcio* nach Polla, Sala Consilina und Padula; mit *Ruocco* nach Sapri (www.viaggiruocco.eu); Bahnbusse von Salerno/Battipaglia zur Talstation Teggiano-Sassano (www.trenitalia.it).

● *Post* Piazza Municipio, ✆ 0975/79027.

● *Veranstaltungen* **Patronatsfest**, San Cono Anfang Juni; Pilgerprozession zu Ehren des Schutzheiligen am 2. So im Aug.

Teggiano Jazz, zehn Tage Jazzkonzerte, im Aug. (www.teggianojazz.it).

Festival di Musica e Danza Rinascimentale, Musik und Tänze aus der Renaissance, Anfang/Mitte Aug.

Alla Tavola della Principessa Costanza, größtes Historienfest im Vallo di Diano (→ unten), an drei Tagen Mitte Aug.

Teggiano Antiquaria, die Antiquitätenmesse (Möbel, Gemälde, Schmuck) ist eine gute Gelegenheit, das Kastell von innen zu sehen, Ende Okt./Anfang Nov.

Wochenmarkt, stimmungsvoll auf der Piazza Municipio, So vormittag.

Berühmt, reich und schön: Costanza da Montefeltro

1480 bereiteten die Bürger von Teggiano ihrem frisch vermählten Prinzen Antonello Sanseverino und seiner Braut einen begeisterten Empfang. Die junge Costanza war die Tochter des Condottiere und Fürsten von Urbino,

Federico da Montefeltro, der in Italien schon damals eine lebende Legende war. Die Schönheit der Prinzessin war sprichwörtlich; die Bewohner der Stadt nannten sie ehrerbietig „Taube des Schlosses" *(Colomba del Castello).* Alljährlich im Sommer wird der Einzug des Brautpaares in Teggiano als gesellschaftliches Ereignis wiederbelebt: Tausende neugieriger Besucher frönen dem mittelalterlichen Schaulaufen der Gaukler, Jongleure und Fahnenwerfer, in den Tavernen werden lokaltypische Delikatessen serviert (u. a. die berühmte *torta del Duca*), bezahlt wird mit Kronen, Dukaten und Talern. Die Kostüme für den historischen Umzug sind im Museum für sakrale Kunst ausgestellt.

Festgewand: wird einmal im Jahr aus dem Magazin geholt

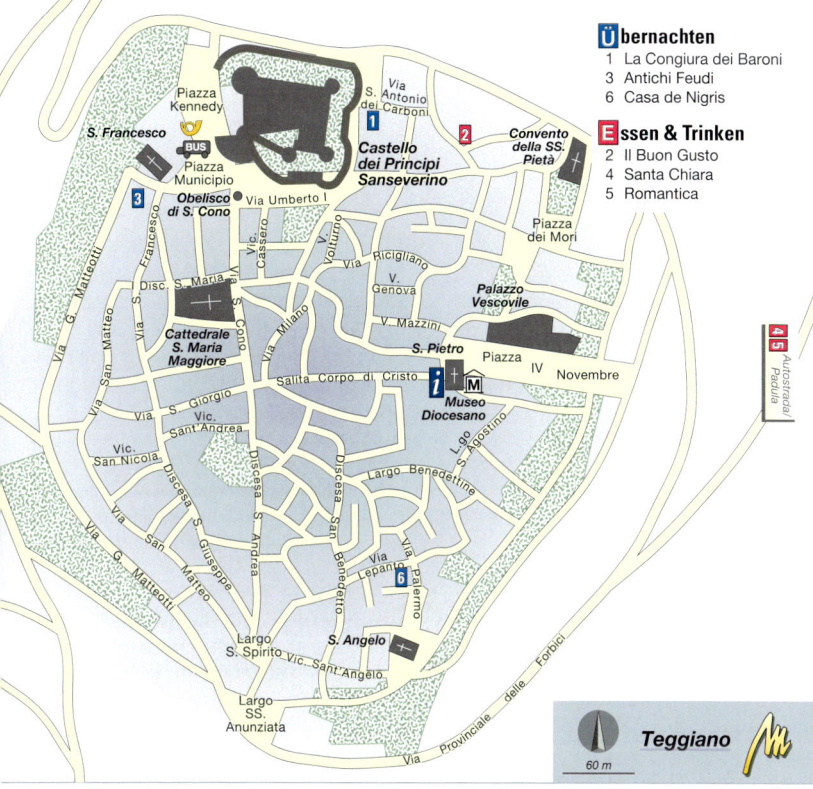

Map legend:

Übernachten
1 La Congiura dei Baroni
3 Antichi Feudi
6 Casa de Nigris

Essen & Trinken
2 Il Buon Gusto
4 Santa Chiara
5 Romantica

Teggiano

Übernachten/Essen & Trinken

Nimmt man die Umgebung von Teggiano hinzu, ist das Angebot an Unterkünften und Restaurants zufrieden stellend und ausgewogen. Typische Pastagerichte sind Fusilli, Ravioli und Cavatielli, die mit einem Sugo aus frischen Tomaten und würziger *salsiccia* (Wurst) aus lokaler Produktion serviert werden.

★★★★ Antichi Feudi (3), 2008 nach vorbildlicher Sanierung eröffneter Hotelpalazzo im Zentrum. Zwölf Zimmer, stilbewusst auf Mittelalter getrimmt (Kronleuchter, Wandmalereien), Innenhof, Restaurant (Menü ca. 20 €). Standard-DZ 70 €. Via San Francesco 2 (Piazza Municipio), ✆ 0975/587329, ✉ 0975/587421, www.antichifeudi.it.

★★ La Congiura dei Baroni (1), solide, alteingesessene (seit 1964) Altstadtpension Nähe Kastell, freundlich und familiär, Zimmer teilweise mit Balkon oder Veranda. Empfehlenswertes Restaurant mit schmackhafter *cucina casalinga*. EZ 28–30 €, DZ 50–56 €. Via Castello 4, ✆/✉ 0975/79044, www.lacongiuradeibaroni.it.

TIPP! B&B Casa de Nigris (6), in der unteren Altstadt verstecktes Privatquartier um einen großzügigen Innenhof, schönes Natursteinhaus, innen opulent eingerichtet (jedes Zimmer in einem anderen Farbton), behaglicher Frühstückssalon. Ganzjährig geöffnet. DZ 60 €. Largo S. Angelo 1 (Nähe Chiesa S. Angelo), ✆ 0975/79078, ✉ 0975/58 7435, www.affittacameredenigris.it.

Il Buon Gusto (2), gute Adresse für den kleinen Hunger oder den abendlichen Absacker. *Tavola calda*, Pizza, Crêpes, abends Musikbar. Freundlich, landestypisch und aufgrund der versteckten Altstadtlage wenig frequentiert. Via S. Antuono, ✆ 0975/081018.

Osteria Santa Chiara (4), volkstümliche Trattoria südlich von Teggiano, grundsolide Hausmannskost, abends auch Pizza, rustikal eingerichtete Stube. Menü ca. 20 €. Ganzjährig mittags und abends. Via Ponte

Vallo di Diano

Silla (vom kleinen Verkehrsknotenpunkt Silla auf der SP 78 wenige Meter in Richtung Sassano), ☎ 0975/72672.

TIPP! **Romantica (5)**, liebenswerte Ausflugs-Trattoria an der Peripherie von Teggiano, Hanglage im Grünen, schöne Freiterrasse, familiär und freundlich. Fisch- und Fleischspezialitäten, reiche Antipasti-Auswahl, mittags vom Buffet. Menü ca. 20 €, Pizza ab 4 €. Di Ruhetag. Via Valle Cupa (1 km in Richtung San Marco, ausgeschildert), ☎ 0975/79997.

Sehenswertes

Reisende stehen in Teggiano nicht selten vor verschlossener Tür. Abhilfe schafft eine Stadtführung, die das Info-Büro nach vorheriger Anmeldung vermittelt. Der Rundgang dauert 2–2:30 Std., die Guides erhalten im Anschluss ein entsprechendes Trinkgeld. Das **Kastell** öffnet seine Tore nur für besondere Events (→ „Veranstaltungen"). Die Grundmauern stammen aus dem 14./15. Jh., der hoch aufragende Palazzo kam Ende des 18. Jh. hinzu (Castello dei Principi Sanseverino).

Piazza Municipio: Der **Obelisco di San Cono**, das 1887 in der Mitte der Piazza aufgestellte Wahrzeichen, trägt die Figur des Schutzheiligen der Stadt. Nach Amerika Emigrierte haben den Bau durch großzügige Spenden ermöglicht. Anlass der Stiftung war das Erdbeben, das im Jahr 1857 verheerende Schäden anrichtete.

Teggiano: Grabplatte in der Kathedrale

An der Nordseite der Piazza überrascht das Interieur der **Apotheke (Farmacia de Paola):** Geschnitzte Holzvitrinen und üppig verzierte Keramikschatullen sind zu bewundern. Gegenüber präsentiert sich die **Ordenskirche** der franziskanischen Minderbrüder äußerlich schlicht. Nicht so im Inneren: Die barocke Holzdecke stammt aus der Mitte des 18. Jh. und erscheint wie ein prächtig gewirkter Gobelin (Chiesa di San Francesco).

Cattedrale di Santa Maria Maggiore: Die Bischofskirche steht auf dem Grund einer frühchristlichen Basilika. Der ursprüngliche Zugang von der zur Piazza geweiteten Via Cono ist noch als Mauerbogen erkennbar, daneben ist in der Begräbnisnische eine römische Figur in merkwürdiger Sitzhaltung zu sehen, die seit jeher die Betrachter zu wilden Interpretationen angeregt hat. Im Inneren verdient neben der bischöflichen Kanzel mit dem reichen allegorischen Figurenschmuck (1261) der Sarkophag aus dem Jahr 1336 Beachtung: Tommaso Sanseverino stiftete das fein gearbeitete Kunstwerk an der Rückwand der Kirche anlässlich des Todes seines Sohnes beim Kreuzzug ins Heilige Land. Ein weiteres, gegenüber liegendes Grabmal enthält die sterblichen Überreste des sienesischen Doktors Orso Malavolta, der wahrscheinlich im Gefolge der Prinzessin Konstanze nach Süditalien kam. In einer Seitenkapelle werden die Reliquien des Schutzpatrons San Cono verwahrt.

Museo Diocesano: Die Piazza IV Novembre am Altstadtrand ist das geistliche Zentrum der Stadt. Gegenüber dem Bischofspalast (Palazzo Vescovile) befindet sich die zum Museum umgebaute Chiesa di San Pietro. Sie ersetzte einen heidnischen Tempel an derselben Stelle, in die Fassade ist ein spätantikes Kapitell mit Äskulap-Schlange eingemauert. Im Inneren präsentiert die Diözese Teggiano wertvolle Kunstwerke, z. B. das Altargemälde *Madonna del Rosario* aus dem 16. Jh. oder in der Seitenkapelle das prächtige Kriegergrabmahl aus Stuck (1401). Im Zentrum sind die Kostüme für das Festival der Prinzessin Konstanze ein Blickfang (→ S. 234), an den Seitenwänden zwei sehenswerte Fresken aus der Schule Giottos.
Öffnungszeiten   Tägl. außer Mo 10–13 und 15–18 Uhr. Eintritt 2 €, ✆ 0975/79930, www.diocesiteggiano.it.

Museo delle Erbe: Seit 1999 führt dieses im Cilento einzigartige Museum in die mittelalterliche und frühneuzeitliche Kräuterheilkunde ein. Für Ethnobotaniker und Naturheilkundler ist der Blick auf die uralten Essenzen eine Offenbarung. Von den Holzbalken hängen die Heilkräuter bündelweise herab, in den Räumen riecht es wie in einer Schnapsbrennerei. Die Museumsleitung betreibt ökologische Studien und engagiert sich im Orchideenschutz.
Öffnungszeiten Mi/Do 9–13, Fr 15–19, Sa/So 9–13 und 15–19 Uhr. Eintritt frei, ✆ 0975/79600.

Chiesa e Convento della SS. Pietà: Das vor einigen Jahren wenig gelungen renovierte Gotteshaus ist heute mehr Museum als Kirche. Es gehörte im Mittelalter zur Abtei der Benediktinerinnen, wurde jedoch um 1470 den franziskanischen Observanten zugeschlagen. Die ehemalige Konventskirche betritt man durch einen schmucken Renaissance-Narthex, bemerkenswert im Inneren sind die großen Holzfiguren auf einer Empore in der Apsis. Die Gruppe, die den Gekreuzigten betrauert, wurde 1545 von Giovanni da Nola gefertigt, dem Hausskulpteur der kunstsinnigen Adelsfamilie Sanseverino. Die Überholung der Fresken im benachbarten Renaissance-Kreuzgang (Szenen aus der Vita des hl. Franziskus) waren zur Zeit der letzten Recherche noch nicht abgeschlossen.

Pietra di Teggiano

In Teggiano wurde in der Vergangenheit ein spezieller Stein verarbeitet, der durch seine klare Farbe besticht und sich bei großer Härte gut verarbeiten ließ *(Pietra di Teggiano)*. Besonders für **Steinmetzarbeiten** an den Portalen bewies das Material seine Eignung. Die Herren von Sanseverino ließen den Stein bis nach Neapel bringen: In der Jesuitenkirche Gesù Nuovo findet er sich noch heute. Die Ressource versiegte jedoch irgendwann, heute gibt es diesen Stein nicht mehr. Er ist noch an verschiedenen Portalen in der Altstadt zu entdecken, z. B. am Palais der Familie Corrado in der Via San Matteo (die zwei Engel, die das Familienemblem hochhalten, stammen aus dem 18. Jh.).

Umgebung/Wandern

San Rufo und **San Pietro al Tanagro:** Bei der Weiterreise Richtung Norden berührt die Straße zwei Weiler, zunächst das beschauliche Agrardorf San Rufo. Es liegt erhöht und etwas abgelegen in einem Seitental und eignet sich gut als Ausgangspunkt für Wanderungen in die Alburner Berge (→ S. 84). Einen Steinwurf weiter über-

Vallo di Diano

rascht San Pietro al Tanagro mit einem kleinen, aber gepflegten Zentrum. Zwischen beiden Dörfern erreicht die SS 166 vom Golf von Salerno kommend das Vallo di Diano.

● *Übernachten/Essen & Trinken* **Agriturismo Aquafredda**, Landbauernhof bei San Rufo in idyllischer Lage, ideal für Wanderferien und für Familien mit Kindern. Nur vier Zimmer, einfach und zweckmäßig eingerichtet, zwei Zimmer teilen sich ein Bad. Geschmackvoll eingerichteter Salon, empfehlenswertes Restaurant (Menü ca. 20 €). EZ 22 €, DZ 30–40 €. Via Policeta (vom Ortszentrum ausgeschildert), ☎ 0975/395532, www.agriturismoacquafredda.it.

Monte San Giacomo und **Sassano**: In Gegenrichtung nach Süden erreicht die Straße in einem Seitental die beiden kargen Bergdörfer, gute Ausgangspunkte für Exkursionen ins Cervati-Motola-Gebiet (→ „Wanderung 10"). Monte San Giacomo gefällt durch ein intaktes und ursprünglich gebliebenes Zentrum, Historiker schließen aufgrund des Namens auf einen im Mittelalter zelebrierten Jakobuskult.

Wanderung 10: Monte Cervati – auf dem Dach des Cilento

Charakteristik: Der Weg ist trotz Beschreibung und Karte nicht einfach zu finden. Aus sportivem Blickwinkel handelt es sich um eine leichtere Aufstiegsvariante auf den höchsten Berg des Cilento-Nationalparks (→ S. 225), die allerdings aufgrund des Anstiegs (650 m) und des steilen Terrains ein Mindestmaß an Kondition und gutes Schuhwerk verlangt. Unterwegs ist ein Abstecher zur Karstdoline **Calata dei Vaccari** möglich, die Route ist teilweise markiert. Das letzte steile Teilstück ist identisch mit dem Pilgerweg aus Sanza (Gehzeit hin und zurück: 6–7 Std.; keine Einkehrmöglichkeit).

Wanderung 10
Monte Cervati

Anfahrt: Im Zentrum von *Monte S. Giacomo* (s. o.) setzt sich die SP 72 als *Via Avenida do Brasil* rechts ansteigend fort und erklimmt ein Wildwiesen-Plateau zwischen der Cervati-Kette (1898 m) und dem Stumpfkegel des Monte Motola. Hinter einer Wegweisertafel folgt eine Gabelung, an der es rechts weitergeht. Im Buchenwald auf 1200 m Höhe liegt links eine kleine Parkbucht mit Feuerstelle.

Wegbeschreibung: Schräg gegenüber sind ein Wanderwegweiser und eine rot-weiße Markierung *(AVCA = Alta Via del Cervati e degli Alburni)* zu sehen. Auf gut erkennbarem Weg geht's stramm im Buchen bergauf, an einem Rechtsknick geradeaus (kaum markiert). Oben mündet der Parcours bei einer Hochweide und einem Brunnen (hier die Wasserflasche füllen!) auf einen

Monte Cervati: Hier ruht die Madonna des Schnees

breiten Wirtschaftsweg. Auf diesem weiter bergauf, bis an einer lichten Stelle erstmals wieder der Cervati-Grat ins Blickfeld rückt. Hier führt ein kurzer und höchst erlebnisreicher Abstecher nach rechts in den Wald und trifft auf das zerfaserte Ende einer weitläufigen Doline (Calata dei Vaccari): Farn, Moos und Buchenstämme schaffen eine urwüchsige Landschaft, ein Saumpfad umrundet den Karsttrichter (30 Min.). Wieder zurück, setzen wir den Anstieg auf dem gut erkennbaren Hauptweg fort, der nun in Serpentinen ansteigt, wobei auf Pfaden durch den Wald immer wieder zeitsparend abgekürzt werden kann. Oben trifft die Route auf eine Sommerweide, die sich bereits scharf unterhalb der senkrechten Bruchkante

der Gipfelzone befindet. Wenige Schritte weiter liegt auf der rechten Seite der Rifugio Monte Cervati (1597 m). Hinter dem Nebenhaus kann die Wasserflasche abermals an einem Brunnen gefüllt werden. Vom Brunnen aus das obere Ende der Sommerweide anpeilen und auf Viehpfaden das Schild „Sentiero storico Madonna della Neve" ansteuern. Ab hier ist die Route mit dem aus Sanza kommenden Pilgerweg identisch. Der Weg lässt die Waldzone nach einem Steilanstieg endgültig hinter sich und erreicht schließlich die steinig-karge Hochfläche. Hier in Beibehaltung der Gehrichtung geradeaus laufen, bis eine Schutzhütte und rechts oberhalb das Sanktuarium ins Blickfeld rücken (→ „Monte Cervati", S. 225).

Padula (ca. 5500 Einwohner)

Das Kartäuserkloster unterhalb von Padula ist ein gleißender Superlativ in einer ansonsten auf Understatement bedachten Gegend: Allein die pure Größe des Kreuzgangs ist rekordverdächtig. Um das kultivierte Städtchen herum liegen weitere Attraktionen im Dornröschenschlaf.

Nicht nur die Umgebung ist voller angenehmer Überraschungen, auch die ziemlich weitläufige Altstadt hat es in sich: Sie breitet sich über eine ebenmäßige Hügelkuppe aus, die den Monti della Maddalena vorgelagert ist – ein erhebender Anblick, wenn die Sonne das Häusermeer am frühen Abend zum Glühen bringt. Zwischen Ebene und *borgo* bietet sich der vielleicht schönste Blick auf die Kartause: Von der Plattform mit dem Denkmal für Joe Petrosino – ihm ist in Padula ein Museum gewidmet – erschließen sich dem Betrachter die riesigen Ausmaße der **barocken Klosteranlage** am besten. Neben dem Aussichtsbalkon wartet die Chiesa dell'Annunziata mit dem **Sacrario dei Trecento** (Heiligtum der Dreihundert) auf, das die Reliquien Carlo Pisacanes und seiner 300 Mitstreiter verwahrt. Diese kamen 1857 als Märtyrer des Risorgimentos am Monte Cervati ums Leben (→ „Aus Protest wird Gewalt", S. 190).

Wahrscheinlich wurde der Hügel erstmals von Byzantinern besiedelt und natürlich auch befestigt. In deren Gefolge gelangten basilianische Mönche nach Padula und hinterließen ihre Spuren: Die Höhlenkirche **San Michele alle Grottelle** oberhalb der Altstadt enthält Fresken von berückender Anmut. Etwas weiter abgelegen schlummern auf Wildkräuterwiesen die Megalithmauern der römisch-lukanischen Stadt Cosilinum. Heiligtum und Ruinenfeld lassen sich, man ahnt es schon, nur zu Fuß erreichen. Immer wieder schöne Ausblicke auf Padula und den Nationalpark entschädigen jedoch mehr als genug für die Mühen des Anstiegs. Allzu viel ist von der antiken Stadt allerdings nicht erhalten. Wer mehr über die vorchristliche Zeit im Vallo di Diano erfahren möchte, sollte nicht versäumen, in der Kartause das

Altstadthügel von Padula

archäologische Museum aufzusuchen. Es präsentiert u. a. Grabbeigaben aus Bronze, Eisen oder Terrakotta, die in den insgesamt 1500 (!) lukanischen Nekropolen zwischen Padula und Sala Consilina entdeckt wurden.

Bester Ausgangspunkt für einen Rundgang durch das *centro storico* ist das Dreieck der Piazza Umberto I am Ende der Ortseinfahrt. Diverse volkstümliche Majolika-Kunstwerke in den Gassen vermitteln den Eindruck einer Civitas, die ihr kulturelles Erbe selbstbewusst zur Schau trägt. Sie stammen vom umtriebigen Tausendsassa Giovanni Cancellaro: Der 1969 in Polla geborene Künstler, Kulturförderer und Hotelmanager ist zuvorderst ein professioneller Lokalpatriot und engagiert sich mit vielen guten Ideen für die Belebung des Stadtzentrums. Reste der mittelalterlichen Stadtbefestigung sowie eine Burgruine auf der Hügelspitze stammen aus der Zeit der Anjou (14. Jh.).

Information/Diverses

● *Information* Das Info-Büro **(Pro loco)** befindet sich (ebenso wie das Tourismusbüro der *Comunità Montana Vallo di Diano*) im ersten Vorhof der Kartause. Freundlicher Service, gute Ortspläne, Hilfe bei der Unterkunftssuche. Tägl. außer Di 9–13 und 14.30–17.30 Uhr (So nur vormittags). ✆ 0975/778549, www.comune.padula.sa.it, www.prolocopadula.com.

● *Anfahrt* **Pkw**: stressfreie Fahrt von der Autobahn A 3 (Ausfahrt Buonabitacolo-Padula), bewachter Großparkplatz 200 m unterhalb der Kartause (Pkw 3 €, Wohnmobile 5 €), in der Altstadt kann man auf der Piazza Umberto I parken.

Bus: Bahnbusse von Salerno/Battipaglia (www.trenitalia.it), ansonsten z. B. mit *Lamanna* (von Salerno). Viele Verbindungen von/nach Sala Consilina mit unterschiedlichen Gesellschaften.

● *Ärztliche Versorgung* ✆ 0975/778229 (Guardia Medica).

● *Post* Via Nazionale 247/249, ✆ 0975/74065.

● *Veranstaltungen* **Festa della Madonna di Monte Romito**, am 1. So im Mai wird die Statue der Madonna zur Einsiedelei auf dem Hausberg von Padula gebracht (Retour am letzten So im Aug.).

Vallo di Diano

Patronatsfest, S. Michele Arcangelo, am letzten So im Mai lebt der byzantinische Michaelskult wieder auf. Ein weiteres Fest zu Ehren des Erzengels an der Höhlenkirche S. Michele alle Grottelle, 3. So im Juni.

Padula in Festa per Carlo V., Historienfest in Gedenken an den Besuch Kaiser Karls V. 1535, Anfang Aug.

Fiera del Tomusso, traditioneller Viehmarkt zu Ferragosto, Mitte Aug.

Sagra della Trota, beste Gelegenheit, um in S. Giovanni in Fonte frische Flussforellen zu kosten, Ende Aug./Anfang Sept.

Festa della Patata Rossa di Montagna, Das kulinarisch-volkstümliche Stadtfest fand 2008 zum ersten Mal statt, Mitte Sept.

La gioia del Presepe, stimmungsvoll inszenierte Weihnachtskrippen in der Altstadt, Mitte Dez.–Mitte Jan.

● *Einkaufen* **Certosa di S. Lorenzo**, zu den Besuchszeiten der Kartause öffnen im ersten Hof eine ganze Reihe von Andenkenläden, u. a. Bücher, Postkarten, aber auch alte Musikinstrumente und vieles mehr. Tägl. außer Di 9.30–18.30 Uhr.

L'Antica Bottega, freundlicher Laden mit *prodotti tipici* neben dem Ristorante Do Giulino (→ S. 224), Soppressata, Caciocavallo, Weine, Öle und Liköre. Auch Pizza-Imbiss, die Brötchen fürs Picknick kann man sich belegen lassen, die Inhaberin spricht Deutsch. Tägl. außer Di vormittag. Viale Certosa 61, ✆ 329/3861983.

Übernachten/Camping

Die landwirtschaftlich geprägte Umgebung – neben der Viehzucht in den Bergen werden u. a. Kartoffeln, Bohnen, Wein und Oliven kultiviert – prädestiniert Padula für Agriturismo.

TIPP! ****** Villa Cosilinum**, 2005 neu eröffnetes Altstadtlogis, der Palazzo ist mit viel Esprit eingerichtet, die Brüder Cancellaro sorgen für das Wohl der Gäste, geben Wandertipps und helfen bei der Organisation von Ausflügen. Kultivierter kann man kaum wohnen. Neun DZ in klassisch-zeitlosem Design, viel mittelalterliches Flair. Empfehlenswertes Restaurant (→ S. 243), ganzjährig geöffnet. DZ 70–80 €. Corso Garibaldi 77 (im Zentrum ausgeschildert), ✆ 0975/778615, ✆ 0975/778800, www.villacosilinum.it.

*** Grand Hotel Certosa, moderner Zweckbau gegenüber der Kartause, außen kühles Design, innen freundlich. Schön möblierte Zimmer mit guten Bädern, nach vorn Blick vom Balkon aufs Kloster, eigener Parkplatz, Ristorante La Taverna della Certosa direkt nebenan (Menü 20 €, gute Pizza). Standard-EZ 40 €, DZ ab 64 €. Viale Certosa 41, ✆ 0975/77046, ✆ 0975/77126, www.certosa.it.

B&B Casa Padula, Logis in der Altstadt für Individualisten. Der Palazzo atmet aus jeder Pore die Vergangenheit des Risorgimento, alles ist so eingerichtet, wie es früher aussah (Möbel, Wandbemalung, Küche). Je zwei DZ teilen sich ein Bad, der verwilderte Garten nach hinten öffnet sich zum Kastell. Mai–Okt. DZ 50 €. Piazza S. Clemente (Palazzo Padula), ✆ 0975/77139 (Buchung über Agriturismo Fattoria Alvaneta).

● *Agriturismo* **Il Castagneto**, hübscher Landbauernhof im Grünen, gepflegter Gar-

ten, unter Oliven- und Kastanienbäumen können Zelte aufgestellt werden. Zwei in warmen Tönen gestaltete Zimmer im Haupthaus, Apt. im Gartenhaus. Das Restaurant verwendet fast ausschließlich traditionelle Zutaten der Region (ganzjährig tägl. außer Mo, mittags vorher anrufen). DZ 50 €. Loc. Pantagnone (2 km auf der SP 51 Richtung Montesano, dann auf Schild nach links achten), ✆ 0975/77097, www.agricastagneto.it.

Tre Santi, natürlich belassenes Anwesen zwischen Eichen, Oliven und Nussbäumen, 300 m von der Kartause entfernt, Camper und Wohnmobile sind willkommen. Einfacher Standard, aber gemütliche Zimmer (nicht alle mit eigenem Bad) hübsche Dependance. Kein geregelter Restaurantbetrieb, aber nach Vorbestellung gibt es authentische Landkost. Febr. geschlossen. DZ ca. 45 €. Via San Biagio (von der Kartause ausgeschildert), ✆/✆ 0975/778435, www.agriturismotresanti.it.

TIPP! **Fattoria Alvaneta**, abgelegener Pferdehof (auch eigener Wein, Hühner und Schweine), die Wanderwege in die Monti della Maddalena starten direkt am Haus, toller Blick über das Vallo di Diano. Fünf einfache, aber behagliche Zimmer, das Restaurant besticht für seine Landküche auf hohem Niveau (in der NS besser reservieren). Jan.–März geschlossen. DZ 45–50 €. Contr. Alvaneta (Anfahrt wie Il Castagneto, aber 2 km weiter den Fahrweg hoch), ✆/✆ 0975/77139, www.fattoriaalvaneta.it.

Padula: Keramik-Kunstwerk in der der Altstadt

Essen & Trinken

Auf den Speisekarten findet sich u. a. das Grillgericht *Cipolloni alla Padulese* – frittierte rote Kartoffeln *(patata rossa)* mit Zwiebeln und würziger Wust. Mit Kichererbsen gefüllte Teigtaschen sind ebenfalls beliebt *(Panzarotti di Ceci alla Padulese)*. Diese gibt es auch als *dolce* mit kandierter Zitrone und geriebener Schokolade.

Im Vallo di Diano kennt man eine **Erntedankspezialität** namens *Cuccia*. Das traditionelle Rezept stammt aus der Antike (griech. *kókkos*): In Wasser eingeweichtes Weizenmehl wird zusammen mit Gemüse gekocht, das traditionell zuvor bei den Bauern gesammelt wird. Anschließend wird das schmackhafte Produkt gerecht geteilt. In Padula wird die Speise zu Santa Lucia zubereitet (13. Dez.), in anderen Städten zum 1. Mai.

Taverna Il Lupo, seit Jahren bietet das Restaurant traditionelle Küche in der Altstadt, berühmt ist z. B. die Pasta mit Bohnen *(lagane e fagioli)*. Rustikales Interieur, gehobene Preise, längst kein Geheimtipp mehr, viele Gastroführer listen das Restaurant als Tipp. Abends auch Pizza. Okt.–März sowie Juli geschlossen. Largo Municipio 8 (kurz unterhalb des Klosters S. Agostino bzw. Municipio), ☎ 0975/778376, www.tavernaillupo.it.

La Locanda di Ercole, Altstadttempel mit Stil und Niveau, man sitzt herrlich im gepflegten Gewölbe (gehört zum Hotel Villa Cosilinum). Spezialitäten sind Kartoffel- und Pilzgerichte, Wildschweinbraten und hausgemachte Fusilli (gehobenes Preisniveau). Corso Garibaldi 77 (im Zentrum ausgeschildert), ☎ 0975/778615, www.villacosilinum.it.

TIPP! **Lo Scrigno**, eigentlich eher eine Verkaufstheke der lokaltypischen *prodotti tipici*, mit kleinem Bistro, das sich auf die traditionelle *cucina padulese* spezialisiert hat, kompromisslose authentische Küche, herzliche Atmosphäre. Menü ca. 15 €. Außer im Sommer Mo Ruhetag. Via Vascella 49 (200 m von der Kartause entfernt, nicht ausgeschildert), ☎ 340/2968338.

Vallo di Diano

Do Giulino, volkstümliche Trattoria schräg gegenüber dem Eingang zur Kartause, auf die ländliche *cucina della montagna* spezialisiert. Innen schlicht, auf der Veranda zünftige Holztische. Kleine Preise. Fr und im Dez. geschlossen, mittags in der NS nur nach Anmeldung. Viale Certosa 17, ☎ 0975/77335.

Azienda Agrituristica La Fonte, Ausflugsrestaurant neben dem Baptisterium (→ S. 248). Das Gutshaus gehörte früher zum Kloster, ebenso die Forellenteiche. Demzufolge ist die ganz hervorragende Küche auf Fischgerichte spezialisiert, es gibt aber auch gegrilltes Fleisch, Gemüse (Kichererbsen, Bohnen) und selbst gebackenen Kuchen. Auch Verkauf eigener Produkte und Zimmervermietung (DZ 45–60 €). Menü 20–25 €. Außer an Wochenenden mit Ausflugsverkehr nur nach Voranmeldung. Contr. S. Giovanni in Fonti, ☎ 0975/74113, www.agriturismofonte.com.

Kartause von Padula   (Certosa di San Lorenzo)

Wer eine stille Einsiedelei in unberührter Natur erwartet, sieht sich getäuscht: Der staunende Besucher steht vor einer gewaltigen Barockanlage, die einer fürstlichen Residenz bei Weitem mehr ähnelt als einem Kloster. Der kolossale Klostertempel liegt in einer flachen Ebene vor dem Hintergrund des malerischen Altstadthügels. Der Kartause vorgelagert ist ein weiträumiger Eingangsbereich: Um den äußeren, schlichten **Hof** gruppieren sich die ehemaligen Wirtschaftsgebäude mit Stallungen, Kornspeicher, Backstube, Ölpresse und einem Pilgerhospiz. Am Übergang zur eigentlichen Kartause zieht die zweigeschossige Barockfassade – einladend und abweisend zugleich – die Blicke auf sich. In den Nischen stehen Heiligenfiguren, am Giebel gibt die eingemeißelte Jahreszahl 1723 Aufschluss über die Vollendung dieses Teils der Anlage. Im anschließenden Kloster gelangt man zur Rechten in die einschiffige **Kirche:** Die Eingangstür aus importiertem Zedernholz stammt aus dem 14. Jh., im Chor verdienen die fein gearbeiteten Holzintarsien des Gestühls sowie der Majolikaboden (18. Jh.) Beachtung. Ansonsten tragen vor allem das reich verzierte Kreuzrippengewölbe und der große Hauptaltar mit Putten, Büsten und Alabasterfriesen zur erschlagenden Fülle bei. Die Wände der Seitenkapellen sind teils mit Fresken versehen. Hinter der Kirche folgt der Hauswirtschaftstrakt mit Küche, Gemüsegarten, Vorratskammer und Speisesaal. Im Küchengewölbe beeindruckt der Ofen mit Rauchabzug, während das Ölgemälde an der Rückwand darauf verweisen könnte, dass dieser Raum einst der Kapitelsaal war. Vom Eingang aus zur Rechten befinden sich die ehemalige Fürstenunterkunft sowie der Wohnbereich der Prioren, in dem heute das **archäologische Museum** seine provisorische Bleibe gefunden hat (→ S. 240). Der zentrale Bereich der Kartause öffnet sich schließlich zum **Kreuzgang** aus dem 17./18. Jh., der mit einer Fläche von 149 x 104 m einen wahren Superlativ darstellt und zu den Größten weltweit zählt: 200 Jahre lang wurde an ihm gebaut, 84 Steinpfeiler, aus lokaler *Pietra di Padula* gefertigt, stützen den Wandelgang ab, auf die Freifläche passen angeblich 60.000 Personen. Bei allem Größenwahn weiß spätestens hier die klare und harmonische Gestaltung der Anlage ästhetisch zu bezaubern.

Geschichte: Obwohl Barock und Rokoko überwiegen, zeigt der uneinheitliche Stil des Klosters, dass hier über die Epochen hinweg gearbeitet wurde. Als offizielles Gründungsdatum des Kartäuserklosters wird in einer Urkunde der 28. Januar 1306 benannt. Allerdings entstand hier kein Neubau auf der grünen Wiese, sondern ein bereits bestehendes Benediktinerkloster wurde schlicht zur heutigen Kolossalanlage erweitert. Initiator und Mäzen war der Adelige Tommaso Sanseverino, der auch das benachbarte Franziskanerkloster sowie zahlreiche weitere Kirchen und Klöster im Cilento erbauen ließ (→ „Glücksritter, Stifter und Verschwörer", S. 158).

Kartause des Hl. Lorenz: Kreuzgang

Ein Höhepunkt war der kaiserliche Besuch im Jahr 1535, als Karl V. auf der Durch-reise in Padula logierte. Angeblich bereiteten ihm die Mönche in der Klosterküche ein Omelett aus 1000 Eiern zu. Bis 1806 dauerte die monastische Herrlichkeit, dann ging im Zuge der napoleonischen Konfiskationspolitik die Kartause von Pa-dula in Staatsbesitz über. Die Franzosen entkernten das Kloster und brachten wert-volles Interieur nach Paris, wo es noch heute im Louvre aufbewahrt wird. Die jün-gere Geschichte kennt weitere unrühmliche Kapitel: 1860 schmiedeten Garibal-disten im Kloster Kriegspläne für den Neapelfeldzug, nach der nationalen Einigung Italiens verfiel die Anlage zusehends. Im Zweiten Weltkrieg diente die Kartause als Konzentrationslager.

Archäologisches Museum: Das Museo Archeologico della Lucania Occidentale ist integraler Bestandteil des Klosterrundganges und kann optional und ohne weitere Eintrittskarte besichtigt werden. Es präsentiert die Antikenfunde aus dem Vallo di Diano, wobei – wie immer – die besten Stücke in der Regel nach Salerno und nach Neapel wandern. Nichtsdestotrotz ist das Museum sehr sehenswert; Schwerpunkt ist der Grabschmuck aus den lukanischen Totenkammern, die in der Umgebung von Padula und Sala Consilina entdeckt wurden. Auf die umfangreichste Nekropole aus vorgriechischer Zeit stießen 1872 Straßenarbeiter in Sala Consilina, die ältesten Funde wurden auf das 10.–8. Jh. v. Chr. datiert.

Öffnungszeiten Tägl. außer Di 9–19 Uhr. Eintritt 4 €. ✆ 0975/77745 (Kloster), ✆ 0975/77117 (Museum).

Sehenswertes in der Altstadt

Chiesa Madre di San Michele und **Chiesa di San Nicola de Donnis:** Die barocke Pfarrkirche Chiesa Madre di San Michele mit der mächtigen Kuppel ist dem Schutzheiligen der Stadt geweiht, in archetypischer Pose ziert der Erzengel den

Vallo di Diano

Hochaltar. Im Hauptschiff fällt die von Emigranten Mitte des 20. Jh. gestiftete Marmorkanzel auf, bemerkenswert sind ferner Taufbecken und Chorgestühl. Im rechten Seitenschiff sind bemalte Holzskulpturen aus der Renaissance mit unverkennbar basilianischen Merkmalen zu finden, u. a. die anmutige Milchspenderin (Madonna di Latte).

Die Skulpturen standen ursprünglich nur wenige Schritte entfernt in der **Chiesa San Nicola de Donnis:** Dieser älteste Sakralbau der Stadt enthält einige wertvolle Fresken und zählt zu den herausragenden Beispielen griechisch-byzantinischer Baukunst im Cilento. Die Bedeutung des kuriosen Beinamens „de Donnis" ist bis heute ungeklärt.

Casa di Petrosino: Schilder geleiten die Besucher bis an den südlichen Rand des *centro storico,* wo ein Museum an den berühmtesten Sohn der Stadt erinnert. Der Emigrant und passionierte Bekämpfer des organisierten Verbrechens Giuseppe (Joe) Petrosino starb am 12. März 1909 in Palermo im Kugelhagel der Mafia. Seine Nachfahren führen die Gäste durch das Geburtshaus und erzählen wort- und gestenreich aus seinem bewegten Leben.

Öffnungszeiten Tägl. 10–13 und 15–18, im Aug. durchgehend bis 19.30 Uhr. Eintritt 2 €. Via G. Petrosino 6, ☎ 348/3325096, www.joepetrosino.org.

Mafiajäger Giuseppe „Joe" Petrosino

Einen Unterschied zu James Bond gibt es: Der Brite soll adeliger Herkunft sein, das war der kleine Giuseppe mit Sicherheit nicht. Der Schneidersohn wuchs in einfachen Verhältnissen auf und emigrierte 13-jährig mit seinem Vater in die USA. Dort ging er in den Polizeidienst und ließ alsbald vielversprechende Anlagen als Detektiv erkennen. In der Folge entwickelte er eine geradezu besessene Leidenschaft für die Verbrecherjagd. Er war es schließlich auch, der mit der „Schwarzen Hand" das erste moderne Syndikat mit mafiosen Strukturen aufdeckte. Hinfort weihte er sein Leben dem Kampf gegen das organisierte Verbrechen, wobei er sich ein ums andere Mal als trickreich und gewandt erwies. Mit Sicherheit hätte Agent 007 seine helle Freude an ihm gehabt.

Als ihn seine beruflichen Pfade nach Palermo führten, schlug die Mafia zurück: Petrosino wurde auf offener Straße und unter Begleitumständen erschossen, die im Süden Italiens stets die Legendenbildung begünstigen. Die Menschen hüben wie drüben nahmen Anteil an seinem tragischen Ende, sodass er sogar zweimal beerdigt wurde: einmal in Palermo und ein weiteres Mal vier Wochen später in New York. Mehrfach wurde sein Leben verfilmt, auch die Biografie verkauft sich gut. Einige seiner Nachkommen sind inzwischen seinem Beispiel gefolgt und arbeiten als Polizisten in Amerika.

Umgebung/Wandern

Nur einen Steinwurf von der Kartause entfernt liegt an der Straße nach Montesano das Kloster der franziskanischen Observanten, das wie die Barockanlage auf eine Stiftungsinitiative von Tommaso Sanseverino aus dem Jahr 1380 zurückgeht (Convento di San Francesco). Vom Vorplatz mit der alten Linde gelangt man in die reich dekorierte Kirche mit Fresken aus dem 15. und 18. Jh. und in den Kreuzgang (tägl. 18–20 Uhr).

Sakrosankt: der Mafia-Jäger Joe Petrosino

Kurz bevor besagte Straße nach Süden (SP 51) in einer Rechtskehre ein Seitental quert, zweigt nach links ein Asphaltweg ins Mühlental ab. Dieser folgt exakt dem Verlauf der antiken Verbindungsstraße zum titanischen Mauerwall, der einst die römisch-lukanische Stadt Cosilinum schützte (→ S. 240). Die ehrwürdige Brücke (Ponte Lucano), die Reste eines Aquädukts und eine Wassermühle stammen noch aus vorchristlicher Zeit. Der **Wanderweg** auf den antiken Siedlungshügel beginnt am Friedhof und streift unterwegs die Grottenkirche des Erzengels Michael (→ S. 240). Ein weiterer Fußweg steuert die Einsiedelei auf dem 1382 m hohen Monte Romito an, Start ist das Landgut Fattoria Alvaneta (→ „Übernachten", S. 242). Tiefer in die Monti della Maddalena führt der Sentiero Frassati hinein, der Padula mit Sala Consilina verbindet.

● *Sentieri Frassati* Die Idee zu diesem Label stammt vom italienischen Alpenverein: Der jung verstorbene und seliggesprochene Pier Giorgio Frassati (1901–1925) war CAI-Mitglied, an ihn erinnern heute mehrere Wanderwege. Vom Baptisterium bei Padula gelangt man in 5–6 Std. in die Nachbarstadt Sala Consilina, unterwegs einige schöne Aussichtspunkte und lokale Pilgerziele. Gewöhnlich wird der Weg in umgekehrter Richtung gelaufen (→ „Sala Consilina"). Infos und Wegbeschreibung: www.sentierifrassati.org.

● *Geführte Exkursionen* Ausflüge für 4 Pers. mit dem **Allrad-Jeep** zum Monte Cervati und in die Monti della Maddalena organisiert Alberto Torresi. Er ist Mitglied in der Offroad-Vereinigung F.I.F. *(Federazione Italiana Fuoristrada)* und achtet streng auf die Einhaltung von Umweltauflagen. ✆ 340/5183277, www.escursioni4x4.it.

G.E.T. Vallo di Diano: Giancarlo Priante wohnt in der Nähe von Padula und ist eine Institution im Cilento, kaum einer kennt sich mit den Wegen im Cilento-Hinterland so gut aus, viele hat er selbst angelegt und markiert. Er organisiert komplette Wanderwochen im Cilento, dazu Einzelexkursionen (z. B. Klettern, Canyoning). ✆ 0975/72586, www.getvallodidiano.it.

Vallo di Diano

Eremo di San Michele alle Grotelle: Vermutlich ersetzte das Michaels-Heiligtum in hinreißender Felslandschaft oberhalb von Padula eine antike Attis-Kultstätte, die zur Stadt Cosilinum gehörte. Die Fresken in den beiden Grottenkirchen *(chiese rupestri)* stammen aus dem 14./15. Jh., stilistisch ist der Einfluss der römischen Ostkirche erkennbar. Im Juni ist das ansonsten verschlossene Heiligtum Ziel einer Prozession, einen Schlüssel hat das Altstadthotel Villa Cosilinum. Oberhalb der Kirche ruhen erhaben die römisch-lukanischen Stadtmauern sowie die Fundamente einiger Signaltürme, von denen der Blick bis zum Monte Bulgheria (→ S. 171) an der südlichen Cilento-Küste fällt.

● *Wegbeschreibung* 500 m hinter dem Ortsschild zweigt von der SP 51 nach Montesano die Zufahrt zum Friedhof ab *(cimitero).* Unterhalb des Parkplatzes der Schotterpiste folgen (Schild „S. Michele") und an der nächsten Abzweigung die *strada privata* nach links einschlagen. Diese führt in 45 Min. zum Heiligtum, davor ein idyllischer Picknickplatz unter Feigenbäumen. Der weitere Weg hügelan zu den zyklopischen Mauerresten der antiken Stadt ist von der Felsenkirche klar erkennbar (weitere 30 Min. Gehzeit).

Battistero di San Giovanni in Fonte: Das frühchristliche Taufheiligtum liegt einen Kilometer nördlich von Padula am Übergang der Ebene zu den Monti della Maddalena (im Teilort San Giovanni in Fonte an der SS 19 nach Sala Consilina auf Schild achten). Das bemerkenswerte Gebäude wurde im 5./6. Jh. über einer Quelle gebaut, der man eine heilende Wirkung nachsagte. Das Wasser sammelte sich in einem Steinbassin, der Legende zufolge hob sich während der Taufzeremonie – Menetekel göttlich-magischen Wirkens – regelmäßig der Pegel. Bauliche Veränderungen im 18. Jh. trüben keinesfalls die stilistische Klarheit der einzigartigen Anlage.

Abstecher nach Montesano sulla Marcellana: Immerhin 10 km sind es auf der SP 51 nach Montesano an der südöstlichen Peripherie des Vallo di Diano. Ehemals berühmt für die Heilkraft des Wassers, haben das Thermalbad und das zugehörige Grand Hotel einst bessere Zeiten gesehen (Indikationen sind Krankheiten der Atemwege sowie Beschwerden von Magen, Darm, Leber und Galle). Berühmt ist der Ort aber nach wie vor, was nicht zuletzt am guten Tafelwasser liegt: Wer als Gastgeber im Cilento etwas auf sich hält, kredenzt seinen Gästen **Santo Stefano** (Info: www.sorgentisantostefano.it). Auf 926 m Höhe sorgt im Zentrum des Bergdorfes die neugotische **Chiesa di Sant'Anna** mit den beiden Türmen für einen eigenartigen Stilbruch. Die Aussicht von oben auf das Vallo di Diano und den Cilento-Nationalpark lohnt den Abstecher.

Sala Consilina　　　(ca. 12.800 Einwohner)

Verkehrszentrum, Einkaufsstadt und touristisches Stiefkind: Die meisten Besucher machen einen Bogen um die größte Stadt im Vallo di Diano. Hat man sich allerdings durch die zersiedelte Umgebung und die ästhetisch anspruchslose Neustadt bis ins *centro storico* hochgearbeitet, lässt sich am Steilhang der Monti della Maddalena einiges entdecken. Der komplexe *borgo* besteht aus mehreren Zentren ursprünglich einmal eigenständiger Weiler. Ausgangspunkt für den Rundgang ist die **Piazza Umberto I** mit dem Löwenbrunnen über den 19. Jh. über der verkehrsreichen Ortsdurchfahrt (Fontana dei tre Canali). Am südlichen Altstadtrand soll 2009 eine kleine Antikenschau ins ehemalige Kapuzinerkloster einziehen (Antiquarium). Hoch über Sala Consilina liegt auf einem steilen Hügel, der aufgrund der Vegetation fast toskanisch wirkt, ein mittelalterliches **Kastell.** Der Normanne Robert

In der Altstadt von Sala Consilina gibt es viel zu entdecken

Guiskard errichtete es 1076 nach der Übernahme des Fürstentums Salerno, um von hier die Verkehrswege im Vallo di Diano zu kontrollieren. Zwei Fußwege führen von der Altstadt hinauf.

● *Essen & Trinken* **Il Conte Ugovino**, Osteria und Enoteca, eine kleine Perle für Kenner und Genießer (Wein und Käse sowie lokale Gerichte), man sitzt zwischen Weinregalen an rustikalen Holztischen. Mi–So ab 19 Uhr. Via Pozzillo (unterhalb der Ortsdurchfahrt nahe der modernen Chiesa S. Anna), ℡ 0975/521331.

Gelateria Da Baffo, bestes Eis in der Stadt, auch Kaffeebar, an der Ortsdurchfahrt schräg gegenüber dem Rathaus. Via Mezzacapo 189, ℡ 0975/21666.

● *Einkaufen* **Enoteca La Bottegaia**, Weinkenner kommen hier auf ihre Kosten, die besten Tropfen stehen im Nebenraum, über sie weiß der Inhaber viel zu erzählen. Auch Grappa, Schokolade und diverse *prodotti tipici*. Via Matteotti 7 (Ortsdurchfahrt), ℡ 0975/521375.

Carmine Greco, in der Nähe der Piazza Umberto I hat einer der renommiertesten Künstler im Cilento und Vallo di Diano im Hinterhof sein Verkaufsatelier. Der 1953 in Sala Consilina geborene Bildhauer und Ke-ramiker erhielt zahlreiche internationale Auszeichnungen. Via Garibaldi 10, ℡ 0975/526788, www.carminegreco.com.

● *Wandern* Der **Rundweg zum Kastell** beginnt an der Piazza Umberto I. Von dort den Corso V. Emanuele nach Norden einschlagen, dann rechts in die Via Cavour, vorbei an der Chiesa S. Stefano. Kurz vor der Cappella S. Giuseppe den schmalen Treppenweg hoch (Via S. Nazario), der sich zwischen Häusern hindurch windet und auf einer Pflastergasse endet. Am auffälligen knallroten Wohnhaus biegt der Vico F. Campanelli ab und verlässt die Altstadt als Schotterweg. In Serpentinen geht's unter Zypressen bergan, der Weg umrundet den Burghügel und endet neben den Ruinen auf der Aussichtsplattform. Kurz vor dem Tor zweigt der Wanderweg nach Padula ab (→ S. 240). Für den Rückweg hinter dem Burgtor zweimal hintereinander rechts gehen: Der Steilabstieg führt zwischen verlassenen Ruinen hindurch und mündet auf die Piazza Umberto I (Gehzeit 1:30 Std.).

Vallo di Diano

Atena Lucana   (ca. 2300 Einwohner)

Die älteste Siedlung im Vallo di Diano. Trotz des sehenswerten Museums profitiert das dörflich wirkende Zentrum auf dem Hügel bislang kaum von den Verkehrsströmen der nahen Autobahn.

Die günstig gelegene Ausfahrt führt zu dem Kuriosum, dass die Ortschaft über riesige Zimmerkapazitäten verfügt. Man reibt sich die Augen angesichts der Luxustempel im Vier-Sterne-Bereich, die mit verspieltem Zuckerbäckerstil und sündhaft aufwendiger Illuminierung einen Hauch von Las Vegas verbreiten. Ganz anders der karge Ortskern mit der schwer zugänglichen Sanseverino-Burg, die im Sommer ihre Tore für Veranstaltungen öffnet. Das Altstadt-Entree bildet der Doppelplatz Largo Garibaldi und Largo Vittorio Emanuele, auf dem eine Infotafel mit Stadtplan der Orientierung dient. Hier verdient vor dem Palazzo Spagna die römische Grabstele Beachtung, darüber das städtische Hirschemblem mit lateinischer Inschrift: *Acteon ego sum* („Ich bin Acteon"). Das Wappen spielt auf den christlich gefärbten Gründungsmythos an: Ein junger Jäger aus Atena Lucana traf in den Wäldern zufällig auf die Göttin Diana und wurde Zeuge, als sie nackt ein Bad im Fluss nahm. Davon überhaupt nicht angetan, verwandelte ihn die Göttin der Jagd in einen Hirsch.

Im Zentrum überrascht das neu gestaltete **archäologische Museum** mit sehenswerten Fundobjekten aus griechischer, lukanischer und römischer Zeit. Ein Epitaph aus dem 3./2. Jh. v. Chr. ist von großer wissenschaftlicher Bedeutung. Die oskischen Schriftzeichen beschreiben die Konflikte, die sich aus dem gewachsenen Einfluss der Griechenkolonien im Hinterland ergaben. Im zweiten Stock befindet sich das wertvollste Stück der Sammlung: Ein lukanischer Kriegerhelm aus Bronze aus dem 5. Jh. v. Chr., dessen hochwertige Ausführung die Bedeutung der antiken Siedlung unterstreicht. Das Museumspersonal führt die Besucher durch die Räume und geizt dabei nicht mit Erklärungen.

Öffnungszeiten Mo–Fr 17–20, Sa/So zusätzlich 10–12.30 Uhr. Eintritt frei. Via S. Maria (Nähe Piazza Garibaldi), ☎ 0975/76001.

Bemerkenswert ist ferner die rätselhafte, 3 km lange **Megalithmauer,** die im 7./6. Jh. v. Chr. die antike Stadt Atina weiträumig umgab. Der polygonale Ring aus ungefügten Kalkbrocken war ursprünglich 4 m hoch und 3 m breit. Im Ortsteil Serrone zwischen Altstadt und Ebene sind nahe der Osteria Torre dei Sapori (→ „Essen & Trinken", S. 251) noch einige Reste des titanischen Bauwerkes zu sehen (Mura Ciclopiche).

● *Anfahrt* **Pkw**: Mit eigener Autobahnausfahrt schnell erreichbar, eine Stichstraße führt von Atena Scalo (Kreisverkehr) auf den Hügel (SS 95). 2 km östlich von Atena Lucana beginnt die Nachbarregion Basilikata. **Bus**: Bahnbusse von Salerno/Battipaglia (www.trenitalia.it), mit *Curcio/Ruocco* zu den anderen Orten im Vallo di Diano.

● *Übernachten/Essen & Trinken* ****** Villa Venus**, modernes Großhotel in Atena Scalo, freundlich, exzellent geführt und stilvoll eingerichtet. Zimmer mit internationalem Standard, solides Restaurant. Ideal, wenn man die schnelle Autobahnanbindung zu schätzen weiß. DZ ca. 75 €. Via Mascero 5 (an der SS 19 südlich vom Kreisverkehr auf Schild achten), ☎ 0975/71128, ✆ 0975/779213, www.hotelvillavenus.it.

**** Villa Torre Antica, Altstadtpalais aus dem 18. Jh. mit viel Flair, vorbildlich saniert, alles vom Feinsten. 14 Komfortzimmer im Stil klassischer Eleganz, gutes Restaurant mit romantischer Weinstube. Via Indipendenza 32 (oben ausgeschildert). EZ 50 €, DZ 70 €, ☎ 0975/779016, ✆ 0975/779017, www. hoteltorreantica.com.

Locanda degli Apolidi, bei Italienern beliebter kulinarischer Tempel in Atena Scalo, netter Innenraum, die Karte bietet einen Querschnitt der lokalen Pasta- und Antipastigerichte, dazu gegrilltes Fleisch, abends auch Pizza. Via Fuorchi 20 (vom Kreisverkehr 1 km Richtung Polla, ✆ 0975/71250, www.locandadegliapolidi.com.

TIPP! **Torre dei Sapori**, kleines Landhaus im Grünen zwischen *borgo* und Scalo (nahe den Resten der Megalithmauer), freundlich, familiär, Fernseher läuft. Der Padrone begrüßt die Gäste mit Handschlag, aufgetischt werden regionale Produkte: Fisch und Fleisch, die Pasta ist handgemacht, abends auch Pizza. Menü ca. 15 €, Pizza ab 4 €. Mi Ruhetag. Via Serrone (auf der SS 95 hügelan auf Schild nach rechts achten), ✆ 0975/511187.

Polla (ca. 5300 Einwohner)

Kleinstadt in strategisch günstiger Lage am Nadelöhr zwischen dem Hochtal und der unteren Tanagro-Schlucht, 6 km von der Grotta dell'Angelo (→ S. 253) entfernt. Alle Wege führen nach Polla – bzw. an der Stadt vorbei. Einige Motels im Drei-Sterne-Bereich an der Einfallsschneise eignen sich aufgrund der Nähe zur Autobahn für ein Notquartier, ansonsten gibt es hier nicht allzu viel zu tun. Von seiner Schokoladenseite präsentiert sich der Altstadthügel, wenn sich am frühen Vormittag die Häuser und Türme im Fluss spiegeln. Am südlichen Ortsende sorgt der **Convento di Sant'Antonio** aus dem 15. Jh. für einen Paukenschlag: Von Teggiano kommend ist die großzügige Anlage ein Blickfang, der Kreuzgang und der Narthex zur Kirche sind mit Fresken bemalt. Zum Zeitpunkt der letzten Recherche waren die Restaurierungsarbeiten in der Kirche noch in vollem Gang, aber auch bei verschlossener Tür ist der Blick vom Vorplatz auf das Vallo di Diano erhebend.

● *Essen & Trinken* **Al Cinghiale**, der Name ist Programm: Hier wird köstliches Wildschwein serviert, es gibt aber auch gegrilltes Lamm, Ravioli, Gemüse der Saison und abends Pizza. Ganzjährig mittags und abends, Di Ruhetag. Via Massicelle (Ortsausgang Richtung Petina), ✆ 0975/390425, www.ristorantealcinghiale.com.

Der Altstadthügel von Polla

Vallo di Diano

Auletta: Die alten Männer versammeln sich am Abend auf der Piazza

Pertosa

(ca. 700 Einwohner)

Hauptattraktion im nördlichen Zipfel des Vallo di Diano ist die Grotta dell'Angelo. Die Tropfsteinhöhle lockt zur Hauptreisezeit täglich Hunderte von Tagestouristen an. Sind diese gegen Abend wieder abgereist, lässt sich die naturschöne Umgebung unbeschwert genießen.

Liegt das Vallo di Diano im Durchschnitt 500 m hoch, so befindet man sich in Pertosa plötzlich nur noch 250–300 m über dem Meeresspiegel. Der Grund liegt in der Topografie: Reißend bahnt sich der Fiume Tanagro auf dem Weg in die Sele-Ebene seine Bahn und überwindet kaskadenreich die Treppenstufe. Gleichzeitig rücken die Bergketten zusammen und schaffen ein wildes und üppig grünes Landschaftsgefüge, das wenig Raum für Zivilisation lässt. Fast schwerelos scheint die Autobahn von Salerno nach Reggio di Calabria über dieser Landschaft zu schweben und bewältigt mit Hilfe von Tunneln und Viadukten den Höhenunterschied am Osthang der Monti Alburni (→ S. 84). Das Idyll im beengten Talgrund wäre perfekt, wäre da nicht das Wasserkraftwerk am Tanagro nebst abführender Leitungsschneisen, die sich in die Sichtachsen drängen. Einen Kilometer unterhalb der Tropfsteinhöhle und touristischen Hauptattraktion befindet sich zwischen Straße (SS 19) und Fluss eine handtuchbreite Naturoase mit Picknickplätzen am idyllisch plätschernden Wasser, in der man sich ein wenig die Füße vertreten kann (Parco degli Orti).

Die beiden Ortschaften Pertosa und Auletta haben vor dem notorischen Platzmangel kapituliert und sich auf die Höhen zurückgezogen, wohin sich nur selten Fremde verirren. Möglicherweise ändert sich dies in naher Zukunft, denn zum Zeitpunkt der letzten Recherche standen zwei **Science Center** der *Fondazione*

Mida kurz vor der Eröffnung: ein Museum zur Flora und Fauna des Nationalparks in der Nähe der Grotte (an der SS 19) und ein geologisches Museum im Zentrum von Pertosa. Darüber hinaus stellt die Stiftung im Ortszentrum von Auletta gegenwärtig einige erdbebengeschädigte Häuser wieder her, die nach Abschluss der Arbeiten als Museumsdorf mit Handwerksvorführungen Besucher anlocken sollen (Infos: ℘ 0975/397037, www.fondazionemida.it).

Grotta dell'Angelo   (Grotte di Pertosa)

Eine Welt der Wunder unter Tage erwartet die Besucher in dem weit verzweigten Höhlensystem zwischen Monti Alburni und Vallo di Diano: Tropfsteine, antike Kultstätten, Wasserfälle und bizarre Kavernen. Das Besondere an der Grotte ist der unterirdische Fluss (Fiume Negro), der die Besucher während des Rundgangs ein Stück begleitet und oberhalb des Parkplatzes aus dem Karst ins Freie tritt. In der hohen Eingangsgrotte (Sala delle Meraviglie) mit dem Tabernakel des Erzengels Michael steigen die Gruppen auf flache Kähne, die der Guide mit einem Drahtseil stromaufwärts ins Innere des Berges bis zum Beginn des Fußsteigs zieht. Der Vergleich mit dem sagenhaften Styx, dem Strom der Unterwelt, liegt auf der Hand – zumal im mythenverliebten Süden. Und spätestens hier klärt sich auch der exzessive Bezug auf Dantes *Göttliche Komödie (Divina Commedia):* Der Besuch der Engelshöhle wird zum Seelentrip.

Geschichte: Funde in den Kavernen belegen, dass die Höhle seit der Steinzeit den Menschen als Katakombe und religiöse Kultstätte diente. Auch Griechen und Römer unterhielten einen heidnischen Altar, womöglich aber *vor* dem Eingang zur Höhle und nicht innerhalb derselben. Das änderte sich in christlichen Zeiten, als die Gläubigen die Grotte als Pilgerdestination neu entdeckten. Vom populären Michaelskult leitet sich der bis heute gebräuchliche Name der Tropfsteinhöhle ab. Der römische Gelehrte Plinius der Ältere erwähnte sie, danach schweigen die historischen Zeugnisse für die nächsten rund 1500 Jahre. Mitte des 16. Jh. taucht die Grotte von Pertosa in der epochalen *Descrittione di tutta Italia* (Beschreibung Italiens) des Historikers, Naturforschers und Dominikaners Leandro Alberti auf. Die Geschichte der modernen Höhlenforschung beginnt Ende des 19. Jh., als sich unabhängig voneinander zwei Expeditionen ins Innere des Berges wagten. Bis heute haben Speläologen einen 2560 m langen Abschnitt erforscht, die Hälfte der vermuteten 5 km Gesamtlänge (die zahlreichen krakenförmigen Seitenarme nicht mitgerechnet). Ein zweiter Ausgang befindet sich vermutlich in der Nähe von Polla. Seit 1932 steht der vordere Teil der Engelshöhle für Besucher offen.

Höhepunkte sind der unterirdische Wasserfall (Cascata) und die 24 m hohe und bis zu 33 m breite „Große Halle" (Gran Salone) mit ihren Stalagmiten und Stalaktiten. Letzte Station des

> **Tipps zum Grottenbesuch**: Es empfiehlt sich, 15 Min. vor Führungsbeginn an der Kasse zu sein, um genug Zeit für den Weg zum Grotteneingang zu haben. Einige der qualifizierten Führer sprechen die deutsche Sprache und übersetzen auf Nachfrage (am besten schon beim Ticketkauf danach fragen). Lange Hosen und eine Jacke sollten beim Tagesausflug hierher im Gepäck sein, denn die Temperatur in den Höhlen beträgt gleichmäßige und kühle 16 °C.

Vallo di Diano

Rundgangs ist der „Schwammsaal" (Sala delle Spugne), der seinen Namen von den zahlreichen schwammartigen Ausbuchtungen (Konkretionen) hat, die das aus dem Fels tretende Wasser geschaffen hat. Mit 70.000 Besuchern im Jahr gehört die Höhle zweifellos zu den Hauptattraktionen im Cilento-Nationalpark. Rund um den Eingang hat sich eine – für cilentanische Verhältnisse – erhebliche Infrastruktur etabliert: Picknickplätze, Bars, Souvenirläden und Restaurants, die ein preiswertes *menu turistico* anbieten.

Öffnungszeiten Nov.–Feb. tägl. 10–16, März–Okt. tägl. 9–19 Uhr. Jeweils zur vollen Std. beginnen Führungen, Dauer des Rundgangs 1–2 Std. Die Kasse ist gleichzeitig Info-Büro (Verkauf von Büchern und Broschüren). Eintritt je nach Führungsdauer 10–16 €. ☎ 0975/397037, www.grottedellangelo.sa.it.

● *Anfahrt* **Pkw**: Von der Autobahn A 3 Ausfahrt Petina oder Polla nehmen, die Höhle von Pertosa liegt an der SS 19 von Polla in die Sele-Ebene und ist ausgeschildert, gebührenpflichtige Parkplätze (Pkw 3 €, Wohnmobil 5 €). **Bus**: Mit den Bahnbussen (www.trenitalia.it) oder mit *SITA* von Salerno nach Atena Lucana (www.sitabus.it).

● *Veranstaltungen* **Festival Negro**, ethno-musikalisches Festival in und vor der Grotte (Karten und Vorbestellung: ☎ 081/8631581 oder an der Kasse), Ende Aug.

L'inferno di Dante, Erlebnisparcours mit höllischen Effekten, Dante führt persönlich durch die Grotte (Termine/Vorbestellung: www.tappetovolante.org), Do–Sa.

Festa degli Antichi Sapori, Gastronomie, Musik und mehr in Auletta, Mitte Aug.

● *Übernachten/Essen & Trinken* ***** Zi Marianna**, gut geführtes Familienhotel unweit der Grotte, sieben komfortable Zimmer, empfehlenswertes Restaurant mit schönen Freiplätzen im Garten (Trüffel-, Pilz- und Grillspezialitäten, Mo Ruhetag). DZ 53–58 €. Via Muraglione 9 (SS 19), ☎/✆ 0975/397044, www.hotelzimarianna.com.

** Hotel Grotte, einfache Pension nahe der Engelshöhle mit bescheidenen Zimmern (bessere Betten wären wünschenswert), familiäres Restaurant mit schnörkelloser *cucina casareccia* (Menü ca. 20 €, auch Bar und Pizzeria), hübsche Lage, Veranda unter Bäumen. DZ 35–45 €. Via Muraglione 33 (SS 19), ☎ 0975/397045, ✆ 0975/397043, www.hotelgrotte.it.

Villa delle Rose, grundsolides Ausflugsrestaurant unterhalb von Pertosa (nahe SS 19), hausgemachte Pasta, *cucina cilentana*, gute Pizza, im Herbst Steinpilzgerichte. Fr Ruhetag. Contr. Arnacci (von der SS 19 ausgeschildert), ☎ 0975/397262, www.ristorantevilladellerose.it.

Café Pertusia, Bar im Nomad-Art-Style im Zentrum von Pertosa, gemütliche Sitzplätze auf der Piazza, im Aug. abends Musikveranstaltungen und Snacks vom Holzkohlegrill. Di nachmittags geschlossen, ☎ 331/5362155.

Der Tanagro bahnt sich seine Bahn nach Norden

Etwas Italienisch

Aussprache (Hier nur die Abweichungen von der deutschen Aussprache)

c: vor e und i immer *"tsch"* wie in *rutschen*, z. B. *centro* (Zentrum) = *"tschentro"*. Sonst wie *"k"*, z. B. *cannelloni* = *"kannelloni"*.

cc: gleiche Ausspracheregeln wie beim einfachen **c**, nur betonter: *faccio* (ich mache) = *"fatscho"*; *boccone* (Imbiss) = *"bokkone"*.

ch: wie *"k"*, *chiuso* (geschlossen) = *"kiuso"*.

cch: immer wie ein hartes *"k"*, *spicchio* (Scheibe) = *"spikkio"*.

g: vor e und i *"dsch"* wie in *Django*, vor a, o , u als *"g"* wie in *gehen*; wenn es trotz eines nachfolgenden dunklen Vokals als *"dsch"* gesprochen werden soll, wird ein i eingefügt, das nicht mitgesprochen wird, z. B. in *Giacomo* = *"Dschakomo"*.

gh: immer als *"g"* gesprochen.

gi: wie in *giorno* (Tag) = *"dschorno"*, immer weich gesprochen.

gl: wird zu einem Laut, der wie *"lj"* klingt, z. B. in *moglie* (Ehefrau) = *"mollje"*.

gn: ein Laut, der hinten in der Kehle produziert wird, z. B. in *bagno* (Bad) = *"bannjo"*.

h: wird am Wortanfang nicht mitgesprochen, z. B. *hanno* (sie haben) = *"anno"*. Sonst nur als Hilfszeichen verwendet, um c und g vor den Konsonanten i und e hart auszusprechen.

qu: im Gegensatz zum Deutschen ist das u mitzusprechen, z. B. *acqua* (Wasser) = *"akua"* oder *quando* (wann) = *"kuando"*.

r: wird kräftig gerollt!

rr: wird noch kräftiger gerollt!

sp und **st**: gut norddeutsch zu sprechen, z. B. *specchio* (Spiegel) = *"s-pekkio"* (nicht *schpekkio*), *stella* (Stern) = *"s-tella"* (nicht *"schtella"*).

v: wie *"w"*.

z: immer weich sprechen wie in *Sahne*, z. B. *zucchero* (Zucker) = *"sukkero"*.

Elementares

Frau …	*Signora*
Herr ...	*Signor(e)*
Guten Tag	*Buon giorno*
Guten Abend	*Buona sera*
(ab nachmittags!)	
Gute Nacht	*Buona notte*
Auf Wiedersehen	*Arrivederci*
Hallo/Tschüss	*Ciao*
Wie geht es Ihnen?	*Come sta?*
Wie geht es dir?	*Come stai?*
Danke, gut.	*Molto bene, grazie*
Danke!	*Grazie*
Entschuldigen Sie	*(Mi) scusi*
Entschuldige	*Scusami/Scusa*
Entschuldigung, können Sie mir sagen...?	*Scusi, sa dirmi...?*
ja	*si*
nein	*no*
Tut mir leid	*Mi dispiace*
Macht nichts	*Non fa niente*
Bitte! (gern geschehen)	*Prego!*
Bitte	*Per favore...*
(als Einleitung zu einer Frage oder Bestellung)	
Sprechen Sie Englisch/Deutsch?	*Parla inglese/ tedescso?*
Ich spreche kein Italienisch	*Non parlo l'italiano*
Ich verstehe nichts	*Non capisco niente*
Könnten Sie langsamer sprechen?	*Puo parlare un po` più lentamente?*
Ich suche nach...	*Cerco...*
Okay, geht in Ordnung	*va bene*
Ich möchte	*Vorrei*
Warte/Warten Sie!	*Aspetta/Aspetti!*
groß/klein	*grande/piccolo*
Geld	*i soldi*
Ich brauche ...	*Ho bisogno ...*
Ich muss ...	*Devo ...*
in Ordnung	*d'accordo*
Ist es möglich, dass ...	*È possibile ...*
mit/ohne	*con/senza*
offen/geschlossen	*aperto/chiuso*
Toilette	*bagno*
verboten	*vietato*
Wie heißt das?	*Come si dice?*
bezahlen	*pagare*

Fragen

Gibt es/Haben Sie...?	*C'è ...?*	Wo? Wo ist?	*Dove?/ Dov'è?*
Was kostet das?	*Quanto costa?*	Wie?/Wie bitte?	*Come?*
Gibt es (mehrere)	*Ci sono?*	Wie viel?	*Quanto?*
Wann?	*Quando?*	Warum?	*Perché?*

Smalltalk

Orientierung

Ich heiße ...	*Mi chiamo ...*	Wo ist bitte...?	*Per favore, dov'è..?*
Wie heißt du?	*Come ti chiami?*	... die Bushaltestelle	*...la fermata*
Wie alt bist du?	*Quanti anni hai?*	... der Bahnhof	*...la stazione*
Das ist aber schön hier	*Meraviglioso!/Che bello!/Bellissimo!*	Stadtplan	*la pianta della città*
Von woher kommst du?	*Di dove sei tu?*	rechts	*a destra*
		links	*a sinistra*
		immer geradeaus	*sempre diritto*
Ich bin aus München/Hamburg	*Sono di Monaco, Baviera/di Amburgo*	Können Sie mir den Weg nach ... zeigen?	*Sa indicarmi la direzione per..?*
Bis später	*A più tardi!*	Ist es weit?	*È lontano?*
		Nein, es ist nah	*No, è vicino*

Bus/Zug

Fahrkarte	*un biglietto*	... der letzte?	*...l'ultimo?*
Stadtbus	*il bus*	Abfahrt	*partenza*
Überlandbus	*il pullman*	Ankunft	*arrivo*
Zug	*il treno*	Gleis	*binario*
hin und zurück	*andata e ritorno*	Verspätung	*ritardo*
Ein Ticket von X nach Y	*un biglietto da X a Y*	aussteigen	*scendere*
		Ausgang	*uscita*
Wann fährt der nächste?	*Quando parte il prossimo?*	Eingang	*entrata*

Auto/Motorrad

Auto	*macchina*	Reifen	*le gomme*
Motorrad	*la moto*	Kupplung	*la frizione*
Tankstelle	*distributore*	Lichtmaschine	*la dinamo*
Volltanken	*il pieno, per favore*	Zündung	*l'accensione*
Bleifrei	*benzina senza piombo*	Vergaser	*il carburatore*
Diesel	*gasolio*	Mechaniker	*il meccanico*
Panne	*guasto*	Werkstatt	*l'officina*
Unfall	*un incidente*	funktioniert nicht	*non funziona*
Bremsen	*i freni*		

Bank/Post/Telefon

Wo ist eine Bank?	*Dove c' è una banca*	Postkarte	*cartolina*
		Brief	*lettera*
Postamt	*posta/ufficio postale*	Briefkasten	*la buca (delle lettere)*
Ich möchte Reiseschecks einlösen	*Vorrei cambiare dei traveller cheques*	Briefmarken	*i francobolli*
		Wo ist das Telefon?	*Dov' è il telefono?*

Hotel/Camping

Haben Sie ein Einzel/Doppelzimmer?	*C'è una camera singola/doppia?*	ein ruhiges Zimmer	*una camera tranquilla*
Können Sie mir ein Zimmer zeigen?	*Può mostrarmi una camera?*	Wir haben reserviert	*Abbiamo prenotato*
		Schlüssel	*la chiave*
Ich nehme es/wir nehmen es	*La prendo/la prendiamo*	Vollpension	*pensione completa*
		Halbpension	*mezza pensione*
Zelt/ kleines Zelt	*tenda/canadese*	Frühstück	*prima colazione*
Schatten	*ombra*	Hochsaison	*alta stagione*
mit Dusche/Bad	*con doccia/ bagno*	Nebensaison	*bassa stagione*

Zahlen

0	*zero*	13	*tredici*	60	*sessanta*
1	*uno*	14	*quattordici*	70	*settanta*
2	*due*	15	*quindici*	80	*ottanta*
3	*tre*	16	*sedici*	90	*novanta*
4	*quattro*	17	*diciassette*	100	*cento*
5	*cinque*	18	*diciotto*	101	*centuno*
6	*sei*	19	*diciannove*	102	*centodue*
7	*sette*	20	*venti*	200	*duecento*
8	*otto*	21	*ventuno*	1.000	*mille*
9	*nove*	22	*ventidue*	2.000	*duemila*
10	*dieci*	30	*trenta*	100.000	*centomila*
11	*undici*	40	*quaranta*	1.000 000	*un milione*
12	*dodici*	50	*cinquanta*		

Arzt/Krankenhaus

Ich brauche einen Arzt	*Ho bisogno di un medico*	Fieber	*Febbre*
Hilfe!	*Aiuto!*	Durchfall	*diarrea*
Erste Hilfe	*pronto soccorso*	Erkältung	*raffreddore*
Krankenhaus	*ospedale*	Halsschmerzen	*mal di gola*
Schmerzen	*dolori*	Magenschmerzen	*mal di stomaco*
Ich bin krank	*Sono malato*	Zahnweh	*mal di denti*
Biss/Stich	*puntura*	Zahnarzt	*dentista*
		verstaucht	*slogato*

Restaurant

Haben Sie einen Tisch für x Personen?	*C'è un tavolo per x persone?*	Es war sehr gut	*Era buonissimo*
Ich möchte zahlen	*Il conto, per favore*	Trinkgeld	*mancia*
Gabel	*forchetta*	Extra-Preis für Gedeck, Service und Brot	*coperto/pane e servizio*
Messer	*coltello*	Vorspeise	*antipasto*
Löffel	*cucchiaio*	erster Gang	*primo piatto*
Aschenbecher	*portacenere*	zweiter Gang	*secondo piatto*
Mittagessen	*pranzo*	Beilagen	*contorni*
Abendessen	*cena*	Nachspeise (Süßes)	*dessert*
Eine Quittung, bitte	*Vorrei la ricevuta, per favore*	Obst	*frutta*
		Käse	*formaggio*

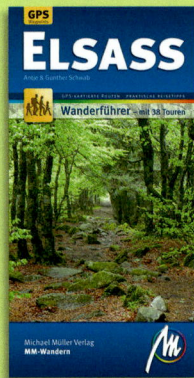
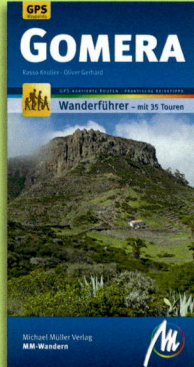
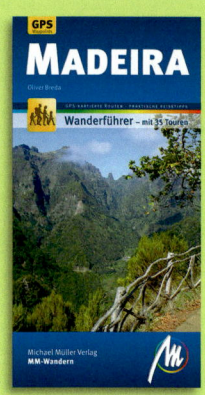
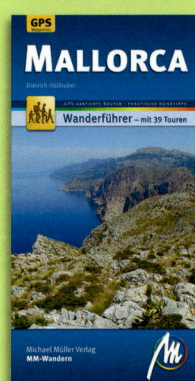

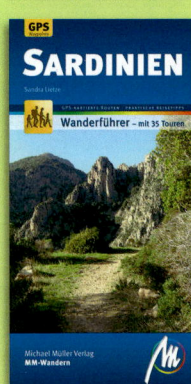
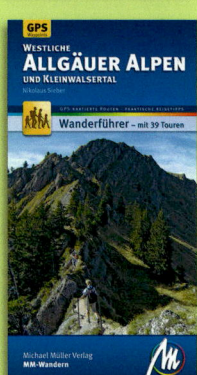

Verlagsprogramm

Aktuelle Informationen
zu allen Reiseführern finden Sie im Internet unter
www.michael-mueller-verlag.de
Michael Müller Verlag GmbH, Gerberei 19, 91054 Erlangen
Tel. 0 91 31 / 81 28 08-0; Fax 0 91 31 / 20 75 41;
info@michael-mueller-verlag.de

Register

*Omnipräsent: Der Kapuzinerpater Pius (1887–1968) stammt aus Kampanien
und ist der wichtigste Volksheilige Süditaliens*

Was haben Sie entdeckt?

Haben Sie eine eine gemütliche Trattoria, eine schöne Wanderung oder ein nettes Hotel entdeckt?

Wenn Sie Ergänzungen, Verbesserungen oder neue Tipps zum Buch haben, lassen Sie es uns bitte wissen!

Schreiben Sie an:

Andreas Haller
Stichwort „Cilento"
c/o Michael Müller Verlag GmbH
Gerberei 19
D – 91054 Erlangen
andreas.haller@michael-mueller-verlag.de